合福高铁闽赣段
典型工程案例汇编

京福闽赣铁路客运专线有限公司 编

HEFU GAOTIE MINGANDUAN
DIANXING GONGCHENG ANLI HUIBIAN

中南大學出版社
www.csupress.com.cn
·长 沙·

图书在版编目（CIP）数据

合福高铁闽赣段典型工程案例汇编／京福闽赣铁路客运专线有限公司编. --长沙：中南大学出版社，2019.5

ISBN 978-7-5487-3616-5

Ⅰ.①合… Ⅱ.①京… Ⅲ.①高速铁路—铁路工程—工程建设—案例—汇编—中国 Ⅳ.①F532.3

中国版本图书馆 CIP 数据核字(2019)第 083725 号

合福高铁闽赣段典型工程案例汇编

HEFU GAOTIE MINGANDUAN DIANXING GONGCHENG ANLI HUIBIAN

京福闽赣铁路客运专线有限公司　编

□**责任编辑**　刘　辉
□**责任印制**　易红卫
□**出版发行**　中南大学出版社
社址：长沙市麓山南路　邮编：410083
发行科电话：0731-88876770　传真：0731-88710482
□**印　　装**　湖南省众鑫印务有限公司

□**开　　本**　880×1230　1/16　□**印张** 17　□**字数** 569 千字
□**版　　次**　2019 年 5 月第 1 版　□2019 年 5 月第 1 次印刷
□**书　　号**　ISBN 978-7-5487-3616-5
□**定　　价**　298.00 元

编委会组成人员名单

前言

Preface

2015年6月28日，合福高铁(合肥－福州)正式开通运营，结束了福建境内没有时速300 km高铁的历史，形成了东南沿海地区与华中、华北地区最便捷的铁路运输通道。这条建设者历经5个寒暑艰辛筑就的高铁，连接了黄山、婺源、三清山、武夷山等风景名胜区，沿途风光秀丽，人文荟萃，被外界称为“醉”美高铁。其中，合福高铁闽赣段穿越江西省东部、福建省东北部地区，沿线地形起伏、千沟万壑、层峦叠嶂，桥隧比高达90.5%，隧道占比近60%，是典型的山区高速铁路。

自2010年开工以来，十万铁路建设大军奋战在闽赣大地，逢山开洞、遇水搭桥，5年的建设历程，1800多个日日夜夜的精心施工，建设者们斗岩爆、治涌水、克软岩、跨岩溶、越断层，先后攻克了全国最长的单洞双线高速铁路隧道——全长14.6 km的北武夷山隧道、深达42 m的古田溪特大桥水中墩、一联跨6线的西岭互通特大桥，创造性地解决了架桥机过长大隧道架梁等难题，留下了一幕幕战天斗地、顽强拼搏的难忘场景，也积累了众多凝聚共同智慧、令人印象深刻的典型工程案例。

一次实践，一次体会，一次总结，一次提高。为深入总结工程管理经验，提高广大参建员工的管理及技术水平，公司决定组织编写《合福高铁闽赣段典型工程案例汇编》，进一步提炼经验，升华实践，为今后的区域铁路建设提供有益的借鉴。本书共分为12章，分别介绍了线路、路基、桥梁、隧道、轨道、通信及信号、电力及牵引供电、信息(含防灾)、接口及大临工程等典型案例，从设计及施工方案优化、安全质量保证、工期及投资控制、联调联试组织等方面进行了深入细致的总结，虽然没有完全涵盖合福高铁闽赣段建设过程中的点点滴滴，但其中对典型问题的分析、研究，所采取的解决方法和经验体会值得大家借鉴和学习，我们深望此书能对今后的工作有所启迪。

本书由京福闽赣铁路客运专线有限公司组织编撰，参与编写的单位有：南昌铁路局上饶站改指挥部、中铁第四勘察设计院集团有限公司、中铁十一局集团有限公司、中交第一航务工程局有限公司、中铁十九局集团有限公司、中铁二十四局集团有限公司、中铁一局集团有限公司、中铁隧道集团有限公司、中铁十七局集团有限公司、中铁二局集团有限公司、中铁电气化局集团有限公司、中国铁路通信信号集团公司。本书在编写过程中还得到了中南大学的大力支持，在此一并表示感谢。

由于参与编写人员的水平有限，错漏之处在所难免，敬请读者朋友提出宝贵意见。

编　者

2019年1月

目录

Contents

第 1 章　工程概况

合福高铁闽赣段位于江西省东部、福建省东北部地区，衔接京沪、沪昆、华东二通道等多条主干线，是我国快速客运网的组成部分和重要区际干线，全长 466.8 km，其中：江西省内 183.2 km、福建省内 283.6 km。全段路基 44.3 km/314 处，桥梁 148.4 km /324 座，隧道 274 km /159.5 座(其中 10 km 以上的隧道 4 座)。桥隧总长 422.4 km，桥隧比 90.5%。全段设有车站 11 座，其中江西省境内 4 座：婺源站、德兴站、上饶站、五府山站；福建省境内 7 座：武夷山北站、武夷山东站、建瓯西站、南平北站、古田北站、闽清北站、福州站。在上饶市修建了合福高铁与杭长高铁的东南、西南联络线，线路全长 17 km。部、省批复的修改初步设计中闽赣段概算为 551.4 亿元(江西段 226.97 亿元，福建段 324.43 亿元)，2015 年 6 月 28 日通车。

1.1　自然特征和地质概况

1.1.1　线路走向

合福高铁闽赣段自皖赣省界向南行，跨景婺黄高速公路后在婺源县城区以东设婺源站，继续向南，上跨景婺常高速公路后，在暖水林场东侧设德兴站，出站后自三清山以西至临湖西侧，经煌固以西跨沪昆高速公路后，在上饶骑跨既有浙赣铁路和杭长高铁，出站后跨信江穿云碧峰森林公园，经皂头西，在四十八镇以东设五府山站后穿武夷山至闽赣省界。线路进入福建省后，向南在武夷山市以北设武夷山北站，经乌渡头东，跨浦南高速公路连接线至规划的武夷山机场(十八窠)西侧设武夷山东站，线路在翁溪口以西跨建溪至建瓯西设建瓯西站，经大横以西，在葫芦庄附近分别跨建溪、横南铁路，穿石门山隧道后于闽江北岸而行，至安济附近设南平北站，出站后经巨口至洋上设古田站，至大箬设闽清站，后线路沿闽江北岸南行，在西岭互通上跨公路、既有线和在建向莆铁路后引入福州站。

1.1.2　沿线自然特征

(1)地形地貌。

本线皖赣省界至上饶段主要为低山丘陵区，山势延绵，起伏较大，植被发育，相对高差 150 ~ 300 m，局部地段为中低山区及孤峰河、青弋江、新安江、信江等河流一级阶地，其中中低山区山势陡峻，相对高差 300 ~ 500 m；一级阶地多呈狭长条带状，地势平缓，起伏不大，地面标高 34 ~ 142 m 不等。

上饶至福州主要为中低山区，山势雄伟，起伏较大，植被较发育，多悬崖峭壁，相对高差 500 ~ 1200 m，局部地段为低山丘陵区及甘溪、崇阳溪、建溪、闽江等河流一级阶地，其中低山丘陵区主要分布于武夷山脉两侧，地形起伏较大，植被发育，相对高差 200 ~ 500 m；一级阶地区地势较平坦，呈带状分布，多辟为农田，地面标高 115 ~ 230 m 不等。

(2)气象特征。

江西省境内属中亚热带季风湿润气候，具有四季分明，雨量充沛，日照充足，无霜期较长，光照充足等特征。全年平均气温在 16.7 ~ 18.3℃，最热月(7 月)平均气温为 28.0 ~ 30.0℃，极端最高气温 43.3℃，最冷月(1 月)平均气温为 4.6 ~ 5.9℃，最低气温零下 14.3℃左右。年平均降雨量为 1600 ~ 1850 mm，24 小时最大降雨量为 314.9 mm。汛期多东南风，间有东北风和西南风，最大风速高达 40 m/s。

福建省境内属热带海洋气团与极低大陆气团交替控制和相互角逐交绥的地带，副热带季风现象明显。福州地区四季温暖湿润，海洋性气候较强。雨量充沛，日照充足，夏长冬短，四季分明。春季阴湿多雨水，夏季炎热多台风，秋季天晴日照足，冬季少雨无严寒。全年平均气温在 19 ~ 19.9℃，最热月(7 月)平均气温为32～34℃，极端最高气温41.8℃，最冷月(1月)平均气温为9.7℃，最低气温零下9.7℃左右。年平均降雨量为1653 mm，24小时最大降雨量为218.3 mm。汛期多东南风，间有东北风和西南风，最大风速高达40 m/s。

(3)河流水系。

合福高铁闽赣段黄山—武夷山北麓段属长江流域鄱阳湖水系，武夷山南麓—福州段属闽江流域闽江水系。本段工程范围内跨越的主要河流有鄱阳湖支流(乐安江、信江等)、新江(钱塘江上游支流)、崇阳溪(闽江支流)、建溪(闽江支流)。福州枢纽配套工程在闽江入海口附近上跨闽江干流。在江西境内跨越的通航河流为信江[规划Ⅴ(3)级航道]。在福建境内跨越的通航河流为建溪(两次)(下游跨越处为现状Ⅶ级、规划Ⅳ级航道)。

(4)风景名胜、文物古迹及自然保护区。

沿线区域文化历史源远流长，自然风光绚丽多姿，文化旅游资源得天独厚。福州市为国家历史文化名城，瑶里、理坑、汪口、下梅、城村等为国家历史文化名村。

区域内的“世界文化遗产和自然遗产”武夷山享誉中外，并分布有三清山、鼓山、青云山、十八重溪、芒荡山、归宗岩、翠屏湖等大批国家和省级风景名胜区，还分布有：“中国最美的村庄”婺源；武夷山、黄楮林、闽江口湿地等自然保护区；灵岩洞、云碧峰、万木林、旗山等国家级和省级森林公园；婺源宗祠、城村汉城遗址、东岳庙、林则徐墓、鼓山摩崖石刻、下梅村大夫第、建宁府孔庙、游定夫祠、李纲墓等全国或省级重点文物保护单位。

1.1.3 地质概况

(1)工程地质。

线路所经地区地层岩性复杂，出露下元古界—第三系沉积岩及变质岩、各时期的岩浆岩和第四系松散地层。主要沉积岩系有石英砂岩、泥质砂岩、页岩、泥岩和灰岩等，和火山—沉积岩系凝灰岩、凝灰熔岩和凝灰质砂岩等，以及变质岩系板岩、千枚岩、片岩和片麻岩等。岩浆岩主要为花岗岩和闪长岩等。第四系地层主要为全新统黏性土、粉土、砂类土及碎石类土等，淤泥及质土主要分布在河流阶地、谷地和闽江三角洲平原，厚5～50 m；上、中更新统主要为黏土，具弱膨胀性。

沿线经历了多个构造旋回时期，横跨多个大地构造单元，合肥以南至上饶属扬子准地台，上饶至福州属华南褶皱系。本段沿线地质构造类型主要为断裂及褶皱。其中主要深大断裂自北向南依次分布有丰城—婺源深断裂、遂川—德兴深断裂、葛源(横峰)—樟村(玉山)大断裂、港边(横峰)—双明(玉山)大断裂、萍乡—广丰深断裂等5条深大断裂；主要褶皱则有乐平—婺源复向斜、武夷山复式背斜、上饶复式向斜和龙村—中垦弧形构造带等。

(2)水文地质。

合福高铁闽赣段所经地区的地下水类型主要为孔隙水、基岩裂隙水、岩溶水。

孔隙水赋存于各类松散岩类中，主要分布在长江冲积平原阶地及其他河流阶地、丘间及山间谷地等，埋深较浅，一般为1～2 m，水量丰沛，受大气降水及地表径流补给，随季节变化较大，局部地段具有承压性；谷地区地下水以第四系孔隙潜水为主，埋深1～3 m，以砂层、卵砾石层为主要含水层，水量较为贫乏，随季节变化显著。

基岩裂隙水主要赋存于低山丘陵区岩石的层间裂隙、风化裂隙以及构造裂隙中，主要接受大气降水的补给，以泉的形式出露排泄。层间裂隙以及风化裂隙地下水一般水量不大，多为潜水；在基岩构造盆地、断层破碎带、节理裂隙很发育带、侵入岩接触带、褶皱核部裂隙密集带及揉皱强烈发育带等储水构造中，水文地质条件复杂，补给源远，多呈脉状及带状分布，水量较丰富，多具承压性。

岩溶水地下水类型主要为潜水和承压水，赋存并循环于沿线寒武系、奥陶系、石炭系、二叠系、三叠系等可溶岩的溶洞、溶腔和裂隙中，呈脉状及带状分布，水量丰富，尤其在河谷地段及构造破碎带岩溶发育剧烈，水量较大。岩溶水规律性较差，预测较为困难，隧道施工中应引起足够重视，宜加强超前地质预报等工作。

1.2　主要技术标准

铁路等级：客运专线；
正线数目：双线；
速度目标值：设计速度 300 km/h，基础工程预留提速条件；
最小曲线半径：4000 m；
最大坡度：20‰；
牵引种类：电力；
列车类型：动车组；
列车运行控制方式：自动控制；
行车指挥方式：综合调度集中。

1.3　工程主要特点和主要工程数量

1.3.1　工程主要特点

(1)地理条件困难。

合福高铁闽赣段沿线地处福建、江西偏远山区，山势雄伟延绵，起伏较大，植被发育，多悬崖峭壁，相对高差 150 ~ 1200 m，公路交通运输较为困难，铁路交通不便利，所经河流基本不通航。

(2)地质条件复杂。

合福高铁闽赣段沿线穿越地貌单元较多、地层岩性及地质构造较复杂，大部分山区、丘陵地段属崩、滑、流易发区，部分地段存在岩溶塌陷及老窿发育，隧道施工易产生坑壁崩塌、涌水、流砂等；武夷山北部、建瓯南部、古田、闽侯县等低山丘陵区隧道洞室围岩为块状结构的凝灰熔岩和花岗岩，隧道开挖后易引发岩爆，地质环境条件复杂。

(3)气象环境多变。

合福高铁闽赣段所处区域雨季较长、台风频发，对施工影响较大。

(4)环保要求极高。

合福高铁闽赣段沿线风景名胜区、自然保护区、森林公园、文物保护单位等特殊保护目标众多，线路穿越了云碧峰森林公园、庵山森林公园、茫荡山自然保护区和黄楮林自然保护区等 4 处特殊敏感目标，涉及的地表饮用水源有上饶市信江、南平市安丰水厂(建溪)二级水源保护区和南平市汀源溪备用水源等 3 处，工程实施期间的环保要求极高。

(5)工程任务艰巨。

合福高铁闽赣段桥隧比例高达 90.5%，短小路基多，质量控制困难。

①隧道 159.5 座，占全线总长的 58.7%。长大隧道多(5 km 以上隧道共有 17 座，其中北武夷山隧道 14629 m，为目前全路贯通隧道中最长的单洞双线隧道)，个别隧道存在少量断层突泥突水、断层与地表水库相连、地层含煤、洞口道路危岩落石、岩溶发育、采空区等安全风险源，施工安全压力大。

②桥梁 324 座，占全线总长的 31.8%。桥梁工程具有工程量大、新技术含量高、施工工艺复杂等特点。连续梁孔跨类型多，大跨度梁多，结构复杂，施工主要采用悬浇及支架现浇，其中，西岭互通立交桥全长 1236 m，主要跨越三环辅道(规划)、外福铁路、西岭互通(在建)、规划铜盘路辅道，主要孔跨采用 1 联 (40 + 2 × 64 + 40)m 连续梁、1 联(70 + 136 + 70)m 连续梁拱；因本线位于闽赣山区，地势起伏，桥梁多跨越山谷、河流、水库，桥梁桥墩普遍较高，个别桥梁水位较深，下部结构施工难度较大。

③路基工程具有短小、分布广泛、地质条件复杂的特点。短小路基多是与桥、隧相接，成为其施工便道，等到桥隧完工后才施工。对路基施工工期要求紧，路基的沉降观测周期不够长，易留下质量隐患。

1.3.2 主要工程数量

(1)路基工程。

正线路基322段，合计长度42.741公里，区间路基土石方1665.6万断面方，站场路基土石方1319.1万断面方，CFG桩52.6万米，钻孔灌注桩33.8万米，绿化384.4万平方米，乔木灌木242.3万株，防护栅栏529.339单侧公里，贯通地线989462单线米，接地端子154596个。

(2)桥涵工程。

正线桥梁325座共148.288 km，其中特大桥81座共94.299 km、大桥163座共47.572 km、中桥80座共6.402 km、小桥1座0.015 km；上饶联络线桥梁11座共12.443 km，其中特大桥7座共11.134 km、大桥3座共1.203 km、中桥1座0.105 km；涵洞计96座共2906横延米，其中正线86座共2370横延米、上饶联络线5座共92横延米、站线5座共421横延米。

(3)隧道工程。

共有隧道159.5座，总长274104延长米。其中：长度大于10 km隧道4座，计47630延长米；长度3~10 km隧道26.5座，计138465延长米；长度1~3 km隧道25座，计44123延长米；长度0.5~1 km隧道34座，计24571延长米；长度小于1 km隧道70座，计19315延长米。

(4)轨道工程。

正线铺轨926单线公里，其中站线32.4单线公里、联络线20.6单线公里；道岔152组(其中含代建九景衢公司婺源站交叉渡线1组)，其中全线高速道岔86组、普速道岔65组、交叉渡线1组；正线CRTS Ⅰ型双块式无砟轨道914单线公里；站线CRTS Ⅰ型双块式无砟轨道19.1单线公里，有砟轨道45.2单线公里(包含站线及联络线)。

(5)声屏障工程。

共80处39182延米，合计2.15 m高声屏障42562延米，2.5 m高声屏障1986延米，2.95 m高声屏障1443延米。

(6)精密工程测量网。

共布设CP0点16个，CPⅠ点257个，线下CPⅡ点184个，线上加密CPⅡ点1089个，CPⅢ点15313个，线下二等水准点202个，线上加密二等水准点319个。

(7)通信工程。

通信光缆2508.97 km、电缆325.69 km、漏缆敷设298.1 km；传输系统STM-64设备11套、STM-16设备13套、STM-4设备197套；电话交换及接入系统OLT设备2套、ONU设备84套；数据网系统接入层路由设备11套、汇聚层4套；数字调度系统车站分系统12套；专用移动通信系统BTS基站设备(含车站)115套、分布式基站BBU 2套、RRU 12套、直放站远端设备455套、近端设备107套、通信铁塔246座、漏缆监测管理单元20套、站房室内分布覆盖3站；应急通信现场应急通信设备2套、长大隧道应急电话通信主机18套；同步及时钟分配系统BITS设备1套；电源系统高频开关电源柜及电池组203套、UPS及电池组203套；综合视频监控系统车站综合视频柜11套、区间综合视频柜192套；通信电源及环境监控系统中心站设备1套、监控分站设备203套；会议电视系统10套；综合网管系统设备1套；综合布线系统10站区。

(8)信号工程。

新建计算机联锁10站及引入福州枢纽工程，新建上饶线路所、红星线路所，26个中继站；新建自动闭塞466.83 km；联锁道岔152组(其中1组交渡道岔为九景衢代建工程)；新建分散自律调度集中(CTC)站机12站(含2个线路所)，及引入南昌局CTC中心工程，设黄武台，管辖黄山北站(不含)至武夷山北(含)；设武福台，管辖武夷山北(不含)至福州站(不含)；新建信号集中监测10站；新建福州电务段监测中心系统1个。综合接地工程466.83正线公里；26个中继站、2个线路所、10个新建车站、福州站信号楼(加层)、新建的电务段监测中心，以上信号设备房屋的综合防雷系统工程。

(9)电力及电力牵引供电工程。

接触网H型钢柱9092根，隧道吊柱14118根，硬横梁91组，腕臂25607套，承力索、接触线各1242条公里，工馈线、保护线各930条公里；牵引变电所9座(荷田、德兴、五府山、武夷山北、武夷山东、建瓯西、南平北、古田北、白沙镇牵引变电所)，分区所 11 座(冷水亭、董家林、台湖村、朝阳乡、石箩坑、吴齐村、建溪、爱竹、碌葵、闽清北、福州分区所)，AT 所 17 座(桃源、董家、里松阳、汪村、岩山坞、郑塘坞、坑口、黄洋、南岸、凤凰山、杨墩、桥头、马里、古园村、土时坪、西村、关西 AT 所)，供电 SCADA 调度系统；电力 10 kV 配电所 11 座，10/0.4 kV 变电所 27 座，箱式变电站 202 座，投光灯塔 39 座，10 kV 电源线路 158 公里，10 kV 贯通线高压电缆线路 1082 公里，低压电缆线路 820 公里，电力 SCADA 调度系统。

(10)房建工程。

四电独立房屋：共 328 处房屋(含 9 处牵引变电所)，共计 2848.32 m^2；10 kV 配电所 10 处共计 4231.64 m^2；AT 所 17 处共计 3104.2 m^2；分区所 11 处共计 2600.84 m^2；信号楼 2 处共计 2403.68 m^2；线路所 2 处共计 410.34 m^2；中继站 26 处共计 2942.68 m^2(含材料间)；通信基站和直放站 251 处共计 4161.25 m^2；建筑总面积 22702.95 m^2。

站台、雨棚、天桥：婺源站站台 2 座，站台雨棚投影面积 10620 m^2；德兴站站台 2 座，站台雨棚投影面积 8100 m^2；五府山站站台 2 座，雨棚投影面积 8100 m^2；武夷山北站站台 2 座，雨棚投影面积 8100 m^2；武夷山东站站台 2 座，雨棚投影面积 16550 m^2，大桥 1 座，面积 991 m^2；建瓯西站站台 2 座，雨棚投影面积 8152 m^2；南平北站站台 2 座，雨棚投影面积 11280 m^2，天桥 1 座，面积 488 m^2；古田北站站台 2 座，雨棚投影面积 8100 m^2；闽清北站站台 2 座，雨棚投影面积 8180 m^2。

(11)环境保护与水土保持工程。

弃土(渣)场 252 处，弃土(渣)量为 4886.89 万 m^3，总占地面积 1067.04 hm^2；制梁场 11 处，占地面积 101.97 hm^2；拌和站 95 处，占地面积 115.21 hm^2；施工营地 55 处，占地面积 36.6 hm^2；铺轨基地 2 处，占地面积 3.49 hm^2；新建便道 285 km，改扩建便道 217 km；设置声屏障 101 处共计 45991 延米，面积 100729 m^2；落实噪声、振动功能置换共计 136 户。

(12)防灾安全监控系统(自然灾害及异物侵线监测系统)。

江西段：电缆 61.731 km，风监测 21 处，雨监测 9 处，隧道口异物侵限 3 处(方思山隧道进口、茅坞隧道进口、周家隧道出口)，公跨铁异物侵限 1 处(德上高速)，监控单元 23 个。

福建段：电缆 99.864 km(其中新增 27.6921 km)，风监测 28 处，雨监测 15 处，隧道口异物侵限 7 处(前山隧道出口、屏风山隧道出口、岭头亭隧道出口、龙岭隧道进口、李峰隧道进口、李峰隧道出口、城南隧道进口)，监控单元 37 个；地震监测 2 处(关西 AT 所、福州分区所)。

全线监控数据处理设备 2 套，工务终端 2 套，调度终端 1 套。

(13)客服信息系统。

新建 10 个车站的客票发售与预订信息及客运服务信息系统(婺源、德兴、上饶、五府山、武夷山北、武夷山东、建瓯西、南平北、古田北、闽清北)；新建 6 处综合维修管理信息系统(婺源、德兴、武夷山北、武夷山东、南平北、闽清北)；新建 10 处公安管理信息系统(婺源 2 处、德兴、上饶、五府山、武夷山东 2 处、建瓯西、南平北、闽清北)及 21 处警务区公安信息接入系统；南昌铁路局信息系统局端配套等工程。

1.4　建设概况

1.4.1　项目批复情况

(1)国家发改委批复。

2009 年 7 月 23 日，国家发展和改革委员会下发《国家发展改革委关于新建合肥至福州铁路项目建议书的批复》(发改基础〔2009〕1936 号)，批准该项目立项。

2009 年 12 月 7 日，国家发展和改革委员会下发《国家发展改革委关于新建合肥至福州铁路可行性研究报告的批复》(发改基础〔2009〕3051 号)，批复该项目的可行性研究报告。

(2)国土资源部批复。

2009 年 11 月 10 日，国土资源部下发《关于新建合肥至福州铁路建设用地预审意见的复函》(国土资预审字〔2009〕421 号)。2011 年 12 月 3 日，国土资源部下发《关于新建合肥至福州铁路江西段工程建设用地的批复》(国土资函〔2011〕874 号),批复江西段建设用地。2012 年 4 月 19 日,国土资源部下发《关于新建合肥至福州铁路福建段工程建设用地的批复》(国土资函〔2012〕294 号),批复福建段建设用地。

(3)环境保护部批复。

2009 年 12 月 18 日,环境保护部下发《关于新建合肥至福州铁路环境影响报告书的批复》(环审〔2009〕543 号),批复该项目的环境影响报告书。

(4)水利部批复。

2010 年 8 月 8 月 26 日,水利部下发《关于新建合肥至福州铁路水土保持方案的复函》(水保函〔2010〕256 号),批复本项目的水土保持方案。

(5)国家林业局批复。

2010 年 12 月 31 日,国家林业局下发《使用林地审核同意书》(林资许准〔2010〕502 号),批复本项目江西段占用征用林方案;2011 年 7 月 4 日,国家林业局下发《使用林地审核同意书》(林资许准〔2011〕159 号),批复本项目福建段占用征用林地方案。

(6)原铁道部批复。

2010 年 2 月 24 日,原铁道部、安徽省人民政府、江西省人民政府、福建省人民政府联合下发《关于新建合肥至福州铁路初步设计的批复》(铁鉴函〔2010〕189 号),批复本项目的初步设计。

2012 年 8 月 8 日,原铁道部下发《铁道部、安徽省人民政府、江西省人民政府、福建省人民政府关于新建合肥至福州铁路修改初步设计的批复》(铁鉴函〔2012〕994 号),批复本项目的修改初步设计。

2013 年 1 月 30 日,原铁道部下发《铁道部关于新建合肥至福州铁路婺源等 10 座车站站房及相关工程补充初步设计的批复》(铁鉴函〔2013〕138 号),批复本项目车站站房及相关工程的初步设计。

1.4.2 标段划分及参建单位

设计、施工、监理等中标单位均已按照国家招投标法规和原铁道部有关招投标规定,在原铁道部工程招投标管理办公室和铁道部监察局的监督下,站前工程在原铁道部工程交易中心公开招标确定,站后四电系统集成和站房工程在北京市建设工程发包承包交易中心公开招标确定。

(1)设计单位。

中铁第四勘察设计院集团有限公司为总体设计单位,设计范围包括:新建合肥至福州铁路客运专线闽赣段(自皖赣省界 DK343 + 180 至福州车站止,正线全长 466.826 km)、上饶地区联络线 21.999 km、福州枢纽及相关配套工程。

悉地(北京)国际建筑设计顾问有限公司负责本线路婺源、德兴、上饶、五府山、武夷山北、武夷山东、建瓯西、南平北、古田北、闽清北等 10 个车站的站房设计。

(2)施工单位。

全线共分为 15 个施工标段,其中线下土建工程标段 8 个,铺轨工程标段 2 个,站房工程标段 3 个,上饶站改工程标段 1 个,四电系统集成及相关工程、信息系统标段 1 个。站前、站房工程采用施工总承包,站后四电工程采用系统集成施工总承包。施工标段划分及中标单位见表 1 - 1 - 1。

表 1 - 1 - 1 施工标段划分及中标单位

序号	项目	标段	工程范围	正线长度(km)	中标单位
1	线下土建工程	HFMG - 1	DK343 + 180 ~ DK438 + 883.24	95.703	中铁十一局集团有限公司
2		HFMG - 2	DK438 + 883.24 ~ DK468 + 553.99	29.670	中交第一航务工程局有限公司
3		HFMG - 3	DK472 + 902 ~ DK528 + 450	55.548	中铁十九局集团有限公司
4		HFMG - 4	DK528 + 450 ~ DK578 + 027	49.577	中铁二十四局集团有限公司
5		HFMG - 5	DK578 + 027 ~ DK630 + 331.95	52.305	中铁一局集团有限公司
6		HFMG - 6	DK630 + 331.95 ~ DK681 + 995	51.663	中铁隧道集团有限公司
7		HFMG - 7	DK681 + 995 ~ DK741 + 245	59.25	中铁十七局集团有限公司
8		HFMG - 8	DK741 + 245 ~ DK812 + 640	71.395	中铁二局集团有限公司

续表 1－1－1

序号	项目	标段	工程范围	正线长度（km）	中标单位
9	站房工程	HFMG－ZF1	婺源站、德兴站、五府山站		中铁二十四局集团有限公司
10		HFMG－ZF 2	武夷山北站、武夷山东站		中铁七局集团有限公司
11		HFMG－ZF 3	建瓯西站、南平北站、古田北站、闽清北站		中铁十七局集团有限公司
12	上饶站改工程	HFMGWT	DK468＋553.99～DK472＋902 联络线 17.59	4.348	中铁二十四局集团有限公司
13	四电系统集成及相关工程	HFMGSD	DK343＋180～DK812＋640	469.46	中铁电气化局集团有限公司、中国铁路通信信号股份公司联合体

（3）工程监理单位。

工程监理单位采用中外联合体联合监理方式，全线共分为 5 个监理合同标段。监理标段划分及中标单位见表 1－1－2。

表 1－1－2　监理标段划分及中标单位

序号	标段	监理范围	正线长度（km）	中标单位
1	HFMGJL－1	DK343＋180～DK438＋883.24	95.026	北京中铁诚业工程建设监理有限公司、莫特麦克唐纳（北京）有限公司联合体
2	HFMGJL－2	DK438＋883.24～DK468＋553.99 DK472＋902～DK528＋450	84.057	中铁四院（湖北）工程建立咨询有限公司、德国沃森工程技术有限公司联合体
3	HFMGJL－3	DK528＋450～DK630＋331.95	101.882	中铁二院（成都）咨询监理有限公司、德国 PEC＋S 集团公司联合体
4	HFMGJL－4	DK630＋331.95～DK741＋245	110.913	北京中铁诚业工程建设监理有限公司、莫特麦克唐纳（北京）有限公司联合体
5	HFMGJL－5	DK741＋245～DK812＋640	71.395	上海先行建设监理有限公司、贝利（北京）咨询有限公司联合体

（4）咨询及专业评估单位

施工图审核单位：中铁第二勘察设计院集团有限公司。

精测网评估单位：中铁第二勘察设计院集团有限公司。

线下工程沉降变形评估单位：中铁第二勘察设计院集团有限公司。

1.4.3　主要建设过程

2010 年 4 月 18 日，土建施工、监理招标结束，中标单位进场施工。

2010 年 4 月 30 日，京福闽赣铁路客运专线有限责任公司在福建省完成工商注册登记。

2010 年 9 月 30 日，铁道部下发《关于开工建设合肥至福州铁路闽赣段控制工期的仁墩村特大桥等 10 处单体工程的批复》（铁计函〔2010〕1276 号），同意该段工程开工建设。

2010 年：积极筹划准备，征地拆迁先行，控制工程先期开工，下半年全线开工。

2011 年：形成会战态势，主攻隧道桥梁，全线路基完成，抢通架梁通道，开始箱梁架设。本年完成投资 110 亿元，路基土石方完成 2241.82 万 m^3，占设计数量的 78.6%；桥梁工程完成折合 63157 成桥米，占设计数量的 43.8%；隧道工程完成折合 139767 成洞米，占设计数量的 50.6%。

2012 年：线下工程基本完成，已做好沉降评估，开始轨道板生产。本年完成投资 125 亿元，路基土石方开累完成 2849.05 万立方米，占设计数量的 99.74%；桥梁工程开累完成折合 136138 成桥米，占设计数量的 83.72%；隧道工程开累完成折合 248493 成洞米，占设计数量的 89.94%。

2013 年：攻克重点控制工程，线下工程全面完成，开始无砟道床铺设、四电、房建工程。本年完成投资 85 亿元，路基土石方开累完成 2856.5 万立方米，占设计数量的 100%；桥梁工程开累完成折合 159642.8 成桥米，占设计数量的 98.2%；隧道工程开累完成折合 272319.4 成洞米，占设计数量的 98.6%。

2014 年：完成无砟轨道铺设、铺轨、四电及站房工程，具备联调联试条件。本年完成投资 76 亿元，2014 年 10 月中旬完成无砟轨道铺设，2014 年 7 月 28 日完成正线铺轨施工。站房工程主体已基本完成，正进行设备安装、站房装修施工，四电工程已基本完成。

2015 年：完成静态验收、动态验收、安全评估、初步验收。于 2015 年 6 月 28 日按期开通运营。

第 2 章　线路工程

2.1　大横隧道出口段纵坡设置方案优化

2.1.1　设计情况

大横隧道位于福建省南平市，进口位于南平市大横镇岩角村，经过芒砀山封禁区、西坑村、群仙村，出口位于南平市葫芦丘村，起讫里程 DK670 +411.5 ~ DK675 +780，全长 5368.5 m，最大埋深 347 m。

DK670 +492.87 ~ DK672 +047.65 段和 DK674 +447.30 ~ DK675 +780 段位于左偏的曲线上，左线曲线半径 9000 m；其余地段位于直线段上。

2.1.2　优化原因

(1) 大横隧道出口洞口上方山体岩性为砂岩、石英砂岩，局部夹煤线，山高坡陡，坡面危岩危石发育，加固困难，存在安全隐患。

(2) 该处冲沟发育，在强暴雨时期冲沟成为排水通道，会对路基造成强水流冲刷，形成安全隐患。

线路位置如图 2 -1 -1 所示。

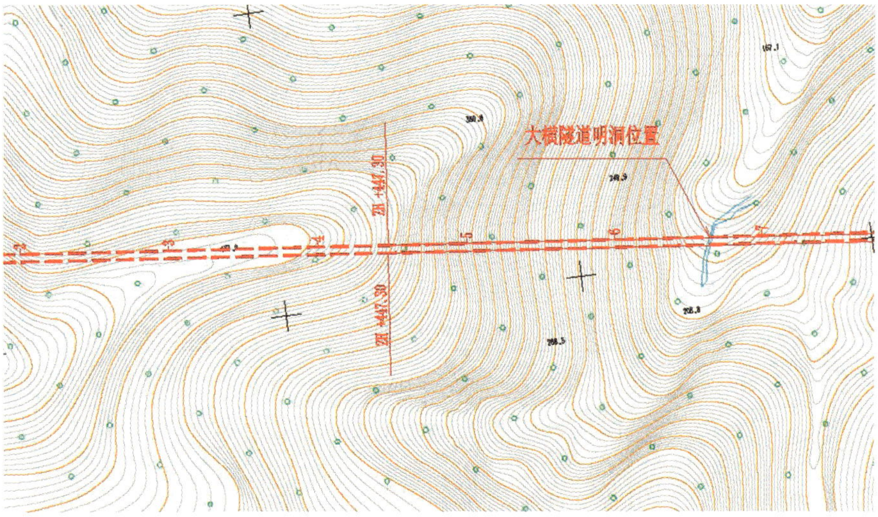

图 2 -1 -1　大横隧道出口段明洞位置图

2.1.3　优化设计

(1) 下压 DK670 +100 ~ DK679 +000 段纵坡，以明洞通过，确保水流由明洞顶流出。

(2) 对危岩落石加强清除、加固、拦截等措施。同时，以素混泥土填筑冲沟，确保左右侧排水通畅。

(3) 调坡影响范围：DK670 +100 ~ DK679 +000。

DK670 +100 ~ DK679 +000 段纵断面调整示意图如图 2 -1 -2 所示。

(4) 调整前后纵坡设置如表 2 -1 -1、表 2 -1 -2 所示。

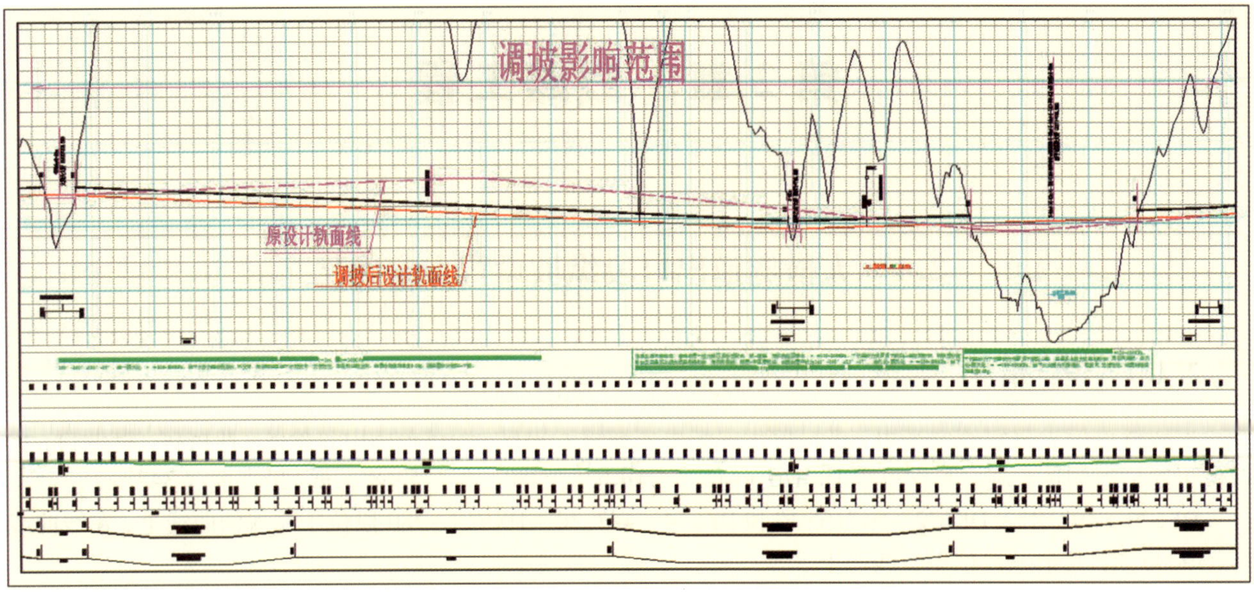

图 2－1－2　DK670＋100～DK679＋000 纵断面调整示意图

表 2－1－1　原设计大横隧道纵坡设置表

变坡点里程		DK673＋450	
坡度(‰)	3.5		－10.3161
坡长(m)	6250		3950
内轨标高(m)		180.859(180.142)	

表 2－1－2　调坡后大横隧道纵坡设置表

变坡点里程		DK670＋320		DK675＋800	
坡度(‰)	3.5		－5.0263		3.0
坡长(m)	3120		5480		3100
内轨标高(m)		160.631(160.001)		142.602(142.360)	

2.1.4　优化小结

(1)明洞延长，降低了洞口上方山体危岩危石加固难度，同时降低了营运安全隐患。

(2)压低明洞标高，避免强暴雨时期冲沟排水对路基造成强水流冲刷的影响，避免形成安全隐患。

2.2　短小路基设置方案优化

2.2.1　设计情况

因桥—桥、桥—隧、隧—隧间隔距离短，采用 2.3 m 厚 C30 素混凝土刚性路基通过。

2.2.2　优化原因

在路基工程施工图设计期间，路基专业经过详细的排查梳理，认为部分路基工点风险较大，需进行路改桥或路改隧优化设计，以降低合福高铁日后运营的安全风险，具体原因见表 2 - 2 - 1。

2.2.3　优化措施

(1)优化处理方案。

京福闽赣公司组织召开了路基工程风险工点排查评审会，经过协商研究，各专业工程达成了一致意见，短小路基设置方案优化情况如下：通过桥隧延长取消长度小于 10 m 短路基工点 26 处；有 11 段高填方陡边坡风险工点改为桥梁通过；有 8 段深挖方路堑边坡风险工点改为隧道或明洞通过，具体优化处理意见如表 2 - 2 - 1 所示。

表 2 - 2 - 1　短小路基优化处理措施

序号	起始里程	终止里程	长度(m)	需优化设计原因	优化处理意见
一	高陡路堤				
1	DK377 + 966.11	DK377 + 985.50	19.39	桥—桥间距小于 150 m 填方地段	源口村大桥、源口村 1#中桥及源口村 2#中桥相连，取消短路基
2	DK394 + 583.07	DK394 + 838.00	254.93	DK394 + 583 ~ + 729 右侧高填方	高湖头特大桥福州台右侧延长至 DK394 + 729
3	DK412 + 068.01	DK412 + 081.00	12.99	右侧填方高达 17 m，边坡超 12 m，压天然冲沟，在强暴雨时期冲沟成为排水通道，可能会对路基造成强水流冲刷，形成安全隐患	王家坞中桥福州台延长与西坞岭隧道衔接
4	DK650 + 986.34	DK651 + 253.27	266.93	DK651 + 240 ~ + 253 右侧高填方，边坡超 12 m	七米糠大桥合肥台延长至 DK651 + 229.8
5	DK661 + 537.12	DK661 + 659.52	122.40	桥—桥间距小于 151 m 填方地段	朝阳 1 号大桥与 2 号大桥相连，取消短路基
6	DK665 + 565.33	DK665 + 586.89	21.56	桥—桥间距小于 152 m 填方地段	狮山 5 号大桥与 6 号大桥相连，取消短路基
7	DK495 + 937.01	DK496 + 244.50	307.49	DK496 + 010 ~ 110 右侧边坡高 19 m，边坡超 12 m	DK496 + 010 ~ + 090 改桥
8	DK599 + 259.77	DK599 + 432.27	172.50	DK599 + 259.77 ~ + 356 右侧边坡高 23 m，边坡超 12 m。需设桩板结构，造价高	东泽村特大桥延长至 DK599 + 356 左右
9	DK703 + 149.51	DK703 + 353.00	203.49	DK703 + 190 ~ + 350 为谷地型软土，路堤最大填高 11 m，冲沟与线路斜交	DK703 + 190 ~ + 353 改桥并且与赤门隧道衔接
10	DK714 + 779.60	DK715 + 046.00	266.40	DK714 + 895 ~ DK715 + 025 填方最高达 10 m，压天然冲沟，在强暴雨时期冲沟成为排水通道，可能会对路基造成强水流冲刷，形成安全隐患	DK714 + 82 ~ DK714 + 975 改桥
二	深路堑边坡超限				
1	DK452 + 275.47	DK452 + 411.2	135.73	DK452 + 280 ~ + 411 右侧边坡高达 45 m	DK452 + 280 ~ + 411 改隧道

续表 2-2-1

序号	起始里程	终止里程	长度(m)	需优化设计原因	优化处理意见
2	DK553+734.48	DK553+933.27	198.79	DK553+734.48～+840 左侧边坡最高 73 m，地层为凝灰岩，全风化—强风化	DK553+734.48～+840 改明洞
3	DK602+743.72	DK603+094.50	350.78	DK602+775～DK603+020 右侧边坡高 45 m，中心挖深 28 m，地层云母石英片岩，全风化	DK602+870～DK603+017 改隧道
4	DK622+956.00	DK623+090.00	134.00	DK623+020～+090 右侧深挖方达 56 m，路基压占冲沟。地层云母石英片岩，全风化	DK623+020～+090 改明洞
5	DK668+401.52	DK668+489.50	87.98	DK668+401.5～+489.5 边坡最高达 50 m，且分布危岩，地层为侏罗系粉砂岩，全风化—强风化。局部夹煤线，右侧顺层	DK668+401.5～+489.5 改隧道，与前后桥梁衔接
6	DK694+545.00	DK694+704.50	159.50	DK694+570～+670 左侧边坡高 49 m，地层为花岗岩，全风化	南山 1 号隧道延长至 DK694+670
7	DK763+225.00	DK763+888.50	663.50	DK763+360～+685 边坡高达 45 m，地层为凝灰岩，全风化—强风化	DK763+440～+600 改明洞
8	DK780+437.41	DK780+645.00	207.59	DK780+460～+590 左侧边坡最大 43 m，地层为凝灰岩，全风化—强风化	DK780+437.1～+630 改隧道
三	边坡高度超规范，安全隐患工点				
1	DK360+217.00	DK360+222.50	5.500	短路基过渡段，不平顺	金山顶隧道延长
2	DK374+112.00	DK374+114.60	2.600	短路基过渡段，不平顺	秋口隧道延长
3	DK377+342.70	DK377+343.93	1.230	短路基过渡段，不平顺	金田源大桥延长
4	DK378+081.73	DK378+090.50	8.770	短路基过渡段，不平顺	源口村 1#及 2#中桥延长
5	DK397+918.91	DK397+920.14	1.230	短路基过渡段，不平顺	牛岗岭大桥延长
6	DK398+871.81	DK398+879.81	8.000	短路基过渡段，不平顺	小叶竹大桥延长
7	DK412+068.01	DK412+074.00	5.990	短路基过渡段，不平顺	王家坞中桥延长，地路配合支挡防护
8	DK419+031.00	DK419+035.27	4.270	短路基过渡段，不平顺	南溪岭隧道延长
9	DK420+698.00	DK420+698.50	0.500	短路基过渡段，不平顺	黄柏岭隧道延长
10	DK447+334.00	DK447+342.50	8.500	短路基过渡段，不平顺	溪南大桥延长 8 m，楼村隧道延长 0.5 m
11	DK447+932.00	DK447+935.17	3.170	短路基过渡段，不平顺	徐家棚隧道延长
12	DK451+876.44	DK451+878.00	1.560	短路基过渡段，不平顺	曹家隧道延长
13	DK534+926.00	DK534+930.23	4.230	短路基过渡段，不平顺	北武夷山隧道延长
14	DK570+567.41	DK570+575.41	8.000	短路基过渡段，不平顺	大渚大桥延长
15	DK600+753.00	DK600+754.90	1.900	短路基过渡段，不平顺	凤凰山隧道延长

续表 2－2－1

序号	起始里程	终止里程	长度(m)	需优化设计原因	优化处理意见
16	DK612＋993.57	DK613＋000.00	6.430	短路基过渡段，不平顺	葫芦山二号隧道延长
17	DK632＋227.90	DK632＋233.00	5.100	短路基过渡段，不平顺	南坑隧道延长
18	DK634＋015.01	DK634＋016.00	0.990	短路基过渡段，不平顺	翁墩 2 号大桥延长
19	DK678＋354.67	DK678＋364.00	9.330	短路基过渡段，不平顺	南平建溪特大桥延长 9.23 m，石门山隧道延长 0.1 m
20	DK692＋116.16	DK692＋122.00	5.840	短路基过渡段，不平顺	大洲隧道延长
21	DK696＋023.02	DK696＋028.00	4.980	短路基过渡段，不平顺	库湾隧道延长
22	DK696＋248.00	DK696＋249.50	1.500	短路基过渡段，不平顺	桥尾大桥与库湾隧道衔接
23	DK709＋069.70	DK709＋075.00	5.300	短路基过渡段，不平顺	抬坡、桥隧相连
24	DK728＋640.02	DK728＋643.00	2.980	短路基过渡段，不平顺	赤林隧道延长
25	DK802＋037.00	DK802＋041.27	4.270	短路基过渡段，不平顺	龙岭隧道延长
26	DK802＋828.00	DK802＋829.50	1.500	短路基过渡段，不平顺	兰花山隧道延长

(2)部分案例分析。

①对地势陡峭地段与隧道相接的桥台，采取桥台伸入隧道内、桥台台身置于隧道底板上与隧道底板连为一体的措施，以减少对山体的破坏。如文公山大桥(DK390＋549.825)、陈洞大桥(DK438＋141.485)、里湾中桥(DK519＋242.855)、石罗坑大桥(DK520＋142.805)、古田站 1 号大桥(DK731＋695)、赤门特大桥(DK708＋767.605)、仑顶大桥(DK743＋333.85)等桥台伸入隧道，伸入隧道侧桥台长度 2.1 m。

②对桥长较短、地势陡峭、不便采用预制架设或现浇整孔箱梁的桥梁，采用连续梁方案设计：陈洞大桥(DK438＋141.485)由 1×(40＋64＋40)m 连续梁＋2×32 m 简支梁调整为 1×(40＋64＋40)m 连续梁＋2×31.9 m 连续梁；安仁溪特大桥(DK755＋810.36)由 1×24 m 简支梁＋2×32 m 简支梁＋1×(48＋80＋48)m 连续梁＋6×32 m 简支梁调整为 1×24 m 简支梁＋2×31.9 m 连续梁＋1×(48＋80＋48)m 连续梁＋2×31.9 m 连续梁＋2×31.9 m 连续梁＋2×31.9 m 连续梁，连续梁采用悬臂灌注法施工。

③取消路堑挖方地段过短的路基(一般小于一孔梁的距离，即 30 m 左右)，采取以桥代路。如源口村大桥、源口村 1 号中桥、源口村 2 号中桥三桥台尾间距分别为 14.39 m、8.77 m，路堑最大挖深分别为 5 m、5.4 m，采用桥梁连在一起；狮山 5 号大桥、狮山 6 号大桥两桥台尾间距为 21.6 m，路堑最大挖深为 3.2 m，采用桥梁连在一起。

④对半填半挖地段、地势较陡、长度短于 150 m 的路基，采取以桥代路。如朝阳 1 号大桥、朝阳 2 号大桥之间路基长 122.4 m，将两桥连在一起，按一座桥考虑。

2.2.4　优化小结

通过优化处理，总结如下：

(1)取消短路基后，两侧结构物直接相连，保证了结构的刚性和竖向平顺性。

(2)因取消过渡段路基，避免了路、桥、隧因结构差异引起的不均匀沉降，保证了结构安全，同时还确保了线路的平顺性。

(3)因路改桥或路改隧，简化了现场施工组织，但相应地也增加了投资成本。

(4)部分路基取消后，消除了高填方或深路堑，避免了营运安全风险隐患。

第3章 路基工程

3.1 DK452 +274.24 ~ +411.21 路基段改明洞方案优化

3.1.1 设计情况

DK452 +274.24 ~ +411.21 段路基长 136.97 m。DK452 +274.24 路段前接金鸡水库大桥，DK452 +411.21 路段后接老虎岩大桥，为岩溶深路堑及桥桥过渡段路基。本段路基地形地貌主要为剥蚀丘坡，坡体自然坡度为 25° ~30°左右，植被茂密。地层主要为钙质页岩，全风化—弱风化。地下水为基岩裂隙水及岩溶水。

根据原设计咨询图纸要求，本段路堑坡面位于全风化—弱风化钙质页岩中，路堑边坡采用基材植生防护，右侧设挡墙收坡。DK452 +280 ~ DK452 +394.5 路段右侧路堑坡度较高，挡墙顶一至四级边坡采用框架锚杆、承压板锚索结合基材植生防护，坡面外露强—弱风化岩层采用承压板锚索加固，其余采用框架锚杆加固。同时，本段路基岩溶发育，线岩溶率约为 5%，地基需注浆加固处理。DK452 +274.24 ~ +411.21 段线位关系如图 3 -1 -1 所示。

图 3 -1 -1 DK452 +274.24 ~ +411.21 段线位关系

3.1.2 优化原因

2010 年 12 月，原铁道部工管中心在对合福线闽赣Ⅱ标进行现场检查时提出，本段深挖路堑边坡高达 5 级，边坡裸露部分为强风化岩，原设计边坡防护难以满足施工及运营的防护要求，极易发生坡面滚石、塌方等危害，影响行车安全；需建设单位会同设计、施工、监理单位对原设计进行优化，确保行车运营安全。

3.1.3 优化设计

经过上述优化原因分析，提出了优化设计措施，把原设计路基施工改为明洞施工，以保证运营安全。原设计 DK452 +274.24 ~ +411.21 段路基根据现场实际情况优化设计为明洞，进出口里程分别为 DK452 +274.24、DK452 +406.21；隧线分界里程分别为 DK452 +274.24、DK452 +411.21，出口洞门段设 5 m 刚性路基过渡段与桥梁连接。明洞采用单压式明洞结构，如图3－1－2所示，进口洞门采用$L=18$ m斜切帽檐式洞门结构，出口采用端墙式洞门结构，明洞施工完成后进行回填处理；明洞边坡主要采用承压板锚索与基材植生绿色防护。

图3－1－2　路基DK452＋274.24～＋411.21段单压式洞门结构

3.1.4　现场实施

根据设计要求，全隧采用明挖法施工，先明挖路堑，并进行边坡防护，再施工仰拱及填充、拱墙衬砌、洞门，然后进行土石回填，最后铺设黏土隔水层。

施工前按设计要求先在线路一侧刷坡线外5 m做临时截水天沟，然后逐段开挖，进行边坡防护；每段开挖长度不大于8 m，以免引起山体滑坡，如图3－1－3所示。洞身采用整体式衬砌台车衬砌、混凝土输送泵灌注混凝土、机械振捣。具体施工流程如图3－1－4所示。

图3－1－3　DK452＋274.24～＋411.21段明洞施工现场

(1)明洞路堑开挖。

明洞开挖时需核对现场地质情况与设计是否相符，发现不相符及时与设计单位及有关部门联系。明洞开挖施工流程如图3－1－5所示。

明洞土方开挖采用挖掘机纵向分层逐段开挖，石方采用爆破开挖，由人工进行边坡整修，边开挖边进

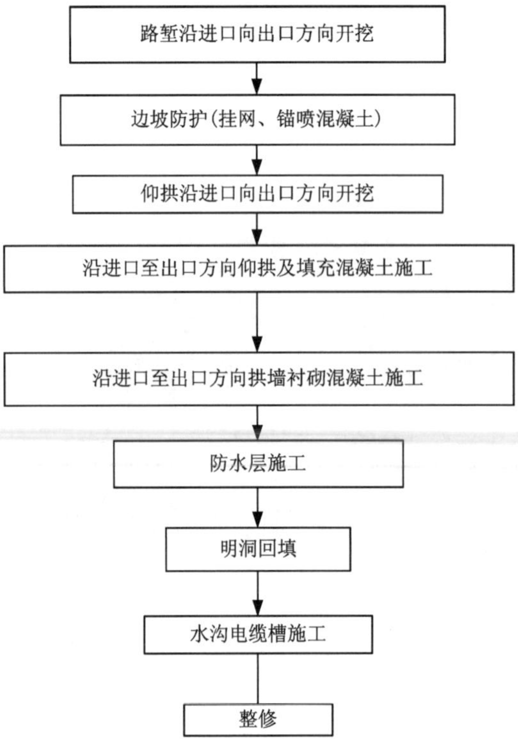

图 3-1-4 DK452+274.24~+411.21 段明洞施工工序流程

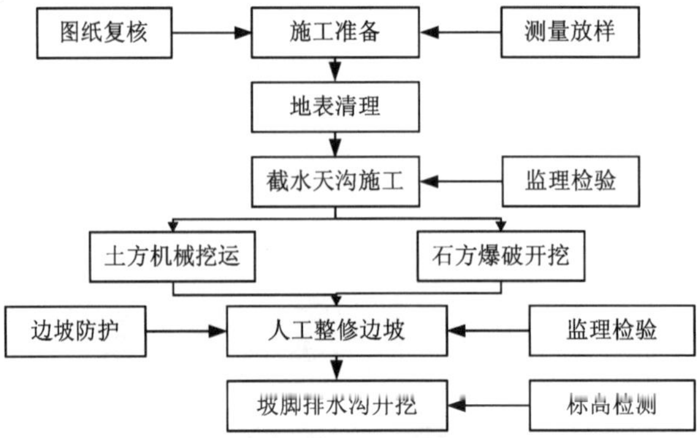

图 3-1-5 明洞开挖施工流程

行边坡防护。边坡坡度第一层为1∶0.5，其他为1∶1.5。边坡每8 m高设置一个2~3 m宽的平台。

(2)边坡防护。

按照边开挖边支护的原则，在每段边坡开挖后立即进行边坡防护施工。在人工整修边坡达到设计要求后进行边坡防护，边坡防护(不含最顶层边坡)采用承压板锚索结合基材植生防护，锚索纵、横向间距2.5 m，设计长度15 m，孔深15.5 m，预应力锚索锚固吨位为300 kN，锚固段7.0 m。锚索体与水平面的夹角为15°，孔径 $\phi=130$ mm，采用3根高强度低松弛的预应力钢绞线($\phi=15.24$ mm)制作。钢绞线强度 $Rb=1860$ MPa，用OVM15-3型锚具锁定。承压板采用C35钢筋混凝土现浇，截面尺寸为1.5 m×1.5 m，明洞进出口段喷射C25混凝土，中间明洞段喷射C20混凝土，初喷厚度为4 cm。顶层边坡采用基材植生防护。临时边坡采用喷锚网防护，锚杆采用 $\phi22$ 砂浆锚杆，长度为4~6 m，间距为1.5 m×1.5 m，成梅花形布置；喷射混凝土采用10 cm厚C25网喷混凝土，钢筋网采用 $\phi8$，网格尺寸为25 cm×25 cm。

(3)明洞衬砌。

1) 仰拱及填充施工。

仰拱开挖施工：明洞路堑开挖和边坡支护施工完毕后，选择晴天进行仰拱开挖，开挖时严格控制超挖、欠挖。

基底加固：洞口DK452 +364 ~ +411.21段结构基底下方存在无充填型溶洞，为提高基底承载力，避免基础下沉，要对溶洞采取钢花管填充注浆处理，具体设计参数为：①钢管规格：热轧无缝钢花管，外径76 mm，壁厚4.0 mm；②钢管间距采用1.5 m×1.5 m梅花形布置；③钢管长度需穿越溶洞进入基岩不小于0.5 m，根据现场钻孔探测的溶洞具体情况适当调整钢管设置范围及管长；④注浆浆液：采用1∶1水泥浆液，水泥标号为425#水泥；⑤注浆压力0.3 ~0.5 MPa；⑥注浆结束标准：以溶洞浆液充满为准。

仰拱钢筋施工：钢筋在钢筋加工场地下料、弯制，运至施工现场后进行钢筋绑扎、焊接作业。为保证钢筋绑扎整齐，间距符合规范要求，绑扎前要用卷尺量出其控制点并划线；钢筋搭接长度、焊接长度和焊接质量均应符合规范及设计要求。

仰拱开挖后及时施作仰拱。本明洞仰拱采用C35防水钢筋混凝土，仰拱填充采用C20混凝土。在仰拱混凝土施工前将明洞底部虚碴、杂物和积水等清除干净，确保隧底结构施作质量。仰拱混凝土与仰拱填充分开施工，且仰拱混凝土浇筑时必须采用弧形模板，以保证仰拱外观的尺寸要求。本明洞隧道中间设置排水沟，水沟宽度60 cm，厚度20 cm，采用C30混凝土浇筑，施工中采用先预留后浇筑的方式进行施工，即施工时水沟预留宽度为100 cm。

2) 拱墙衬砌。

本明洞衬砌拱墙采用C35钢筋混凝土，外边墙采用C35素混凝土。采用模筑衬砌，拱部及内边墙厚85 cm；在整条明洞基坑开挖及边坡防护施工完毕后，再进行明洞衬砌的施工。

①拱墙钢筋。

拱墙衬砌结构钢筋施工时，为减少工序干扰，加快施工进度，衬砌钢筋制作、安装要在浇注衬砌混凝土的前一环节进行。模筑台车作工作平台，进行拱墙衬砌钢筋绑扎、焊接作业，为保证钢筋位置准确、上下垂直、间隔均匀，要在平台上按洞身截面尺寸设纵向钢管托架，架起洞身主筋，并固定钢筋位置，下部与仰拱钢筋焊接，然后从下至上对称绑扎钢筋。

②拱墙模板。

拱墙混凝土施工采用衬砌模板台车模筑施工，外模为组合钢模板，5 cm钢板作为挡头板。衬砌台车按双线明洞设计制造，预留5 cm沉降，台车长12 m。考虑到全是明洞施工，因此用ϕ20圆钢做保护层，环向1 m间距焊接于拱墙主筋上，作为明洞混凝土浇筑的最外层轮廓线，外模板依此线排列拼装。本施工工艺外模加固分为边墙和拱部两部分。边墙施工外模与衬砌台车采用拉杆，外模环向以2 m长无缝钢管(间距1 m)为肋，纵向以20a工字钢(间距0.5 m)为楞。拱部施工从起拱线以上环向用2 m长无缝钢管(间距1 m)为肋，纵向以18工字钢(间距0.9 m)为楞固定。钢管与外模、钢管与工字钢之间用木楔塞紧，拱墙底部外加三排纵向间距0.5 m的8 cm×8 cm方木顶撑支撑于肋上，挡头板外侧用ϕ22拉杆和无缝钢管固定。台车就位后必须保证其位置准确，连接牢固，严防走动。明洞拱墙衬砌施工时，预埋接触网悬挂用滑道；滑道呈与明洞拱顶半径相同的弧线形，滑道的锚杆与明洞衬砌结构钢筋牢固可靠地连接。

③拱墙混凝土。

混凝土由大型自动计量搅拌站拌和，混凝土运输车水平运输，混凝土输送泵泵送入模。混凝土灌注采用两侧对称灌注，控制两侧灌注高差，防止侧压及台车移位。振捣采用插入式振捣器振捣，保证混凝土密实，表面光滑，无蜂窝麻面。输送泵供混凝土时保持连续运转，设置直输送管，设置缓转弯，接头严密，泵送前润滑管道。灌注后清理现场，及时检修，保养输送泵和清洗管道，以备下次循环使用。混凝土灌注完成后，混凝土强度达到2.5 MPa时方可拆模，养生采用加覆盖层或洒水的方式，以保持混凝土表面的湿润，养生时间不少于14天(冬期施工时，不小于21 d)。

3) 止水带。

止水带由拱顶向下环向布置，不断开；止水带对称安装，伸入模内和外露部分宽度相等，为保持止水带平直，沿环向每0.5 m设一处ϕ8 mm钢筋U形卡固定止水带。

施工注意事项：

①安装止水带以细铁丝悬吊于钢筋上固定位置，在顶部水平安装时使止水带形成盆式，以避免止水带下的气体在混凝土浇筑时无法逸出，形成孔隙。

②止水带设置时不可翻转、扭曲，如发现破损须立即更换。

③在混凝土浇筑前避免止水带被污物和水泥砂浆污损，表面有杂质须清理干净，以免混凝土与其咬合不紧密造成渗水通道，导致变形缝、施工缝漏水。

④止水带就位准确、安装牢固，模板的端板做成厢形，在浇注一侧混凝土时保护止水带的另一侧翼不受到破坏。

⑤止水带的端头离周围钢筋的距离不小于 20 mm，纵向固定间距不大于 250 mm。

4）防水层。

本明洞衬砌外缘防排水采用在明洞钢筋混凝土衬砌外缘涂 1 mm 厚水泥基渗透结晶型防水涂料（Ⅱ型），1 ~2 cm 厚 M10 砂浆找平层、防水板，以及 3 ~5 cm 厚 M10 砂浆保护层的方式。

（4）明洞回填。

明洞衬砌外防排水施工完毕后，需进行明洞回填的施工。明洞回填由 C20 混凝土填充、干砌片石、夯填土石和黏土隔水层组成。

明洞衬砌外缘内边墙拱脚处采用 C20 混凝土填充，C20 混凝土顶面采用干砌片石，片石砌筑高度为 5.7 m。根据试验数据，待衬砌混凝土强度达到设计要求后，即开始进行碎石土夯填；回填前取土样测定其最大干容重和最佳含水量，做压实试验，以确定填料含水量控制范围、铺土厚度和压实密度等参数。回填时分层夯实，每层层厚不大于 0.3 m。拱顶范围 1 m 以内采用人工使用小型机具夯填，夯与夯之间重叠不小于 1/3 夯底宽度，其他范围采用机械压碾，按薄填慢行，先轻后重，反复压碾，搭接宽度 20 cm。回填时禁止机械或机具碰撞防水保护层，每层填筑完毕后都要进行压实度检测，经检查合格后再进行下一层填筑。

明洞结构应在土石回填后铺设黏土隔水层，黏土隔水层层厚为 50 cm；黏土隔水层需结合地形纵向贯通，不出现断层和错台，隔水层纵坡做成单面坡，以利排水，如图 3 -1 -6 所示。

图 3 -1 -6　DK452 +274.24 ~ +411.21 段明洞顶部排水

3.1.5　优化小结

（1）原设计深挖路堑最多为 5 级边坡，堑顶至轨面设计标高最大高差为 37.84 m，堑坡底设置 8 m 高档墙，由于原深挖路堑坡面分级多，高差大，坡面易发生滚石等危害，影响线路施工及运营；优化设计为明洞后，堑顶至明洞回填顶最大高差为 23.72 m，且明洞本身对线路也起到了防护作用，降低了施工及运营安全隐患。

（2）原设计深挖路堑施工复杂，施工周期较长；优化设计为明洞后，取消了堑底挡墙及路基相关附属工程，缩短了工期。

(3)原设计深挖路堑段前接金鸡水库大桥，后接老虎岩大桥，为桥桥过渡段路基，由于原路基为岩溶深路堑，相邻单位工程完工后不均匀沉降量较大；优化设计为明洞后，由于明洞及桥梁均为刚性结构，工后不均匀沉降量变小，对线路运营起到了保护性作用。

3.2　DK443 +585.69 ~ +821.27 段路基地基处理方案优化

3.2.1　设计情况

DK443 +585.69 ~ +821.27 段路基全长 236.81 m，前接曹家大桥，后接童墩大桥。路基地段地形地貌主要为剥蚀丘坡，丘坡自然坡度10° ~20°，植被发育，地层岩性主要为红黏土、钙质页岩全风化、钙质页岩强风化、灰岩弱风化。地下水主要为孔隙水，弱发育。

本段路基地基处理形式为：

(1)DK443 +585.69 ~ +642.50 和 DK443 +801 ~ +822.5 路基基底采用压力注浆加固，注浆厚度不小于 8 m，深入强风化灰岩或钙质页岩岩层不小于 8 m，注浆孔采用正三角形布置，孔位间距 5 m。

(2)DK443 +585.69 ~ +599.69 和 DK443 +655 ~ +822.5 段地基采用 C20 钻孔灌注桩及 C40 钢筋混凝土筏板；桩身采用 C20 混凝土浇筑，桩径 0.6 m，桩间距 2 m，钻孔桩进入强风化或弱风化岩层不小于 1 m。

(3)DK443 +605 ~ +822.5 采用堆载预压，堆载预压土柱高于基床表层底 3.0 m，预压时间不小于 6 个月。

(4)桥路过渡段基床表层换填级配碎石掺 5% 水泥，其余基床表层为级配碎石厚 0.4 m。桥路过渡段基床底层挖除换填范围内采用级配碎石掺 3% 水泥，厚 2.3 ~4.45 m，其余地段基床底层换填 A、B 组填料厚 2.3 m。

3.2.2　优化原因

(1)根据全线总体铺轨、架梁工期计划及本段路基施工计划情况进行优化分析，如果按原设计施工，该段路基工期将严重滞后于铺架工期要求；为保证架梁施工和后期无砟轨道施工不受影响，经与业主、设计单位、监理单位沟通，决定对此段路基原设计进行优化，以保证后续施工不受影响。

(2)原设计中 DK443 +605 ~ +822.5 采用堆载预压，根据现场测量数据整理分析，若沉降稳定，方可卸载预压；若沉降不稳定则需继续预压，直至沉降稳定后方可卸载预压，工期将会受到影响。

3.2.3　优化设计

根据架梁工期安排，现对原设计进行优化，具体优化措施如表 3 -2 -1 所示。

表 3 -2 -1　DK443 +585.69 ~ +821.27 段路基具体优化措施

序号	里程	路基长度(m)	原设计	变更后设计	备注
1	DK443 +585.6 ~ +599.69	14.00	钻孔桩 + 筏板	维持原设计	
2	DK443 +599.69 ~ +655	55.31	无地基处理措施	钻孔桩 + 筏板	
3	DK443 +655 ~ +822.5	167.50	钻孔桩 + 筏板	维持原设计	
4	DK443 +605.69 ~ +822.5	216.81	堆载预压	取消堆载预压	

从表 3 -2 -1 可以看出，本段路基原设计 DK443 +585.69 ~ +599.69 和 DK443 +655 ~ +822.5 两段地基处理为钻孔桩加筏板施工，DK443 +599.69 ~ +655 中间段路基无地基处理措施。通过设计图纸解算原钻孔桩段钻孔桩改变的长度，同时对 DK443 +599.69 ~ +655 段地基打入钻孔桩加固，使得 DK443 +585.69 ~ +822.5 段路基在不需要进行堆载预压的情况下满足高速铁路路基沉降的要求。将该段路基优化设计为桩基加筏板结构后，提高了路基的整体稳定性；为节约工期，保证后续的架梁施工和无砟轨道施工

工期不受影响，取消了整段路基的堆载预压施工。

3.2.4 现场实施

(1)钻孔灌注桩施工。

根据设计要求，现场施工必须满足工后沉降要求以及质量标准，对 DK443 +585.69 ~ +821.27 段路基采用 C20 钻孔灌注桩及 C40 钢筋混凝土筏板，基床表层换填级配碎石掺5%水泥，基床底层换填 A、B 组填料。DK443 +585.69 ~ +638 段进入弱风化岩层不小于 1 m，DK443 +809 ~ +821.27 段岩层进入强风化岩层不小于 1 m。桩身采用 C20 混凝土浇筑，钢筋笼长度 5 m，进入原地面不小于 3 m，如图 3 -2 -1 所示。

(a)钻孔

(b)钢筋笼安装

图 3 -2 -1　地基处理钻孔灌注桩施工

(2)钢筋混凝土筏板铺设。

DK443 +585.69 ~ +821.27 段桩顶铺设 C35 钢筋混凝土筏板，筏板采用 C35 钢筋混凝土浇筑，厚 0.4 m，下设 0.1 m 厚 C20 素混凝土垫层。筏板纵向节长 12.26 ~ 13.98 m，横向宽 16 m。钻孔桩施工完成后，桩身混凝土养护达到 28 d 后方可开挖桩间土；然后按照破桩头 - 桩基检测 - 垫层浇筑 - 钢筋绑扎 - 立模板 - 混凝土浇筑 - 拆模 - 混凝土养护的施工工序流水施工，合理安排施工作业，如图 3 -2 -2、图 3 -2 -3、图 3 -2 -4、图 3 -2 -5 所示。

图 3 -2 -2　桩间土夯实

图 3 -2 -3　桩基检测

图3-2-4　钢筋绑扎

图3-2-5　混凝土浇筑

(3)路基填筑。

DK443+585.69～+605.69、DK443+801.27～+821.27段基床底层采用级配碎石+3%水泥填筑；DK443+605.69～+801.27段基床底层采用A、B料填筑；DK443+585.69～+821.27段路基基床表层采用级配碎石+5%水泥填筑。路基填筑采用水平分层、纵向分段和以机械施工为主、人工为辅的作业方法进行施工；填筑施工中压实厚度不超过0.3 m，分层摊铺，超宽碾压，表面压实平整并合理设置排水系统，如图3-2-6所示。

(a)级配碎石摊铺

(b)级配碎石碾压

图3-2-6　路基填筑及检测

(4)设计优化后工期对比。

对改段路基设计优化前后的施工工艺，DK443+599.69～+655段地基由原来不处理但有50 m堆载预压，优化为C20钻孔灌注桩及C40钢筋混凝土筏板施工；取消DK443+605.69～+822.5段地基堆载预压处理措施。设计优化后，严格按照施工规范进行施工，保证施工质量，缩短工期，大大提高了施工效率，满足了业主架梁施工的要求。设计优化后工期对比如表3-2-2所示。

表3-2-2　设计优化后工期对比

序号	里程	原设计工程量	变更后工程量	原设计计划工期	变更后工期	节约工期
1	DK443+585.69～+599.69	桩基48根+筏板	桩基48根+筏板	3天桩基施工，28天等强，4天筏板施工	3天桩基施工，28天等强，4天筏板施工	0天

续表 3－2－2

序号	里程	原设计工程量	变更后工程量	原设计计划工期	变更后工期	节约工期
2	DK443＋599.69～＋655	无地基处理，但有 50 m 堆载预压	增加桩基 224 根＋筏板，取消堆载预压	180 天	14 天桩基工，28 天等强，16 天筏板施工	122 天
3	DK443＋655～＋822.5	桩基 672 根＋筏板	桩基 672 根＋筏板	42 天桩基施工，28 天等强，48 天筏板施工	42 天桩基施工，28 天等强，48 天筏板施工	0 天
4	DK443＋605.69～＋822.5	堆载预压	取消	180 天	0 天	180 天

3.2.5 优化小结

(1)通过优化设计，对 DK443＋585.69～＋821.27 段路基采用 C20 钻孔灌注桩及 C40 钢筋混凝土筏板，虽增加了原有设计的工程量，但对该路段原有地基取消堆载预压的处理措施，减少了堆载预压占用的时间。

(2)优化设计后，避免了本段路基附近三段路基施工工序上的交叉，大大缩短了施工工期，为后续施工赢得了时间，从而保证了架梁施工能够按照要求及时完成，并为后续无砟轨道施工创造了有利条件。

(3)地基设计应满足承载力和变形要求。地基处理后，地基变形应满足现有规范要求，并在施工期间进行沉降观测，用以评价地基加固效果。

(4)在施工中应该严格按照规范施工，合理安排施工作业，做到科学、合理配置资源，以避免影响后续工序的最早开工时间，从而耽误施工工期。

3.3 西岭互通路基邻近既有线、居民区爆破施工

3.3.1 设计情况

(1)工程概况。

DK807＋124.52～＋573.73(西岭互通)段路基位于跨西岭互通特大桥及福州双线桥之间，全长 449.21 m。其中 DK807＋124.52～＋300 为挖方段，石方开挖量约 89500 m^3；DK807＋300～＋410.23 为填方段，DK807＋410.23～＋573.73 为挖方段，石方开挖量约 27000 m^3。

(2)地质情况。

①花岗岩：浅黄色，全风化，岩芯呈密实砂土状。

②花岗岩：灰白色，强风化，岩芯呈碎块状、短柱状。

③花岗岩：灰白色，岩芯呈短柱状。

(3)爆破区环境。

爆破区东面：距离新建的高铁桥桩 25 m、距离既有铁路线 113 m、距离信号塔架 172 m。

爆破区南面：距离三座砖混结构的一层小民房最近点为 15 m、距离软件园办公楼 54 m。

爆破区北面：距离砖混结构的民房 17 m、距离三环路 64 m、距离龙安境 67 m。

3.3.2 存在问题

(1)施工区域周边建筑林立，附属设施、交通设施环绕。

①该段路基紧邻福建省预备役高炮师驻地和福州市软件园四期工程。周边是工业园区和宿舍区以及福州市晋安区益凤村居民聚集区。峰福铁路、福州市三环快速路、福州市绕城高速环绕施工区域，如图 3－3－1 所示。

②西岭互通路基并跨新开通的向莆铁路西岭隧道，路堑底距离隧道顶仅 16 m，与西岭隧道出口直线距

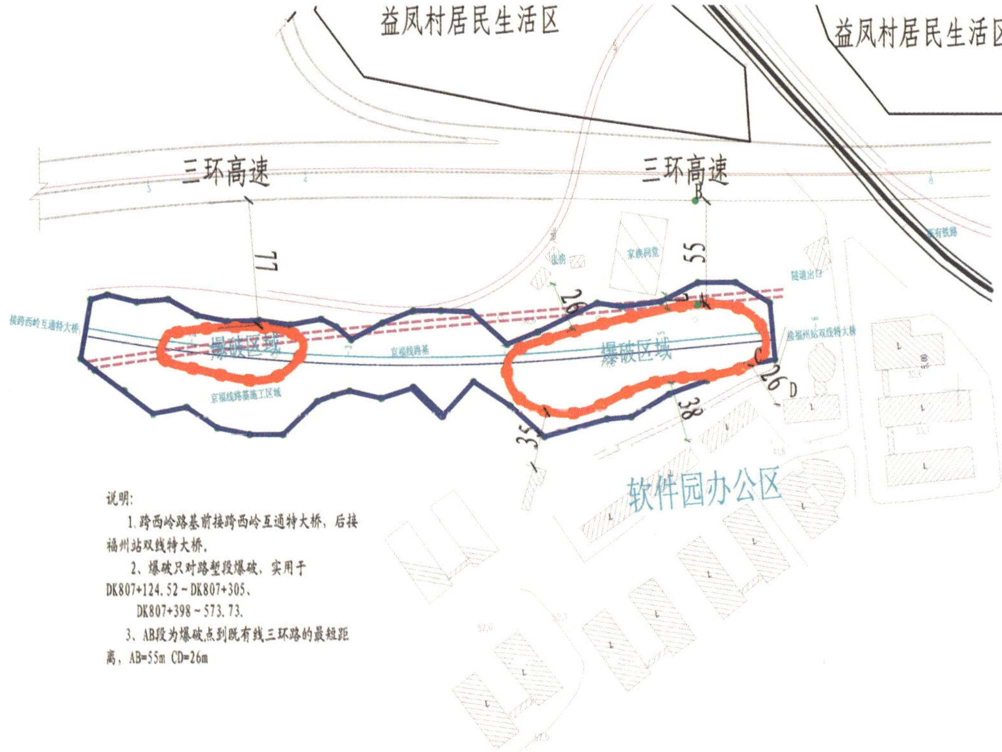

图 3－3－1　西岭路基周边环境示意图

离 85 m，如图 3－3－2 所示。

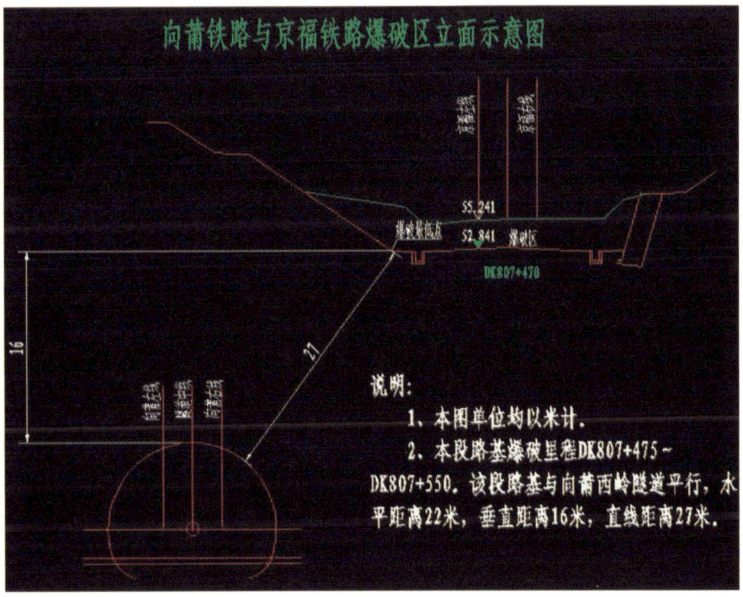

图 3－3－2　向莆铁路与本线爆破立面示意图

（2）火工品使用手续批复条件苛刻。

①开工前就收到福州市晋安区政府发出的要求采取静态爆破措施，防止普通爆破对周边交通设施、民用建筑造成损害的函件。

②爆破单位准入条件苛刻，要求使用本地有资质的爆破单位。

③爆破区域周边环境条件复杂，审批单位经办人员对爆破安全隐患存有疑虑，导致爆破手续不能及时批复。

④本段路基虽仅有449 m，但在行政区域内却属于晋安、鼓楼两个县区管辖，为爆破手续的审批增加了难度。

(3)临近既有铁路爆破施工审批存在诸多不确定性因素。

根据经验，临近既有铁路爆破施工手续的批复至少需要30天时间，但本路基爆破施工紧邻刚开通的向莆高铁，受关注程度高。因此，审批手续完成时间、天窗点时间等成为制约该路基按期完工的重要因素。

3.3.3 处理措施

(1)对爆破区域周边重要建筑设施、交通设施、民用住宅区等基础设施进行详细调查并登记，测设主要设施到爆破点的距离，计算爆破时振动波、飞石等可能对其影响的风险程度。采取静态爆破、浅眼控制爆破等不同方案，减小对周边建筑物及交通设施的影响。

(2)委托在福建省注册具备相应资质的爆破公司进行爆破设计，聘请在福建省注册具备相关资质的监理公司对爆破设计进行评审。主动邀请爆破区域周边建筑物产权单位代表、爆破专家、公安等参加评审会，通过专业的爆破设计评审意见，消除爆破评审单位及周边建筑物产权单位代表的顾虑，加快火工品使用手续的批复。

(3)针对临近既有线爆破施工审批手续批复的不确定性等特点，项目部在铁路工务部门邀请了具备既有线施工经验的专家作为顾问，利用其丰富经验，创造与铁路局相关部门沟通的良好环境，为临近既有线爆破施工手续的快速审批提供保障。在正常申报的同时，借助建设单位与铁路局的关系，对督促审批部门快速审批起到至关重要的作用。

3.3.4 现场实施

(1)静态爆破实施方案。

本工程工作面呈条状分布，根据静态爆破的原理，拟采用“纵向分段、水平分层”的方式施工。作业时，必须待前期作业面分层破碎达到一定深度，并为后续施工面创造更多临空面后，再对后期施工段进行分层破碎。

1)施工工艺。

①工艺流程。

施工前准备→设计布孔→测量定位→钻孔→装药→药剂反应→清碴→下一循环。

②设计布孔。

沿线路纵向方向布眼或视临空面方向布眼，对不同的自由面采取不同的布眼方式，即采取眼孔垂直、水平、倾斜等多种布孔方式。

根据本段范围内岩石的坚硬程度，孔排间距30 cm，眼孔间距20 cm，每次钻眼排数不超过4排。

③钻孔。

严格按照作业设计规定的炮孔位置或临空面方向钻孔，孔径为ϕ35～50 mm，孔眼深度为1.6 m。炮孔钻眼完成后应及时用吹风管将炮孔吹干净，并用棉纱或废纸堵塞炮孔。

④装药。

按照水灰比0.35拌制药剂，拌制时先将破碎剂加入塑料桶内，然后缓慢加入定量的洁净水，用木棍搅拌，拌和后的药剂呈具有流动性的均匀浆体，拌和时间不超过3分钟，因此应根据现场装药进度拌制适量的药剂。

用塑料舀配合漏斗在拌制药剂完成后5分钟之内将其装入孔内，并用炮棍捣实。采用三小组同时灌装的方式，每组主副两人配合完成，主灌装手负责灌注进孔，副灌装手负责捅紧捣实。各小组采取“同步操作、少拌勤装”的原则。装药时尽量同时对相同横断面内的各孔装药，各小组拌制、装药基本保持同步进行，以保证膨胀压能同步出现。严禁边钻孔边装药。

灌注过程中，已经发烫和开始冒气的药剂不能装入孔内。装药时，若孔内有气体冒出或出现“嘶嘶”的声音，喷孔可能发生，要立即停止装药。装药深度为0.8～0.9孔深。

⑤药剂反应时间及温度控制。

药剂反应快慢与温度有直接关系，温度越高，反应时间越快，反之则慢。气温较低时，可采取保温措施，即装药结束后，使用棉被或草甸覆盖孔口区域，以防止温度过低影响爆破效力，尽量在午间装药爆破。

2）静态爆破使用材料及设备。

静态爆破使用材料及设备如表3－3－1、表3－3－2所示。

表3－3－1　静态爆破材料用量表

序号	名称	单位	数量	备注
1	静态爆破剂	kg	按方量×25 kg/m^3	按实际施工温度选择合适的型号
2	洁净水	L	按静态爆破剂的35%计算	

表3－3－2　静态爆破设备用量表

序号	名称	规格	单位	数量
1	空压机	12 m^3	台	3
2	凿岩机	SKQ20－Y28	台	9
3	盛水桶		个	4
4	拌和盆		个	6
5	电子秤		台	2
6	量筒		个	4
7	油刨（挖机）	K320	台	3

3）质量控制措施。

①静态爆破剂的质量控制。

对进场材料必须进行检验，确保其符合JC 506—2008《无声破碎剂》强制性行业标准，不合格产品不得使用。本公司一直使用质量优良的静爆剂以取得更好的效果。

②钻孔质量控制。

根据调查情况，编写实施性施工方案，按方案中的设计孔位布置图测量放线，严格控制孔深、角度等技术参数。钻孔直径宜采用38～42 mm。孔距与排距的大小与岩石的硬度直接相关。硬度越大，孔距与排距越小，反之则越大。根据此原则结合现场试验进行孔距与排距的调整。

③装药的质量控制。

根据工程所在地季节气候特点，选用静态破碎剂型号SCA型。禁止边打孔边装药，打孔要一次完成，装药也要一次完成。禁止打完孔后立即装药，应用高压风将孔清洗完成，待孔壁温度降到常温后方可装药。灌装过程中，已经开始发生化学反应的药剂不允许装入孔内。

（2）控制爆破的安全防护措施。

1）降低爆破振动的措施。

①采用微差爆破技术；

②精心设计，选取合理的爆破参数；

③减少最大段起爆药量和减小一次爆破规模；

④采用间隔装药或不偶合装药或孔底空气间隔装药；

⑤选择好孔、排的延时间隔时间；

⑥确保按顺序起爆，尽量避免产生盲炮；控制超深和最小抵抗线不宜过大。

2）飞石防护措施。

①控制爆堆方向，爆破抵抗线朝向空旷地带；

②选择合理单耗药量是控制飞石的关键，单孔装药量过大，必然造成飞石过远等现象，必须选择合理的装药量；

③处理好有水孔，加强堵塞，保证良好的堵塞质量和堵塞长度 ，填塞物内不得含有碎石等异物；

④清除爆区范围内可能诱发次生事故的垃圾、淤泥等杂物。对预计飞石范围内建筑物的电源、水源、火源、气源等，起爆时应切断；

⑤在设计提出的爆破飞散物安全允许距离范围边界设置警戒，严防无关人员进入爆区；

⑥装药时，认真检查第一排的抵抗线是否有变，若有变化，要改变装药量和装药结构；

⑦为防止个别飞石溅出造成危害，要在距爆区边 5 m 外，3 个方向架设 6 ~8 m 高、总长达 150 m 的双层防护栏架，并在防护栏架上捆绑竹篱笆或铁丝网沙袋加固，将防护栏上部钢丝绳拉紧加固。在爆点再采用竹笆片、胶帘、铁丝网和沙袋等进行覆盖防护。如图 3 –3 –3 所示。

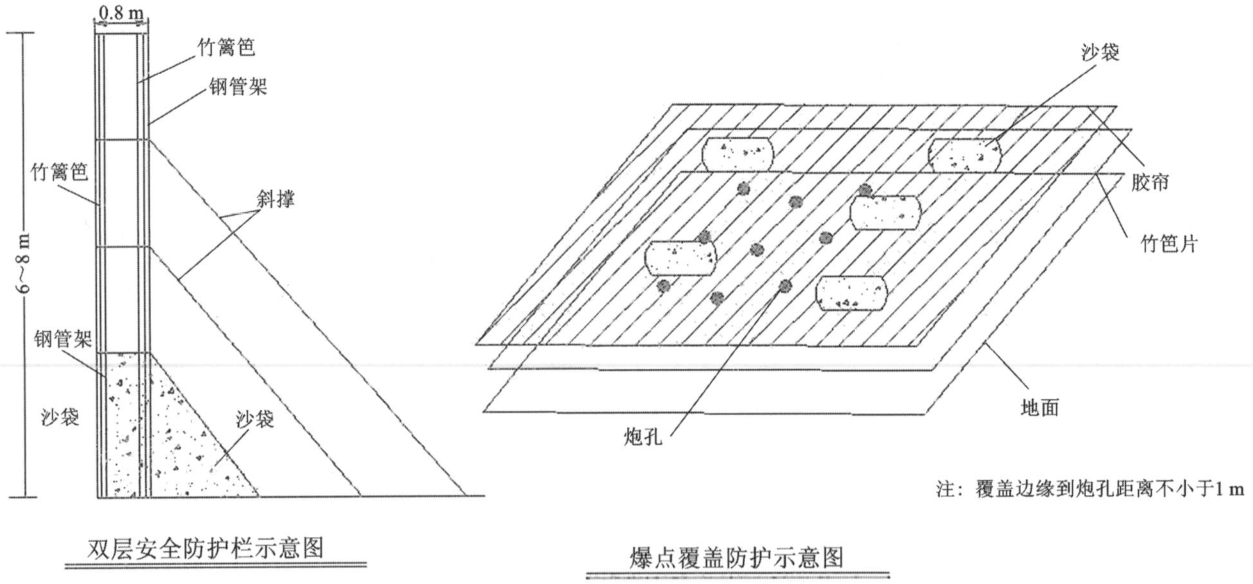

图 3 –3 –3　防飞石立网及重力柔网结构图

(3)爆破周边区域警戒措施。

①警戒范围。

根据向莆铁路和京福铁路爆破区平面示意图，爆破时安全警戒范围设为距离每次爆破点四周 100 m 范围内，如图 3 –3 –4 所示。爆破前应对安全警戒范围内的人员进行清场，在确认安全警戒范围内无其他人员时，方可进行连线起爆。警戒点设在路口和视线开阔处，爆破工作开始前，应在危险区内设置明显标志。

②警戒人员。

起爆前在爆破区四周根据地形环境设置警戒点，对警戒范围进行戒严，禁止任何人员进入爆破区，每个警戒点根据其附近条件委派 1 ~2 人进行安全警戒。为确保警戒效果，根据公安部门要求，聘请当地保安公司人员进行专职警戒。

③安全警戒措施。

爆破前 30 分钟开始警戒，警戒点必须事先设定，并由专人负责。警戒点之间要通视，用对讲机保持密切联系。爆破警戒开始后，要同时发出视觉(红旗)和声响(警报)信号，每日在计划爆破装药前，要挂红旗或开警报，以示警报，告知周围居民和施工人员等，取得配合，及时撤离。

爆破采用电起爆器起爆，起爆器由专人(指定的爆破员)负责。爆后要进行安全检查，确定无爆炸危险后，再解决警戒。爆前半小时各警戒点人员必须到位，并用对讲机与指挥部保持联系。在爆区内的人员、设备在起爆前要做好撤退准备，退出安全区域。爆破指挥部与起爆站设在安全隐蔽处。

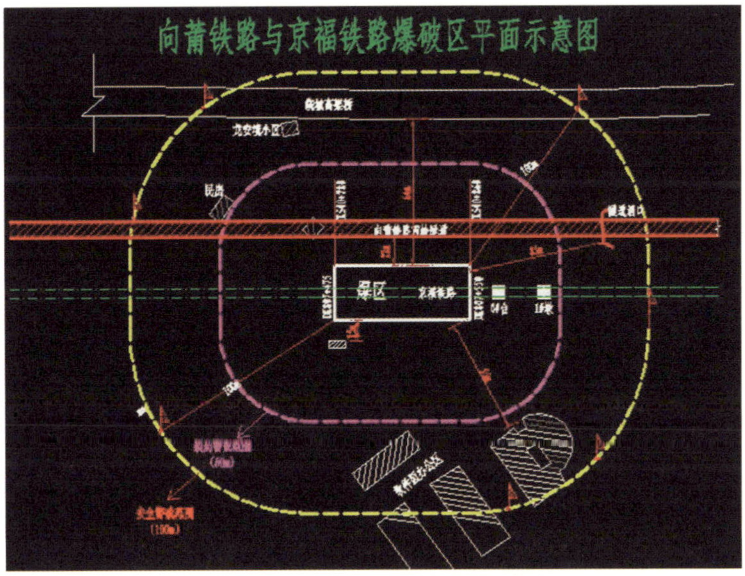

图 3－3－4　向莆铁路和京福铁路爆破区平面示意图

④爆破时间规定。

由于爆破区域环境复杂，周围多为重要建筑物及居民区，当地公安局和周围居民禁止夜间爆破施工。同时为保证向莆铁路通车运行，必须利用天窗点爆破。因此，爆破时间的选择必须综合考虑上述两个因素。

⑤爆破警报规定。

第一次警报：预备信号一连续长音。

第一次警报拉响后，用扩音器报送爆破部位，提示人员、设备撤退，提示爆破作业人员做好准备，各警戒人员必须到达指定警戒位置，各单位场内负责清场的警戒人员，开始由内向外清场。

第二次警报：三声短音起爆信号，开始爆破。

人员、设备等全部撤离爆破警戒区，所有警戒人员到位，符合安全起爆条件，起爆负责人开始起爆。

第三次警报：二声长音，解除警报。

爆破后 15 分钟，各单位安全负责人及爆破负责人进入检查区进行爆破后的安全检查，确认无盲炮后向爆破中心发出解除警报要求。在此之前，岗哨不得撤离，除检查人员外，任何人不得进入警戒区内。爆破指挥中心与各单位安全检查人员联系，确认爆破正常后，发出第三声解除警报。

3.3.5　案例小结

(1)本次紧邻既有线施工爆破从申请到批复仅用一周时间便顺利完成，为工程提早完工创造了有利条件。临近既有线爆破施工审批手续复杂，审批前必须由经验丰富的专业人员对爆破施工方案特别是安全方案的编制、评审等全过程进行把关与指导，确保初期方案评审能顺利通过。

(2)本工点采用静态爆破与城镇浅孔松动爆破相结合的方式，按照“柔性覆盖，立网防护”的安全防护原则，在整个爆破施工过程中未发生人员伤亡及建筑物、交通设施损坏情况，且监测的爆破振动波均小于周边建筑物的抗振动要求。西岭互通路基临近既有线、居民区爆破施工完工全景如图 3－3－5 所示。

(3)爆破方案的审批时间及天窗点的安排，会直接影响到爆破工序的开工时间。设备管理部门专家的经验及建设单位与路局的关系网，对形成合力促使爆破施工顺利进行起着重要的作用。

图 3-3-5　西岭互通路基临近既有线、居民区爆破施工完工效果图

3.4　大洲村特大桥临近既有线高边坡开挖施工

3.4.1　设计情况

大洲村特大桥起讫里程为 DK692+492 ~ DK693+234.55，全长 742.55 m，位于大洲村境内，桥址跨越三个小山坳，大部分桥墩位于陡坡上。桥址边坡陡峭，特别是6# ~ 19#墩部分墩台位于陡坡的悬崖峭壁处。该段紧邻 801 县道和峰福铁路，6# ~ 19#墩与县道和峰福铁路平面布置如图 3-4-1 所示。

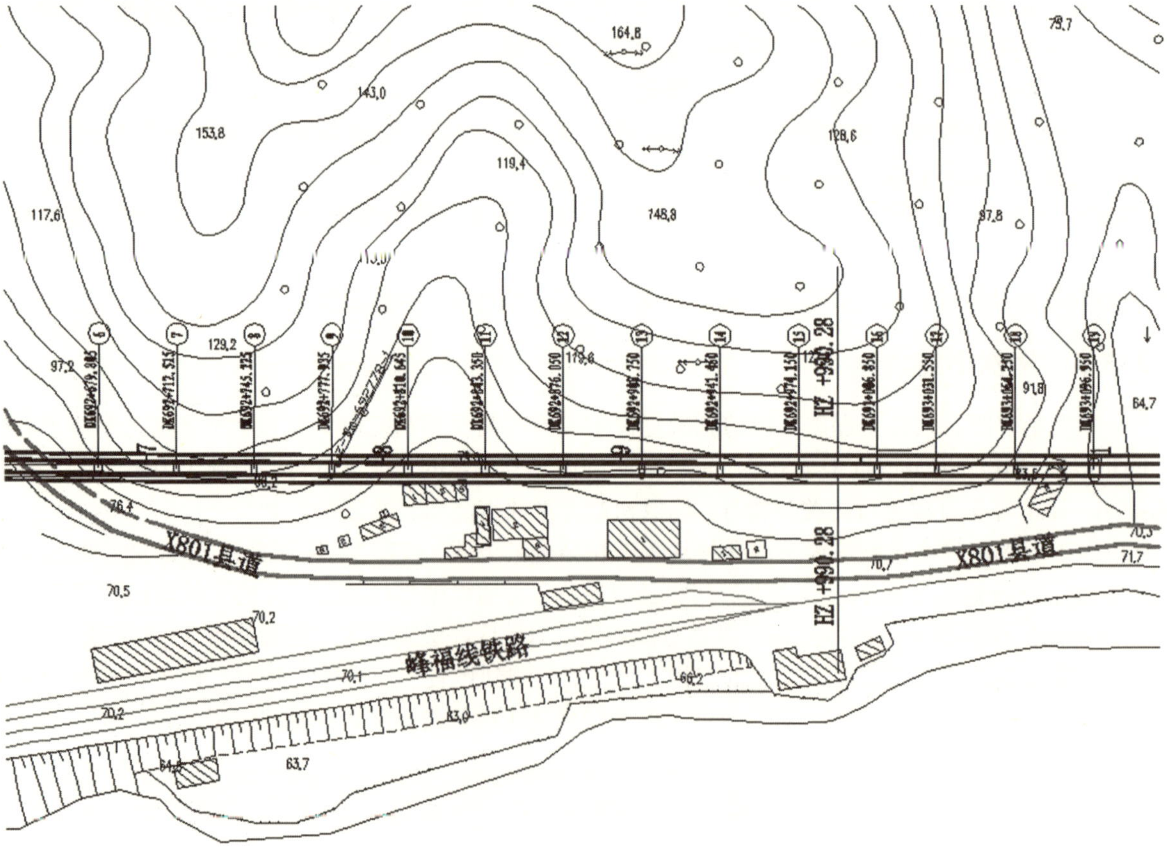

图 3-4-1　6# ~ 19#墩与县道和峰福铁路平面示意图

3.4.2 事件简介

2010年6月南平市出现特大暴雨，因大洲村特大桥边坡陡峭，土体较为松散，受此影响，桥位处山体多处出现溜坍现象，特别是6#～19#墩位处山体发生大面积滑坡。2011年2月进行现场核对，发现原施工图纵、横向断面高程与现场实际高程存在较大偏差，山体坍塌严重，在陡岩峭壁上组织桥梁施工非常困难。

3.4.3 原因分析

(1)边坡稳定性的影响因素。

①水对边坡稳定性的影响。水对开挖坡体稳定性的影响主要表现在三个方面：其一，水软化了滑面材料，使其抗剪强度降低，从而造成失稳；其二，在岩体内特别是滑面材料内会形成一定类型的地下水压力，例如孔隙压力、渗透压力等，在滑面蠕动变形过程中，孔隙水压力会增大，有时会形成高孔隙水压力，加速滑面变形而造成坡体失稳；其三，水在坡体内渗流时，会产生动水压力，若渗流流量过大，边坡稳定性将受到影响。

②工程因素对边坡稳定性的影响。边坡开挖的工程因素包括边坡的坡高、坡率、断面形态、临空条件等，这些工程因素对诱发边坡病害，如边坡坍塌等有较大影响。

(2)边坡坍塌原因分析

①2010年6月南方出现特大暴雨。大洲村特大桥陡坡下未设计排水沟，连续降雨致使地表水、地下暗沟积水汇流，这是导致本次滑坡的直接原因。

②土质松散，黏结力小。从土质情况看，滑移体土层多为砂壤土和垃圾土，结构松散，自稳性差，遇水极易产生变形。

③大洲村特大桥桥址边坡陡峭，坡率大。

3.4.4 处理措施

(1)对大洲村特大桥桥址内纵、横断面高程等重新进行测量，绘制新的地形图。

(2)结合纵、横断面修改设计，将坍塌边坡按高边坡进行设计支护，对临近县道侧边坡加大防护力度。6#～19#墩右侧为抗滑桩、挡墙及填土边坡。左侧抗滑桩以上最大为七级边坡，采用框架锚杆锚索防护和边角骨架护坡防护，边坡高度达65 m。边坡防护的平面和立面布置示意图如图3－4－2、图3－4－3所示。

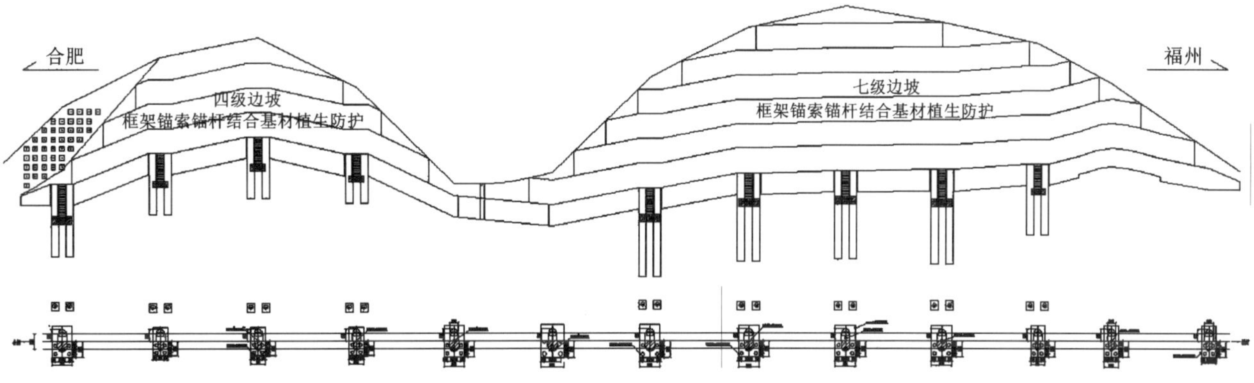

图3－4－2 边坡防护范围平面示意图

3.4.5 现场实施

(1)陡坡临时道路布置方案。

①临时道路位置。

根据现场地形和施工要求，共布置了4条陡坡临时道路，分别从6#、10#、11#、19#墩附近的县道引入。

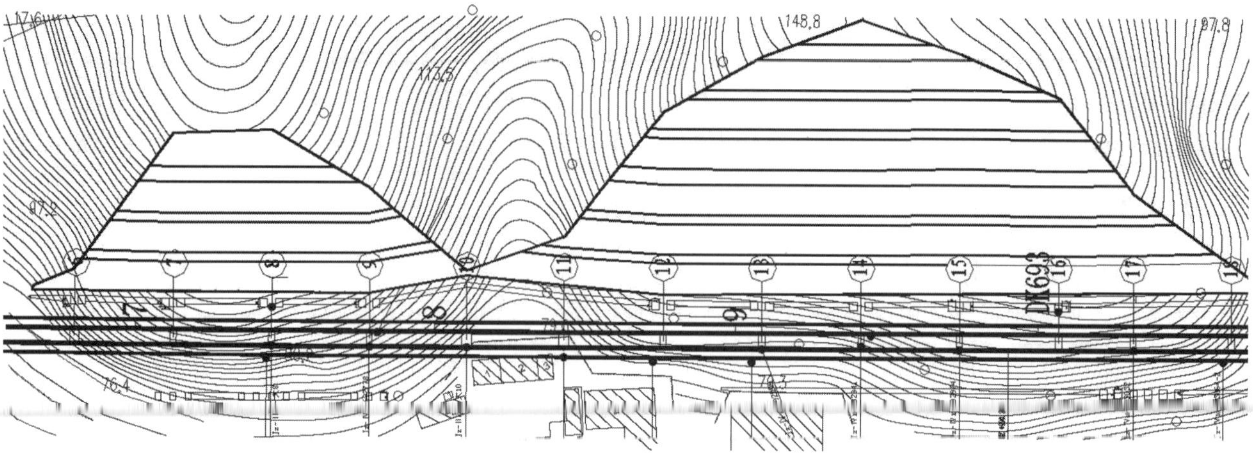

图3-4-3 边坡防护范围立面示意图

6# 和 10#墩旁引入的道路从两端向 8#墩左侧山顶修筑，11#和 19#墩旁引入的道路从两端向 14#墩左侧山顶修筑。道路成“之”字形布置，在每个台阶的两条“之”字形道路最近处设一处回车、调头平台，在“之”字形靠山坡边缘处各修一处调头平台，平面如图 3-4-4 所示，平台为 17 个。

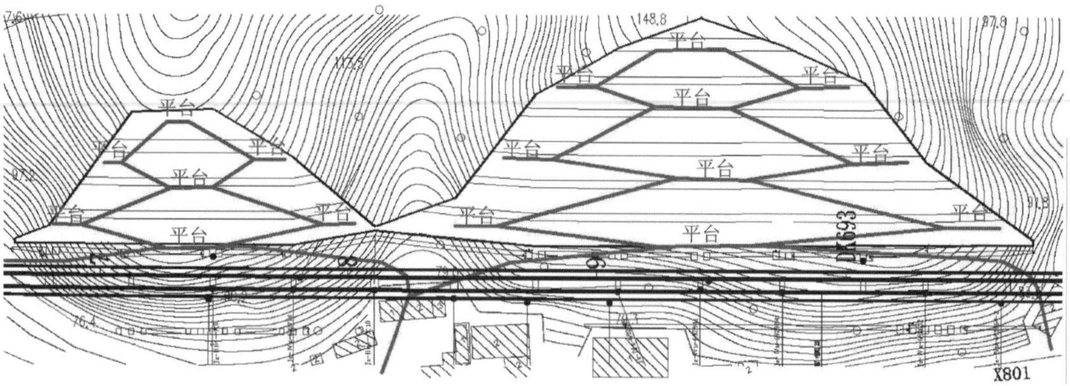

图3-4-4 边坡防护临时道路平面布置示意图

②临时道路结构。

采用 C25 混凝土路面，路面宽 3.5 m，混凝土厚 25 cm，下设 20 cm 厚级配碎石垫层，内侧设 40 cm × 40 cm 净空的 M10 浆砌片石排水沟，排水沟壁厚 20 cm。每处平台长 15 m，宽 10 m，采用 20 cm 厚的 C25 混凝土硬化，下设 20 cm 厚级配碎石垫层。

③临时道路防护。

为防止行人靠近边坡，警示施工车辆，避免山体孤石和碎石滚落危及施工人员和车辆安全，临时道路及平台外侧均采用 6 m 长 ϕ48 mm × 3.5 mm 钢管和密目钢丝网进行防护。钢管竖向打入坡面土体 3 m，外露 3 m，间距 1 m；钢管内侧全部采用 12#铁丝绑扎密目钢丝网，绑扎间距不大于 20 cm。道路横断面示意图如图 3-4-5 所示。

(2)县道旁防护方案。

X801 是南平市区通往巨口、赤门、南山的唯一通道，车流量大，交通情况复杂；该县道既是民用公路也是施工主通道。峰福铁路是南平通往福州的唯一铁路运输通道，为确保铁路及车辆通行安全，在线路右侧县道旁设有一道土埂和围挡防护，以防止山体开挖时，大量孤石等杂物滚落到县道及既有铁路设施上，影响交通安全。防护施工过程中应最大限度地减少对周边自然环境的破坏，尽快进行施工。

1)设置土埂。

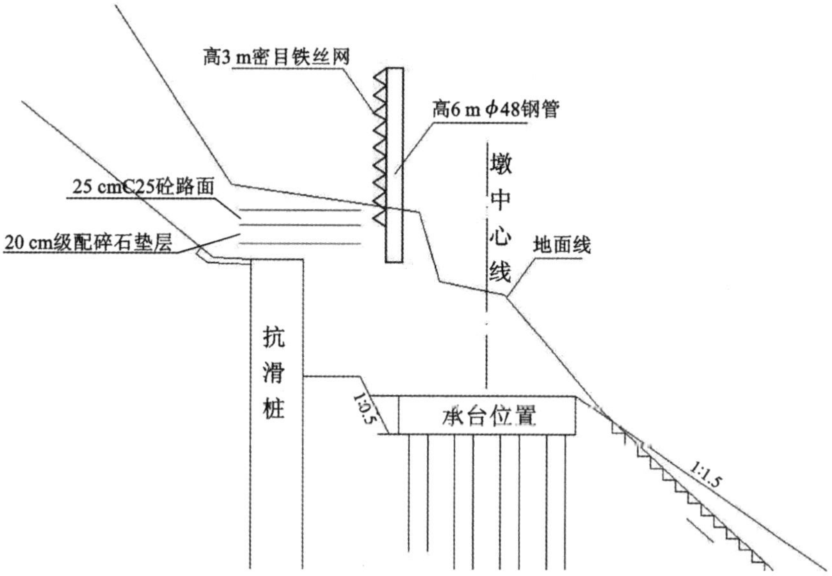

图3-4-5 临时道路及外侧防护横断面示意图

在大洲村特大桥6#~19#墩(DK692+679~DK693+099)线路右侧县道内侧设置有一道土埂，土埂高2.0 m，采用等腰梯形结构，上宽3.0 m，边坡坡率为1∶1，下宽7.0 m。土埂尺寸如图3-4-6所示。

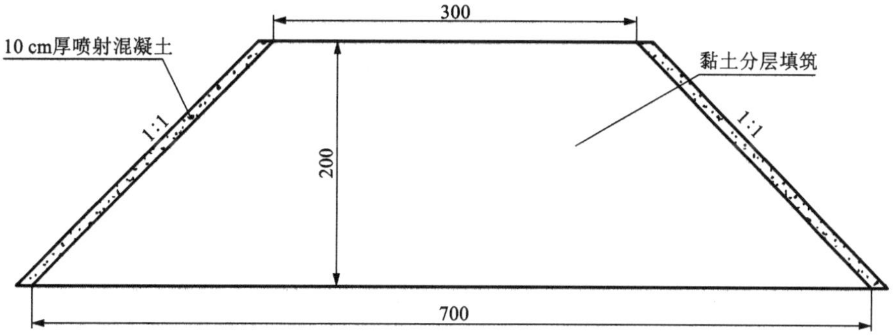

图3-4-6 土埂尺寸设计图(cm)

地表标高根据现场施工实际情况确定，基本保持与801县道相同的坡度。填筑前，对原地表杂物进行清理，并做静压三次、震动碾压两次处理。土埂基填筑时从下到上依次采用黏土填筑，每隔50 cm厚碾压一次并碾压密实。土埂填筑完成后采用人工修整边坡，并喷射10 cm厚的C25混凝土进行边坡防护，防止雨水对边坡的冲刷。

2)围挡防护。

①靠合福线路侧支挡布置。

土埂施工完成后，靠合福线路一侧做一层密目铁丝网支挡防护。立柱采用6 m长的18#工字钢，间距90 cm。工字钢插入土埂以下1.0 m，其余3 m露出土埂面。相邻铁丝网缝错开1~2 m，并采取搭接措施，搭接长度不少于50 cm。具体如图3-4-7所示。

②靠公路侧防护布置。

靠公路一侧做一排彩钢板支挡防护，立柱采用6 m长的18#工字钢，间距90 cm，插入土埂以下1.0 m，其余露出土埂面。彩钢瓦采用90 cm×200 cm规格依次从左到右绑扎，如图3-4-8所示。

801公路交通繁忙，为保证县道正常运行，施工严格按照设计要求实施，确保一次性按时按质完成任务。施工准备阶段，在施工区域前后方各100 m、入口、出口、转弯处设置行驶转向提示牌、慢行提示牌、

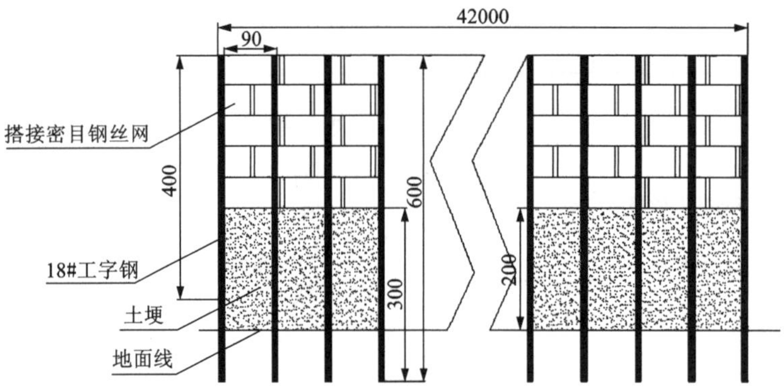

图3-4-7 公路旁支挡防护靠合福线侧正面示意图(cm)

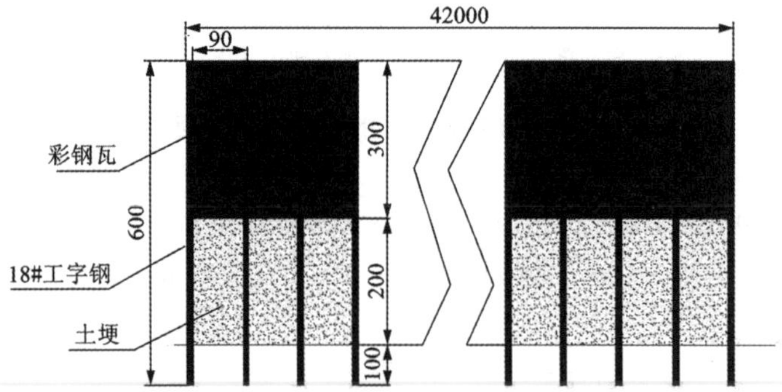

图3-4-8 靠公路侧支挡防护正面示意图(cm)

限速20 km/h提示牌和前方施工提示牌。提示牌的支撑方式采用双柱式，立柱高度为120 cm，底座采用预制的混凝土块，混凝土块尺寸为40 cm×40 cm×30 cm。

施工中实行安全生产责任制度，明确各级人员的安全职责。综合队领导要把安全生产放在首位，实行安全逐级承包方式，做到各级负责，分片负责，事事有人负责，时时有人负责，把安全生产方针贯彻到日常施工的各个环节，落实到班组和个人。

(3)石方开挖方案。

根据要求，为确保陡坡下801县道和峰福铁路的设施及人员安全，大洲村特大桥高边坡石方开挖时，采用破碎剂静态胀裂破碎，禁止采用爆破作业，以免石块飞入公路和铁路线上。

石方开挖前，对坡下便道、县道旁进行纵向全封闭防护。胀裂破碎后的石块直径一般不得大于80 cm，质量不超过0.5 t，以利于装车运输。每破碎出约20 m^3碎石，便采用挖掘机装入自卸车，运送至岭兜弃土场(3#拌和站附近)。胀裂破碎时石方应分层开挖，分层厚度不得大于1 m，挖完上一层，再挖下一层，不得进行掏底开挖。

对于坡面的孤石，破碎时先进行安全防护，再进行破碎作业。对于坡下不易采用支挡防护的陡坡边缘的孤石，采取在孤石上方打眼，锚入直径不小于20 mm的螺纹钢筋，锚入深度不小于30 cm，通过钢丝绳将孤石稳定地锚固在边坡上，钢丝绳另一端锚固在上方边坡的锚杆上的方式，如图3-4-9所示，再采用破碎剂分块胀裂，以免大块孤石滚落。

(4)高边坡材料提升方案。

该处山体陡峭，土质松散，表面孤石遍布，山体边坡稳定性差，且6#~19#墩全部位于滑坡体范围内，因此，在从上到下逐层开挖的过程中无法进行上部边坡的防护施工，须待左侧高边坡开挖完成后再进行防护施工。由于边坡坡高，无施工便道，混凝土等材料需采用滑道等提升设备进行运输。土石方开挖过程中，须从上到下逐级施工防护，如图3-4-10所示。

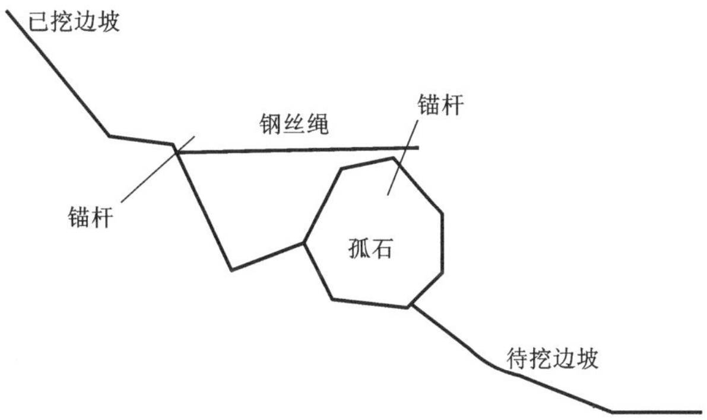

图 3 -4 -9　陡坡边缘较大孤石锚固措施示意图

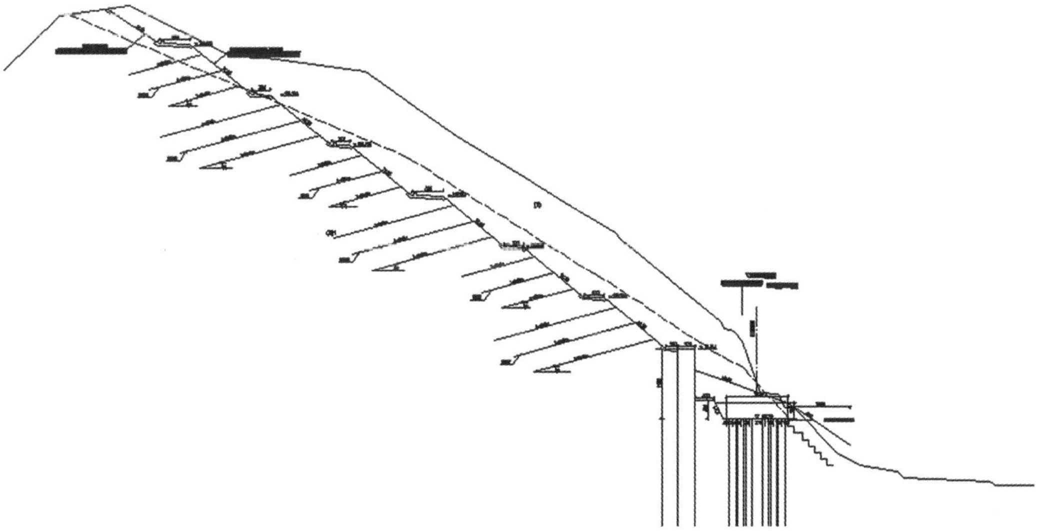

图 3 -4 -10　左侧边坡开挖防护横截面示意图

①滑道布置位置。

根据现场地形和施工要求，共布置了 3 条材料上下运输用的滑道。第一处布置在 8#墩左侧，高 40 m；第二处布置在 13#墩左侧，高 64 m；第三处布置在 15#墩左侧，高 56 m，平面位置如图 3 -4 -11 所示。滑道的轨道采用两根 14#槽钢，轨道底部固定在地面上。滑道的横截面布置如图 3 -4 -12 所示。

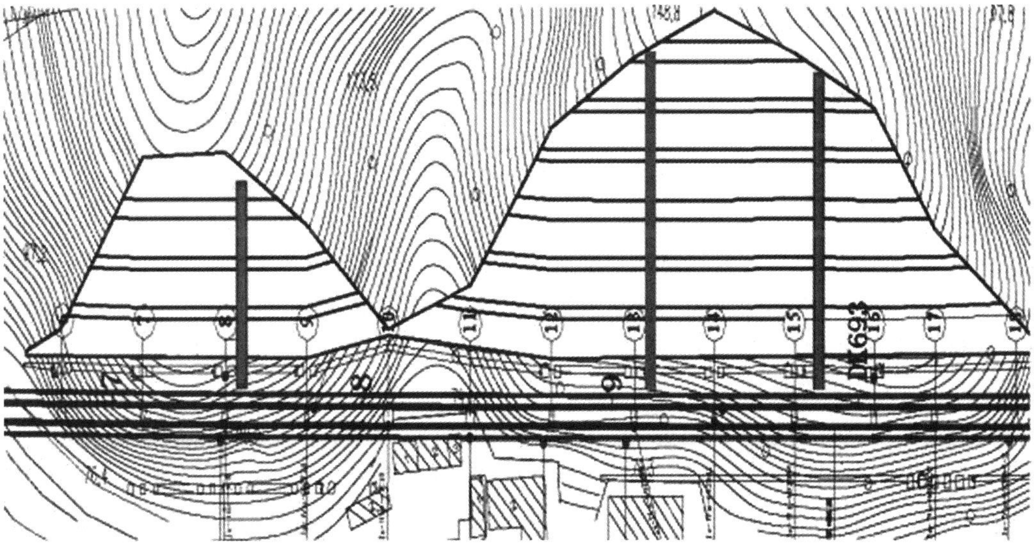

图 3 -4 -11　左侧边坡提升滑道平面布置示意图

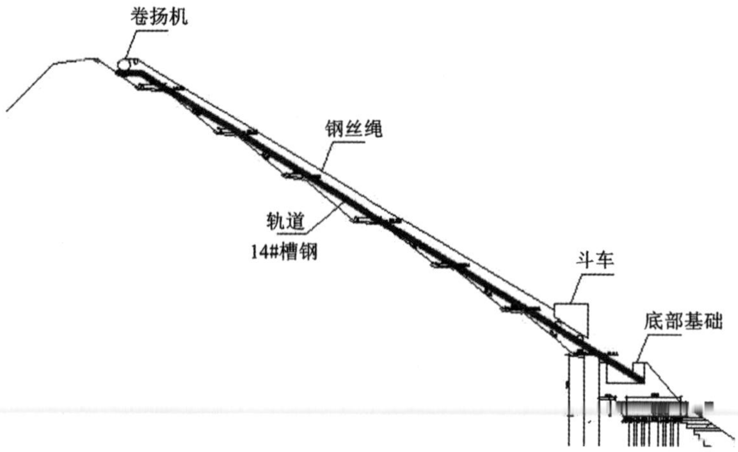

图 3－4－12　滑道在坡面上的横截面布置图

②滑道结构设计。

滑道底部基础采用 C25 混凝土扩大基础，上部设三角形槽口，用于斗车下降到最底部时的限位和固定轨道。基础尺寸为 200 cm×150 cm×150 cm(长×高×宽)，14#槽钢轨道深入混凝土基础不少于 50 cm。基础如图 3－4－13 所示。

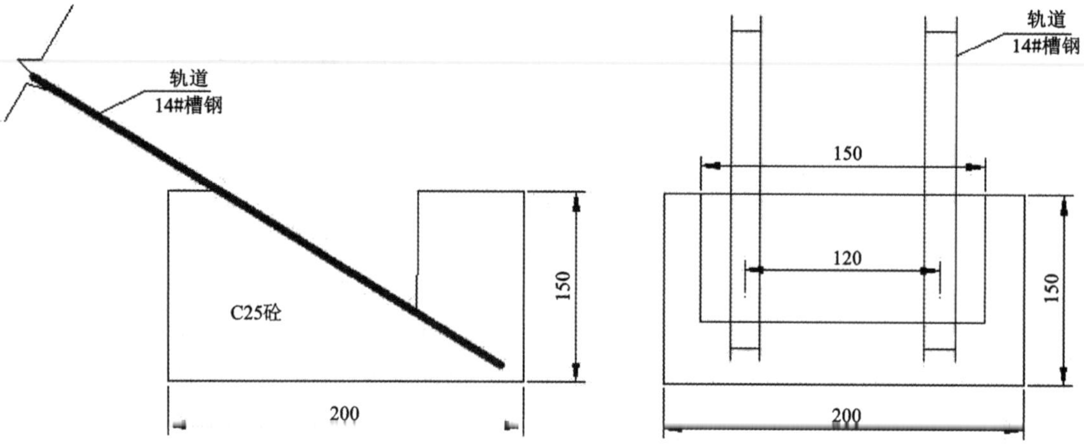

图 3－4－13　轨道基础设计图(cm)

坡面上的轨道每隔 1.0 m 设一对竖向 ϕ48 钢管支撑。钢管顶端焊接在轨道下表面，钢管下端插入地面以下不少于 50 cm，当坡面为石质时，在边坡上浇筑混凝土基础，混凝土基础尺寸为 50 cm×50 cm×50 cm 的方体。坡面上轨道支撑如图 3－4－14 所示。斗车和轨道横截面如图 3－4－15 所示。

左右两条轨道每隔 1 m 采用 ϕ48 钢管进行横向连接，节点采用焊接。斗车后设一根上下可转动的 ϕ48 钢管作为防自行倒车装置，以免在卷扬机钢丝绳断裂或出现其他故障时斗车自行下滑。重车上坡时有防倒车装置，轻车下坡时由卷扬机的钢丝绳牵引下滑即可，斗车防下滑装置如图 3－4－16 所示。滑道顶部设置卷扬机并配置刹车系统，以牵引斗车上下行。

(5)增设县道永久防护方案。

大洲村特大桥边坡紧邻县道和铁路货场，其 6#、10#、11#、19#墩右侧在原设计方案中无挡渣墙。进场前山体滑坡严重，土体堆积量大，易引起水土流失。根据需要，挡渣墙在原设计的基础上延长 140 m，将原有挡渣墙连成整体，以避免坡积土失稳危及县道和铁路设施。新增挡渣墙布置如图 3－4－17 所示。

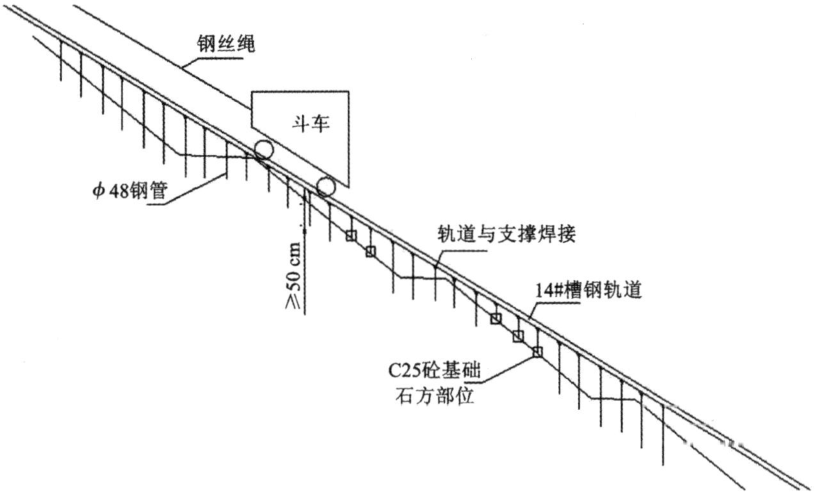

图 3－4－14　轨道在坡面上的支撑示意图

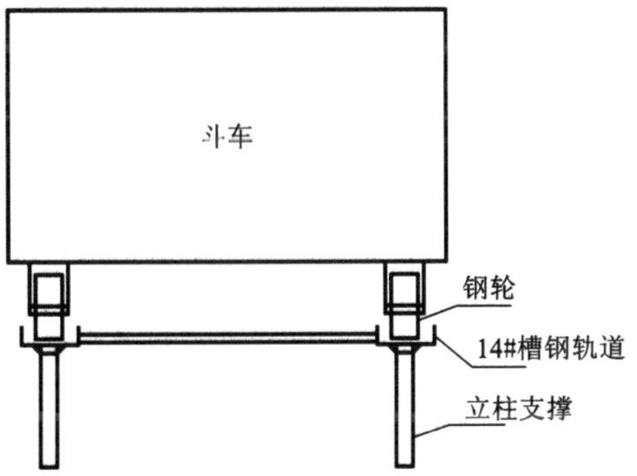

图 3－4－15　斗车和轨道横截面图

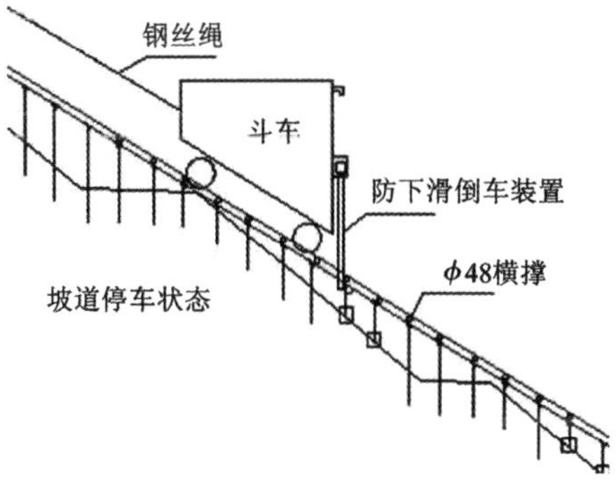

图 3－4－16　斗车防下滑装置示意图

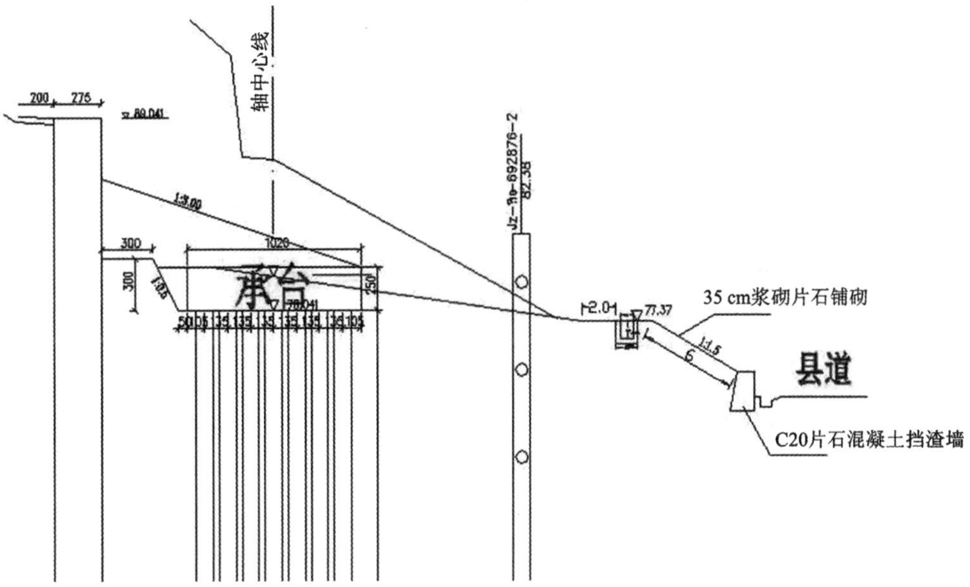

图 3－4－17　新增挡渣墙横断面布置图

①设置横坡。

挡渣墙顶以上至纵向排水沟之间设 1∶1.5 横坡，横坡坡面采用 35 cm 厚的 M7.5 浆砌片石铺砌护坡。浆砌片石采用坐浆砌筑，砂浆饱满，表面勾凹缝，纵向坡面平顺、美观。

②设置纵横向排水沟。

在大洲村特大桥 6#～19#墩右侧设纵向通长排水沟，10#和 11#墩之间设横向排水沟，排水沟位于挡渣墙内侧，如图 3－4－18 所示，全长 580 m。排水沟采用 C25 钢筋混凝土现浇，宽 80 cm，深 100 cm，壁厚 25 cm。钢筋采用直径为 8 mm 的光圆钢筋，间距 10 cm。

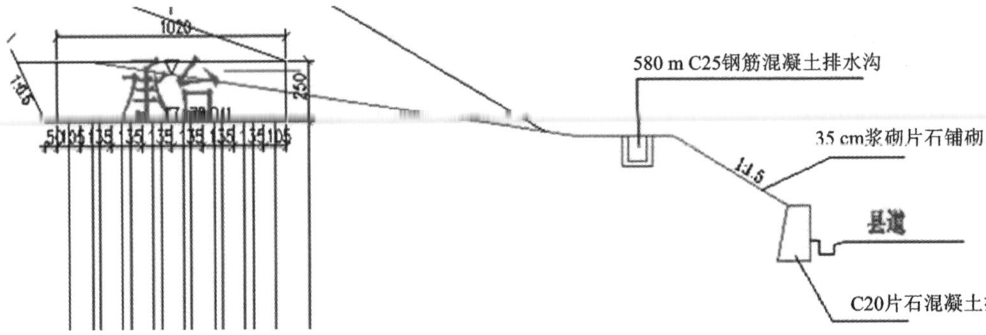

图 3－4－18　排水沟横截面设置图

3.4.6　案例小结

(1) 大洲村特大桥在边坡坍塌后，分析了事故发生原因，并对桥址内纵、横断面高程等进行了测量，将坍塌边坡按高边坡进行设计支护，采用了框架锚杆锚索防护和边角骨架护坡防护，如图 3－4－19 所示。

图 3－4－19　大洲村特大桥高边坡山体加固

(2) 在大洲村特大桥临近既有线高边坡开挖施工过程中，通过科学合理的施工方案，为 X801 县道及峰福线的正常运营提供了保障；同时保质保量地完成了合福高铁的建设任务，为高边坡施工及临近既有线施工提供了可借鉴参考的施工方案。

第 4 章　桥梁工程

4.1　陈涧大桥跨山谷梁型方案优化

4.1.1　设计情况

陈涧大桥位于江西上饶山岭区，本桥跨越山间"V"形峡谷及碎石路、小桥、小河，小里程侧山坡纵向坡度为 1∶4，横向坡度为 1∶3，纵向坡度及横向坡度都很缓；桥址大里程侧山坡纵向坡度为 1∶0.8，横向坡度为 1∶2，纵向坡度及横向坡度均较大。桥址大小里程侧地表均为浮土，偶有基岩裸露。地表植被茂密，以松树和灌木丛林居多。跨中低洼处、草丛密集，地形复杂。

陈涧大桥起讫里程为 DK438 + 034.5 ~ DK438 + 250.56，全长 216.06 m。桥址于 DK438 + 100.1 ~ DK438 + 116.5 处跨越陈涧水沟，水沟与线路大里程夹角为 47.5°，测时水位为 239.34 m，测时水流较小，从桥位左侧流向右侧。桥址于 DK438 + 224 ~ DK438 + 229.5 处跨越陈涧水沟，水沟与线路大里程夹角为 110.2°，测时水位为 253.29 m，测时水流较小，从桥位左侧流向右侧。桥梁设计结构形式为 1 × 24 m + 2 × 32 m + 2 × 24 m + 2 × 32 m 简支梁箱梁，陈涧大桥原桥型布置图如图 4 – 1 – 1 所示。

4.1.2　优化原因

根据招标图纸和设计咨询文件进行测量放线，经过现场实地勘查，计算出最高桥墩在 35 m 左右，有三个桥墩位于河谷之中，三个桥墩位于半山腰。考虑到今后按照简支梁箱梁现浇方式施工，采用移动模架制梁没有拼装场地，只能采用贝雷架施工。因本处桥梁位于两个河谷之间，场地狭小，不利于贝雷架施工简支箱梁；且上游山体为堆积体山体，如果大面积开挖山体，则有山体滑坡的可能。由于这个高度施工简支箱梁，大型机械不能有效利用且施工中安全风险较大，所以决定对设计方案进行优化。

4.1.3　优化设计

经京福公司和铁四院、中铁十一局等单位多次对初步设计施工方案进行研究，并现场实地勘察，结合现场实际地形地质情况和施工区客观施工条件，在保证结构设计科学合理、安全可靠的前提下，设计单位对陈涧大桥初步设计方案进行了优化，以减小施工安全风险。最终修改后的设计为：

(1) 针对现场实际情况，陈涧大桥由简支箱梁变更为连续梁，结构形式为 (40 + 64 + 40) m 连续梁 + (31.9 + 31.9) m 连续梁，陈涧大桥优化后桥型布置图如图 4 – 1 – 2 所示。

(2) (40 + 64 + 40) m 连续梁采用三向预应力体系，(31.9 + 31.9) m 连续梁采用纵向预应力体系，预应力钢绞线采用抗拉强度标准值为 f_{pk} = 1860 MPa、弹性模量为 Ep = 195 MPa、直径为 ϕ15.20 mm 的高强度、低松弛钢绞线。预应力管道形成采用镀锌金属波纹管成孔。预应力张拉时，混凝土强度不低于设计强度的 95%，且龄期不得小于 5 天。

4.1.4　现场实施

通过将梁型由简支梁变为连续梁，并结合现场实际地形情况，梁体施工主要采用悬臂挂篮施工，并且两处连续梁同时施工。

1. (40 + 64 + 40) m 连续梁总体施工方案

0 号节段采用在托架上一次灌注成型的施工方法；1 ~ 7 号节段采用挂篮在 T 构两端对称悬臂灌注施工的方式；边跨直线现浇段在满堂支架上灌注施工；边跨合龙段、中跨合龙段直接利用挂篮底模平台和内外

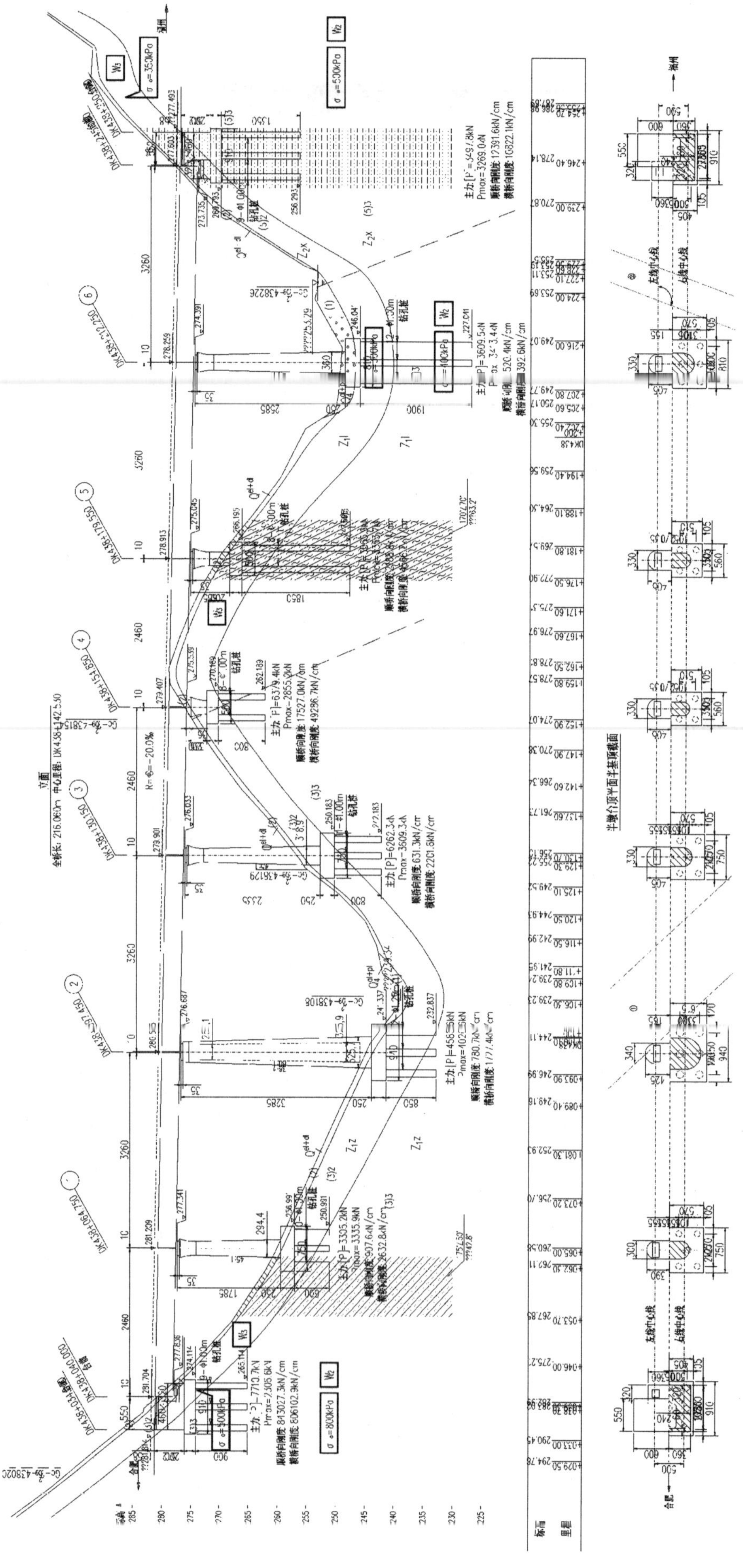

图4-1-1 陈洞大桥原桥型布置图

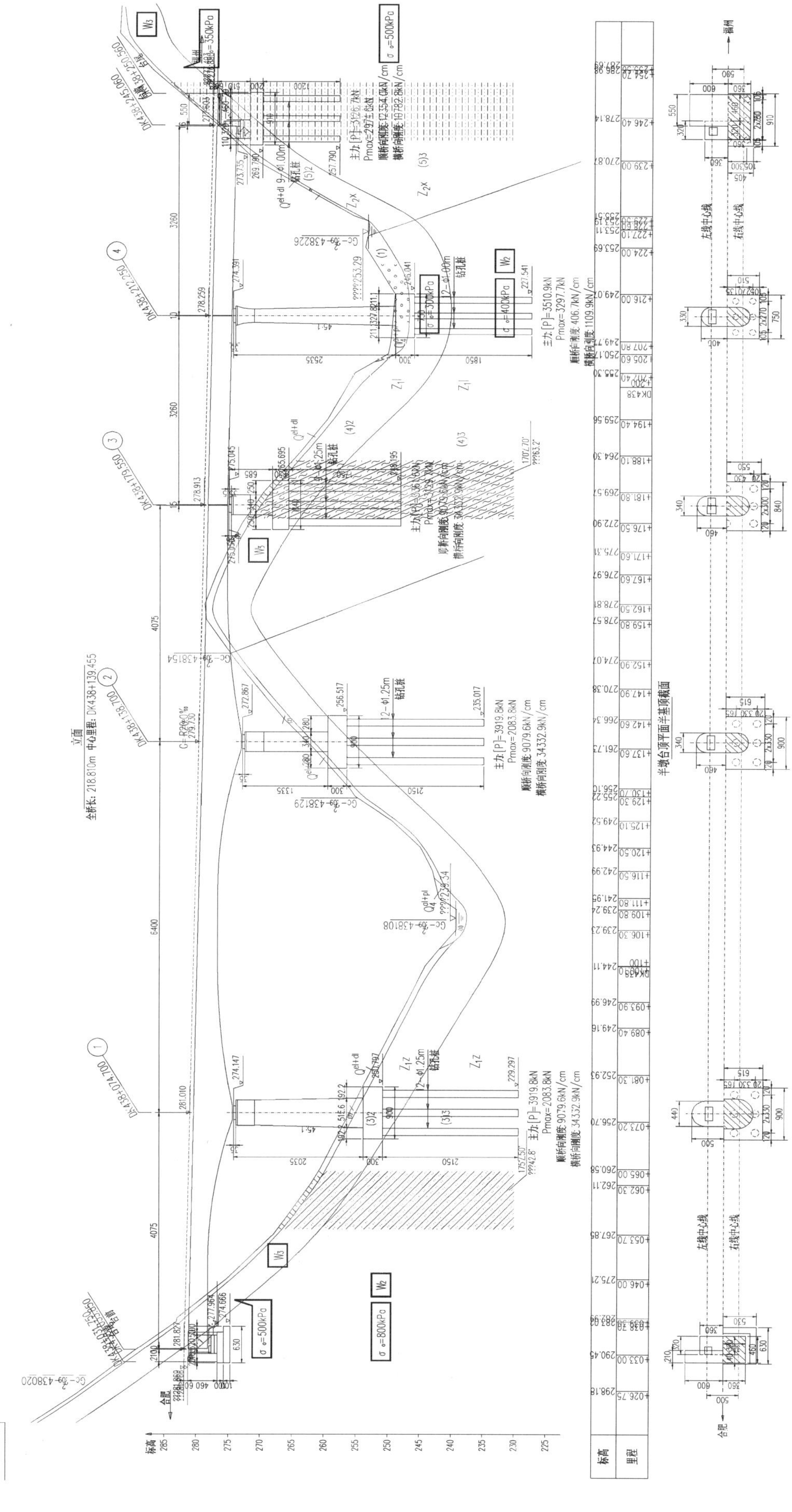

图4-1-2 陈涧大桥优化后桥型布置图

模板施工，先合拢边跨再合拢中跨。

(1)0#段施工。

主墩墩身施工完成后，根据梁段的受力分析，在主墩承台对称安装8根直径为800 mm的钢管立柱，每排立柱顶横桥向铺设一排双肢I45a工字钢纵梁，再顺桥向铺设I20a扇形分配梁，分配梁横桥向间距为40 cm，腹板处加密为20 cm，分配梁一端驾于I45a工字钢纵梁上，另一端驾于墩身顶部，形成0#段施工平台。具体布置如图4－1－3所示。

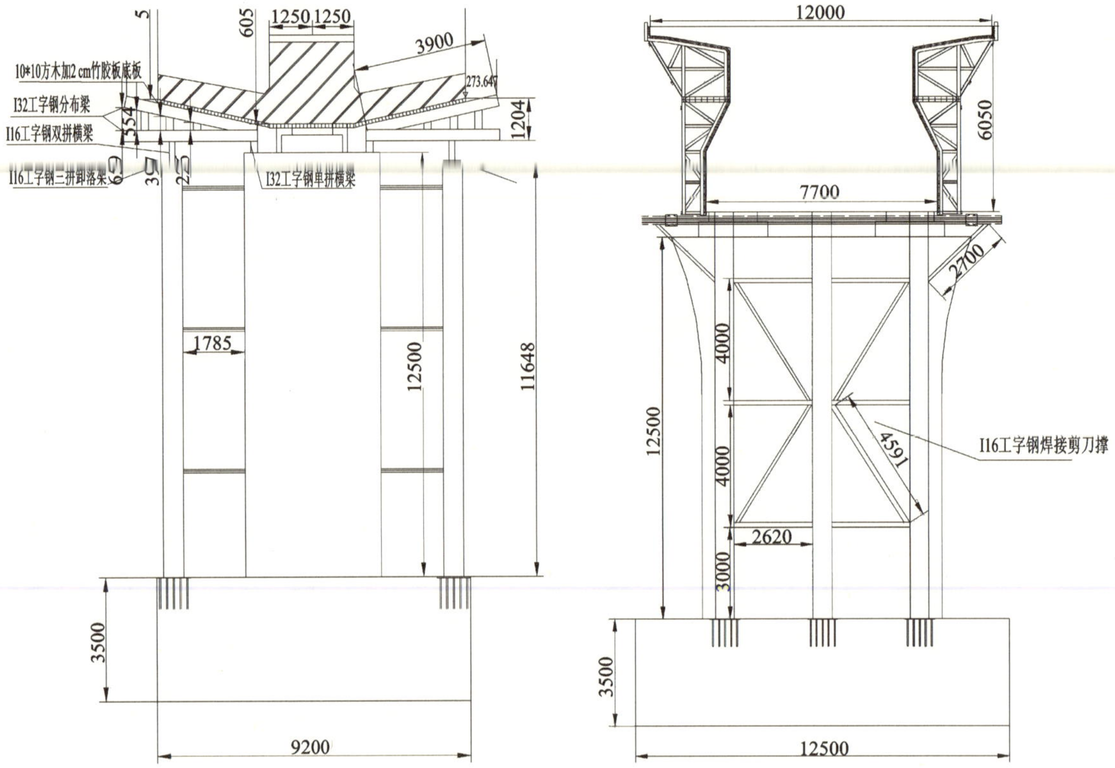

图4－1－3　0#段支架布置图

根据设计要求，在0#段立模和绑扎钢筋之前，应安装临时支座，把0#段和桥墩进行临时固结，以便进行悬灌施工。临时支座采用75 cm×350 cm×90 cm条形C50混凝土与50号硫黄砂浆浇筑，0#段支架现场照片如图4－1－4所示。

图4－1－4　0#段支架图

养护期间，用 0#段纵向预应力筋进行穿束，并安装好千斤顶、锚具等。待养护达到设计张拉强度时，依次张拉纵向、横向束。纵向张拉顺序为：先腹板束，后顶板束，由下到上，先两边再中部依序对称进行。张拉完成后及时压浆。

(2)悬灌梁体挂篮施工。

①待混凝土强度达到设计强度的 95%，弹性模量达到 100%，且龄期不小于 5 天后再张拉 0#梁段预应力束，然后在梁段上拼装挂篮，挂篮施工现场照片如图 4－1－5 所示。

图 4－1－5　挂篮施工图

②挂篮组拼完成后，按照前述的挂篮工作原理循环作业，直至完成各梁段。

③待节段混凝土强度、弹性模量及混凝土龄期符合设计要求后才能进行张拉作业，孔道压浆必须饱满。

④挂篮的移动和混凝土灌注均需对称进行，原则上不能偏心受载。

⑤预应力孔道的质量要求：不锈、不偏、不沉、不浮、不破、不扁、不堵，以确保穿束和张拉的顺利进行，否则将给施工造成很大困难。

(3)边跨现浇段施工。

现浇支架：根据现场实际施工环境，陈涧大桥连续梁 3#墩边跨直线段距离地面 13 m 高，地面为开挖后的山坡实体，场地较平整，土体较稳定，拟采用钢立柱支架现浇。

在搭设支架前，采用 100 cm 石渣对基础进行换填处理，压实后，在石渣上面灌注 20 cm 厚 C20 混凝土，达到强度后，开始拼装碗扣式支架。碗扣式支架的搭设应符合相关规范，支架应进行设计检算，并进行预压。预压时，应分级加载，最大荷载为梁段质量的 1.2 倍，每级荷载施加时，均应对地基沉降、支架变形进行测量，并记录相关数据，为边跨直线段浇注预拱度的设置提供可靠的依据。

(4)合拢段施工。

根据设计要求，合拢顺序为先边跨合拢再中跨合拢。施工到相应位置后，再加工合拢段模板，并安装到位。

①装钢筋及预应力波纹管，并观察合拢段两端的标高情况，如果标高与线型控制不符，应通过配重做相应调整。

②合拢前两个小时进行刚性锁定，为缩短锁定焊接施工时间，可提前将一端预埋件焊接，另一端自由伸缩。

③合拢段混凝土应有早强、微膨胀的特性。

④合拢段混凝土浇注时间应选择在日温度最低的夜间进行，合拢气温须控制在 8～15℃。

⑤合拢段混凝土须一次浇筑完成，并将时间尽量缩短，控制在 2～3 小时，不得超过 4 小时。

⑥混凝土强度达到设计强度的 95% 后方可张拉预应力钢束。

⑦在跨中合拢段混凝土未达到设计强度的90%之前，不得在跨中范围内堆放重物或行走施工工具。

⑧为防止合拢段施工产生附加应力，应严格按照设计文件规定加载和卸载。

边跨合拢后中孔合拢前，须解除临时支座进行体系转换。由于本桥的临时固结采用的是50号硫磺砂浆，具体转换方法为：锁定墩顶永久性支座，对称解除临时支座，解除临时支座时，用电热丝和氧焊烧烤融化50号硫磺砂浆，使梁端落在永久性球形支座上，并用地脚螺栓将球形支座与主梁和桥墩进行连接，完成体系转换。然后跨中合拢段施工，张拉预应力束。边跨合拢段施工如图4-1-6所示，中跨合拢段施工如图4-1-7所示。

图4-1-6 边跨合拢段施工

图4-1-7 中跨合拢段施工

2.(31.9+31.9)m连续梁总体施工方案

0#梁段(4#墩)采用托架法施工，悬灌梁段采用1对挂篮对称悬灌施工，边跨现浇段(3#墩和福州台侧)采用支架法施工，边跨合拢段采用挂篮的底篮拼装合拢吊架施工。主要施工工序同(40+64+40)m连续梁。

陈涧大桥竣工后全桥图如图4-1-8所示。

图4-1-8 陈涧大桥竣工后全桥图

4.1.5 优化小结

通过将梁型由简支梁变为连续梁，并结合现场实际地形情况，合理地调整了墩身位置，减少了大面积开挖山体，降低了施工中的安全风险。同时采用挂篮施工，节省了施工工期，且节约了搭设支架所用材料，有效降低了施工成本。

4.2　古田溪特大桥高桩承台方案优化

4.2.1　设计情况

(1)初步设计桥梁结构。

古田溪特大桥初步设计的桥跨布置为组合双线(5×32 m 简支箱梁 +1×(60 +100 +100 +60)m 连续梁 + 2×32 m 简支梁 +1×24 m 简支箱梁)。位于库区中央的连续梁主墩 7#墩设 16 根 ϕ2.5 m 的钻孔群桩，设计桩长 59 m，承台结构尺寸为 19.9 m×19.9 m×6 m，台底标高为 +37.959 m，位于水下约 26 m，河床面约有 14 m 的覆盖层；边主墩 6#、8#墩各设 9 根 ϕ2.5 m 的钻孔群桩，设计为 45.5 ~56.5 m 的不等桩长，承台结构尺寸为 16 m×18 m×4.5 m，承台位于水下 9 m 左右且部分承台已嵌入基岩面。古田溪特大桥初步设计桥跨布置如图 4　2　1 所示。

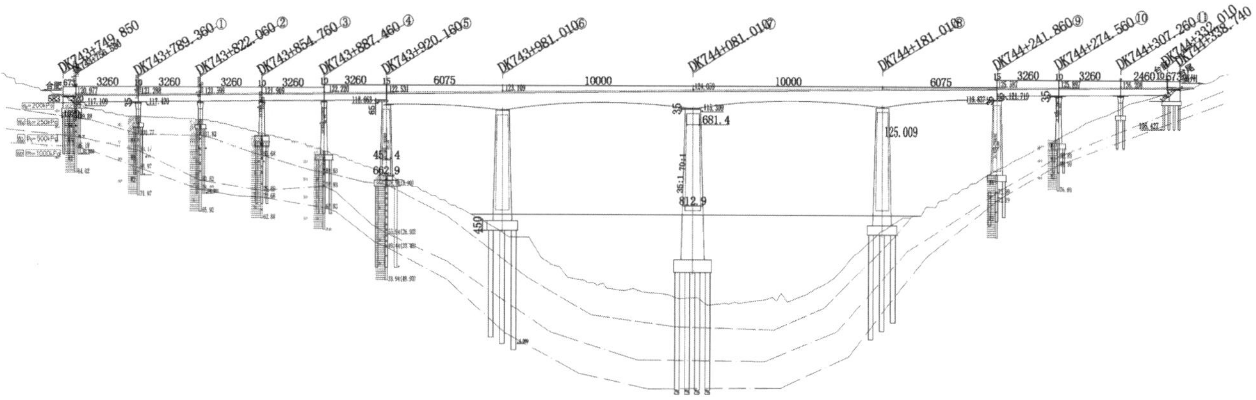

图 4 –2 –1　古田溪特大桥初步设计桥跨布置图

(2)初步设计水中基础施工方案。

全桥 6#、7#、8#墩水中基础采用落底双壁钢围堰施工方法，施工过程利用大型水上设备进行辅助施工，其主要施工方法如下：

①钢围堰第一段，拼装完成后拖运钢围堰入水自浮；

②双壁钢围堰浮运和定位：由导向船、拼装船、定位船、拖轮及水上浮吊等完成就位和下沉施工作业；

③双壁钢围堰的分段接高、下沉和落底：随时用全站仪监控钢围堰顶上四个测点，发现偏位立即进行纠正；

④施工平台：钢围堰定位后，安装钻孔桩的工作平台支撑在钢围堰顶面；

⑤钢护筒的安装：在钻孔平台安装后、钢围堰封底混凝土浇筑前安装桩基钢护筒，钢护筒安装后再进行桩基础的施工；

⑥堰封底混凝土施工：桩基施工完成后，灌注围堰底部封底混凝土，待混凝土强度达到之后，进行围堰内抽水；

⑦承台及墩身施工：抽水完成后，切割多余钢护筒，处理桩头、桩检、施工承台及墩身；

⑧拆除：在上部结构完成之后，对钢围堰承台顶面以上进行拆除。

4.2.2　优化原因

施工单位进场后对现场进行了施工调查，结合初步设计方案进行论证，并提出了优化设计的原因。

1. 施工现场调查

(1)水文条件。

因下游水口电站泄洪及蓄水需要，施工区水位落差最高可达 10 m(最低水位可达 +55 m，最高水位可

达 +65 m)。汛期保持库区水位在 +61 m 左右，非汛期则控制库区水位不高于 +65.0 m(正常高水位)，施工水位(正常蓄水位)为 +65.0 m。

(2)地质、地形情况。

根据地质钻探显示，6#、8#墩地质主要为全风化～弱风化凝灰熔岩，6#墩有 3～5 m 的粉质黏土，8#墩大部分地质钻孔显示无覆盖层，水底河床直接就是强风化凝灰熔岩，个别钻孔有粉质黏土或淤泥覆盖层，其厚度仅有 1～3 m；7#墩大部分没有覆盖层，直接进入强风化凝灰熔岩，下伏弱风化凝灰熔岩，仅局部有 1.5 m 左右的淤泥覆盖层，下面也是强风化凝灰熔岩和弱风化凝灰熔岩。其余墩地质依次为第四系冲洪积相淤泥、坡残积层粉质黏土和下伏侏罗系上统长林组凝灰熔岩，古田溪特大桥 7#墩地质渣样如图 4－2－2 所示。

图 4－2－2 古田溪特大桥 7#墩地质渣样

根据现场实测各墩水下地形数据显示，6#、8#墩位处地形较陡峭，6#墩坡度在 30°左右，8#墩坡度在 40°左右；7#墩位处水下地形极为不平整，纵向地形高差在 6 m 左右，横向地形高差在 8 m 左右。其余墩位于两岸山坡，东岸较陡峻，西岸较缓。小里程 0#～5#墩地表主要种植蜜桔，大里程 9#～12#墩原始地表主要为灌木丛。库区内水面养殖业发达，网箱交错布置，密度较大。另外，古田溪特大桥梁端与隧道相连，施工场地狭窄，施工组织困难。5#～9#墩位施工前现场环境如图 4－2－3 所示，7#墩墩位处河床地形高差如图 4－2－4 所示。

图 4－2－3 5#～9#墩位施工前现场环境图

(3)交通条件。

施工便道可充分利用既有乡村道路和便道，根据工程需要，局部需进行扩宽。

桥址处位于古田溪库区下游，古田溪为闽江的一条支流，所有大型水上设备进入桥址处均需通过水口电站和外福线古田溪大桥。

水口电站船闸通航基本要求：船只净高不大于 6.8 m，净宽不大于 12 m，吃水深度不大于 1.6 m，满载排水量不大于 500 t。水口电站现场情况如图 4－2－5 所示。

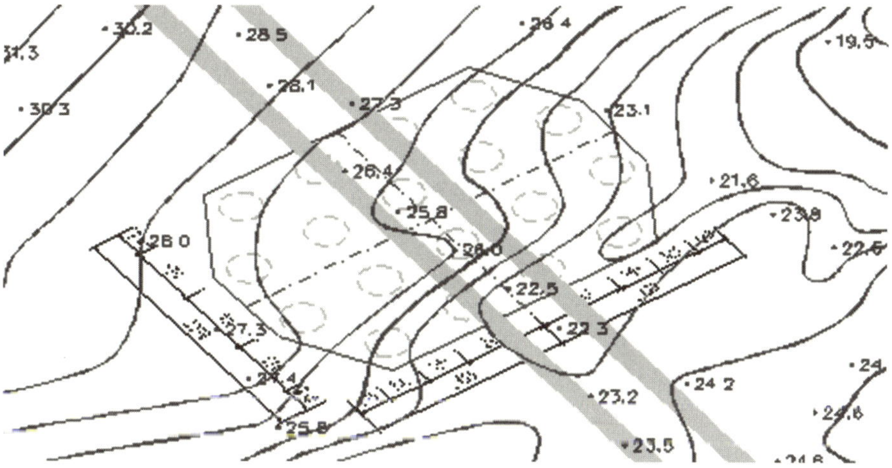

图 4-2-4 7#墩墩位处河床地形高差图

外福线古田溪大桥情况：古田溪大桥位于水口镇，距水口车站 1500 m，距新建合福高铁古田溪特大桥约 6 km，全长 304 m，横跨古田溪库区，主桥钢梁跨度 80 m，是合福高铁古田溪特大桥施工船舶的必经之路。外福铁路古田溪特大桥梁底高程 +67.8 m，桥下最高警戒水位 +65 m，2010 年 3 月、4 月和 5 月的水位一直维持在 +63 m 左右，桥下净空只有 2 m。外福线古田溪大桥如图 4-2-6 所示。

图 4-2-5 水口电站

图 4-2-6 外福线古田溪大桥

2. 初步设计施工方案论证

结合施工条件和施工方案，对水中基础施工所需的资源配置进行了深入分析，论证初步设计施工方案的可实施性。

(1) 钢围堰组拼场地。

桥位处两岸地形陡峭，原地面坡度高达 40°，且两个桥台台尾均为隧道，施工场地严重受限，由此导致落底钢围堰在岸上无法组拼成整体，需在水上建立一个承载能力不小于 1000 t、面积不小于 900 m^2 的大型水上平台，施工区域网箱密布，需要进行大量拆迁，由此造成的赔付费用巨大。

(2) 钢围堰浮运和定位。

需采用导向船、拖船、拼装船、定位船、水上浮吊等大型设备，由施工调查可知，受水口电站和古田溪大桥净空的影响，以上大型水上设备无法到达施工区。

(3) 钢围堰设计。

6#、7#、8#墩位处高差极度不平整的裸岩上，钢围堰需根据地形设计成高低刃角，钢围堰着床时底口与河床面的吻合度要求较高，对设计和施工的要求都较高。因此，钢围堰施工前需对墩位处进行水下爆破，整平河床面，让钢围堰平稳着床。

(4)钢围堰着床。

落底钢围堰着床精度要求较高，钢围堰分段接高施工工期较长，因此着床前需依靠导向船、定位船进行精确定位。受库区水位经常急涨急落的影响，水位高差最高可达 10 m，对钢围堰的压重重量难以控制，从而造成钢围堰精确着床困难。

(5)其他。

施工区域网箱密布，若采用水下爆破，安全距离内网箱赔付费用高达数千万，无法实施大规模的水下爆破。

综合以上各种因素分析，初步设计施工方案的可实施性较小，主要体现在以下两个方面：一是施工资源投入较大，设备的选型及进场困难；二是安全风险大，大吨位、大体积的落底钢围堰的水上施工作业时间长，不可预知的因素较多，水上、水下施工作业环境复杂，安全风险大，因此需对初步设计方案进行优化。

4.2.3 优化设计

经原铁道部工管中心、京福闽赣公司、铁四院桥梁处和中铁二局等单位多次对初步设计施工方案进行研究，并现场实地勘察，结合现场实际水下地质钻探情况和施工区客观施工条件，在保证结构设计科学合理、安全可靠的前提下，设计单位铁四院对古田溪特大桥初步设计方案进行了优化，提高水中墩承台，以减小全桥水中基础的施工安全风险。

优化后的设计方案：7#墩桩基设计 18 根 ϕ2.8 m 钻孔桩，桩长 50 m，承台顶面高程 +64.838 m，与库区最高水位 65 m 基本一致，改为采用有底钢吊箱施工，承台为八边形，结构尺寸加大为 32 m×20.7 m×6 m；6#和 8#墩桩基设计 9 根 ϕ2.8 m 钻孔桩，桩长分别为 34.5～37.5 m，承台顶面高程分别为 66～66.8 m，承台底面均脱离河床基岩，承台为矩形，结构尺寸均为 18 m×16.4 m×5 m，优化后古田溪大桥全桥立面图如图 4-2-7 所示。

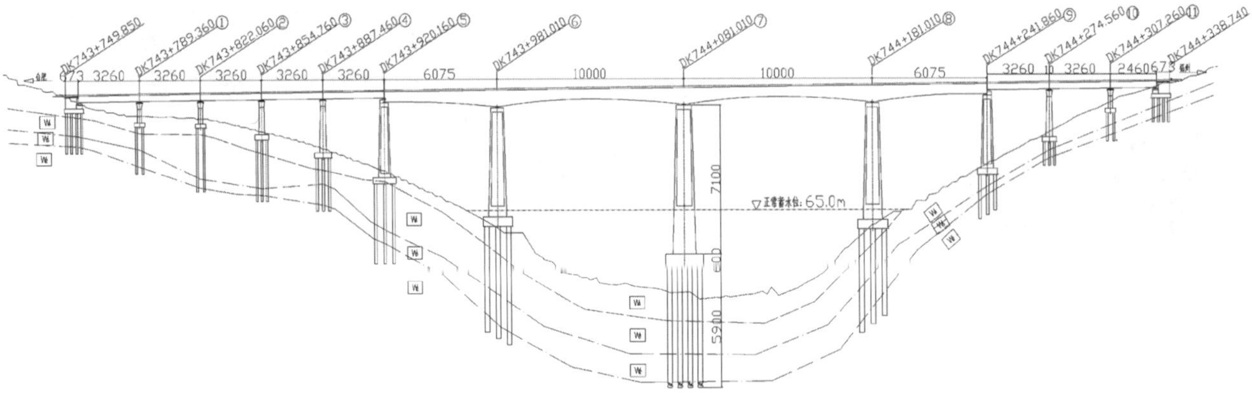

图 4-2-7 优化后古田溪大桥全桥立面图

优化后的设计方案避免了 6#、8#墩承台水下爆破施工和 7#墩承台 46 m 深大截面双壁无底钢围堰施工。

7#墩施工方案：7#墩钻孔平台结构采用“在河床底设置固脚钢围堰并通过封底混凝土对钢护筒进行定位，由钢护筒支撑、贝雷梁和型钢作平台上部结构”的总体设计方案。钻孔平台施工采用在桥墩位设置浮式平台和用水上浮式龙门吊作临时施工平台的方式；固脚钢围堰在陆上分块加工、水上组拼，利用浮龙门整体下放，封底混凝土分区灌注；钢护筒陆上分节加工，现场采用浮龙门逐根下放；利用浮吊在固定好的钢护筒上搭设钻孔桩平台，冲击钻机钻孔成桩；桩基完成后拆除钻机平台，组拼、下放钢吊箱，浇筑水下混凝土封底，封底混凝土达到强度后，抽干吊箱积水，绑扎钢筋，然后浇筑承台混凝土，承台混凝土分两次浇筑。

6#、8#墩靠岸侧的 3 根桩直接搭设钻机平台施工，由于靠河岸侧无覆盖层，在靠岸的桩基形成之后，可依靠已形成的桩基来固定向河岸侧的桩基平台。

4.2.4　现场实施

1. 准备工作

在 8#墩下游 40 m 位置设置一个临时码头，在临时码头上安装一台 50 t 的桅杆吊，如图 4－2－8 所示。利用桅杆吊起吊浮箱下水组拼 50 t、100 t 水上浮吊，利用浮吊组拼 6#、7#、8#墩浮式平台并定位作为施工的作业平台，再利用两端封闭钢管由 8#墩向 6#墩搭设一座浮式栈桥，解决人员的通行问题并作为搭设混凝土输送管、泥浆输送管的通道。

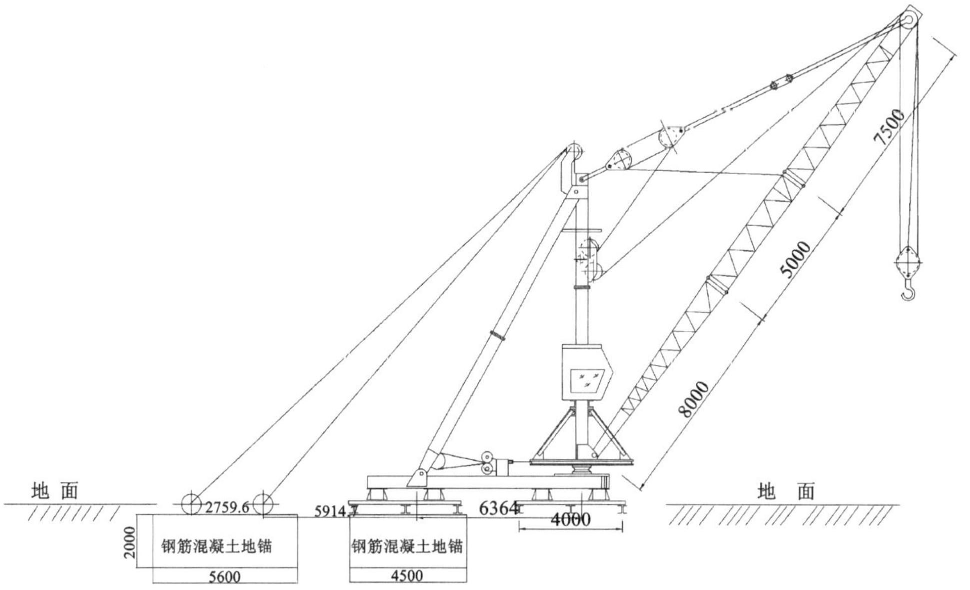

图 4－2－8　桅杆吊立面图

2. 水中 6#、8#墩基础施工

(1) 钻机平台设置。

6#、8#墩钻机平台标高 +66 m，长 23.7 m，宽 22.6 m，下部结构采用直径 ϕ1000 mm × 10 mm 钢管，横桥向布置 6 排，顺桥向布置 5 排，钻机平台平面布置图如图 4－2－9 所示。上横梁采用 2I45a 工字钢，横桥向布置；分配梁采用 I28a 工字钢，间距 25 cm，顺桥向布置；面板采用 6 mm 厚花纹钢板，满铺在分配梁上方；剪刀撑采用[20a 槽钢，呈顺桥向和横桥向布置，与桩基钢护筒的平联斜撑在上口和水面以上各焊接一道。平台与岸边便道采用 C20 混凝土台座过渡。

(2) 钻孔桩施工。

6#墩、8#墩各有 9 根直径 2.8 m 的钻孔灌注桩，桩基为不等桩长，最长 34 m，最短 18.5 m。采用 3 台反循环冲击钻机钻进，4 个循环施工完成。

钻孔桩施工按间隔跳孔钻进，需合理布置钻机位置，且考虑混凝土运输罐车可以直接上下平台，到达桩位处灌注混凝土。

3. 水中 7#墩基础施工

(1) 固脚钢围堰施工。

围堰设计外形尺寸为 32.3 m × 21 m，固脚钢围堰平面图如图 4－2－10 所示。距钢护筒净空尺寸不小于 574 mm。围堰顶设计标高根据地形情况设置为 +29.50 m 和 +25 m，护筒位置处河床底面地形最高处标高为 27.232 m，距围堰顶设计标高为 2.268 m，考虑到封底混凝土表面浮浆层的影响，混凝土最小高度按 3 m 设计。

钢围堰组拼在水中浮式平台上进行，为方便固脚钢围堰的下放，钢围堰拼装平台和浮式龙门可合为一个操作平台，即将浮式龙门安装在拼装平台上；固脚钢围堰在浮式平台上分块拼装完成后，浮式龙门整体

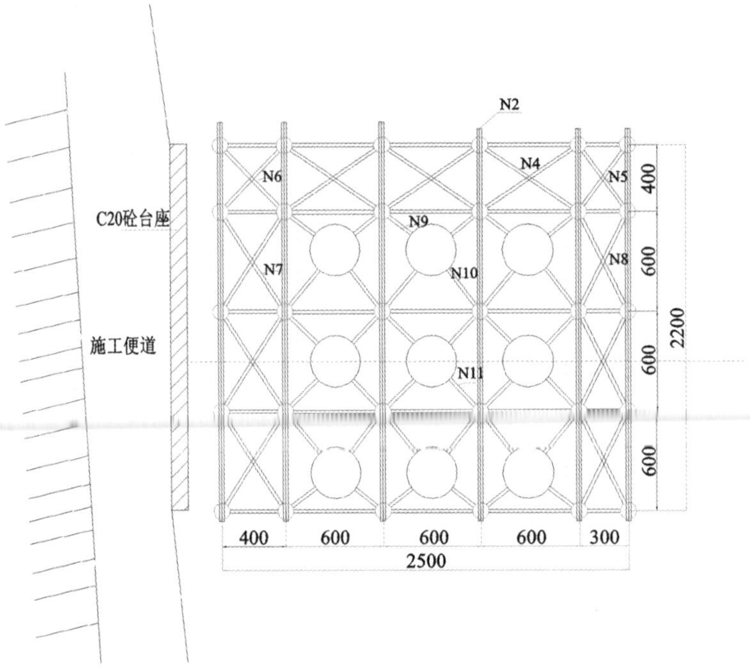

图 4－2－9　6#、8#墩钻机平台平面布置图

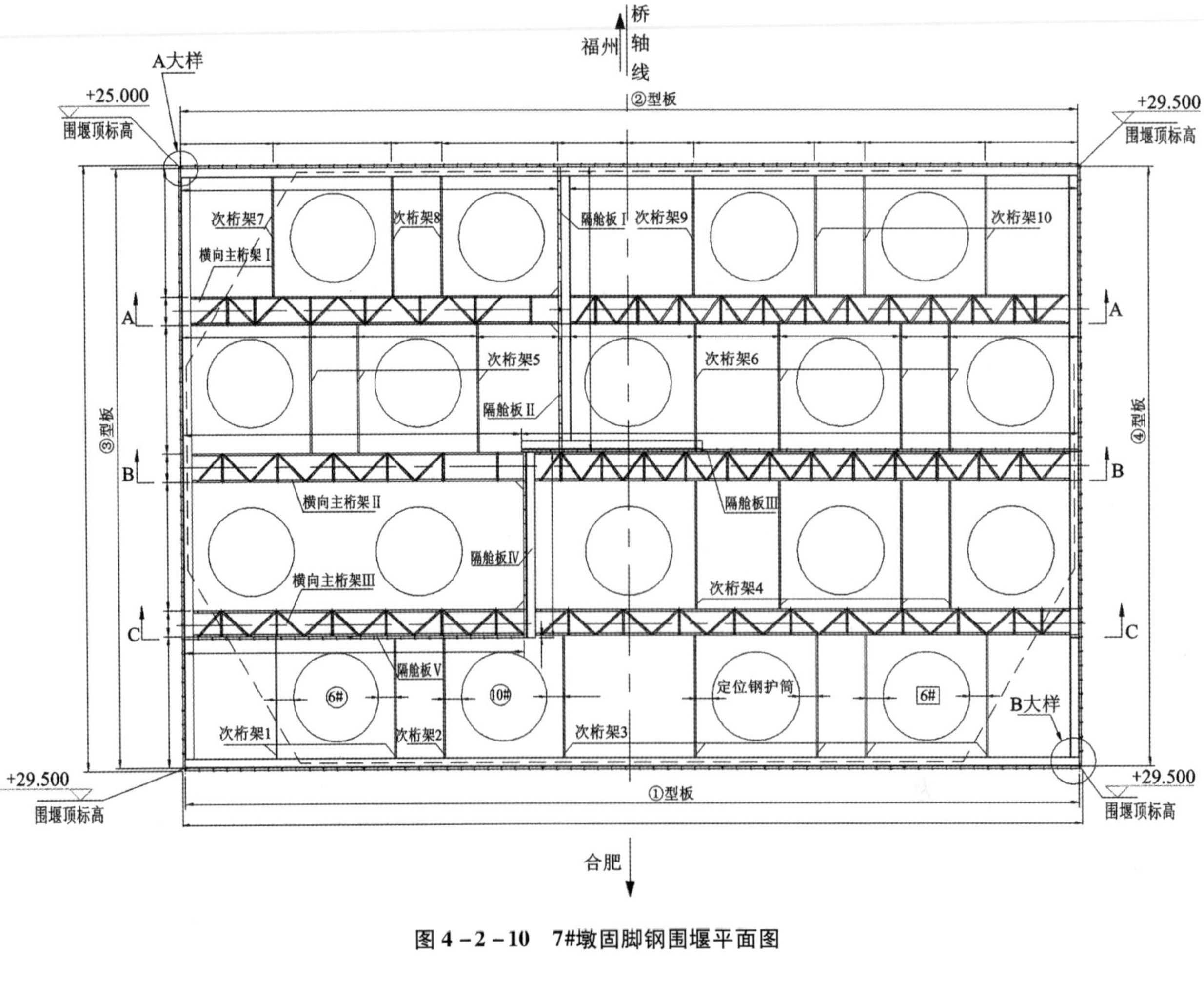

图 4－2－10　7#墩固脚钢围堰平面图

起吊钢围堰，拆除拼装平台即可下放，固脚钢围堰整体下放示意图如图 4 -2 -11 所示。

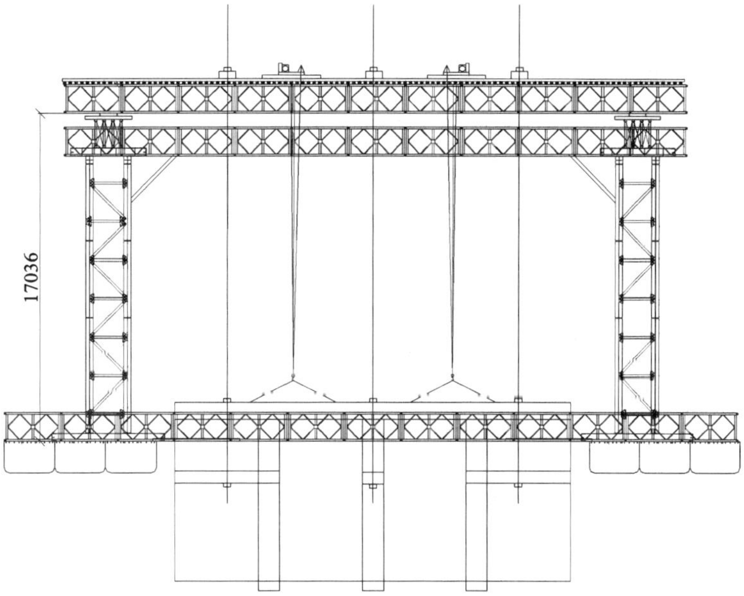

图 4 -2 -11　7#墩固脚钢围堰整体下放示意图

(2)钢护筒施工。

7#墩钢护筒共计 18 根，平均每根长 45 m，单根最重约 60 t，钢护筒所有顶面标高均控制在 +65.5 m。

钢护筒下放平台长 36 m，宽 33 m，其平面布置图如图 4 -2 -12 所示，主要由双层贝雷梁结构组成，根据钢护筒平面位置及浮式平台位置，底层顺桥向布置了 4 组贝雷梁，每组由三片贝雷梁组成，顶层横桥向布置了 5 组贝雷梁，每组由两片贝雷梁组成。为增大整个浮式龙门吊的承载能力和减小底层贝雷梁的跨度，在浮式龙门中间增设了一排多用途浮箱，总共 13 个。

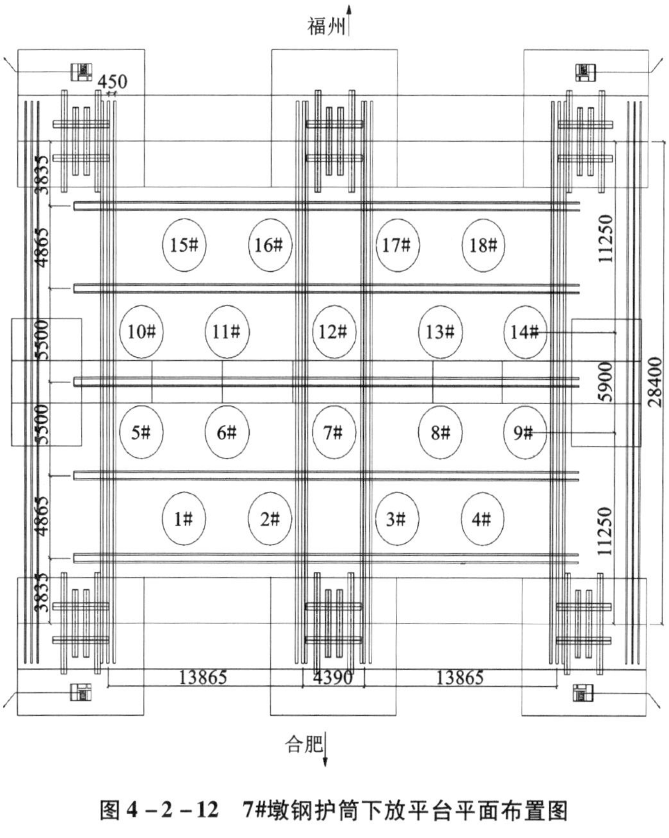

图 4 -2 -12　7#墩钢护筒下放平台平面布置图

贝雷梁在东岸拼装场地分节拼装，底层贝雷梁分节长度为 15 m 和 18 m 两种，顶层贝雷梁分节长度为 12 m，拼装完毕后，即利用拖车转运至码头，用桅杆吊吊放至运输平台上运送至墩位处，并用 100 t 浮吊及 50 t 浮吊配合浮式龙门吊安装。

由于钢护筒按每 2 m 进行接长施工，在接长钢护筒时，周围焊接了牛腿，如图 4 - 2 - 13 所示。

图 4 - 2 - 13　钢护筒牛腿

钢护筒底部接触河床面后，应立即对钢护筒上口、下口平面位置进行检查，上口检查方法为通过全站仪测设钢护筒顶口平面位置，下口检查方法为通过钢护筒下口中心点绑扎一根测绳，测绳系上浮球，让浮球漂浮在水面上，通过漂浮在水面上的浮球来测定钢护筒是否垂直。

(3)封底混凝土灌注。

鉴于固脚钢围堰封底面积较大，且河床面高低差异大，根据固脚钢围堰分区设计，封底混凝土可按三次进行浇筑，一区钢护筒下放完成之后，浇筑一区封底混凝土，二区钢护筒下放完成之后，浇筑二区和三区封底混凝土。

(4)钻机平台设置。

钻机平台的顶面高程为 +65.8 m，高出施工水位 0.8 m。在固脚钢围堰内混凝土达到设计强度且钢护筒完全固定好后，可在每个钢护筒上沿顺桥向对称焊接一对牛腿支撑，要求所有牛腿支撑的顶面在水平高差上不超过 3 mm，且与工作桩平台在同一水平面上，每个牛腿支撑上面放置双排不加强贝雷梁，在贝雷梁上顺桥向铺设 I20a 工字钢构成平台的主骨架，最后在主骨架上铺设 δ = 6 mm 的防滑钢板，钻机平台立面如图 4 - 2 - 14 所示。

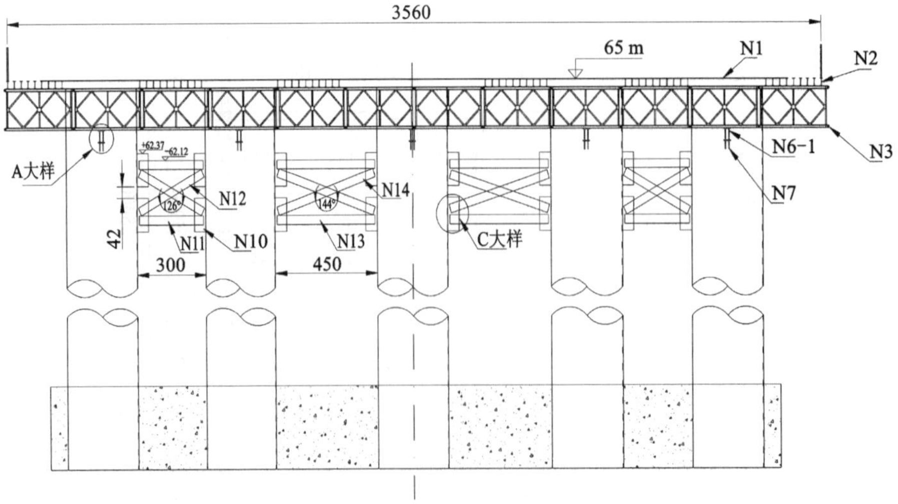

图 4 - 2 - 14　7#钻机平台立面图

(5)钻孔桩施工。

7#墩共有18根直径2.8 m的钻孔灌注桩，桩基嵌入弱风化凝灰岩约15 m，采用6台液压反循环冲击钻机钻进，3个循环施工完成。为防止后期孔桩开钻时钻机震动对先期灌注的桩基混凝土尚未达到强度前的影响，需将先期灌注混凝土的桩基钢护筒与钻机平台暂时断开，所以要对钻机的布置和桩孔的开钻顺序进行科学周密的规划，既不能影响钻机的正常施工，又能保证钻机平台的稳定和较小的变形。

(6)钢吊箱施工。

①钢吊箱设计。

考虑将钢套箱与承台模型设计为一体(既是承台施工的隔水套箱又是承台的外模板)，在承台完成施工后，将整个钢套箱拆除。

所以整个钢套箱设计高度为11.83 m，为双壁结构，隔舱宽1200 mm，内壁结构尺寸为20.9 m×32.2 m，面板采用6 mm的钢板，在外侧竖向设[12的槽钢劲条，横向采用5×120 mm的扁钢，竖横间距均为300 mm，在第一次承台浇筑顶面设一道围檩和对撑，围檩采用双][28的槽钢，对撑采用$\phi800\times10$ mm的钢管。

②钢吊箱加工。

钻孔桩施工完成后，从钻机平台上移除钻机，拆除平台钢板，仅留主要的受力构件，钢吊箱采用在钻机平台上分块拼装成型的方式。考虑到运输方式、起吊能力、下沉工艺等综合因素，钢套箱分2节加工，所有的钢构件均在岸上钢结构加工厂分块加工，分块大小根据吊重能力和运输的限制，第1节加工成5.0 m×4.0 m，第2节加工成6.83 m×5.0 m，运至墩位后进行拼装，底板桁架在加工厂加工成单片或双片，先将底板桁架与底板安放在平台上组拼形成底板，浮吊起吊第1节侧板与底板拼接，然后接长第2段，形成吊箱，钢吊箱立面布置如图4-2-15所示。

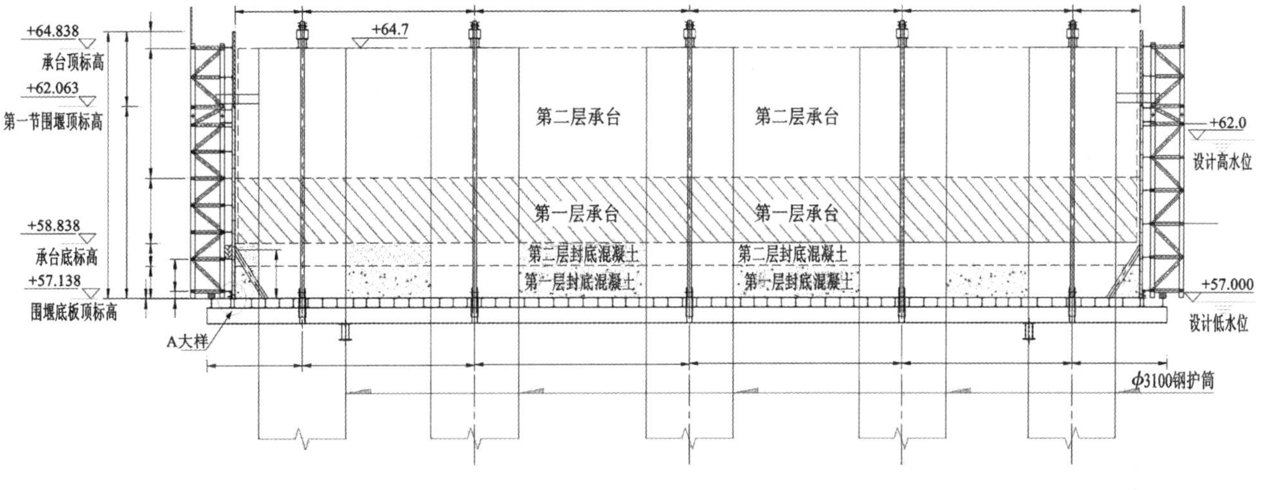

图4-2-15 钢吊箱立面图

③钢吊箱安装。

通过在护筒顶设置下放装置，将吊箱整体提起，拆除钻机平台，整体下放吊箱到设计位置。

为保证钢吊箱能沿钢护筒顺利下放就位，须对钢护筒的外围情况进行探测，具体方法：将加工直径比钢护筒大20 cm的钢圈套入钢护筒，并徐徐下放，看是否能下放到设计高程，下放不到位的，由潜水员探明水下情况，及时进行处理。

安装下放系统，可利用螺旋千斤顶、钢吊箱底板与下放系统之间设置的精扎螺纹钢做吊杆同步下放，施工时注意预设好精扎螺纹钢的长度转换装置。

先将钢吊箱试提升5 cm，检查下放系统。确认下放系统牢固、可靠后，拆除阻碍钢套箱下沉的拼装平台，按每5 cm一次逐次下放钢套箱。

水面以下利用钢吊箱壁板上的调位千斤顶调整钢套箱的平面位置。上口沿四周设置倒链，调整平面位置。钢套箱下放至设计位置后，潜水员入水将最下层水平定位系统的外滑梁拉出，顶紧钢护筒后，锁紧螺母，并用楔铁锁定吊箱的水平位置。上层定位系统的千斤顶采用型钢替换，锁定钢套箱的水平位置。最后将底板吊杆上铰座与钢护筒焊接，接长吊杆，悬吊在钢护筒上。

④板封堵、浇筑封底混凝土。

钢吊箱围堰下沉到设计位置，采用设置的吊杆对其进行悬吊锚固，利用全站仪调整其平面位置，内壁四周设支垫支撑桩基钢护筒壁，并利用定位锚座对钢吊箱进行精确定位。再次利用钢护筒上的牛腿搭设简易操作平台，灌注水下混凝土对钢吊箱进行封底。灌注封底混凝土时，底板悬吊系统共设有吊点 36 个，吊杆上部锚固在钢护筒顶，吊点布置图如图 4－2－16 所示。

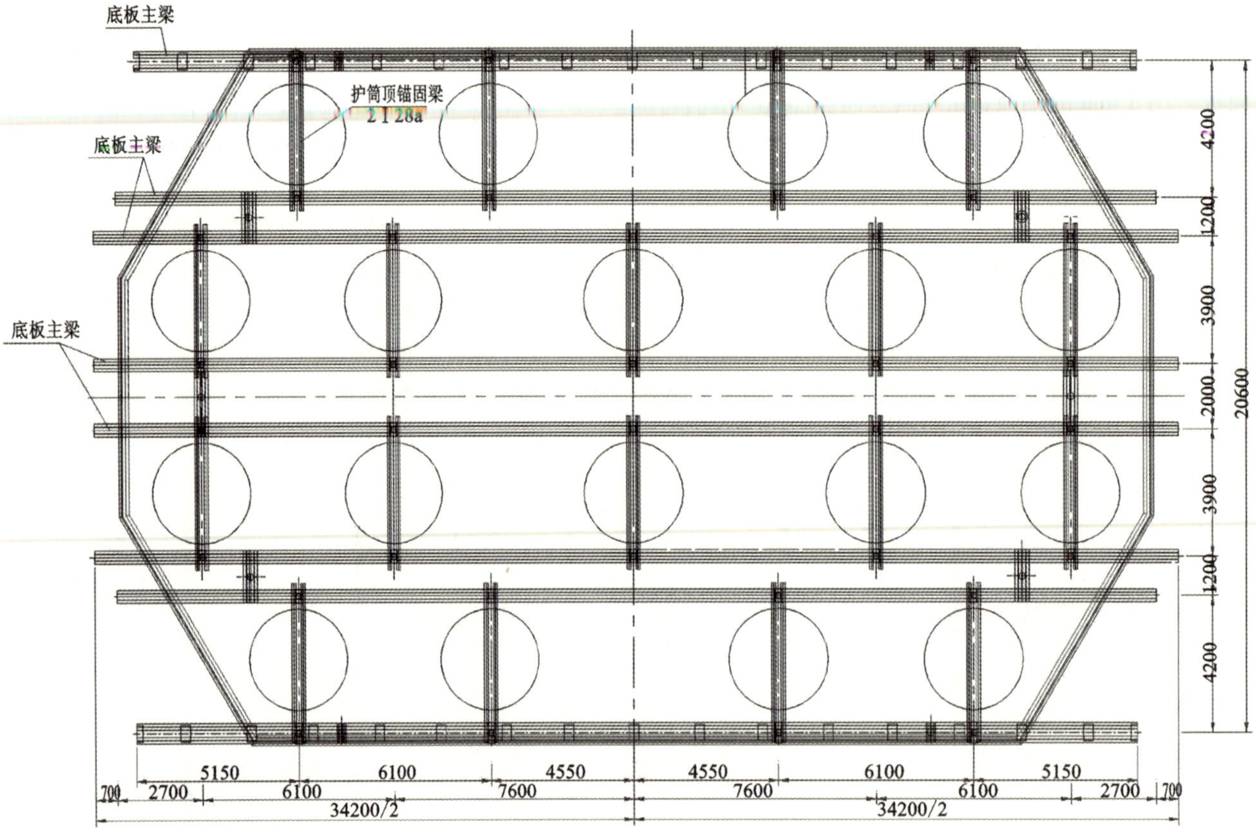

图 4－2－16　灌注封底混凝土吊点布置图

⑤边抽水边加内支撑及其他。

将底板吊杆与钢护筒焊接，完成吊杆由拉杆变成压杆的操作。当封底混凝土强度达到设计要求后，采用大抽水机和小潜水泵配合抽水。

抽水至内支撑底向下 80 cm 处，以方便操作，注意观测吊箱的变形。在确保安全后，加设内支撑。

在抽水过程中，采用固定水平尺、百分表、水准仪等方法观察钢套箱、钢护筒的变形及钢护筒、吊箱各点的位移变化。一旦变形超过理论计算值，立即停止抽水，查找变形超出理论值的原因，分析超出值是否合理，是否可以接受。找出超出值原因，经过处理后继续抽水。抽水完成后，切割钢护筒进行凿桩，并对封底混凝土进行凿平，铺设一层高标号水泥砂浆进行找平，待强度达到设计要求后，在砂浆表面涂刷防水剂，而后绑扎钢筋，埋设冷却水管及各种预埋件，浇筑承台混凝土。

(7)承台施工。

承台分两次进行施工，第一次施工至钢吊箱中部支撑处，同时也是墩身预埋钢筋的起点位置，在第一次承台混凝土浇筑完成并达到一定强度后，拆除钢吊箱中部支撑，预埋墩身钢筋和绑扎安装剩余的承台钢筋，浇筑第二次承台混凝土。

古田溪特大桥水下承台改高桩承台方案优化完工全景如图 4－2－17 所示。

图 4－2－17　古田溪特大桥全景图

4.2.5　优化小结

(1)安全方面：采用固脚钢围堰及钢吊箱施工方案，避免了水下大型吊装设备的安装，承台提高后减少了安全风险源，大大降低了施工安全风险。

(2)工期方面：固脚钢围堰及钢吊箱施工方便，优化后的施工方案较初步设计施工方案工期节约了 12 个月左右。

(3)投资方面：初步设计采用落底钢围堰及钢管桩施工平台，需使用大型吊装设备及投入大量的钢材，优化后的设计方案用钢量较小，投资大大降低。

(4)施工技术创新方面：

①自主研发了高低刃角固脚钢围堰与钢护筒相结合的固定式钻机平台，解决了大倾斜裸岩深水桩基施工难题，创新了深水基础施工技术。

②研究了深水复杂地形精准测量、固脚钢围堰下放着床、长大钢护筒安装定位、水下混凝土分区灌注等施工工艺，保证了固脚钢围堰及钢护筒的施工质量。

③针对大型水上施工船舶无法进入施工区的条件，研究了 240 t 水上浮式龙门吊机及浮式平台，成功实施了大型钢围堰和长大钢护筒的安装。

采用已成桩基逐排延伸钻机平台和双层钢护筒防漏浆工艺，形成了近岸陡坡无覆盖层水中桩基施工技术，具有良好的经济实用性。

4.3　运架一体机过长大隧道方案优化

4.3.1　设计情况

合福高铁 HFMG－6 标段位于福建省建瓯市及南平市延平区，正线起讫里程为 DK630＋330.72～DK681＋995，全长 51.664 km。本标段区间正线桥梁 40 座 14.11 km，其中 32 m 箱梁 331 孔，24 m 箱梁 48 孔，共计 379 孔。

根据总体施工组要求，该标段共设有两个梁场，采用两台架桥机共架设 296 孔箱梁(其中建瓯西梁场 131 孔，南雅梁场 165 孔)，其余为 83 孔现浇梁[(大横头大桥、葫芦丘村中桥和南平建溪特大桥 33 孔)＋(桔园特大桥—陈墩大桥 50 孔)]。

4.3.2　优化原因

根据工期要求，南平建溪特大桥需两台高墩移动模架，大横头大桥需一套移动模架，桔园特大桥—陈墩特大桥需两套移动模架。移动模架需求量大，拼装场地受限，高墩支架现浇安全控制风险高，梁片质量不易控制，且工期压力大，故计划采用预制架设，以减少安全风险、质量风险和工期风险。

2012 年 9 月 18 日，经过闽赣公司、设计院、合福闽赣 IV 标监理、合福闽赣 VI 标项目部及桥梁专家对优化后架梁方案比选评估和架梁通道内各节点工期计划的认真分析，决定优化原设计，采用两个梁场，两套架桥机，架设完成标段内的所有桥梁共379孔的预制。将南平建溪特大桥(24孔)、葫芦丘中桥(2孔)、大横头大桥(7孔)、陈墩大桥(7孔)、吴坑特大桥(19孔)、七米糠大桥(10孔)、桔园大桥(6孔)、桔园特大桥(8孔)的简支梁由原来的现浇梁方案变更为预制架设方案，其中变更现浇简支梁83孔(24 m简支梁11孔，32 m简支梁72孔)。变更方式为各桥梁的现浇墩身仍采用原墩身形式，支座垫石调整为预制架设墩身垫石形式，梁片变更为相应的预制标准梁(与原设计对应)，其他不变更。过长大隧道[花山隧道(5608 m)、大横隧道(5368 m)]采用穿隧道一体式架桥机进行变更后桥梁的架设。

4.3.3 优化设计

(1)总体方案及架梁设备配置

①总体方案

采用两个梁场+两架(2台900T穿隧道运架一体架桥机)的方案，预制架设全标段的全部简支梁，总计预制架设箱梁379孔。设置两个梁场，其中建瓯东区梁场(原南雅梁场)预架197孔，建瓯西区梁场(原建瓯西梁场)预架182孔。

②架梁设备配置

建瓯东区梁场箱梁架设采用WE－SC900H型运架一体机，配置箱梁模板5套(其中一套32 m孔和24 m孔共用)。建瓯西区梁场箱梁架设采用YJ900型运架一体机，配置模板4套(其中一套32 m孔和24 m孔共用)。每个梁场配置提梁机各一台，50 t门吊各两台，10 t门吊各一台。两个梁场均为平行作业，不共用设备和模板。

(2)架梁顺序

①建瓯西区梁场架梁顺序

由建瓯西站向小里程方向(其中最远要通过6座隧道)架设至下坑1号大桥，然后将架桥机调头，进行大里程方向架设，通过屏风山隧道(1812 m)、花山隧道(5608 m)、桔园隧道(1079 m)、鲁口隧道(521 m)架设二工区桔园特大桥、桔园大桥、吴坑特大桥、七米糠大桥、陈墩大桥直至南雅隧道进口。架梁方向如图4－3－1所示。

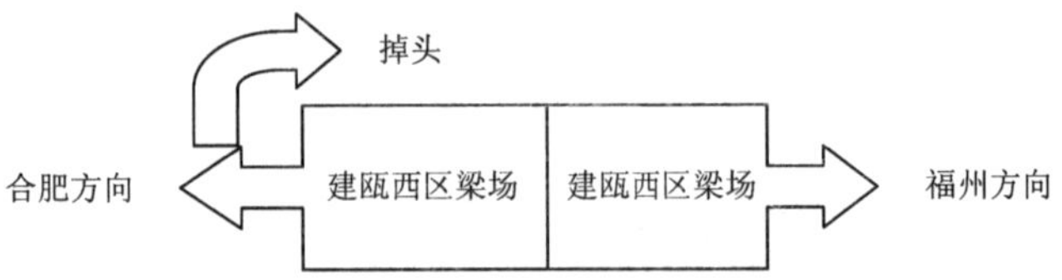

图4－3－1 架梁方向示意图

说明：向合肥方向需通过6座隧道，1处连续梁，共计运架梁65孔；向福州方向需通过4座隧道，5处连续梁，共计运架梁117孔。向合肥方向最远运距6.1 km；向福州方向最远运距14.9 km；向合肥方向需过隧道合计2.4 km；向福州方向需过隧道合计9.1 km。

②建瓯东区梁场架梁顺序

由建瓯东区梁场向小里程方向架设，最远处到南雅隧道出口，然后调头架设大里程方向，通过理龙口隧道(87.98 m)、瓯延隧道(1501.8 m)、大横隧道(5368.5 m)、葫芦丘隧道(1296.89 m)架设南平建溪特大桥24孔简支梁。架梁方向如图4－3－2所示。

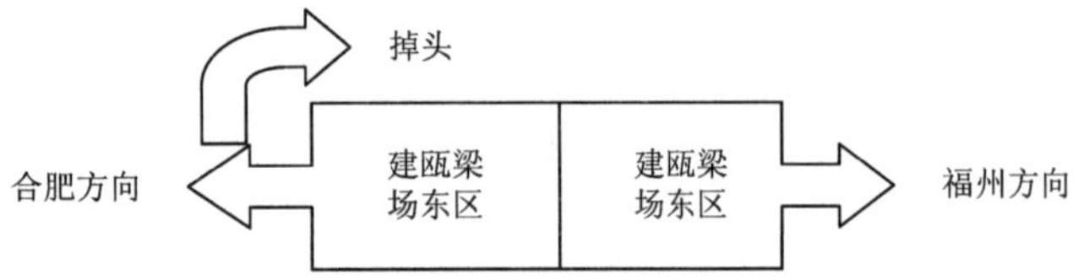

图4－3－2 架梁方向示意图

说明：向合肥方向无连续梁，无隧道，共计运架梁23孔；向福州方向需通过4座隧道，3处连续梁，共计运架梁174孔。向合肥方向最远运距1.0 km；向福州方向最远运距16.1 km；向合肥方向需过隧道合计0 km；向福州方向需过隧道合计8.3 km。

4.3.4 现场实施

现场按照优化变更后的方案进行实施，但由于桔园特大桥(60 + 100 + 100 + 60)m 连续梁不能按原计划按期合拢，于 2013 年 3 月组织专项会议研究决定，对原架梁方案进行再调整，调整后共计有 50 孔箱梁需要通过长大隧道(过南雅隧道 42 孔、过花山隧道 8 孔)进行架设。

建瓯东区梁场采用北京万桥生产的 WE - SC900H 型运架一体机架设箱梁。箱梁架设顺序为：首先由制梁场向小里程方向架设，完成朝阳 3 号大桥、朝阳 1 号特大桥架设任务后，在梁场完成设备调头，开始向大里程方向架设仁墩村特大桥、爱竹大桥、狮山 1 号中桥等架至岐头垄 1 号大桥，然后再回到梁场进行调头，向小里程方向经过南雅隧道(8690 m)、鲁口隧道(561.1 m)，架设陈墩大桥、七米糠大桥、吴坑特大桥、桔园大桥等 4 座桥梁 42 孔箱梁。再回到梁场调头，向大里程方向架设岐头垄中桥至南平建溪特大桥 9 座桥梁 73 孔箱梁，期间经过理龙口隧道(88 m)、瓯延隧道(1501.8 m)、大横隧道(5368.5 m)和葫芦丘隧道(1296.89 m)4 座隧道，最远运距为 16 公里，大里程方向经过 1 联(40 + 64 + 40)m 连续梁、1 联(60 + 100 + 100 + 60)m 连续梁、1 联(40 + 72 + 40)m 连续梁。其中有 42 孔箱梁需通过南雅隧道进行架设，有 25 孔箱梁需通过大横隧道进行架设。

建瓯西区梁场采用中铁科工生产的 YJ900 型运架一体机架设箱梁。箱梁架设顺序为：首先由制梁场向小里程方向架设，架设北平大桥、溪口中桥、溪口大桥直至下坑 1 号大桥，完成小里程方向架设，其中经过徐墩隧道(380.2 m)、上溪口隧道(177.6 m)、北津隧道(481 m)、翁墩隧道(874 m)、南坑隧道(217.1 m)、屏山 2 号隧道(311.4 m)。在梁场完成设备掉头，开始向大里程方向架设建瓯西站特大桥、七里街特大桥直至桔园特大桥，期间经过屏风山隧道(1812 m)、花山隧道(5608.5 m)、桔园隧道(1079 m)，小里程方向经过 1 联(40 + 64 + 40)m 连续梁，大里程方向经过 2 联 4 × 32 m 连续梁、1 联(32 + 48 + 32)m 连续梁、2 联(40 + 64 + 40)m 连续梁、1 联(60 + 100 + 100 + 60)m 连续梁。其中有 8 孔箱梁需通过花山隧道进行架设。

1. 一体机过长大隧道概况

花山隧道位于 DK642 + 251 ~ DK647 + 860，全长 5609 m。其位于直线上，线路最大纵坡为 11‰，满足架桥机通过要求。

南雅隧道位于 DK652 + 392 ~ DK661 + 082，全长 8690 m。曲线地段的曲线半径为 11000 m，线路最大纵坡为 14‰，满足架桥机通过要求。

2. 架桥机基本参数

额定起吊能力：	900 t
架设箱梁长度形式：	32.6 m、24.6 m
施工海拔高度：	≤3000 m
工作温度：	-20℃/ +50℃
工作状态最大允许风力：	6 级
吊运梁机跨度：	51.9 m
起吊高度：	6.0 m
整机高度：	9 m
重载走行速度：	3.5 km/h
空载平地走行速度：	7 km/h
通过 350 km/h 隧道：	2 ~ 2.5 km/h
轮胎数量：	64 个
工作时最小曲线半径：	≥2500 m
工作纵向坡度：	≤ ±3.0%
走行横向人字坡度：	≤ ±3.0%
额定载荷下爬坡能力：	纵向≤ ±3.0　　横向≤1.5%
主机外形尺寸：	70 × 8.2 × 9 m

3. 隧道断面尺寸

运架一体式架桥机吊箱梁通过隧道时，箱梁降低至低位，箱梁翼缘板能处于隧道最宽位置。京福客运专线隧道最宽位置离地面约 4.0 m，最宽为 13.14 m，运送 12 m 宽整孔箱梁时，两侧有 0.57 m 的空隙。运架一体机过隧道断面图如图 4－3－3、图 4－3－4 所示。

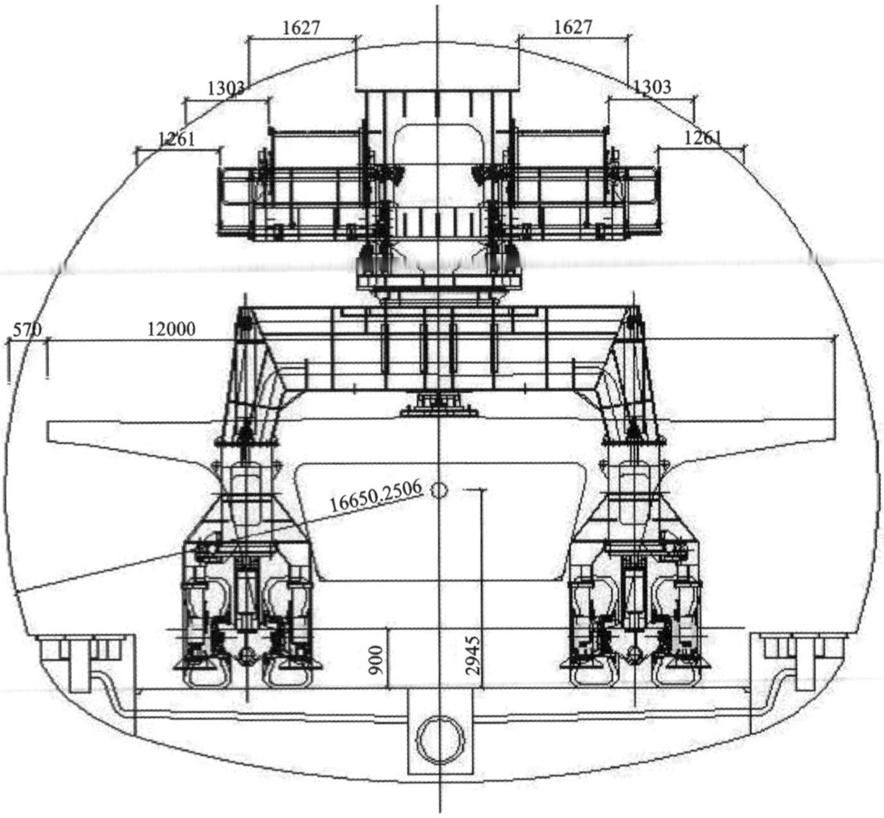

图 4－3－3　架桥机运梁通过隧道断面图(梁底距地面 900 mm)

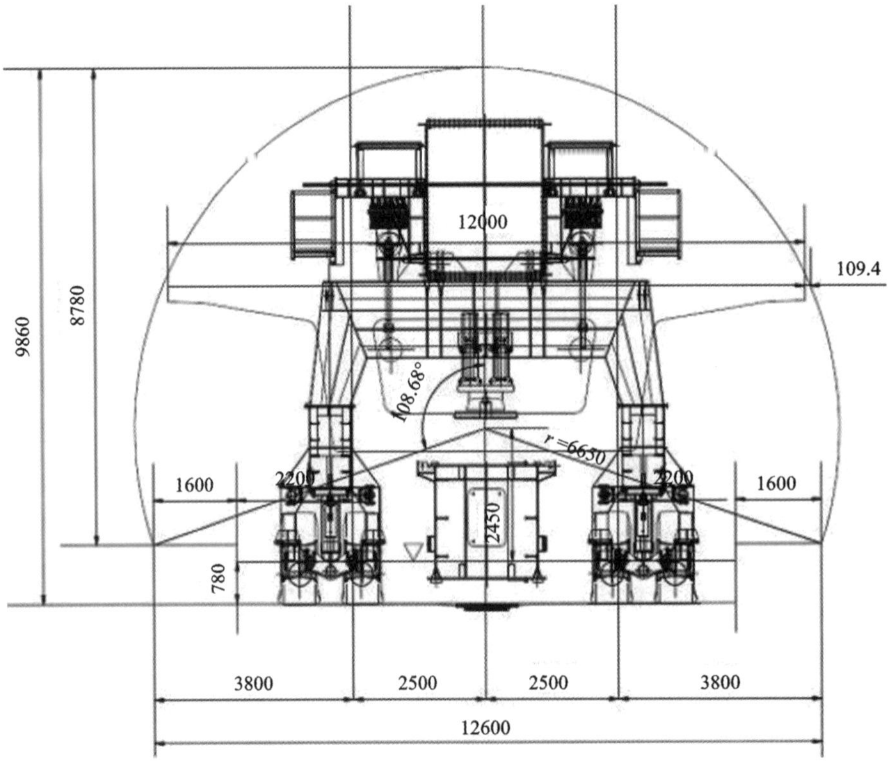

图 4－3－4　架桥机隧道口架梁断面图(梁底距地面 2400 mm)

4. 架桥机参数与隧道结构参数比较

表 4－3－1　架桥机参数与隧道结构参数比较表

项目	北京万桥 E－SC900H 型运架一体机	中铁科工 YJ900 型运架一体机	花山隧道	南雅隧道
结构高度	9 m	9 m	9.5 m	9.5 m
结构宽度	12 m	12 m	13.14 m	13.14 m
曲线半径	⩾2500 m	⩾2500 m	直线	11000 m
线路纵坡	⩽ ±3.0%	⩽ ±3.0%	6‰、11‰	4‰、14‰

5. 运架一体机运输箱梁过长大隧道的关键步骤及注意事项

（1）做好前期准备

在运架一体机走形轮组外侧安装红外线测距仪，当红外线测距仪测距显示距离小于设定值时，运架一体机自动停止行走。在运架一体机的轮组、马鞍梁、主梁分别安装探照灯，做好照明系统，确保运梁视线良好。

（2）提前做好隧道检查、处理

隧道内照明设施必须完善；隧道仰拱及路面施工必须完成，且龄期及强度达到设计要求；隧道内交叉作业时应提前对机具进行清理，以保证运架一体机通过无阻；在隧道电缆槽靠线路内侧沿路贴反光贴，以利于运架一体机行走；运架一体机过长大隧道时，隧道内必须保证湿润、通风，防止扬尘影响视线，降低运梁风险。

（3）运梁过隧道注意措施

根据运架一体机的工作能力及隧道曲线半径、纵向横向坡度确定隧道中的运梁高度。运架一体机吊箱梁通过隧道时，箱梁降至梁体翼缘板处于隧道最宽位置。以设计 350 km/h 隧道断面为例，隧道最宽位置离地面约 4.0 m，最宽为 13.14 m，运送 12 m 宽整孔箱梁时，两侧有 0.57 m 的空隙，此时箱梁底板距隧道仰拱填充面 0.9 m。运架一体机过隧道时应注意以下步骤：

第一步：启动主机发电机，打开主机照明灯，使监视人员能有效监视箱梁与隧道内壁的间隙。

第二步：前后提梁小车同步下降，将箱梁降到合适的高度（确保箱梁翼缘与隧道内壁的距离不小于 300 mm）；

第三步：根据隧道内路基面情况，运架一体机以 1.5～2.0 km/h 的速度行驶；

第四步：前端和后端的监护须到位，运架一体机上增设 1～2 名监护人员；

第五步：监视人员与司机之间须每间隔 10 分钟通过对讲机进行互动通话交流一次，防止司机犯困。

（4）运梁时防止梁体与隧道衬砌刮蹭的保证措施

①在隧道底面运架一体机轮胎走形边缘喷涂红色反光漆，在电缆槽靠线路内侧贴反光贴，以利于指挥人员看清路面以及运架一体机行走。

②在运架一体机走形轮组前端外侧安装红外线测距仪，当红外线测距仪测距显示运架一体机行走偏移设计位置大于 20 cm 时，安装在司机操作室的蜂鸣报警器会自动报警，提醒操作司机及时将运架一体机调整至设计位置。

③运架一体机安排 5 名监护人员，负责监控梁体与隧道衬砌边墙之间的距离，如有异常及时通知司机。紧急情况可立即按下急停开关，排除故障后再继续运梁。

（5）运梁时的照明解决措施

①检查修复隧道内的原有施工照明设施，当运架一体机在隧道内行走时，与线下工区联系，将隧道里衬砌边墙上的节能灯打开，直至运架一体机离开隧道。

②施工人员将各种劳保防护用品穿戴齐全，必须穿戴反光背心并佩戴防尘面罩。

（6）运梁时隧道内长时间作业，避免人员疲劳作业的措施

①运梁人员设置两班，监护人员共计 5 人，前后各 2 人，主机上 1 人。每班作业配备两名司机，在隧道

内运行中，每2小时换班一次。

②监视人员与司机之间需每隔10分钟通过对讲机进行互动通话交流一次，防止司机长时间操作注意力不集中。

③运架一体机在隧道内正常行走时，监护人员可以站在运架一体机前后四角的作业平台上，随时观察运架一体机及箱梁各部位与隧道侧壁的间隙，发现异常即通过对讲机提醒司机调整运架一体机的行走状态。遇有隧道内电缆槽施工地段，所有监护人员必须下至地面查看运架一体机轮组与电缆槽模板的间隙，避免发生碰撞。

6. 架桥机运梁过隧道实例照片

图4-3-5　架桥机运梁进入隧道图

图4-3-6　架桥机运梁出隧道

图4-3-7　架桥机运梁隧道内行走

图4-3-8　架桥机运梁出隧道口零距离架梁

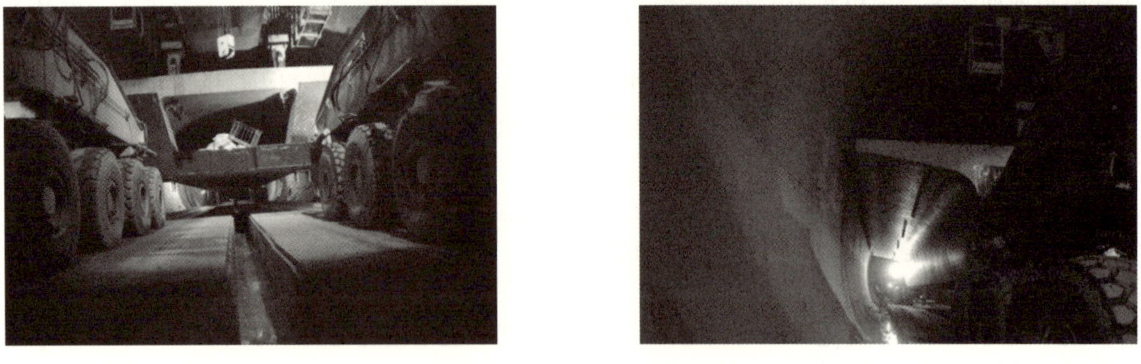

图4-3-9　过南雅隧道内景

4.3.5　优化小结

(1)通过各种措施的落实，两个梁场的运架一体机均安全顺利地通过了长大隧道运架，提高了施工效率，有效缩短了施工工期。与常规长大隧道间箱梁现浇施工相比，经济效益显著。

(2)优化设计后所涉及的施工工艺、方法均为常规方法，操作简易，节约了施工成本，且通过对关键技术参数的优化，节约了资源投入，避免了现浇梁施工的安全风险。

拓宽了运架一体机的应用前景，为以后铁路线路设计、梁场位置设计提供了依据。

4.4　陈山坞特大桥连续梁 11#、12#墩纠偏处理

4.4.1　设计情况

陈山坞特大桥位于江西省上饶市上饶县境内，桥全长 790.8 m，桥梁起屹里程为 DK439 + 900.27 ~ DK440 + 693.53，桥的结构形式为 6 × 32 m 简支箱梁 + 1 × (60 + 2 × 100 + 60) m 连续箱梁 + 8 × 32 m 简支箱梁。

陈山坞特大桥基础采用钻孔灌注桩基础 + 承台的结构形式，简支梁桥墩 1 号、17 号采用圆端形实体墩，2 号 ~ 16 号墩采用圆端形空心桥墩，6 号 ~ 10 号墩为连续梁墩，其余为简支箱梁，11 号墩中心里程为 DK440 + 457.88。11 号墩桩基为摩擦桩，桩基穿越地质处于全风化花岗闪长岩($\sigma_0 = 250$ kPa)，该墩设计布设 9 根钻孔灌注桩，桩基长度为 39 m；承台尺寸为 10.6 m × 13.6 m × 3 m(长 × 宽 × 高)；墩柱为圆端形空心桥墩，墩柱高度为 40.5 m，墩顶截面尺寸为 4.0 m × 8.5 m；11 号墩的桩基、承台及墩柱混凝土均采用 C35 钢筋混凝土。

4.4.2　事件简介

2014 年 10 月 19 日在陈山坞特大桥精调时发现 11#墩两侧轨向偏差比较大(从 5 ~ 31 mm 不等)，高程方面偏差较小；经调查发现，当地村民在陈山坞特大桥 11#墩柱线路左侧修建一条临时道路倒运弃渣修建乡村道路，如图 4 - 4 - 1 所示；经复测，11#墩墩柱底部向线路右侧偏移约 4 mm，梁顶向线路右侧偏移约 30 mm；通过精调小车测量轨向数据，显示在 10#墩位置轨向与设计值相差不大(约 4 mm)，然后往 11#墩方向渐渐变大，在 11#墩位置达到最大值(31 mm)，往 12#墩方向又慢慢变小，在 12#墩位置渐渐接近设计位置，轨向偏差总体呈现 V 字形；同时 11#墩桩基为摩擦桩，地质为强风化花岗岩，墩柱较高为 40.5 m(为柔性墩)，项目部将以上调查信息上报到了设计院。

图 4 - 4 - 1　陈山坞特大桥 11#墩柱线路左侧倒运弃渣现场图

4.4.3 原因分析

(1)经现场调查，墩身、梁体及无砟道床均未发现混凝土开裂情况，垫石混凝土、支座砂浆未发现开裂情况，支座上下板螺栓均未发生剪切位移，支座与支承垫石、支座与梁体、无砟轨道与梁面均未发现相对位移。

(2)根据设计单位要求，自2014年11月23日至11月30日对11号墩左侧弃碴进行卸载，在承台左侧外3 m开挖6 m深土压力泄压槽。

泄压前后进行沉降观测，通过卸载前后的沉降观测情况分析，左侧最大上浮0.5 mm，右侧卸载期间有微小沉降约1.7 mm，可能与机械在左侧的动载挤压有关，左侧卸载完成后，又回弹至卸载前的原位，回弹后右侧累计最大沉降量0.3 mm，基本判断在卸载期间右侧的沉降为地基弹性变形。通过对卸载期间累计沉降值较小的情况分析，可以基本判断卸载前后桥墩沉降无变化。

(3)根据设计单位要求，自2014年12月1日至2日，自承台面对陈山坞特大桥左侧2根角桩(1号桩、7号桩)进场钻孔取芯9 m(承台3 m桩身6 m)，芯样直径90 mm。随后于2014年12月3日，利用取芯孔采用声波透射法进行检测。

从芯样情况来看，桩基混凝土密实完整，未发现断裂及破坏情况。从声波检测结果看，检测范围内桩身结构完整无破坏。可以判断，11号墩顶偏移未对桩基造成破坏。

(4)设计院根据以上数据信息分析得出：由于村民在11#墩线路左侧新建临时便道倒运弃渣，车辆来回碾压11#墩左侧承台基础，使得11#墩承台呈现往右偏压情况，同时由于11#墩柱较高，下部发生了细微变化，梁顶将发生较大的偏移量。

4.4.4 处理措施

(1)方案确定

设计院通过检算得知，箱梁横向平移3 cm后产生的轴向偏心力对墩柱及梁的影响较小，同意采用顶升横移的方法对支座及箱梁进行复位，同时对应力释放槽采用C20混凝土回填，复位后对CPⅢ数据进行复测，再进行长轨精调等工作。

(2)箱梁横向顶移施工原理

利用摩擦阻荷原理对桥梁进行整体平移。摩擦阻荷是指两个相互接触的物体在有相对运动趋势或出现相对运动的情况下，在接触面上产生的阻碍相对运动趋势或相对运动的荷载。桥梁在平移时需要先顶升施工，依据上述原理，可考虑利用竖向千斤顶的摩擦阻荷平衡水平千斤顶的顶推反力，从而避免施工反力装置。

(3)多点同步顶升控制系统工作原理

采用PLC计算机控制多点同步顶升系统，该系统主要由液压系统(油泵、油缸等)和计算机控制系统等几个部分组成，其示意图如4-4-2所示。液压系统由计算机控制，可以自动完成同步位移，实现力和位移的控制、位移误差的控制、行程的控制、负载压力的控制；具有误操作自动保护、过程显示、故障报警、紧急停止功能；油缸液控单向阀及机械自锁装置可防止任何形式的系统及管路失压，从而实现负载有效支撑等多种功能。

(4)顶升平移施工原理

在千斤顶的顶部设置由镜面不锈钢板和填充聚四氟乙烯高分子材料组成的滑动摩擦面。设置横向千斤顶，通过横向顶推竖向千斤顶的方式实现箱梁的横向平移。

联动装置系统构成：依靠摩擦阻荷平衡反力的竖向千斤顶(1号和2号)和一个水平放置的横向千斤顶(3号)构成。联动装置工作原理如图4-4-3所示。

系统由两个竖向放置的千斤顶顶升使箱梁与桥墩脱离，用水平放置千斤顶两端顶住竖向千斤顶。每个竖向千斤顶包含一个滑动面和一个伪固定面，滑动面上允许出现滑动，伪固定面与支承台面无可靠连接，但不允许出现相对位移。

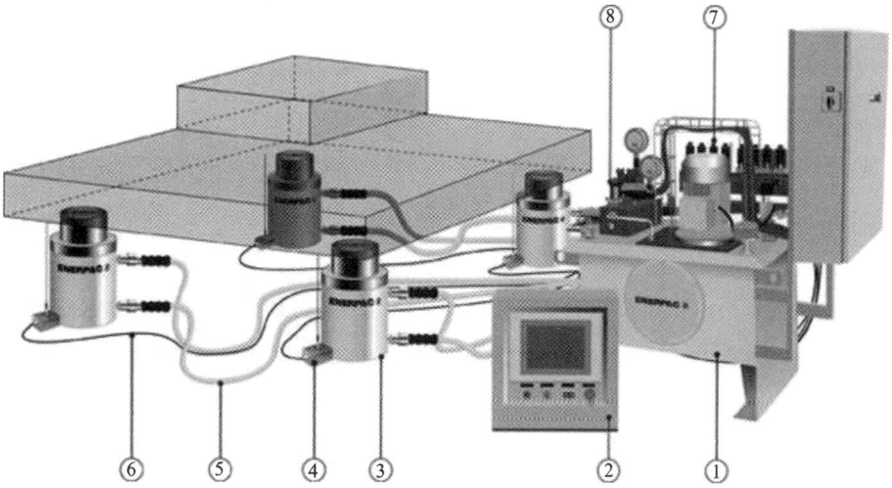

图 4-4-2　PLC 同步顶升系统示意图

1—液压泵；2—PLC 控制屏；3—液压千斤顶；5—液压软管；6—传感线；7—电磁控制阀

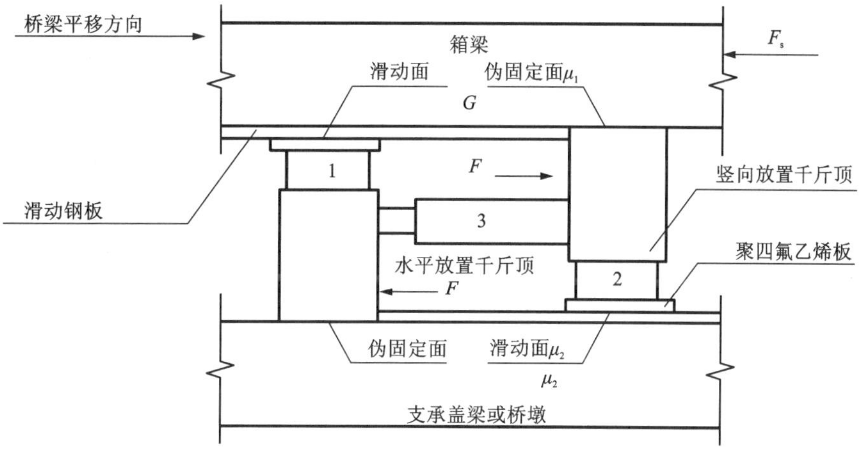

图 4-4-3　摩擦阻荷原理图

4.4.5　现场实施

(1)箱梁竖向顶升

箱梁自重约 880 t，采用单端顶升及平移，在 11#墩位置每孔梁设置 8 个 150 t 的千斤顶提供竖向顶升力；同时在横向每孔梁设置 2 个 100 t 的横向千斤顶提供横向顶移力，竖向顶升的高度控制在 3～5 mm。

每个支座垫石位置设置 4 个竖向千斤顶和 1 个横向千斤顶；4 个竖向千斤顶中有 3 个千斤顶在顶部设置滑移面(滑移面设置镜面不锈钢板和填充聚四氟乙烯高分子材料)，底部设置伪固定面；有 1 个千斤顶在底部设置滑移面，在顶部设置伪固定面。

四氟乙烯板的动摩擦系数为 $\mu=0.007$，每个千斤顶所受的力按 110 t 考虑，每个千斤顶的动摩擦力为 7.7 kN，横向所受的滑动摩擦力为 61.6 kN；伪固定面的摩擦系数为 $\mu=0.3$，每个千斤顶伪固定面所受的静摩擦力为 330 kN；每个支座垫石位置设置一个 150 t 的横向千斤顶，每孔梁设置 2 个 150 t 的横向千斤顶，横向总滑动摩擦力为 61.6 kN，每个千斤顶伪固定面的静摩擦力为 330 kN；横向滑动摩擦力 < 横向顶推力，能实现横向平移要求。

图 4-4-4 为油顶布置示意图，1#、2#、4#为竖向顶升油顶，在油顶顶部与梁接触面设置滑移面，在底部设置伪固定面；3#为竖向油顶，在顶部设置伪固定面，在底部设置滑动面；5#油顶为横向油顶，油顶布置

照片如图4－4－5所示。

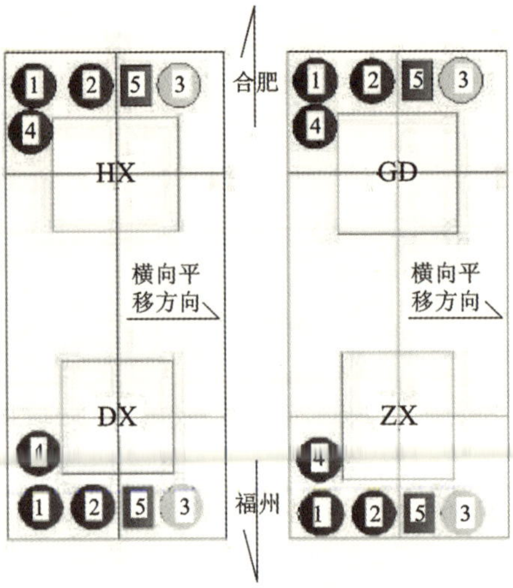

图4－4－4　油顶布置示意图

图4－4－5　5#油顶布置

(2)支座上板扩孔

根据移梁量在支座上板进行扩孔，11#墩四个支座上板扩孔量均为30 mm；支座扩孔采用数控线切的精加工工艺施工；同时切割下的半月牙铸铁作为支座锚栓孔限位装置，支座上下板参数如表4－4－1所示。

表4－4－1　支座上下板参数表

型号规格	上支座板				下支座板				支座及箱梁位移关系
	B（mm）	B1（mm）	螺栓孔中心横向至外边缘（mm）	上支座板扩孔方案	D mm	D1（mm）	螺栓孔中心横向至外边缘（mm）	下支座板扩孔方案	
JZQZ5500GD	610	380	115	上支座板向左扩孔30 mm	630	520	55	不扩孔	保持上下支座板现有中心不移动，箱梁及梁底螺栓整体向右侧平移30 mm
JZQZ5500HX	560	380	90	上支座板向左扩孔30 mm	630	520	55	不扩孔	
JZQZ5500ZX	630	380	125	上支座板向左扩孔30 mm	560	390	85	不扩孔	
JZQZ5500DX	560	380	90	上支座板向左扩孔30 mm	560	390	85	不扩孔	

注：螺栓直径为36 mm，螺栓孔直径为39 mm，螺栓孔中心至边缘要求≥54 mm。

在拆卸支座上板时一定要标记好支座的方向及需扩孔的方向，防止支座上板扩孔方向错误。支座上板扩孔图片如图4－4－6所示。

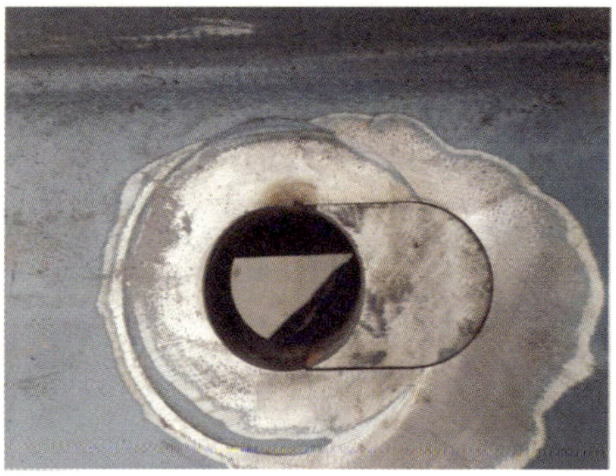

图4－4－6　上板扩孔

(3)箱梁横向顶移施工

在支座垫石侧面设置箱梁横向位移检测仪，同时锁定竖向千斤顶油泵，开启横向千斤顶油泵，设置好初始值。移梁油泵及位移监测照片如图4－4－7、图4－4－8所示。

图4－4－7　移梁油泵

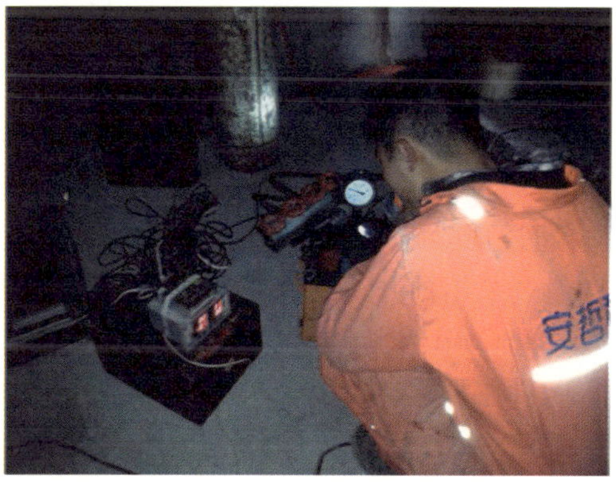

图4－4－8　移梁位移监测

横向顶移的速度不能太快，控制在10 mm/min以内，当横向顶移量达到10 mm时，应锁定油泵检测支座上板是否处于自由状态，使用钢管对4个支座上板进行轻轻推敲，防止支座的倾斜增大横向滑动摩擦力。

陈山坞特大桥桥面移梁后的图片如图4－4－9所示。

图4－4－9　陈山坞特大桥桥面移梁后现场图

4.4.6 案例小结

(1)为避免类似事件再次发生，施工过程中及施工完成后，必须禁止任何在线路附近堆放弃物、渣土等行为，同时必须禁止任何重载车辆或机械在线路附近行走。并采用防护栅栏进行围挡，如图4－4－10所示，以避免机械设备及车辆进入。

图4－4－10 陈山坞特大桥11～13#墩桥下重新清理并防护后现场图

(2)通过顶梁施工，对整改施工有以下优点：

① 通过采用顶升、平移等措施，无须施工反力台和反力架，避免施工完成后还须拆除反力台和反力架；施工快捷，节约资源。

② 通过在平移装置中使用新材料，减小了平移施工对原结构的损伤，增强了结构平移的安全性，无交通管制。

③ 施工设备投入量小，对施工场地及施工条件无特殊要求，施工便捷，避免了其他大型提梁设备的投入。

4.5 安济特大桥7# 11#桥墩纠偏处理

4.5.1 设计情况

安济特大桥(DK690＋621.78～DK692＋117.52)位于南平北站福州端咽喉区，该站设计为“二台六线”，无基本站台，设计规划站区填土至23#墩；福州端咽喉区六线并四线处在安济特大桥的4#墩至7#墩间，左右分幅各设一联3孔32 m道岔梁；四线并二线在7#墩至11#墩间，整幅设4孔32 m道岔梁；11#墩至13#墩为双线，采用2孔简支标准梁；13#墩至19#墩为1联6孔32 m单渡线道岔梁，线路设计运营时速为350 km/h。

7#～11#桥墩均采用圆端形实体墩(7#和8#墩为单孔门式墩)，墩顶顺桥向长度为3.4 m，墩高32～32.5 m。基础全部为桩基础。桥墩及基础的设计情况如表4－5－1所示。

表 4 –5 –1　安济特大桥 7# ~ 11#桥墩及基础设计情况统计表

墩号	桩基根数	桩径(m)	桩长(m)	桩基类型	承台尺寸(m×m×m)	墩高(m)
7#	24	1.5	25	柱桩	12.5×19.1×4	32
8#	20	1.5	23.5	柱桩	12.5×15.8×4	32
9#	20	1.5	20.5	柱桩	12.5×15.8×4	32
10#	14	1.5	21.5	柱桩	8.6×15.8×3.5	32.5
11#	14	1.5	20	柱桩	9.2×15.8×3.5	32.5

安济特大桥桥址平面图如图 4 –5 –1 所示。

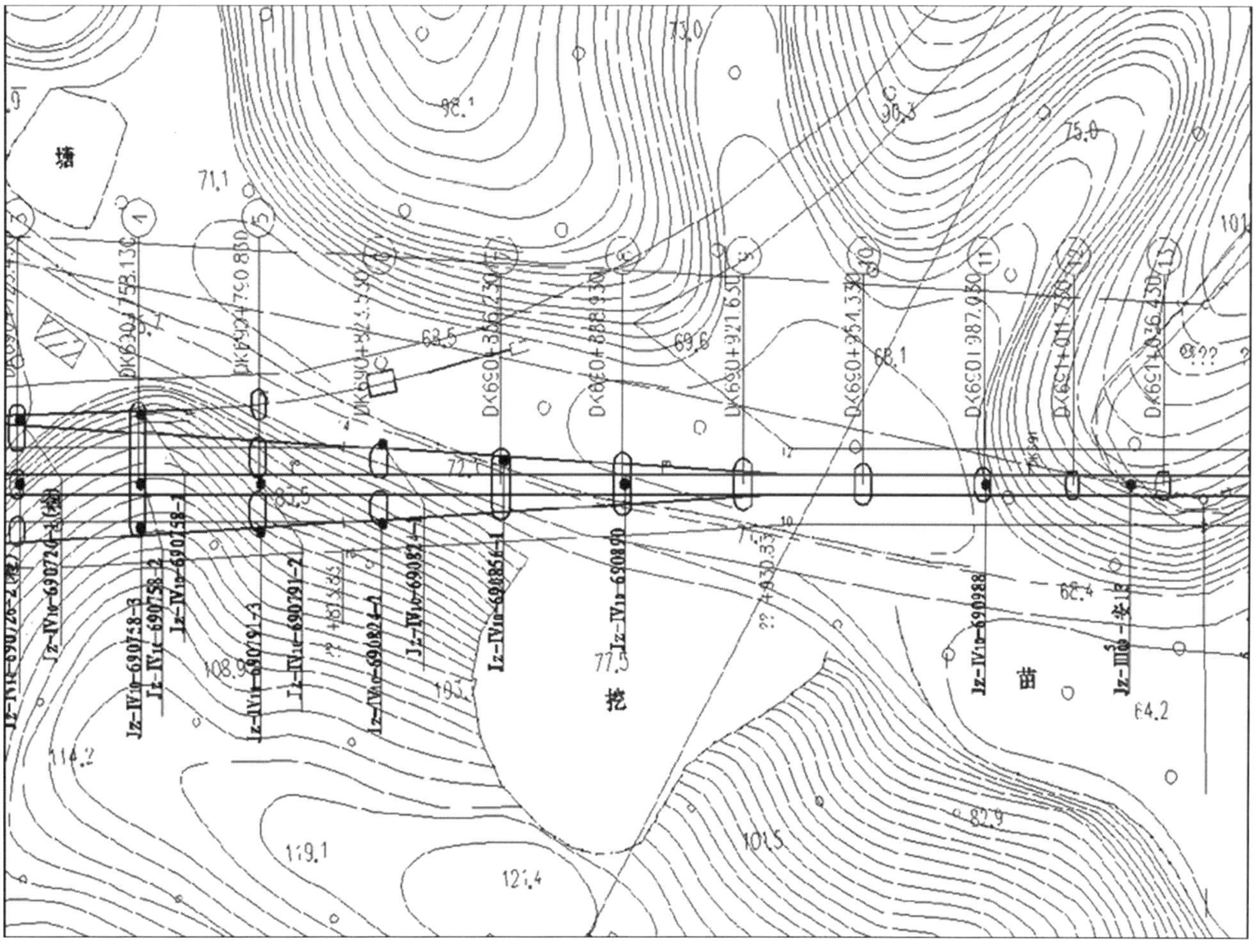

图 4 –5 –1　桥址平面图

4.5.2　事件简介

本桥处在南平市规划的南平北站站前开发区域内，墩顶标高 108.8 m，规划填土至标高 104 m。2014 年 11 月 17 日站前广场开发施工单位在桥梁 7# ~ 11#墩右侧填土，将原土坡与桥墩间的空隙填满，尤其是 9# 墩和 10#墩右侧，填土高度至标高 88 m，墩身左右两侧最大高差达 12 m，造成桥梁偏载发生位移，填土现场如图 4 –5 –2 所示。

偏载导致 8#、9#墩和 10#墩墩顶向线路左侧偏转，进而带动道岔梁向线路左侧偏移，道岔连续梁则带动 7#墩及 11#墩相应发生位移，轨面位移情况见表 4 –5 –2。

图 4-5-2　7#～11#墩左右侧土体对比图

表 4-5-2　安济特大桥 7#-11#桥墩轨面位移统计表

墩号	向左位移量(mm)	备注
7#	5	桥墩填土偏载，偏载较小
8#	23	桥墩填土偏载，偏载较小
9#	42	固定支座在此墩上，桥墩填土偏载最大
10#	53	桥墩填土偏载最大
11#	41	桥墩侧未填土

偏载后的直观表现为纵向支座上板螺栓和下板锚栓倾斜，垫石左侧崩裂。道岔连续梁梁端轨道发生明显扭曲。直观病害如图 4-5-3、图 4-5-4 所示。

图 4-5-3　11#墩顶连续梁中支座螺栓破坏

图 4-5-4　11#墩顶轨道扭曲

4.5.3　原因分析

安济特大桥原设计考虑预留地方规划填土至 104 m 高程的条件，施工图文件注意事项中交待的填土要求为：填土时，应严格按照对称填土，分层夯实，靠近桥墩部分尽可能采用人工或小型机械对称填土，密实度达 90% 以上，以免对桥墩产生偏压。

2014 年 11 月 18 日，地方站前规划单位未严格按设计要求而私自进行填土作业，右侧单侧有高差达 12 m 以上的填土偏压桥墩、承台，导致桥梁轨道出现侧向位移、支座破坏。

2014 年 11 月 29 日，京福闽赣公司召开“南平北站安济特大桥钢轨横向位移原因分析及处理方案专家研讨会”，明确确定造成桥梁 7#至 11#墩横向位移的原因是右侧单侧高填土产生偏压，高填土使得桥墩及承台承受侧向压力。

4.5.4　处理措施

（1）根据现场实测断面线，进行建模，采用三维软件计算堆填土偏压额外给桥墩基础增加的荷载，计算桥梁结构应力、位移及破坏情况。

（2）为检验建模计算结果的可靠性，通过桩基钻孔取芯声波透射法、孔内电视检测及承台底直接掏挖观察等方法对 8# ~ 10#墩桩基完整性进行验证，有关的检测图如图 4 – 5 – 5 ~ 图 4 – 5 – 9 所示。试验结果表明：8# ~ 10#墩部分桩基承台底附近混凝土产生了裂纹。

图 4 – 5 – 5　桩基现场取芯芯样

图 4 – 5 – 6　声波透射法检测

图 4 – 5 – 7　孔内电视检测

图 4 – 5 – 8　承台底掏挖裂纹观察

图 4 – 5 – 9　承台底掏挖裂纹观察

（3）召开专家会议，对建模验算及验证结果进行分析。根据专家意见，确定下部结构处理方案为：桩顶加固、加厚承台并适当补桩、桥墩不复位；上部结构处理方案为：梁与轨道一次移到位。

（4）根据专家会议意见，制定了细化完善整改措施：对病害位置桥梁基础进行加固，对上部梁体进行复位。其中 8#、9#、10#墩既有承台底向下加厚 2.2 m，在既有承台周边加桩，桩基施工完成后使施工桩基上部承台与原有承台植筋连接。利用摩阻自平衡原理，采用多点同步控制顶升装置进行梁体回位。

4.5.5 现场实施

1. 基础加固

8#、9#、10#墩既有承台底向下加厚2.2 m。在既有承台周边加桩。桩基施工完成后使施工桩基上部承台与原有承台植筋连接。

2. 加厚承台施工

8#、9#、10#墩原承台底20 cm混凝土垫层清除，既有承台底向下加厚2.2 m。对新旧承台接触面及既有桩基凿毛(有裂缝桩基凿出主筋，松散部分全部凿除)、布置钢筋网、新承台底面穿工字钢、新旧承台接触面预埋压浆管，采用自流平自密实C35无收缩混凝土灌注加厚承台，使其与既有承台形成一个整体。用加厚承台包住桩顶开裂破坏的位置，使桩基开裂段与承台连成整体，不再作为桩基而作为承台受力。

(1)掏挖承台底、清除承台底垫层。

对增厚承台范围内的土体进行开挖，如图4-5-10所示，并且凿除原承台混凝土垫层后再进行下部施工，以免垫层脱落伤人。

图4-5-10 掏挖承台底土体

(2)桩基裂缝化学压力注浆处理。

查找承台底以下的桩身裂缝，宽度大于0.2 mm的裂纹处应人工凿除钢筋保护层，对深部裂纹采用化学灌浆修补，机具采用高压化学灌浆机。

化学灌浆选用黏度低、强度高的改性环氧树脂进行表面封闭和内部注浆加固。处理顺序：清理清洗→封缝→钻孔除尘→安装注浆嘴及注浆→表面清理。

(3)凿毛及植筋。

清理桩身及原有承台底，采用人工电镐凿毛，露出新鲜混凝土面积不小于75%。植筋处理顺序：钻孔→清孔→钢筋处理→配胶→植筋→固定养护。

在正式植筋之前进行工艺性抗拔强度试验，ϕ20植筋抗拔力不小于60 kN，ϕ25植筋抗拔力不小于75 kN，植筋抗拔力试验必须在锚固胶完全固化和养护后方可进行。

(4)钢筋绑扎、安放型钢及注浆管。

承台钢筋集中加工，现场进行绑扎，底层承台钢筋网片与桩身钢筋焊接牢固，增厚承台钢筋与原有承台所植钢筋焊接牢固，并预留好后续补桩、浇筑扩大承台时的连接钢筋及型钢。

安放I36a型钢和注浆管，注浆管采用ϕ32带孔钢质注浆管，注浆管使用膨胀螺栓紧贴在新旧承台结合处，带孔一侧朝向原有承台面，安放以后注意保护注浆孔，以免在浇筑混凝土的过程中浆液进入注浆管内部。此外，还需要按照注浆要求设置一定数量的排气孔，以保证注浆效果。注浆管分上下两层紧贴原有承台底面布置。型钢布置及注浆管布置如图 4 –5 –11、图 4 –5 –12 所示。

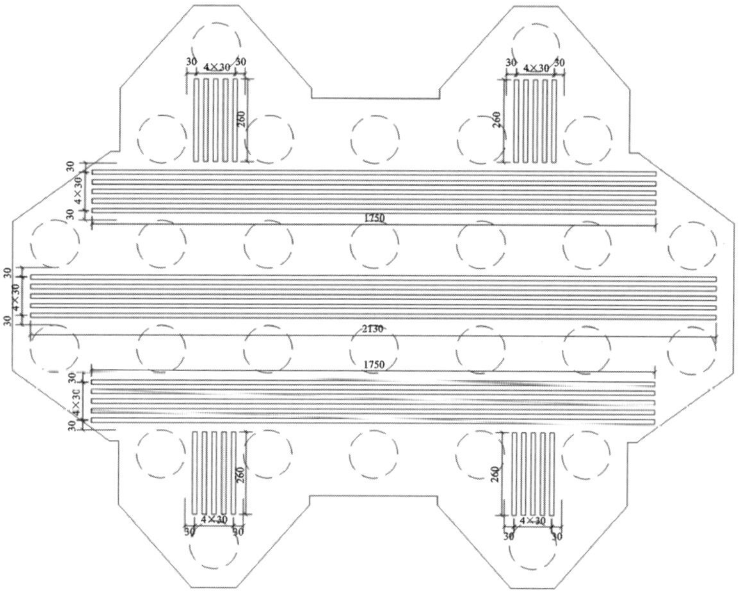

图 4 –5 –11　承台底型钢布置示意图

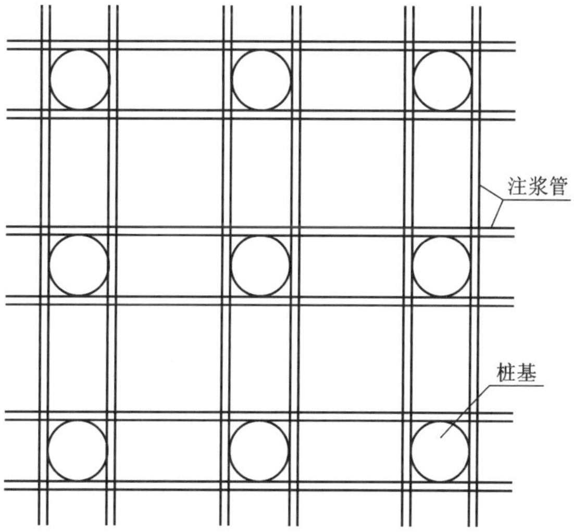

图 4 –5 –12　承台底注浆管布置示意图

(5)灌注混凝土。

混凝土采用集中拌和，自动计量，罐车运输，泵送混凝土施工，插入式振捣器振捣。采用 C35 自流平无收缩混凝土增厚承台，从中间往两侧灌注混凝土。设串筒或溜槽。

(6)养生。

在混凝土浇筑完成并且初凝后，予以洒水养护并保证混凝土表面经常处于湿润状态，养生期应符合规范要求。

(7)压浆。

在混凝土终凝之前对新老混凝土结合处的注浆管进行注浆。使新旧承台之间有效密贴连接。

3. 补桩施工

在既有承台周边加桩，其中 8#墩加桩 4 根(左右侧各两根)，9#墩加桩 8 根(左右侧及大小里程侧各两根)，10#墩加桩 4 根(左右侧各两根)，桩基直径与配筋等参数同原设计桩基。补桩平面布置如图 4 –5 –13

所示。补桩可增强基础纵横向刚度和基础水平抵抗力。桩基施工完成后施工桩基上部承台应与原有承台植筋及预留型钢连接。

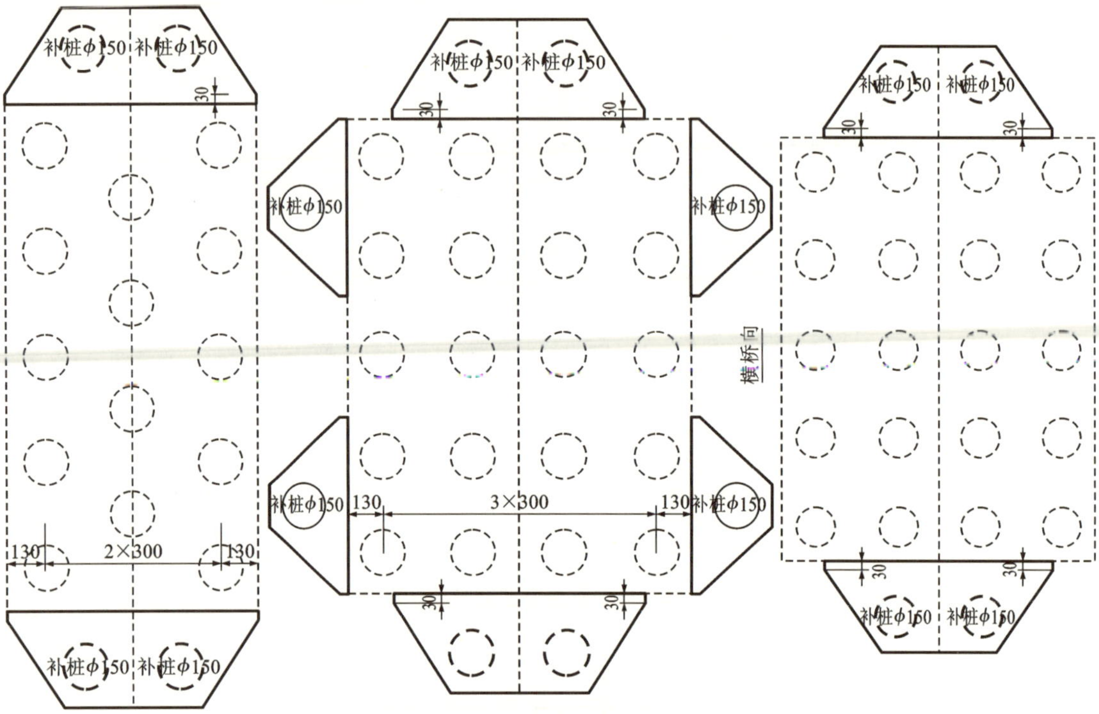

图 4-5-13 8#、9#、10#墩补桩平面布置图

4. 梁体复位

利用摩阻自平衡原理多点同步控制顶升装置进行梁体顶升，横向平移复位梁体，更换失效支座，解除顶升回落梁体，使梁体复位恢复轨道。

(1)多点同步顶升控制系统

采用 PLC 多点同步顶升系统，该系统主要由液压系统(油泵、油缸等)和计算机控制系统等几个部分组成，其示意图如图 4-5-14 所示。液压系统由计算机控制，可以自动完成同步位移，实现力和位移的控制；具有误操作自动保护和过程显示功能；油缸液控单向阀及机械自锁装置可防止任何形式的系统及管路失压，具有实现负载有效支撑等多种功能。

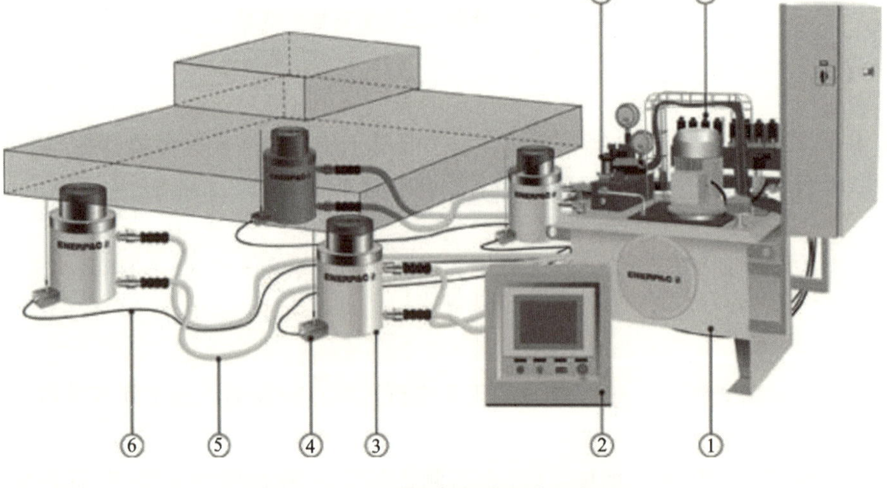

图 4-5-14 同步顶升系统示意图

1—液压泵；2—PLC 控制屏；3—液压千斤顶；4—压力传感器；5—液压软管；
6—传感线；7—电磁控制阀；8—位移传感器

(2)顶升平移施工原理及装置

施工原理：根据摩阻自平衡原理，利用两个接触面巨大的摩擦系数差距，通过顶推平移联动装置系统对箱梁进行横向平移。

摩阻自平衡：指两个相互接触的物体在有相对运动趋势或出现相对运动的情况下，在接触面上产生的阻碍相对运动趋势或相对运动的荷载。由于桥梁在平移时，一般需要先顶升施工，依据上述原理，可考虑利用竖向顶升千斤顶的摩擦阻力自平衡水平千斤顶的顶推反力，从而避免施工反力。

顶推平移联动装置系统构成：由摩擦自平衡反力的竖向千斤顶(1 号和 2 号)和一个水平放置千斤顶(3 号)构成。其联动装置工作原理如图 4 –5 –15 所示。

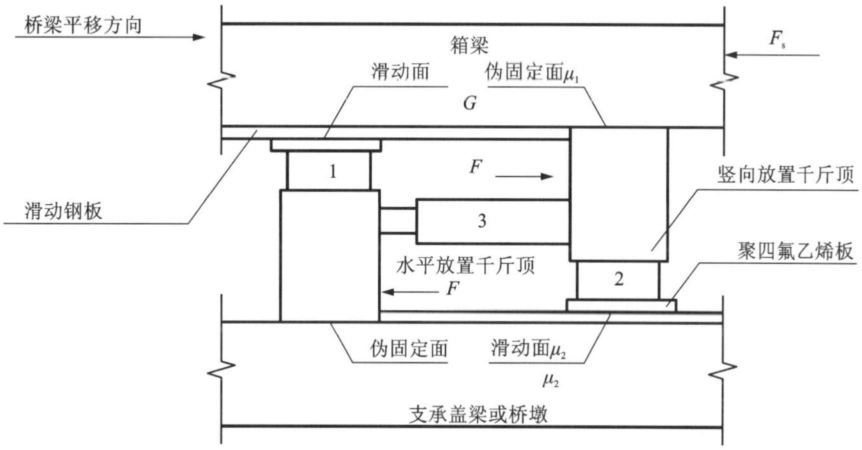

图 4 –5 –15　摩擦自平衡原理顶推平移联动装置工作原理图

系统由两个竖向放置的千斤顶顶升使箱梁与桥墩脱离，用水平放置千斤顶两端顶住竖向千斤顶。每个竖向千斤顶包含一个滑动面和一个伪固定面，滑动面上允许出现滑动，伪固定面与支承台面无固定连接，但不允许出现相对位移。

(3)桥梁顶升平移施工

梁体顶推平移流程如图 4 –5 –16 所示。

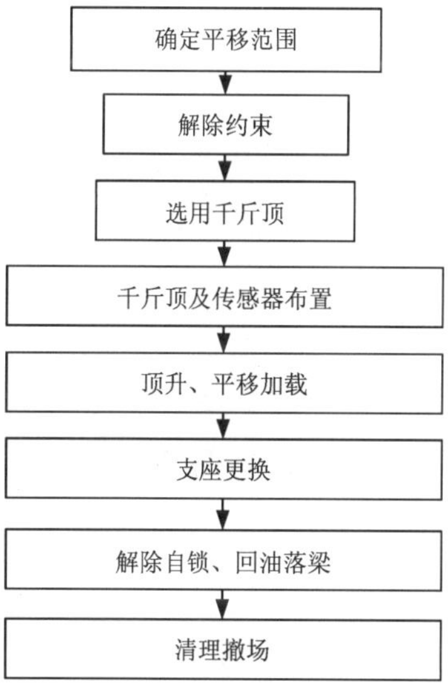

图 4 –5 –16　桥梁顶升平移流程图

①顶升平移准备

确定平移的范围为该四跨一联的连续梁桥以及 11#墩上简支梁端，拟平移位移为 31 mm。

②解除约束

平移之前，应先对平移区域内伸缩缝两侧的钢轨进行解锁，即解除扣件对钢轨的约束，使该段梁体能够自由横向移动，不受相邻非平移梁体的约束，避免对相邻的轨道和梁体产生不利影响。

③千斤顶的选择及布置

竖向千斤顶数量确定：根据桥梁的梁体重量以及墩台的平面空间，在每个支座的侧面设置千斤顶和顶推系统。

水平千斤顶数量确定：顶升平移机构的滑动面主要由四氟滑板和不锈钢板组成，摩擦系数非常稳定，在 20 MPa 的压应力下，摩擦系数在 1% 左右，为了保证足够的平移能力，平移系统的布置按照 3% 的摩擦系数进行估计，并依据该荷载进行平移系统的配置。

④位移、应力监控系统

位移计的布置：在顶升和平移施工过程中，每一个墩台上均布置 2 台竖向位移计和 1 台横向位移计，2 台竖向位移计监控梁体的竖向位移和转角，1 台横向位移计监控梁体的横向位移。

在桥梁顶升过程中，对墩顶处箱梁的上翼缘腹板底部及各跨的跨中、1/4 跨等关键部位采用桥梁应变片进行应变的监控。

⑤顶升、平移加载步骤

第一步：拆除固定支座顶部螺栓，竖向顶升 3 mm，检查各设备工作正常，结构无损伤，拆除支座的横向约束。

第二步：平移 8 ~ 11#墩约 5 mm，检查各设备是否工作正常，结构有无损伤。

第三步：再次平移 8 ~ 11#墩，直至仅剩 5 mm，以准确复位为准。

第四步：同步平移 7 ~ 11#墩，直至梁体准确复位。

第五步：重新安装、固定支座。

平移过程中，在桥面上对轨道的中心线位置进行实时监测，将每次的平移位移量监测数据与墩台上的位移监控数值进行对比，相互印证，最终的平移位移量以梁面轨道中心达到设计位置为准。

⑥支座更换

桥梁平移完成后，需要马上更换相应的受损支座。支座自重约 2000 kg，起吊设备难以在梁下进行吊装，可采用如下步骤进行：

A. 设置吊装平台和支架，在准备工作阶段(桥梁平移前)完成；

B. 拆除支座螺杆，凿除砂浆层；

C. 采用手动葫芦拉出支座下板，移至吊装平台上；

D. 拆除支座上板，清理并保护原预埋螺栓孔；

E. 吊装支座，把旧支座吊下桥墩，采用卷扬机把新支座吊上平台；

F. 更换安装支座就位，采用新的螺杆固定支座；

G. 重新浇筑砂浆层至设计高度。

安济特大桥 7# ~ 11#桥墩偏压整改后的图片如图 4 - 5 - 17 所示。安济特大桥在对桥墩纠偏后已开通运营，投入运营的整治区现场图如 4 - 5 - 18 所示。

图 4 - 5 - 17　安济特大桥 7# ~ 11#桥墩偏压整改后现场图

图 4 - 5 - 18　安济特大桥整治区鸟瞰图

4.5.6　案例小结

安济特大桥偏压处理施工过程中，采取合理的基础加固措施、创新的梁体复位技术以及到位的安全管理措施，圆满地完成了处理任务。各工序方案经济合理，工程整体质量优良，梁体于 2014 年 11 月发生病害，2015 年 2 月顺利复位，为合福高铁 2015 年 3 月 20 日联调联试的顺利开始奠定了坚实的基础。

同时安济特大桥偏压位移也给了我们如下警示：

(1)施工单位除了按照要求保质完成施工任务以外，必须加强管理，制定良好可行的成品保护机制。

(2)监理单位在把好工程本体的施工质量关的同时应加强对与本体相关联的临近施工的巡视，发现问题应及时制止和上报，在既有结构物周边进行填土作业时，务必按设计要求对称分层碾压填筑。

(3)铁路建设单位应组织协调好线下工程施工单位与相关关联单位的施工关系，建立有效的协调机制，确保线下工程成品质量不受外界干扰和影响。

4.6　下硅新村中桥云母石英片岩沉降不收敛处理

4.6.1　设计情况

下硅新村中桥起讫里程为 DK616 +976.5 ~ DK617 +077.72，桥全长 101.22 m。桥的结构形式为 24 m 简支箱梁 +2 ×32 m 简支箱梁。

桥台设计为挖方内实体矩形桥台，台高 5.1 m，台顶纵向长 5.5 m。桥台基础为钻孔灌注桩及承台，合肥台设计了 9 根 ϕ1.0 m 钻孔桩，桩长 22 m；福州台设计了 9 根 ϕ1.0 m 钻孔桩，桩长 26.5 m。1、2 号墩设计为圆端形实体墩：1 号墩为圆端形直坡墩，墩高 10.5 m，基础为 8 根 ϕ1.0 m 钻孔桩，桩长 27.5 m；2 号墩为圆端形收坡墩，墩高 15 m，基础为 9 根 ϕ1.0 m 钻孔桩，桩长 30.5 m。全桥桩基均按摩擦桩设计，桩底位于云母石英片岩全风化层 W4 上。桩基范围地质由上至下依次为：①粉质黏土，硬塑，层厚 1.40 ~ 4.30 m，σ_0 =180 kPa，土石等级Ⅲ；②云母石英片岩，全风化，呈砂土状，层厚 36.30 ~ 50.40 m，σ_0 = 250 kPa，土石等级Ⅲ。本桥简支箱梁固定支座分别设于每孔梁的福州端，采用球型钢支座，即 24 m 梁采用吨位 4500 kN，32 m 梁采用吨位 5500 kN。

4.6.2　事件简介

该桥上部箱梁于 2012 年 9 月 25 日至 27 日架设。箱梁架设后，于 9 月 30 日发现 1#墩梁缝宽度较小，立即对墩身沉降观测点进行了加密测量，检测发现除 2 号墩沉降与设计基本吻合外，其余均超过设计计算值，其中 1 号墩沉降比较严重，至 2013 年 7 月 28 日 1 号墩最大沉降量为 40.67 mm(左侧沉降量为 40.67 mm，右侧沉降量为 21.69 mm)，1 号墩顶箱梁向线路左侧偏移 61 mm，1 号墩顶纵向和多向活动支座指针向小里程移动 69 mm，1 号墩墩顶向大里程侧偏移 42 mm、向线路左侧偏移 32 mm。

1 号桥墩基础超限、不均匀沉降，造成了该墩墩身倾斜和高程降低，使得该墩处的支座及箱梁位置偏离了设计及规范要求，影响到了桥梁上的无砟轨道及桥面系工程的正常有序施工。同时，桥墩基础的不收敛沉降，将导致桥墩标高相应变化降低，轨道结构的设计线形及其平顺度亦会随之发生偏离变化，轨道线形的随机偏离变化将直接危及高铁运营安全。

4.6.3　原因分析

通过第三方对该桥地质进行补勘核查、试桩、钻孔桩取芯等不同方法检测验证，并经过多次召开专家分析会深入研讨，确定该桥 1 号墩沉降的原因为摩擦桩桩基变形，即桩侧土摩擦抗力不足引起的桩基剪切变形。桩基承载力不足的原因是多方面的，可能是规范提供的云母石英片岩全风化层的极限磨阻抗力偏大或其他物理学特性差异引起的。

4.6.4　处理措施

考虑到 1 号墩沉降较大(且支座发生破坏)，2 号墩沉降与设计基本吻合且满足要求，桥台经过了运梁

车荷载 $q=331.3$ kN/m(该值比二期恒载+列车活载263 kN/m大)预压且沉降稳定，故仅对1号墩采取上补承台的补桩措施进行处理，其他墩台采取预压荷载、观测沉降稳定的措施处理。

具体处理方法和程序：①对1号墩基础增加桩基和扩大承台进行加固；②对0#~1#墩和1#~2#墩箱梁进行横移纠偏；③对1号墩顶垫石进行凿除并重新浇筑混凝土达要求，更换支座就位达标；④对全桥进行预压沉降观测。

预压荷载：桥面横向堆载区域按8 m控制(梁中心左右各4 m)、纵向堆载区域按所检测桥墩前后各一孔简支梁上设置均布荷载280 kN/m控制。

4.6.5 现场实施

(1)基础加固

①补桩施工

在原承台顺桥向前后各增加3根桩径1.0 m的钻孔桩，桩长29.5 m。采用2台冲击钻机按照如下顺序施工：补3#、补6#→补2#、补5#→补1#、补4#。补桩施工顺序布置如图4-6-1所示。

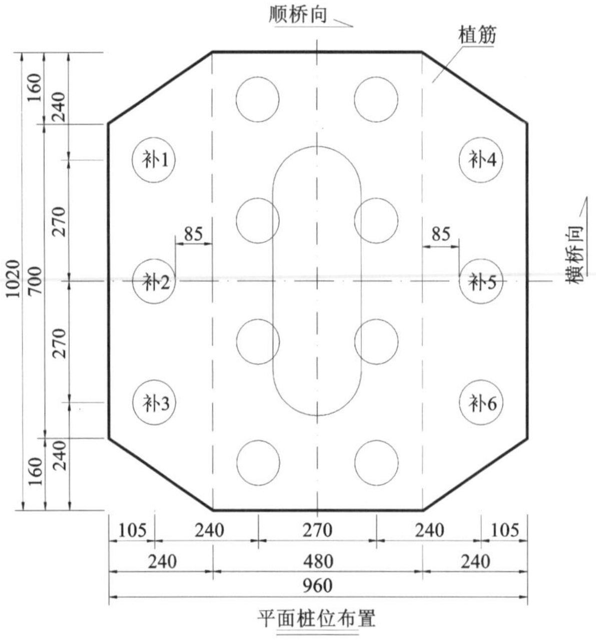

图4-6-1 补桩施工顺序布置图

②增补承台施工

补桩施工完成并检测合格后在原承台顺桥向前后各2.4 m范围增补承台，增补承台与原承台采用植筋连接，底层钢筋间距10 cm，HRB400 20钢筋；其余新老承台接触面植筋间距40 cm，梅花形布置，HRB400 16钢筋。承台顶再增加2.7 m厚的加高承台，加高承台与墩身植筋连接，与墩身成整体。加高部分1.7 m范围切倒角，以减少混凝土圬工量。增补承台布置如图4-6-2所示。

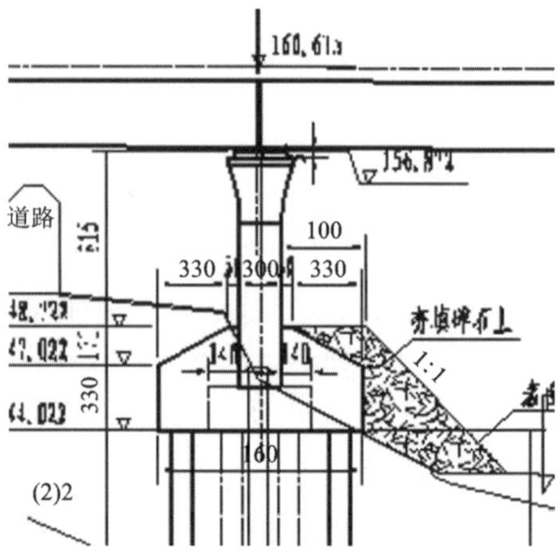

图4-6-2 增补承台布置图

(2)箱梁顶升平移

施工前先用临时螺栓将支座上下板进行锁定，梁缝用灌浆料临时堵塞以防箱梁施工过程中发生纵向滑移。在箱梁内侧同时安放千斤顶及保险支墩，同步起升4个450吨的千斤顶至梁底面接触后，拆除支座下支座板固定螺栓，然后继续顶升，边顶升边在保险支墩上增加钢板垫板，顶升过程每次控制在5 mm，分段顶升时随时观察板尺读数，控制顶升高度。箱梁顶升起幅50 mm后将聚乙烯四氟板放入间隙，并根据支座左右高差利用临时钢板进行调整，调整完成后同步进行落梁，使箱梁落于滑板上。平移支座及横向千斤顶的布置如图4－6－3、图4－6－4所示。

图4－6－3　平移支座图

图4－6－4　箱梁平移横向千斤顶图

为保证箱梁在滑移过程中不影响合肥台支座位置，横移前要先将合肥台支座螺栓重新安装。在线路左侧墩顶（箱梁偏移方向）设置反力牛腿。反力牛腿采用型钢焊接而成，焊接好的反力牛腿在墩顶通过植JL32精轧螺纹粗钢筋固定，牛腿两侧各植入1根JL32粗钢筋，植筋锚固时采用植筋胶，植入深度80 cm。将2台100T千斤顶放置在反力牛腿上，在其前端与箱梁接触面设铁靴以保证千斤顶水平受力。在右侧墩顶植筋安装横移限位牛腿，牛腿与箱梁间距4 cm，采用5 mm钢板进行填充，开动油泵分段顶移箱梁，移梁每次5 mm，每移梁1次即拆除1块填充钢板进行限位。每次移完后都要进行中线比较，确保移梁的误差精度，直至箱梁横移至指定位置。顶升千斤顶，拆除聚乙烯四氟板，同时拆除支座下地脚螺栓，将支座拆除后放置于墩顶。

（3）垫石凿除及恢复

将箱梁回落至保险支墩上，采用2台空压机并配备4把风镐从左右侧同时对梁下范围的垫石进行凿除，因梁底空间狭小，凿除时可采用分块凿除。在凿除垫石过程中，对墩顶原有预埋钢筋必须进行保留并保证其焊接长度。

待混凝土凿除完毕后，对垫石四角进行定位放样并用墨线弹出外轮廓，根据基础下沉量情况重新加工及绑扎垫石钢筋，安装过程中注意保护层厚度预留情况。墩顶原预埋钢筋与新加工钢筋采用单面焊进行连接，其焊接长度为10 d。待钢筋绑扎完毕并检查合格后，采用空压机进行吹尘清理。大里程垫石凿除时应比小里程临界断面多凿除15 cm并清理干净，钢筋连接时采用单面焊进行连接，其焊接长度为10 d。

根据调整后的标高采用与原设计同标号的混凝土对垫石重新进行浇筑。混凝土浇筑完毕后，采用覆盖养生，待强度达到设计强度的85%后方可进行支座安装。

（4）支座更换

施工前，与支座厂家联系，提前将需更换的支座备货并运货到场。

将箱梁顶升至100 mm，安装新支座上钢板螺栓，将支座悬挂于梁底，落梁至设计标高位置。然后根据原设计方法对支座进行锚固。

第一孔箱梁施工完成后，再按上述方法施工第二孔箱梁，第二孔箱梁施工时，2#墩顶支座同合肥台支座处理方法：为保证箱梁在1#墩顶横向滑移过程中不影响2#墩支座位置，横移前先将2#墩支座螺栓重新安装。

（5）堆载预压

为了确保桥梁基础工后沉降满足设计要求，要对全桥预先采取二期恒载＋静活载进行堆载预压处理。设计预压荷载：桥面横向堆载区域按8 m控制（梁中心左右各4 m）、纵向堆载区域按所检测桥墩前后各一孔简支梁上设置均布荷载280 kN/m控制。经计算，桥面压载量为35 kN/m^2。根据现场资源情况，采用粉质黏土为压载材料，堆土密度按照1.4 g/cm^{3}计算，则压载堆土高度为2.5 m。桥面纵向两端头和横向两侧边缘采用土袋包边压载，端头横向堆放两排土袋，左右两侧外边缘纵向各堆放一排土袋，压载边缘距防撞墙留出0.4 m的空隙(防止压载土压裂防撞墙)；土袋中间区域梁面铺彩条布封闭后，直接堆土压载。桥面横向堆土压载下图4－6－5所示。

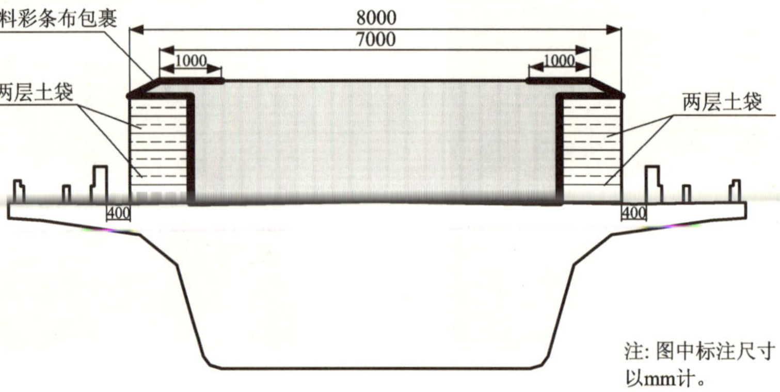

图4－6－5　桥面横向堆土压载图

堆载预压分三次进行，每次加载堆土高度为总加载堆土高度的1/3。堆载预压土采用汽车吊、小型自卸车运至桥面，人工配合装载机堆载土体完成。堆载土体严格控制按对称均匀布置，不得使梁体左右偏压、局部偏压。

堆载前每孔梁设置6处沉降观测点，两头梁端及梁跨中各设置2处，观测点设置于AB墙间的电缆槽内，钻孔埋设沉降观测标。每层堆载后进行沉降观测，每天观测2次梁体沉降变化，待梁体沉降稳定后再进行下层堆载。堆载及沉降观测时间共持续15天。堆载预压沉降观测显示，合肥台、1#、2#墩及福州台实测累计沉降值分别为0.2 mm、0.23 mm、0.11 mm、0.46 mm，全桥沉降变化微小且均收敛。

下硅新村中桥对石英云母片岩沉降不收敛处理后的全景图如图4－6－6所示。

图4－6－6　下硅新村中桥沉降不收敛处理后全景图

4.6.6　案例小结

按照设计处理方案和措施，经过2013年9—12月仅3个月的精心组织施工，下硅新村中桥1号墩基础上补承台加固、箱梁顶升复位、支座更换等工作全部保质完成。采用土袋加载方法，按照设计荷载预压后测量，基础沉降稳定，梁缝宽度、梁体中线符合设计要求，支座状态正常，桥梁结构受力变形工作状态达到了设计和工后沉降要求。由此说明，类似桥梁结构和类似全风化云母石英片岩地质条件下的桩基础沉降问题，采用类似方案和措施进行处理，其结构形态可以满足设计使用要求。但在今后的桥梁基础设计中，对于类似地质条件，桩周极限摩阻力指标应偏于安全取值，并尽可能以现场试桩获取的实际摩阻力数据为准，以达到安全可靠的结构设计目的，避免类似问题再次发生。

4.7　临湖特大桥岩溶长桩施工处理

4.7.1　设计情况

临湖特大桥位于江西省上饶市境内，全长 3120.87 m。13#墩、30#墩、31#墩每墩分布 10 根桩，桩长 76 ~95.5 m，桩径均为 1.25 m，最大溶洞高度为 61.2 m，属于岩溶地区深桩施工。其中 13#墩、30#墩、31#墩的大部分溶洞为全填充溶洞和半填充溶洞，少量溶洞为无填充溶洞。从钻孔资料看，地质情况自上而下分为以下几层：

①人工填土。灰褐色，松散，稍湿，主要由黏性土、碎石和建筑垃圾组成，层厚 1 ~2.8 m。

②粉质黏土、黏土。黄褐色，硬塑，土质不均，局部含少量砾石，层厚 2.2 ~11 m。

③细圆砾土。黄褐色，稍密，饱和，粒径为 2 ~20 mm，呈圆棱状，局部夹少量粗圆砾土和卵石，间隙填充石英及黏性土，此层地质为透水层，层厚 4.9 ~11 m。

④泥质灰岩。灰褐色，全风化，岩层为土状、砂土状，层厚 15.5 ~44.2 m。

⑤溶洞填充物。主要为粉质黏土、角砾土，局部夹少量碎石块，此层地质为透水层，层厚 1.2 ~61.2 m。

⑥泥质灰岩。灰黑色，弱风化，隐晶质结构，中厚层状构造，裂隙较发育，层厚 0.7 ~8.5 m。

4.7.2　优化原因

临湖特大桥位于岩溶强发育地区，溶洞极为发育。实际桩基施工过程中，多次发生卡钻、塌孔、泥浆突然流串等现象，使得桩基成孔极为困难，特别是在 13#墩施工期间，若一个桩位锤头多次打捞未果，则最后须采用加桩进行处理。同时，临湖特大桥位于 HFMG -2 标临湖梁场首架方向，工期极为紧张。为有效解决工期及施工难度问题，建设单位组织了设计、监理、施工单位共同参与探讨，并邀请专家现场踏勘实地以解决问题。

4.7.3　优化设计

经专家会意见，并结合实际施工经验，决定对临湖特大桥 13#墩、30#墩、31#墩采用预注浆处理，以达到对溶洞内填充物固结加固的目的。同时对溶洞桩基采用钢护筒跟进、回填片石黏土等措施继续跟进。

4.7.4　现场实施

1. 现场长桩施工技术保障措施

(1)岩溶注浆法

岩溶注浆法就是运用土体化学加固原理，利用小型钻孔机械钻孔至溶洞所在位置，使用高压输浆泵将加固浆液通过注浆导管均匀压注入地层，使原来地层中松散的砂石散粒体或岩石裂隙充满浆液，固结成强度较高、抗渗水性强且与周围岩体胶结稳定的新结构岩石，能极大地改善桩基的钻孔地质条件，如图 4 -7 -1、图 4 -7 -2 所示。这种施工方法的前提条件是溶洞内必须富含砂石等充填物而不为空洞，待溶洞内的砂石固结完成后，仍可用冲击钻施钻成孔的方法，使钻孔能顺利施工。

13#墩、30#墩、31#墩岩溶发育，复杂地层存在裂隙发育、半填充型、全填充型溶洞，给桥梁钻孔桩基础施工带来了极大的难度。因此，对浅埋岩溶地层或存在地面塌陷隐患的桩孔采取岩溶注浆处理后再进行钻孔桩基础施工的方法，能确保钻孔桩的成桩质量。临湖特大桥 30#墩桩基施工中期、31#墩桩基施工前期的岩溶预处理采用岩溶注浆法施工，使得施工过程中漏浆次数减少，而且 3 台钻机同一平台施工均未出现串孔现象，从而保证了施工进度和成桩质量。由于 13#墩先期开工未采用岩溶注浆法施工，在施工过程中出现的岩溶漏浆情况明显多于 30#墩、31#墩，3 台钻机同一平台施工经常因为溶洞漏浆出现串孔现象，导致施工进度缓慢。13#墩剩下的最后 3 根桩采用了岩溶注浆法处理溶洞，故漏浆次数减少，未出现串孔现象。13# -3 桩桩长 81.5 m，实际钻孔深度为 85.6 m，15 天成孔，创造了临湖特大桥岩溶深桩的施工记录。

图 4 -7 -1　岩溶整治地基处理

图 4 -7 -2　钻孔渣样

(2)泥浆护壁

泥浆护壁是钻孔桩施工中最基本的技术措施。为了加强泥浆护壁作用，施工使用黏性好的黏土制备泥浆，在冲孔时将黏土直接投入孔内，利用钻头冲孔时制造泥浆。为提高泥浆的黏稠度，按一定比例加入烧碱，烧碱具有保持和提高泥浆黏稠度的作用，对处理孔壁漏浆有较好的效果，一般按黏土用量 2% ~3% 使用。当溶洞内的填充物为细砂或流塑物质时，在泥浆中掺加适量的水泥，可以起到提高泥浆的抗渗透能力、增加护壁功能、防止塌孔漏浆的功效，水泥用量一般为黏土用量的 10% ~20% 。对于漏浆频繁和漏浆严重的墩位钻孔，例如 13#墩、30#墩、31#墩，应采用地质钻探专用膨润土泥浆进行护壁，以增强护壁效果，提高成孔率和成桩率，从而加快桩基施工的进度。

(3)人造孔壁

人造孔壁就是根据溶洞内有无充填物及充填物的不同种类和流塑性，在使用优质泥浆护壁施工的同时，在钻孔遇到溶洞时，往孔内投入黏土、片(碎)石或加入适量稻草，以增强溶洞孔壁骨架的稳定性，一般选用 15 ~25 cm 的片石和小于 8 ~9 cm 的碎石，稻草应用铡草机切断，长度为 30 ~50 cm。借助于钻头的冲击捣固作用，将填充混合材料同稠密的泥浆一起挤入溶洞岩溶裂隙中，形成强度连续的钻孔路径，在持续的钻孔工序中形成孔壁封闭环，达到人造孔壁的效果。质量不好的人造孔壁在灌注水下混凝土时，当混凝土顶面上升到一定高度，人造孔壁将不能承受混凝土的巨大压力，混凝土会将溶洞人造孔壁破坏，并大量流进溶洞，以致不能有效地埋置导管，将会造成断桩事故。

(4)钢护筒跟进

13#墩、30#墩、31#墩钻孔桩施工，针对上部覆盖层存在细圆砾土透水层应采用长钢护筒跟进。钢护筒跟进至基岩面，以防止钻头击穿溶洞，上部细圆砾土透水层泥浆流入空溶洞，造成地面塌陷、塌孔、卡钻、埋钻等事故。由于 13# -1 桩先期开工未采用钢护筒跟进，在钻进至 81 m 处时，孔内泥浆骤然流失，导致地面整体塌陷，造成塌孔，如图 4 -7 -3 所示。

钢护筒长度在 9 m 以内，壁厚 10 mm。钢护筒长度超过 9 m，壁厚 12 ~14 mm。当覆盖层较厚且溶洞内无填充物，孔内水位下降时，由于钢护筒周边的侧压力较大且分布不均匀，钢护筒可能产生严重变形，采用大厚度钢护筒可以防止钢护筒受围岩挤压变形。13#墩、30#墩、31#墩大部分钻孔桩可采用钢护筒跟进的方法进行施工，从而保证施工进度和成桩质量。

(5)斜面岩钻孔纠偏

临湖特大桥主要以石灰岩为主，岩层为单斜构造岩，岩溶地层存在溶洞、溶沟、溶槽、溶隙及溶隙填充等。石灰岩长期受水的化学溶蚀存在岩层软硬不均的问题，钻孔施工过程中，钻孔一进入岩面，钻头即顺岩面倾斜方向偏转，钻孔发生倾斜。31# -1 桩地质情况为倾斜岩面。采用回填片石进行斜面岩钻孔纠偏斜孔，反复冲击，取得了显著效果。

2. 施工故障处理

(1)漏浆

临湖特大桥处在岩溶强发育复杂地层，给桥梁桩基础施工带来了很大的困难。松散砂层、土洞、串珠状溶洞，且溶洞通道连通好，会导致钻孔漏浆事故频频发生。当钻头击穿溶洞顶板时，孔内泥浆会骤然流失，泥浆面急剧下降。钻孔前，要备好足够的黏土、片（碎）石、稻草等封堵材料，并配备好补浆和补水用的设施。当出现孔内严重漏浆时，立即提出钻头，向孔内补浆和补水以保持孔内水头压力，防止因孔内泥浆流失而产生塌孔，并将备好的封堵材料投入孔内使其高出溶洞顶板 1 ~2 m，然后小冲程反复冲砸，形成新的人造孔壁封堵溶洞，如图 4 –7 –4 所示。13#墩、30#墩、31#墩在钻孔过程中遇到溶洞时就采用了此施工方法，成桩效果显著。

图 4 –7 –3　溶洞造成的塌孔现象

图 4 –7 –4　孔内漏浆

（2）溶洞串孔漏浆处理

临湖特大桥岩溶强发育地层，溶洞呈串珠状分布，溶洞连通性较好。31#墩溶洞高度为 61.8 m，为了加快施工进度以确保工期，在同一墩位上 3 台钻机同时进行钻孔施工，然而采用片石黏土回填的方式处理溶洞串孔漏浆效果较差，往往会出现溶洞串孔频繁漏浆的现象。溶洞串孔漏浆处理方法可采取灌注水下混凝土封闭溶洞，阻断溶洞通道的方法。将钻头提升出孔外，往钻孔内灌注低标号 C20 水下混凝土，灌注面应高于溶洞顶面 2 ~3 m，待水下混凝土灌注面稳定 0.5 ~1.0 小时后再拔出导管，以确保水下混凝土充分地封闭了溶洞，待水下混凝土达到一定强度（1 ~2 天）后再开钻。13#墩溶洞串孔频繁漏浆，采取了灌注水下混凝土封闭溶洞的方式，阻断溶洞通道后成孔顺利，效果显著。

（3）掉钻

1）预防措施

①钻孔过程中，应经常根据钻孔进尺核对设计地质资料，当钻孔进尺接近溶洞顶时，小冲程施钻，防止钻头击穿溶洞顶板，崩断钢丝绳而使钻头掉入溶洞中。

②经常检查钢丝绳与钻头连结的卡环、卡具是否有松动现象，及时更换旧的、不匹配的钢丝绳，紧固连结钻头的卡环、卡具。

③在钻头上焊上打捞装置，如环向打捞环，以便在掉钻发生后，利于捞取钻头。

2）处理方法

将打捞钩放置到孔内钻头位置，反复冲钩打捞环，直至将钻头提出。如果钻头没有安装打捞环或打捞钩反复冲钩没有勾到打捞环，则要聘请专业潜水员潜入孔内用打捞钩勾住钻头，将钻头提出。

（4）埋钻

埋钻是钻孔中常见的故障，主要是由孔壁塌陷造成的。在岩溶地层钻孔，钻孔在穿越顶板较薄、埋深较浅的溶洞时，由于冲程过大，砸击溶洞顶板就可能出现溶洞坍塌、地表下陷而发生掩埋钻头的情况。

1）预防措施

发现漏浆应及时提起钻头，向孔内补水注浆，保持水压力，采取相应的措施封堵漏浆。穿越溶洞时应改用小冲程钻进，防止击跨溶洞顶板时发生埋钻。

2）处理方法

采用长钢护筒跟进至埋钻以下位置，采用潜水型泥砂泵或空气吸泥机吸走埋钻的泥砂，提起钻头。

①用空心钻头或小钻头重新钻进至埋钻位置，提起钻头。

②采用大钻头重新钻进至埋钻位置，然后采用直径 25 cm 的圆铁棒冲击进至埋钻位置，利用锤齿间隙在孔四周冲击进至埋钻以下位置，而后采用潜水型泥砂泵或空气吸泥机吸走埋钻的泥砂，提起钻头。30# -6 桩在冲击至 54 m 处发生埋钻现象（先期开工未预先注浆），30# -1 桩在冲击至 53 m 处发生埋钻现象（先期开工未预先注浆），13# -4 桩在冲击至 71 m 处发生埋钻现象（先期开工未预先注浆），13# -5 桩在冲击至 19 m 处发生埋钻现象（先期开工未预先注浆），均采用此方法提起了钻头。

（5）卡钻

使用冲击钻孔时，由于钻头与钢丝绳的连结转向装置旋转不灵活，钻头钻进过程中致使孔壁不圆，形成了“梅花”孔现象。此外，由于钻头磨损未能及时补焊，钻孔直径变小，新钻头或补焊后直径过大会导致卡钻。在施工过程中，由于冲程过大，突然击穿溶洞顶板，会使钻头偏转导致卡钻。

1）预防措施

①及时更换或补焊钻头，并向桩孔内回填片石或高标号混凝土，在钻进面先用小冲程钻进修复孔形，然后逐渐加大到正常冲程，转入正常钻孔。

②在溶洞顶板施钻时，应先用小冲程开孔，并注意旋转钻头，溶洞开口后，要及时抛填片石和黏土块填筑，逐渐进入正常钻孔。

2）处理方法

卡钻后，可以用水下爆破法进行处理，即将 3～4 根防水乳化炸药分两级绑在一根钢筋上，下沉到钻头刃脚部位，钻机绷紧钢丝绳，用电雷管或导爆索起爆，将卡钻部位的岩石震松后立即提出钻头。采用水下爆破法处理卡钻，效果较好。31# -2 桩在冲击至 35 m 处发生卡钻现象，30# -10 桩在冲击至 80 m 处发生卡钻现象，均采用此方法提起了钻头。

3. 深桩混凝土灌注施工

水下混凝土浇筑时，各工种必须统一协调，密切配合。浇筑时先灌入首批混凝土，经过计算其数量，使其有一定的冲击能量，能把泥浆从导管中排出，且能把导管下口埋入混凝土。首批混凝土必须满足埋住导管不小于 1 m 且不宜大于 3 m，混凝土坍落度为 18～22 cm。采用导管盖子作为隔水栓，并在隔水栓和导管之间放置一直径小于导管内壁直径的皮球作为隔水球，其目的是防止混凝土进入导管后与导管中的水混合，影响混凝土的质量。预先用铁丝悬吊隔水栓在混凝土漏斗下口，当混凝土装满漏斗后，利用副卷扬提起隔水栓，再利用导管内混凝土的压力使混凝土的浇注面逐渐上升，直至高于桩顶设计标高 1 m 以上。

水下混凝土浇筑应连续进行，不得中断。由于临湖特大桥处于岩溶强发育地段，在钻孔过程中会经常出现溶洞回填现象，即使在击穿溶洞后回填黏土片石制造出人造护壁，也不能保证人造护壁的抗压能力。在桩基灌注过程中，要注意在混凝土上升到人造护壁所在标高位置时，尽量加长导管的埋管深度，以防止由于混凝土压力过大击穿人造护壁，造成孔内混凝土面急速下降导致断桩。提升导管要慢，拆管速度要快，反插轻放。注意保持导管始终位居钻孔中心，防止挂笼。如发生卡挂钢筋骨架现象，可转动导管，使其脱开钢筋骨架后移到孔中再继续提升。在浇筑过程中，每次拆管之前都要对混凝土数量、导管埋深、混凝土面标高等进行检查并做好记录，同时计算导管埋置深度，正确指挥导管的提升与拆除。在浇筑将近结束时，由于导管内混凝土柱高度减小，压力降低，而导管外的泥浆稠度增加，比重增大，会出现混凝土顶升困难的现象。这时，可往孔内注水稀释泥浆。最后拔管时要注意慢提及反震，以保证桩芯混凝土的密实度。在混凝土灌注结束后，不要急于把导管全部提出，要在保证埋管深度的前提下，待水下混凝土灌注面稳定 0.5～1.0 小时后再拔出导管，避免在灌注完成后混凝土面下降造成短桩。具体如图 4 -7 -6 所示。

图 4 -7 -6 水下混凝土灌注

4.7.5　案例小结

岩溶强发育复杂地层钻孔桩深桩施工，由于岩溶沟槽、溶洞等隐性不良地质条件的影响，客观上存在很多不确定施工困难，采取相应的措施，谨慎处理，能够取得良好的钻孔和成桩效果。采用钢护筒跟进、泥浆护壁、片石黏土回填人造孔壁、岩溶注浆处理溶洞、回填片石纠偏斜面岩层偏孔等技术措施进行钻孔施工，施工工艺和施工处理措施有效可行，能够保证施工进度和工程质量。临湖特大桥岩溶地区深桩施工，为岩溶强发育复杂地层深桩施工提供和积累了施工经验，可供类似地区借鉴。

建成后的临湖特大桥如图4－7－7所示。

图4－7－7　建成后的临湖特大桥

4.8　信江特大桥跨沪昆连续梁施工

4.8.1　设计情况

合福信江特大桥上跨上饶车站连续梁在DK469＋928.52～DK470＋153.24(22#～27#墩)段跨上饶站场沪昆线(合福左线对应既有沪昆下行线里程K554＋317.117)，与沪昆下行线成79.25°交角，设计为一联五跨连续梁，共7联6线(含2联站台梁)，连续梁全长224.72 m。22#副墩桩基为31根桩径1.0 m的钻孔桩，采用5承台5墩柱；23#主墩桩基为10根桩径1.8 m的钻孔桩和12根桩径1.25 m的钻孔桩，采用3承台5墩柱；24#和25#主墩桩基为26根桩径1.8 m的钻孔桩，采用3承台7墩柱；26#主墩桩基为26根桩径1.8 m的钻孔桩，采用3承台5墩柱；27#副墩桩基为49根桩径1.0 m的钻孔桩，采用5承台5墩柱；22#～27#墩共34个墩身，墩高为8.0～11.0 m，如图4－8－1所示。

(a)梁底右侧　(b)梁底左侧

图4－8－1　信江特大桥(22#～27#墩)7跨连续梁

连续梁结构设计为上跨式(31.9 +3 ×52 +36.62)m 一联五跨(共5 联6 线)预应力混凝土变截面连续箱梁，梁高3.05 ~4.35 m，主线1 联箱梁顶宽12 m、主线两侧2 联箱梁顶宽6.48 m、最外侧2 联箱梁顶宽7.7 m。

该桥设计采用悬灌法施工，主墩上部悬灌结构设计相同，主墩上部设置为0#块、块长12 m，从主墩顶向跨中方向依次编为1 ~6 号块，每侧单悬臂分为6 节段，1 ~4 段每段长3 m，5 ~6 段每段长3.5 m，中垮合拢段编号为7 号块、块长2 m。

4.8.2 优化原因

(1)本工程位于上饶市上饶火车站站内，跨越上饶车站及既有沪昆正线共14 条股道。其中正线Ⅰ道和Ⅱ道为沪昆线，均为电气化铁路。既有线施工安全风险高，施工难度大，如何做好既有线的安全防护是本工程的施工难点。

(2)由施工顺序可以看出，站台连续梁在最后施工。因站台连续梁左右侧到发线梁已完成，挂篮施工面临新的难题，挂篮施工安全是关键，施工技术难度大。

(3)采用挂篮整体移动防护平台施工技术，能确保挂篮整体移动防护平台的制作、安装、使用、拆除能够安全有效进行。

4.8.3 优化设计

(1)该桥设计采用悬灌法施工。结合本工程的特点和难点，采取了在挂篮下方挂设整体移动防护平台的方式对运营电气化铁路进行安全防护。

(2)本工程上跨既有上饶站，独立站台连续梁与正线、站线连续梁采用挂篮悬臂施工，针对独立站台连续梁翼缘板伸入站线连续梁的特点，站台连续梁挂篮的组拼安装、前移后退均与一般独立连续梁施工不同，经过课题研究，采取了新的挂篮施工技术和施工工艺方法。

4.8.4 现场实施

1. 防坠物、防水及防电措施

上跨站场5 联连续梁有65 个悬臂浇筑段需要在沪昆铁路和上饶站场股道上方施工，为保证施工过程中沪昆铁路和上饶站场股道正常通车，故采用了挂篮全封闭防护和防电方案。

电气化铁路的接触网和承力索的电压同为27.5 kV。按照《铁路技术管理规程》规定，跨越电气化铁路的各种建筑物与带电部分最小距离不得小于50 cm，铁路建筑限界为2.44 m。为了确保施工和铁路的行车安全，考虑到各方面的因素及制约条件，计划对施工作业挂篮采取全封闭的防护措施。对承力索采取绝缘导管处理，将挂篮底面以上1.5 m 四周全部绝缘，并对已浇筑梁段既有线范围梁面及挂篮后锚范围内进行全封闭，防止梁段施工及挂篮走行期间杂物或构件掉落到铁路线上，对铁路行车造成安全事故。

(1)防电绝缘的可靠性和措施

①防电绝缘的可靠性

防电挂槽为整体绝缘包裹，将多个防电挂槽组拼为一体悬挂在挂篮底部；防电挂槽采用的绝缘包裹板的工频击穿电压为≮52.5 kV；由于每个挂槽都是采用整张绝缘包裹板包裹，挂槽底面无缝隙、无须打孔螺栓固定，可以确保挂槽底面无漏电隐患，绝缘性能非常可靠；在东北电力电器产品检测站的高压试验室进行了耐高电压检测，试验电压取接触网工作电压的2.5 倍，即27.5 kV ×2.5 =68.8 kV，空气间隙取150 mm，接地电阻取50 Ω，测得槽体对地电压小于1 V，在安全电压范围以内。

②措施

连续梁体施工前，在梁体向外延伸35 m 范围内的既有线路的接触网承力索上包裹进口绝缘管进行二次防护，降低触电风险，确保绝对的施工安全。

在挂篮底部设置封闭的防护平台，防护平台的横向宽度主线为12 m +0.6 m =12.6 m(既桥面两侧各外出0.3 m)，主线两侧的2 联横向宽度为6.48 m +0.5 m =6.98 m(既桥面两侧各外出0.25 m)，最外侧的2 联横向宽度为7.7 m +0.6 m =8.3 m(既桥面两侧各外出0.3 m)。防护平台的纵向长度为3.5 m +2 m +

1 m=6.5 m(防护平台向前悬出2 m，向后悬出1 m)。防护平台由多个绝缘材料包裹的绝缘挂槽悬挂在下前横梁和下后横梁底部拼装成为绝缘挂槽组，绝缘挂槽的内层结构为钢板箱型槽，内设支撑钢骨架结构，外层为绝缘封闭包裹层，绝缘封闭包裹层无缝隙，没有钻孔和螺栓固定，不会产生漏电现象。绝缘挂槽组可以将挂篮与接触网带电体可靠的绝缘隔离(吊装前进行高压测试检验)，挂篮良好接地，绝缘挂槽具有可靠的防电功能，在绝缘挂槽的周边增设防电板，防电板的高度需满足不小于1.5 m+0.5 m=2.0 m距承力索净空的要求，如图4-8-2所示。

图4-8-2 全封闭挂篮施工

为防止雨雪天气高压接触网发生放电事故，可在挂篮上设置接地线和避雷针，接地线采用25 mm^3的带塑料护套的铜软绞线，接地线与主墩预埋的接地端子连接，直通桩底，接地电阻小于10 Ω，每套挂篮采用2根接地线。

(2)防坠物的可靠性及措施

①防坠物的可靠性

由于“组拼式挂篮防电平台”为钢骨架加焊钢板的箱型结构，箱型槽体上方设置花纹钢板，具有双层防坠落钢板。上方设置的花纹钢板可作为防坠落物的第一道防线，起到缓冲作用。槽体底部钢板可阻挡经过缓冲的坠落物，且不会造成破损、漏水漏电，可大大提高防坠落的能力和安全系数。

在“组拼式挂篮防电平台”周边围设两层防护网，形成全封闭状态，可确保意外的坠落物落在“组拼式挂篮防电平台”之上，防坠落性能非常可靠。

②措施

挂篮两侧边防护：在中横梁和前上横梁上焊接两个长度为7 m的[18槽钢，在槽钢上焊接∠63×63×6的角钢，间距1.5 m；挂篮前端防护用[18槽钢焊接在前上横梁挑出，在槽钢上焊接∠63×63×6的角钢，间距1.5 m；两侧及前端用ϕ20钢筋把所有角钢连成一体形成骨架，在骨架上用铁丝网对挂篮进行封闭防护，防护高度高于梁面2 m以上。

挂篮底部防护：在钢板箱型槽的上面铺设3 mm的花纹钢板，使挂槽上部形成一个封闭的防坠落平台，以便施工人员站在倾斜但防滑的花纹钢板上进行切割侧模底部及其他作业时不使槽底钢板受力受伤而造成漏水漏电。在防坠落平台四周与上方桁架之间装上防护栏杆、挡板及防护网，使整个挂篮的底部及四周全部封闭。当桥面的料具万一不慎坠落到防坠落平台上时，防坠落平台上的花纹钢板可起到缓冲作用，即使花纹钢板被砸坏也不会伤及防水槽及防电板，更不会造成漏电现象，具有可靠的防电防水防坠落功能。

梁面防护：挂篮在施工前移进入既有线限界后，为防止物件从已施工连续梁上掉落，可在梁面两侧加设临时钢管防护栏及密目网防护。梁两侧设置ϕ48 mm钢管立杆，设在主梁两侧预埋钢筋上，间距2 m，高度1.8 m；水平杆采用ϕ48 mm钢管，用扣件与立杆连接，间距1 m，并挂密目安全网，如图4-8-3所示。

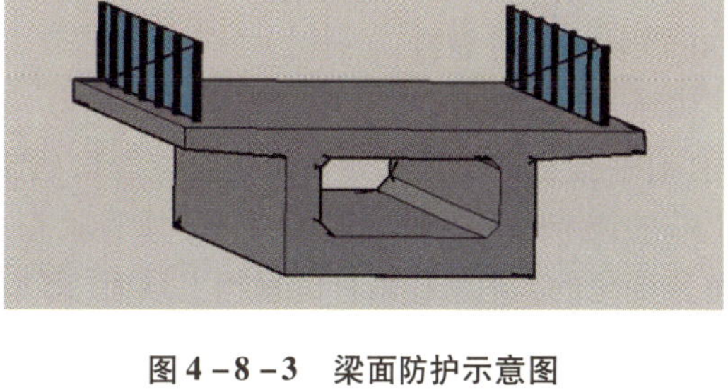

图4-8-3 梁面防护示意图

(3)防排水的可靠性及措施

①防排水的可靠性

由于施工期间的施工用水、养生用水及雨水聚集在挂篮上会形成连续的水流，很可能会流到接触网带电体上造成短路，烧断接触网的导线或承力索，或流到机车受电弓上造成中断行车及人身伤亡事故。因此，将该装置的十多个挂槽由管件连通而成变为组合式接水槽，组合式接水槽可将上述所有的水收集起来，用抽水机排到安全地带，可避免水流到接触网带电体或机车受电弓上造成事故。

②措施

将主梁上的预留孔洞暂时封闭，在主梁两侧设置挡水檐，防止桥面养护水下流。主梁侧面及内壁养护采用养护剂或雾状薄膜。在防护平台四周设置导流槽，在防水层最底角设置集水槽和排水导管，通过小型水泵将积水引到A0#块泄水孔并排出铁路，防止积水汇聚形成水流任意排放与接触网连通，如图4－8－4所示。

图4－8－4　挂篮内部图

③安全注意事项

A. 吊装完毕，在相邻绝缘挂槽的连接处及管接头联通处做好防水层，防止漏水；

B. 每套挂篮配2台抽水机，加大排水的安全可靠性；

C. 每天24小时全天候专人负责排水，雨季及夜晚加强人力，随时检查抽排水设备状态是否完好，检查相邻绝缘挂槽的连接处及管接头联通处有无渗漏现象，发现问题及时处理；

D. 排水管出水口放置在已浇筑好的梁体空腔3 m以内，并固定牢靠；

E. 浇筑梁体时在翼缘板顶面排水槽的外侧多浇筑5 cm高的挡水檐，防止桥面上的施工用水和雨水聚集成柱状流到接触网带电体上造成意外。

（4）防火的可靠性

由于施工期间必须在挂篮处经常使用电气焊作业（如随着挂篮由1#块向跨中移动期间，侧模底部须经多次氧气切割和钢筋布置时的焊接等），因此对绝缘材料的阻燃性能要求非常高，“组拼式挂篮防电平台”的绝缘材料，其阻燃性能为≤10 s，其他材料为钢结构，除表面防腐防锈涂装外，无可燃材料，因此即便在干燥天气进行电焊、气割，也不会引发火灾而影响铁路运输安全。

（5）承载的可靠性

经加载试验，在单个防电挂槽跨中加载1.5 t重物，中部下沉量为10 mm，卸载后，中部下沉量恢复为0，属弹性变形，防电挂槽的强度及承载力足以满足挂篮施工的正常承载需要。

（6）悬挂的可靠性

由于连续梁底部纵向全长范围内呈弧形，系变截面。挂篮施工时，不同施工位置其底模的位置也有所不同（有些挂篮的下横梁倾角也是变化的），受重力影响，“组拼式挂篮防电平台”与挂篮连接的悬挂吊杆以及上端的调节螺母的轴心线始终处于垂直状态，调节螺母的下端面则始终处于水平状态。若挂篮的下横梁倾角是变化的，则悬挂吊杆的横担上顶面（即与调节螺母下端面接触的面）不可能始终保持水平，从而会造成始终保持水平的调节螺母的下端面作用于倾斜的横担上顶面上，造成调节螺母受偏载，极易造成螺母脱扣或破损而发生意外。受力不合理是设计的大忌、安全的大忌。

为消除此隐患，必须随其倾角的变化可以自行调节，使调节螺母下面的受力点(实为线)始终处于螺母的中心面上，螺母不受偏载。“组拼式挂篮防电平台”与挂篮下横梁悬挂方式采用的方案是：横向每米防护设备采用4根M27的可调吊杆，悬挂设置在横梁上方具有自调节功能的圆弧支撑横担上，形成“自调式铰接悬挂系”。

“自调式铰接悬挂系”可随挂篮浇注1#块到跨中的合拢段，根据底模倾度变化而自动调节，确保悬挂吊杆的调节螺母始终不受偏载，始终处于最佳受力状态，确保悬挂吊杆的安全可靠性，从而确保“组拼式挂篮防电平台”悬挂的安全可靠性。

2. 悬灌施工

(1)挂篮结构

根据本桥结构特点及现场施工实际情况，箱梁悬臂浇筑采用菱形挂篮。挂篮适用最大梁段重135.9 t，适用梁段长度为4.0 m，适用梁顶宽度为12 m，适用梁底宽度为6.7 m，适用梁高为3.05～4.35 m。浇筑节段重量以1号节段控制(49.5 m^3)，考虑到本桥的结构特点并结合施工简便、经济的要求，设计按普通挂篮进行，挂篮施工从1#节段开始。23#～26#墩每个主墩配置一对挂篮，如图4－8－5所示。

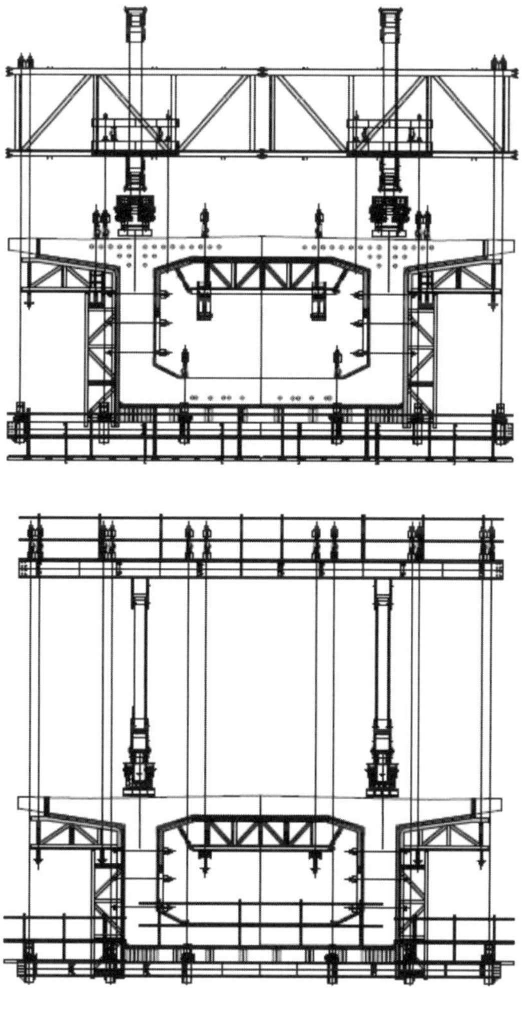

图4－8－5　悬灌施工示意图

挂篮主要由主桁系统、走行锚固系统、导向系统、底篮系统、平台防护系统、前上横梁、(吊挂系统)、辅助部件等组成，如图4－8－6所示。

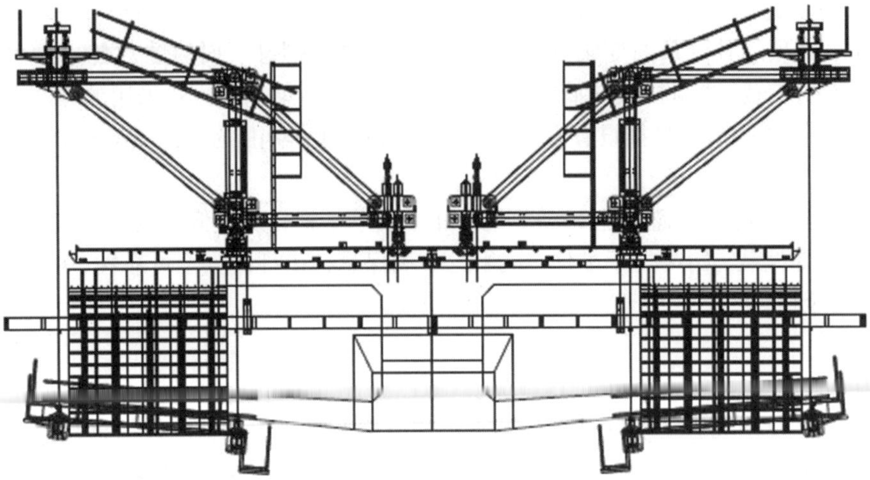

图 4-8-6　挂篮侧面图

(2)挂篮施工流程

挂篮悬臂浇注施工流程如图 4-8-7 所示。

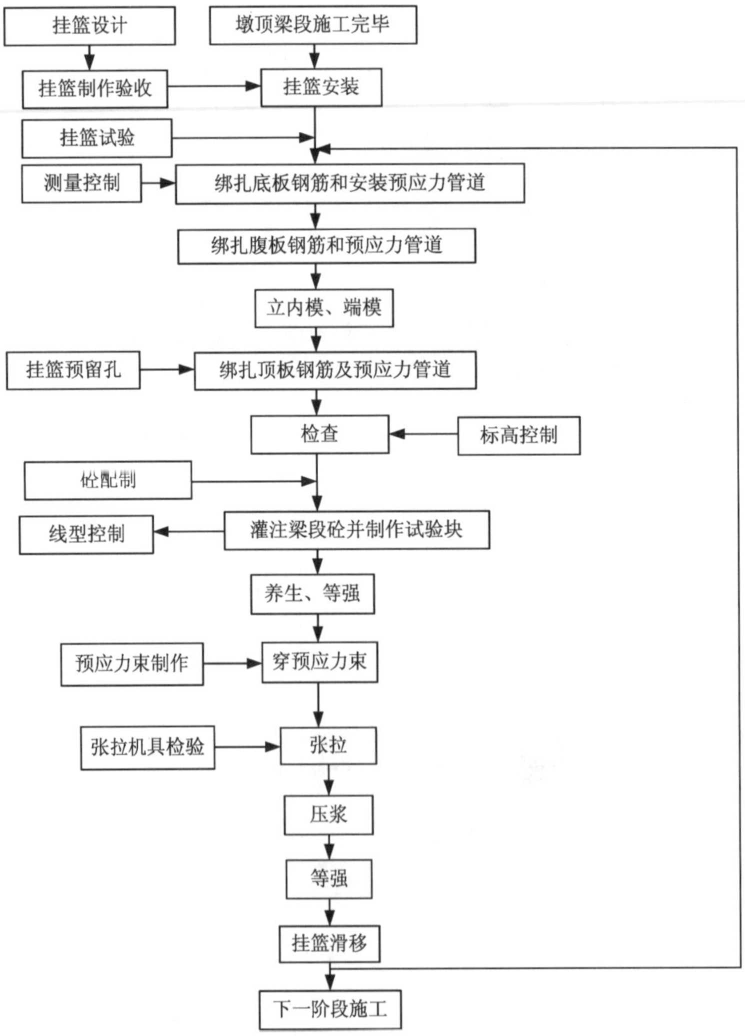

图 4-8-7　挂篮悬臂浇注施工流程图

(3)挂篮拼装

①测量放样

0#块纵向预应力张拉、压浆完成后清理梁面材料，由测量组放出挂篮安装所需的各种控制线，包括墩轴线、挂篮中心线、挂篮轨道中心线、支点位置线等，并对轨道和主桁位置进行标高测量，作业队则根据测量已放出的控制线再进行详细放样，确保挂篮主桁的安装位置准确。

②铺设轨道垫梁和轨道

轨道垫梁底部要和梁顶面紧贴，不平整部位要用1∶2水泥砂浆找平。轨道要挂线安装，确保轨道直顺。

轨道垫梁和轨道要按设计要求进行安装固定。前支点位置垫梁要严格按设计图纸进行加密，以防止此处集中荷载对垫梁和轨道的受力破坏。

③安装主桁

轨道定位好后，进行安装主桁工作。首先安装前支腿和后支腿，前支腿可先不放走辊，等主桁拼装好后再用千斤顶顶起来或浇筑完1#块后行走前再安放走辊。

前后支腿安放好后，在支腿上放置主桁，主桁后锚要锚住，测量组要对两侧主桁高差和中心距离进行测量，满足设计尺寸后再安装主梁平联、立柱、立柱平联和斜拉带，形成三角桁架，检查各部位的连接情况和后锚，方可进行下一步的安装工作。特别要对斜拉带的安装误差做全面检查，斜拉带受力要均匀，绷紧程度要一致，不允许出现一根松一根紧的情况。

④挂篮安装允许误差

A. 主梁滑道(即走道梁)

桥轴线两侧滑道位置允许偏差≤±3 mm；滑道顺直度，每2 m侧向弯曲≤±2 mm；滑道滑动面应光洁，无锈碴、焊碴，接缝圆顺，每2 m不平整度≤±2 mm，接缝高差≤±1 mm。

B. 前后支点

顺桥向与设计位置偏差≤20 mm；两主梁前支点顺桥向位置相差≤±10 mm；桥轴线至两侧前支点距离误差≤±5 mm；支点中心线与滑道梁中心线对中误差≤±2 mm；底平台中心线与梁体中心线误差≤±10 mm。

⑤挂篮拼装注意事项

A. 拼装前，应对挂篮各构件(或组合件)的尺寸、型号、缺陷(主要是焊缝尺寸及其饱满度等)进行检查验收，检验是否符合设计要求。发现不合格者，应及时处理；在运输、吊装时，不得损伤构件，特别是吊带、前后支点及主梁等构件在堆放时应整齐、稳固，防止变形；

B. 按拼装顺序，将各主要构件(或组合件)分类堆码，以备吊装；作业前对吊装机械及机具进行安全检查，在操作过程中地上、空中应安排专人指挥及指导；

C. 挂篮拼装应保持两端基本对称并同时进行；

D. 在对构件进行吊装时，吊点应稳固可靠，构件不受损伤、不变形；

E. 各构件拼装位置应准确，螺栓应100%上足上紧，不得随意扩孔，连接销子要安装牢固、有效，焊缝尺寸准确、饱满无缺陷；

F. 安装ϕ32精轧螺纹钢筋等冷拉件时，应先进行绝缘处理(包缠绝缘胶布)，螺母均采用双螺帽锚固。安装连接器时，除检查螺纹长度、直径、螺纹质量外，螺纹上应画线以保证连接器与螺纹的连接长度；

G. 挂篮就位后，后下横梁锚点(即后主吊带主其紧缩装置)其预紧力应大于浇筑砼后的锚固点拉力，以保证节段间接缝平顺，以达到检查锚固点的受力强度。

(4)挂篮移动机拆除

挂篮移动施工要严格按三级施工把关，加强监控，确保施工安全。

①挂篮走行

挂蓝走行轨与挂蓝采用反扣连接，走行动力采用倒链葫芦，制动采用在走行轨前端设置U型卡环限位装置。在已浇筑好的梁段上，铺设锚固滑行轨，松开挂篮主构架尾部的后锚装置，挂篮主构架轻微前倾，走行轮扣入滑行轨顶部凹槽内。经过滑行轨前端时用导链钢索与挂篮主构架锁紧，缓缓拉动倒链，挂篮即沿滑行梁前移。挂篮移动时，两悬臂端应同时、同步移动，防止两悬臂端产生不平衡重过大，危及梁体平衡。挂篮移动速度不大于0.1 m/min，两边距离差不大于5 mm。挂篮移动到位后，应首先通过竖向预应力钢筋锁定挂篮主构架尾部的锚固装置，为保证两端平衡重，梁面不得堆放材料和设备，如确需堆放，要平衡对称堆放，且堆放重量不得超过设计规定。然后提起前上横梁上的千斤顶及底模后吊装置，调整模板后，再开始下一梁段施工。具体为：

A. 1#梁段灌注完毕后，等混凝土达到设计强度的95%以上时，按设计对纵束进行张拉、压浆，待灰浆强度达到85%以上松开模板系统后方可移动挂篮；

B. 抽拔侧模对拉螺栓进行脱模；

C. 拆除底模后锚杆，此时底模后端只用上、下横梁的精轧螺纹钢吊住（与滑梁相联）；

D. 拆除侧模后端的吊杆，同时用后滑梁架将滑梁后端吊住，等待滑移；

E. 拆除挂篮后锚系统使挂篮的后支脚反扣于滑道上，滑道上的锚固不拆除；

F. 检查；

G. 用走行系统驱动挂篮前移，将底模、侧模、菱形架及内模一起前移，直至2#梁段位置，此时滑道仍锚在梁面上；

H. 锚杆将挂篮后端与竖向预应力筋锚固，除此之外应再附加锚固点；

I. 安装底模后锚杆；

J. 安装侧模后吊杆，调整后滑梁架；

K. 调整模板位置及标高，灌注2#梁段。

②挂篮拆除

每个0#块用1对挂篮悬臂灌筑1～5节段混凝土。23#墩与24#墩间2个挂篮施工完成5#和5#节段后，23#墩小里程侧挂篮前移进行边跨合拢，大里程侧挂篮退回后至23#墩拆除，24#墩小里程侧挂篮施工23#～24#墩间中跨合拢，施工完后前移至23#墩下落拆除，24#墩大里程侧挂篮前移，施工24#～25#墩间中跨合拢，施工完后前移至25#墩下落拆除。合拢段浇筑先中垮和边跨同时合拢，再进行次中垮合拢。采用单挂篮施工。预留孔洞根据需要不能提前封堵。

4.8.5 优化小结

（1）在新建铁路合福线信江特大桥上跨上饶车站工程施工过程中，针对7联并行连续梁跨越上饶车站14条既有电气化股道安全防护施工的特点，采用整体式全封闭绝缘挂篮施工防护平台，提出了既有线综合防护体系及施工技术，解决了多座并行桥梁同步施工跨越既有电气化铁路的安全防护施工难题，保证了既有线行车及连续梁施工的安全。

（2）针对独立站台连续梁翼缘板伸入相邻站线连续梁、站台连续梁挂篮的作业过程与常规连续梁挂篮施工不同的特案，采用了菱形挂篮施工，菱形挂篮结构复杂，杆件受力明确、合理，承载能力大，弹性变形小，安装与拆卸方便，移动灵活，定位准确，调整方便，挂篮所用插销等所有销子均采用新销子，挂篮由主构架、悬吊系统、走行及锚固系统、模板支撑系统、模板系统以及挂篮作业平台和安全防护防电系统共6部分组成。挂篮的底托系统安装就位后，及时在挂篮四周安装了2.0 m高度的侧面防电板。防电板安装使得挂篮加固牢靠，保证了站台连续梁挂篮施工的顺利完成。

建成后的上饶车站如图4－8－8所示。

图4-8-8 合福高铁骑跨上饶车站工程效果图

4.9 跨西岭互通特大桥施工

4.9.1 设计情况

合福高铁跨西岭互通特大桥长1236.1 m，全桥布置为20×32 m简支箱梁+1×(40+64+64+40)m连续梁+1×(70+136+70)m连续梁拱+1×48 m简支箱梁+1×32 m简支箱梁，主要是为跨越三环辅道、外福铁路、绕城高速西岭互通枢纽而设，如图4-9-1所示。

图4-9-1 跨西岭互通特大桥立体效果图

(1)特大桥与既有外福铁路的关系

①跨西岭互通特大桥(40+2×64+40)m连续梁施工上跨既有外福铁路，其中22#墩中心距外福铁路线路中心28 m，承台开挖边缘距外福铁路路基路肩最小距离为9 m；23#墩墩中心距外福铁路线路中心36 m，承台开挖边缘距外福铁路路基路肩最小距离为12 m，如图4-9-2所示。

②(40+2×64+40)m连续梁底距外福铁路轨顶36 m，距铁路限界顶28 m，如图4-9-3所示。

(2)特大桥与绕城高速的关系

①23#~24#墩的(40+2×64+40)m连续梁边跨DK806+732.8~DK806+746.4跨越绕城左线，对应绕城左线里程为ZK010+910，与线路的夹角为130°，高速路面标高43.711 m，连续梁底标高由62.789 m

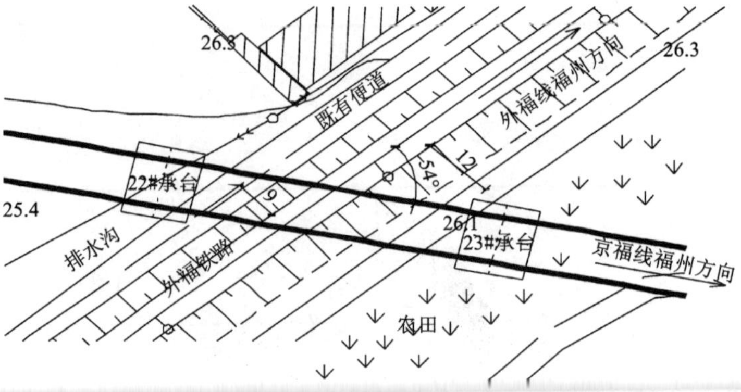

图 4-9-2　(40+2×64+40)m 连续梁跨既有线平面图

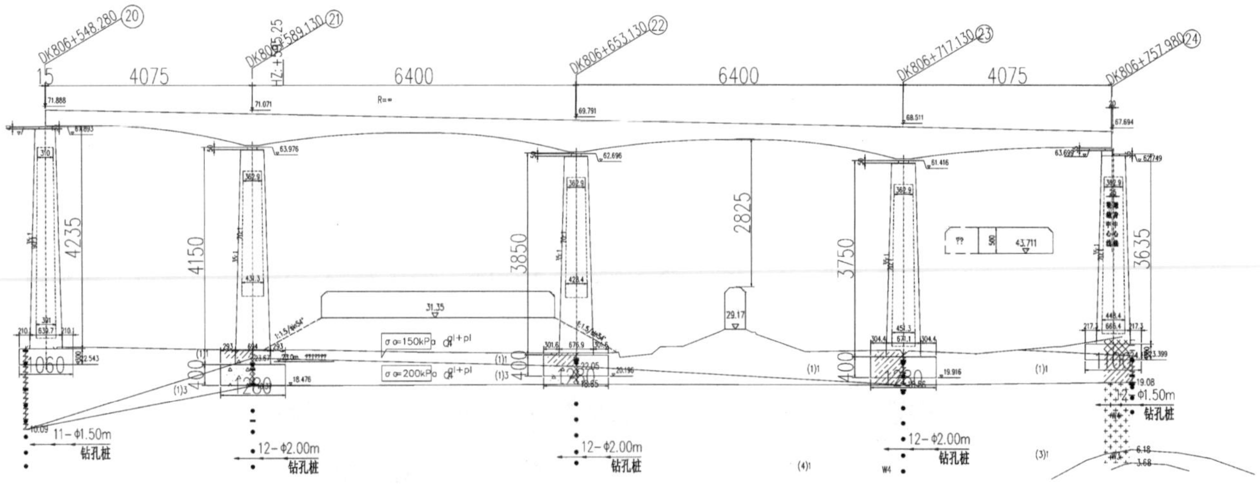

图 4-9-3　(40+2×64+40)m 连续梁跨既有线立面图

变化到 63.937 m，桥梁底距高速路面最小高度为 19.078 m，如图 4-9-4 所示。

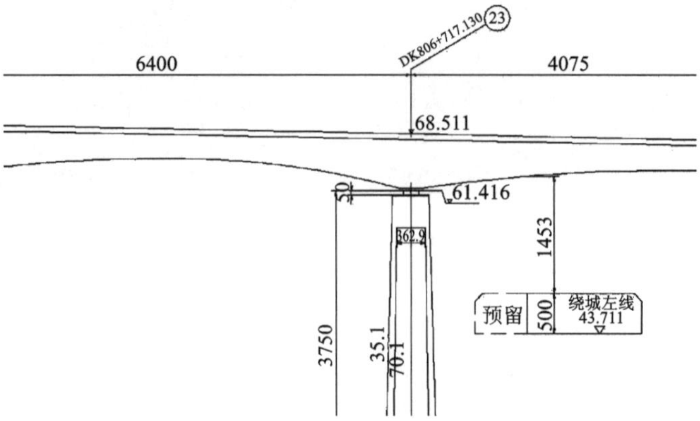

图 4-9-4　23#～24#墩跨越绕城左线立面图

②24#～25#墩的(70+136+70)m 连续梁拱边跨 DK806+798.3～DK806+812.0 跨越绕城右线，对应绕城右线里程为 YK010+970，与线路的夹角为 118°，路面标高 52.016 m，连续梁拱梁底标高由 59.984 m 变化到 61.698 m，桥梁底距路面最小高度为 7.968 m，如图 4-9-5 所示。

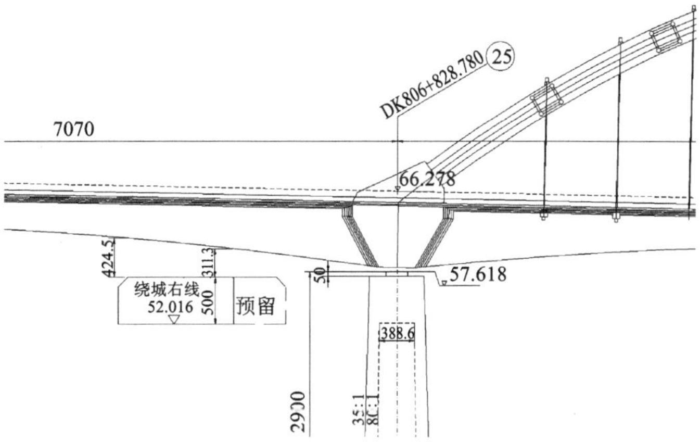

图 4-9-5　24#~25#墩跨越绕城右线立面图

③25#~26#墩间(70+136+70)m 连续梁拱主跨 DK806+860.75~DK806+872.046 跨越 H 匝道，对应绕城 H 匝道里程为 HK000+720，与线路的夹角为 83°，H 匝道与线路相交于 S 左线下方，以路基形式通过，设计标高 37.82 m，连续梁拱梁底标高由 60.164 m 变化到 60.347 m，桥梁底距路面最小高度为 22.344 m。

④25#~26#墩间(70+136+70)m 连续梁拱主跨 DK806+862~DK806+898.1 跨越福州市绕城高速公路西岭互通枢纽高架桥 S 左线，对应公路里程为 K11+007，与线路的夹角为 149°，S 左线标高 44.162 m，连续梁拱梁底标高由 59.980 m 变化到 60.548 m，桥梁底距路面最小高度为 15.818 m。

⑤25#~26#墩间(70+136+70)m 连续梁拱主跨 DK806+910.8~DK806+953.3 跨越福州市绕城高速公路西岭互通枢纽高架桥 S 右线，对应公路里程为 K11+050，与线路的夹角为 154°，S 右线标高 45.287 m，连续梁拱梁底标高由 60.202 m 变化到 55.823 m，桥梁底距路面最小高度为 10.536 m，如图 4-9-6 所示。

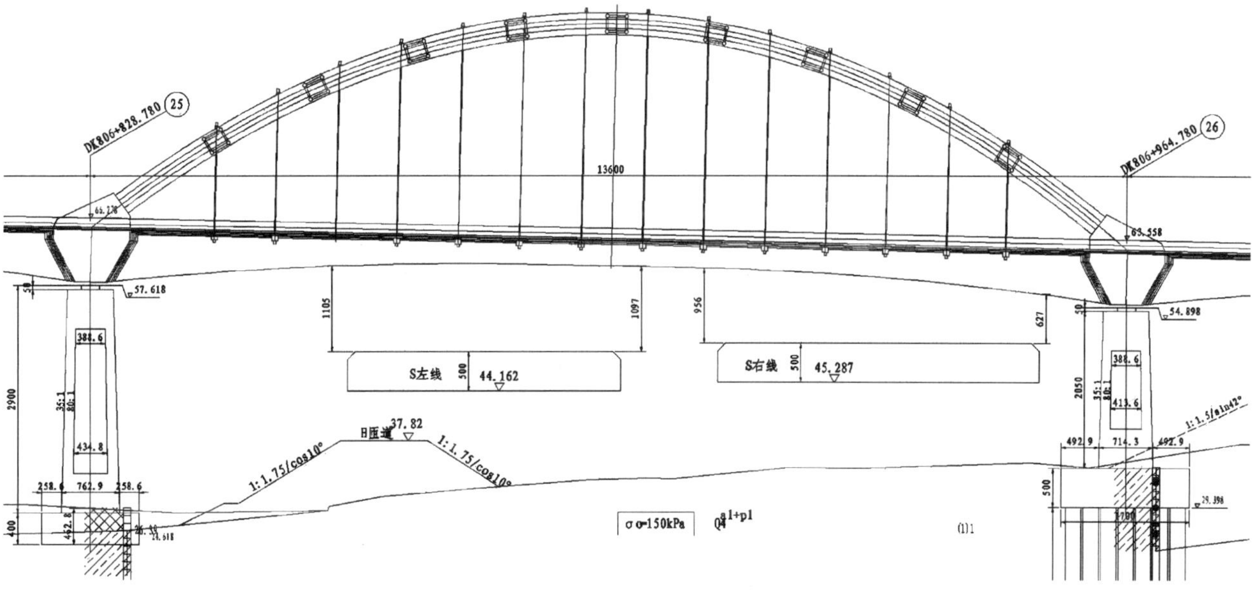

图 4-9-6　25#~26#墩跨越 S 左、右线立面图

4.9.2　事件简介

(1)该桥施工环境条件复杂

跨西岭互通特大桥位于福州市西北方向交通咽喉地带，众多进出福州市的铁路、公路交汇于此，主桥(70+136+70)m 连续梁钢管拱及(40+2×64+40)m 连续梁以 20‰纵坡上跨福州市绕城高速公路西岭互通立交系统、福州市三环路主辅道、铜盘路 D 匝道、既有营业线外福铁路、在建向莆铁路左右线等众多城市道路、高速公路及铁路，施工条件复杂，场地狭窄，协调难度大。

(2)施工安全要求高

铁路、公路过往车辆密集，交通流量大，桥梁为上跨施工，既要保证施工安全，更要确保下方铁路和公路的行车安全，安全风险大。

(3)该桥梁技术含量高，为重点控制性桥梁工程

(70 +136 +70)m 连续梁拱拱肋设计加工节段 13 段、拼装节段 7 段、吊杆 14 对，设计按照先梁后拱的顺序施工，先采用挂篮对称悬臂浇注施工连续梁，连续梁合拢后在桥面搭设提升架吊装钢管拱，最后浇注钢管砼并安装、张拉吊杆。该桥因桥型新颖、结构设计和施工条件复杂、施工技术难度和施工组织难度大，被列为全线重点控制性桥梁工程之一。

4.9.3 原因分析

跨西岭互通特大桥穿越福州西北门户的复杂交通咽喉地带，既有铁路与在建铁路、绕城高速、三环路及辅道、绕城高速与三环路及辅道的互通立交等在此相互交织。施工环境极为复杂，作业点场地狭小，需与多家单位、多个政府部门进行协调。(70 +136 +70)m 主跨跨越绕城高速左右线高架桥，钢管拱肋安装会受到诸多条件限制，(40 +2 ×64 +40)m 连续梁跨营业线外福铁路，需按营业线计划施工和防护。因此，对施工方案、防护措施及施工组织的选择极为重要。

连续梁拱上跨复杂立交系统施工，在不具备设置防护棚架的条件下，为保证施工安全和下方行车安全，需制定出一整套科学、合理的安全防护方案进行施工和行车安全防护。

4.9.4 处理措施

(1)组织制定科学、合理、详细的施工方案，并邀请多方专家对方案进行评审论证把关，如图 4 -9 -7 所示。

图 4 -9 -7 跨西岭互通特大桥施工方案专家评审会议

(2)项目部配备能力强、经验丰富的现场管理人员，科学合理地组织施工。

(3)跨既有线施工，严格按营业线计划施工管理，并做好棚架、防电板等多项保护措施。

(4)跨高速公路施工采取合理的交通布控方案和有效的封闭防护措施，确保施工和行车安全。

4.9.5 现场实施

(1)跨公路施工交通布控

①(70 +136 +70)m 连续梁拱梁段施工，由于挂篮施工的作业面在绕城高速公路正上方，因此需要在绕城高速公路的左右线上对相应的车道进行封闭。挂篮施工到某个梁段时，封闭的车道应随之发生改变。

为了不影响车辆的行驶安全，绕城高速公路左线右线均为 4 车道，施工过程中封闭的车道均为单线左右的 2 车道。

封闭车道长度为 20 m，车道封闭区上游设 90 m 的过渡区和 50 m 的缓冲区，下游设 30 m 的过渡区和 30 m 的终止区，如图 4－9－8 所示。

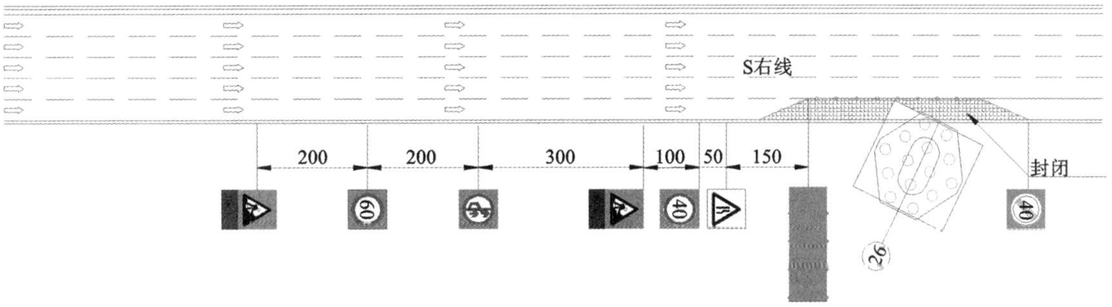

图 4－9－8　交通布控图

②(70＋136＋70)m 连续梁拱圈拼装施工时，施工操作平台位于高速公路 S 线之上，会影响 S 线通行，因此施工阶段需要封闭 S 线位于施工部位下的两个车道。拱圈拼装完成后再解除该车道封闭。

绕城高速公路上封闭车道长度为 30 m，车道封闭区上游设 90 m 的过渡区和 50 m 的缓冲区，下游设 30 m 的过渡区和 30 m 的终止区，如图 4－9－9 所示。

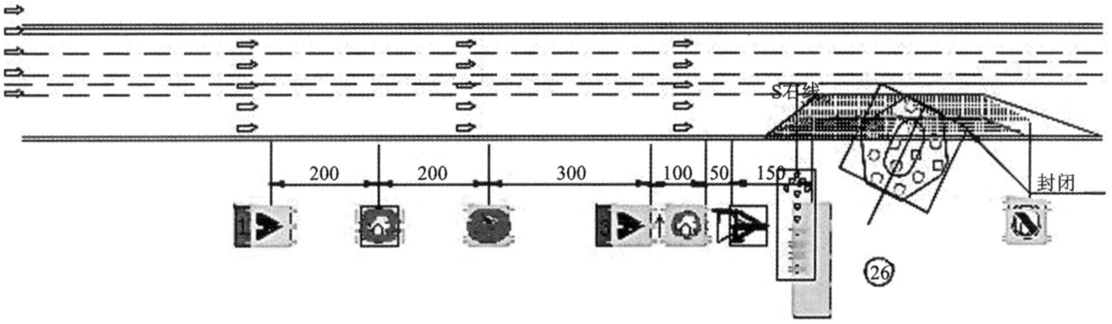

图 4－9－9　拱肋吊装施工交通布控示意图

③在每次走行挂篮和浇筑砼时，对位于挂蓝正下方高速公路桥面的车道进行临时封闭，并做好警示标志和进行交通疏解。

(2)挂篮全封闭防护

①施工中对挂篮的四周进行全面的封闭，采用挂篮底板防护棚、密目钢丝网、防滑走道板、防护围栏等全封闭挂篮底部及四周，使挂篮形成一个可移动的全封闭整体，在高速公路上空完成各个阶段的施工作业。

②挂篮底模底部采用 I16 工字钢与底模前后横梁焊接连接，采用∠75×8 角钢与 I16 工字钢焊接形成型钢骨架，型钢骨架上铺 2 cm 厚的木板和 2 mm 厚的铁皮，在挂篮底模平台底形成一个可随挂篮移动的封闭的防护棚。防护棚宽度超出梁面宽 0.5 m 以上，如图 4－9－10 所示。

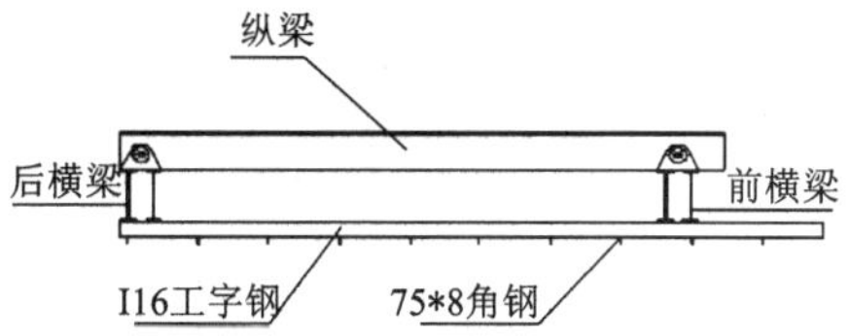

图 4－9－10　底模防护棚示意图

③侧面钢丝网防护：采用在主桁纵梁上焊接[20 槽钢挑梁，从挑梁到底模防护棚的最外侧的 I16 工字钢纵梁，自上而下挂密目钢丝网(网目密度不低于 800 目/m^2)，密目网采用槽钢压接(槽钢与型钢间断焊)，防止自行脱落。在栏杆的内侧采用 2 mm 铁皮封闭。

④正面钢丝网防护：从主桁前横梁操作平台到底模防护棚前段的横向角钢，自上而下挂密目钢丝网（网目密度不低于800目/m^2），密目网采用角钢压接（角钢与型钢间断焊），防止钢丝密目网自行脱落，造成次生伤害，如图4－9－11所示。

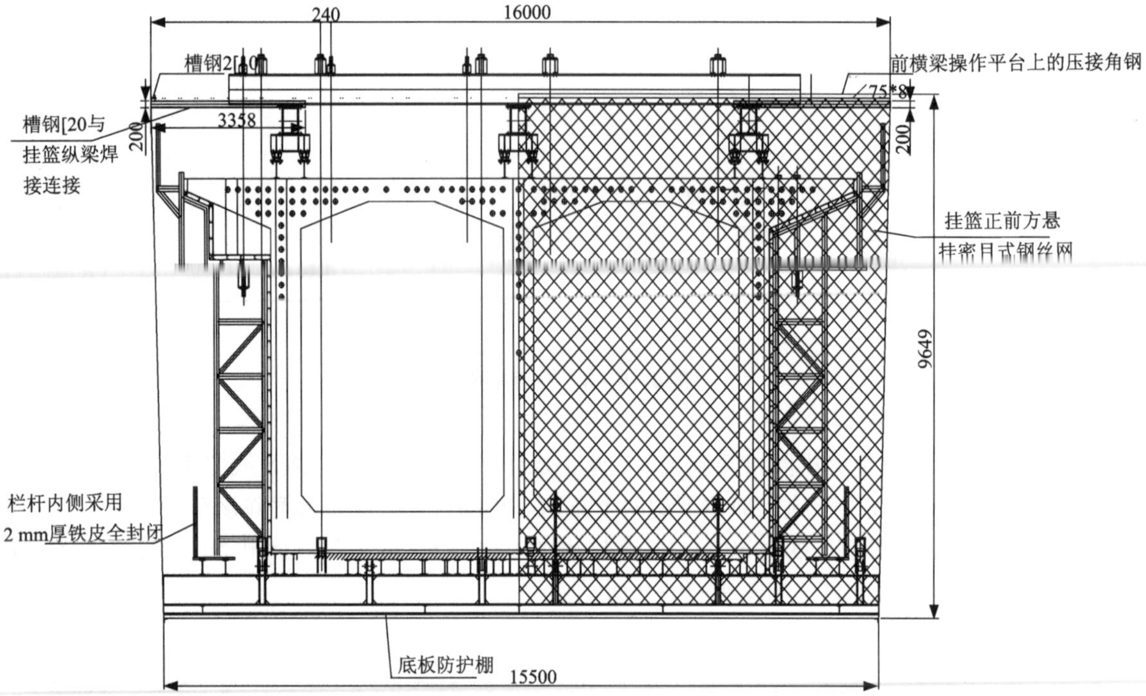

图4－9－11 三角挂篮封闭正面图

⑤对于已经成型的梁端，在设计的钢栏杆位置，用ϕ48 mm钢管搭设防护栏杆，竖直向钢管的高度为120 cm，间距1.5 m，并在其内侧采用2 mm铁皮进行封闭，在其外侧的适当位置挂防护网，加强防护措施，确保施工安全，如图4－9－12所示。

图4－9－12 挂篮全封闭防护图

(3)连续梁钢管拱施工的安全措施

①焊接胎架及拼装支架安装防护

进行胎架安装时采用3 mm钢板将翼缘板端部封闭，防止安装过程中杂物掉落或焊接产生的焊渣飞溅到高速公路上空。胎架上部结构采用桥下焊接成型、桥上吊装安装的方式施工。

拱肋拼装支架安装使用汽车吊吊装对接焊安装，焊接部位采用[10 槽钢作为骨架，3 mm 花纹钢板作为地板，1 mm 钢板作为临边防护钢板，封闭高度为 1.2 m。吊装过程中司机必须严格遵守安全操作规程，且汽车吊大臂不得伸出桥面防护范围。

梁面上胎架焊接和支架拼装完成后，组织相关的专业技术人员对胎架和吊装支架进行验收。

②拱肋上桥及拱肋胎架上拼装安全防护

拱肋加工节段从跨西岭互通特大桥福州台台尾的路基段上桥，由运输平车运至安装位置。桥面用油漆标记出明显的走行线路，在停车位置设置锥形桶，采用方木堵塞前后车轮，并安排专人指挥车辆前进及停靠。

拱肋加工节段采用 100 t 吊车，吊装至拱肋拼装胎架上焊接成吊装节段，拱肋吊装至胎架上定位后经过验收，确定拱肋的稳定性后方可卸除吊钩。

拱肋焊接防护采用[10 槽钢作为骨架及承重梁，1 mm 钢板作为封闭板，对封闭箱底板临边高 0.5 m 进行封闭，防止焊渣飞溅出封闭平台。对封闭箱临边 0.5 m 至焊接口 0.8 m 处则采用钢丝密目网进行封闭，焊接时用绿色篷布进行密目网遮盖封闭，形成全封闭的操作平台。该防护 60 cm 宽一侧布置于吊装一侧，防止与吊装材料相抵触，如图 4－9－13 所示。

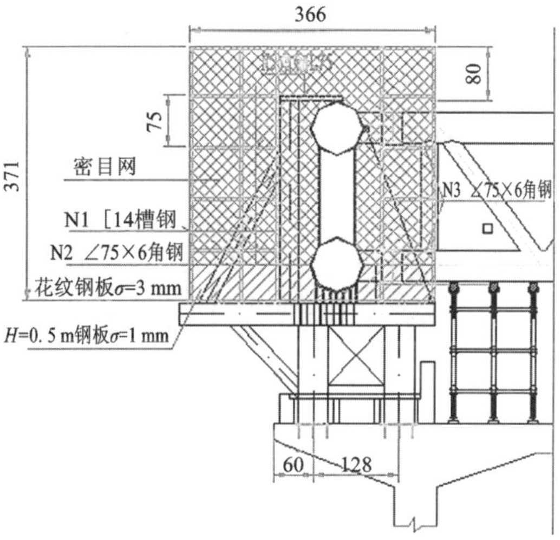

图 4－9－13　拱肋拼装节段焊接防护图

③拱肋砼浇筑安全措施

拱肋混凝土灌筑遵守对称、均衡的原则，以拱顶为对称线，两半跨对称灌筑混凝土。以桥轴线为对称线，桥两侧两肋拱对称灌筑混凝土，钢管内混凝土两半跨进度差不得超过 2 m，防止出现偏载。在拱肋以及腹板出气口的位置采用直径为 200 mm 的 PVC 管将管口引至桥面位置，防止出气口的混凝土外溢流出桥面洒落至绕城高速公路上。在腹板灌浆口前后 3 m 的位置对腹板进行加固。采用磁力钻钻孔加密拉杆，拉杆的螺帽均采用双螺帽。腹板混凝土浇筑过程中严格控制浇筑的速度，并派专人对腹板进行观测，防止腹板发生扭曲变形。

④吊杆安装过程安全措施

吊杆安装采用 25 t 的吊车牵引悬挂至拱肋的上悬管。吊杆下锚头冷铸的安装、防腐和下防护罩的安装均采用悬挑平台。悬挑平台为可移动平台(高度为 1.5 m，高出桥面维护钢板的高度)，下设滚轮 4 个，其中主桁架采用 14a 的槽钢。操作平台的周边均采用 1 mm 的钢板进行周边全封闭维护，下设 3 mm 的花纹钢板，平台后面设 1.5 t 的混凝土配重。下锚头施工过程中，平台的后方采用 5 t 的吊葫芦将平台固定在桥面防撞墙的预埋钢筋上。吊杆安装的顺序从 25 号墩的 D1 安装至 26 号墩的 D1(由于处在桥面的下坡路，便于平台的移动)。当 25 号墩的 D1 吊杆全部安装完成以后，松开吊葫芦并卸下平台上的混凝土配重，采用吊车结合人工的方法移动平台至 2 号索，依次完成所有吊杆的安装。

(4)跨既有铁路施工安全措施

①人员培训

开工前，对参加既有线施工的所有人员进行培训、考核，增强施工人员的既有线施工安全防范意识。

②探明地下管线

22#和23#墩下部基础开工前，彻底调查下部管线及铁路信号线是否穿越施工地段，并用明显的标示牌标示出位置，以防施工过程中损坏管线。同时应报相关铁路管理部门，现场确认管线位置，确保万无一失。

③接触网防护

由于峰福铁路为单线电气化铁路段，接触网电压较高，直接威胁施工安全。为防止接触网感应电造成施工危害，应先联系铁路部门对施工范围内的接触网、接触网回流线进行绝缘化处理，同时对立柱及钢架结构做好接地措施，接地电阻要求不小于4 Ω，如图4－9－14所示。

图4－9－14 接触网防护图

④既有线上梁部施工防护

跨峰福铁路施工采取全封闭施工，采用钢管立柱及刚性防护棚架一体化进行安全防护设计。防护棚架沿铁路两侧搭设，棚架超出现浇梁部每侧3 m。棚架全长24 m，宽11 m，支架(贝雷片)底距离铁路限界有双净高4 m。具体措施：跨铁路防护采用 ϕ1000 mm×10 钢管作立柱，采用双排单层贝雷梁作纵梁，采用[14 槽钢作横梁，上铺 δ6 的花纹钢板形成安全通道，防止杂物掉入铁路行车限界内，保证火车安全通行。ϕ1000 mm×10 钢管立柱先开挖槽作钢管的基础，埋深 H1 和 H2 根据现场地层和地基承载力而定，锚固长度必须满足要求，以 C20 砼将立柱埋设入地下。钢管立柱横向采用[10 的槽钢作为剪刀撑，使钢管横向联结，槽钢与连结板焊接牢固，纵向设置钢丝缆风绳，如图4－9－15所示。

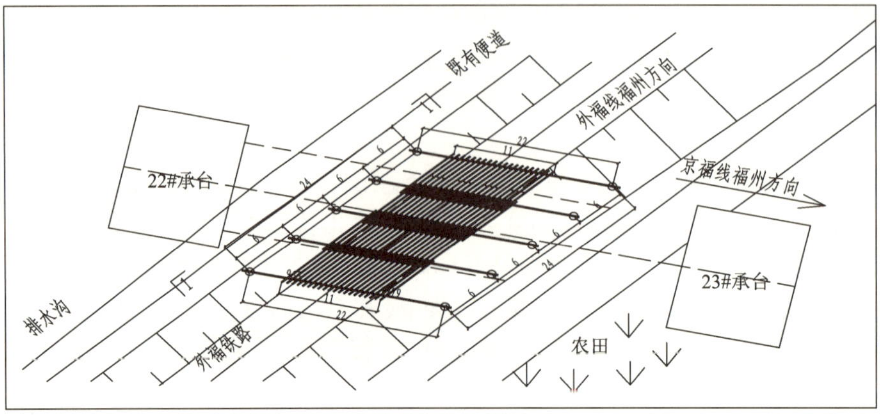

图4－9－15 22#～23#跨既有铁路安全防护平面布置图

⑤严格执行既有线施工管理规定

为防止连续梁悬灌施工至既有线地段对既有线产生安全威胁，须在既有线上方搭设防护棚对既有线进行防护。因此，在搭设防护棚施工时，应严格执行既有线施工管理的相关规定，在计划“天窗”时间内进行施工作业。棚架与接触网作绝缘处理，如图 4－9－16 所示。

图 4－9－16　防电板安装图

（5）其他措施杜绝物体滑落、坠落

①严禁在挂篮及已悬灌梁段上堆放易滑动、易坠落的材料、机具等物件。

②所有大、中型机具及材料均堆放于地面或梁顶安全地带并捆绑牢固，防止坠落。

③在安拆模型、绑扎梁体钢筋、浇注梁体砼及张拉梁体预应力的作业过程中，施工人员使用的所有零星小型工具及材料，均采用专用的工具袋随身背缚，使用时紧拿轻放，使用完毕立即放入工具袋或工具箱中。

④所有悬空的易坠落物体处，均采用密目钢筋网上满铺防滑走道板全封闭，封堵物体坠落通道。

⑤挂篮的所有操作平台及已浇注梁体四周，均采用密目钢丝网加角钢立柱、圆钢管围栏全封闭。

⑥在施工过程中，安排专职安全人员对各种材料、机具的起吊、堆放及捆绑进行指挥。

⑦在连续梁中跨合拢段完成施工后，将挂篮退回至连续梁 0#段处进行拆卸。

4.9.6　案例小结

（1）科学的施工方案、合理的施工组织、有效的防护措施是跨西岭互通特大桥工程在复杂环境条件下安全快速施工的有效保证。

（2）采用全封闭挂篮和高速公路车道临时布控措施，解决了上跨复杂立交系统连续梁拱施工无条件搭设防护棚架的安全防护难题。

（3）接触网线绝缘化处理、防护棚架装防电板、全封闭挂篮及严格的营业线施工管理解决了上跨既有外福铁路连续梁的施工安全。

在如此复杂的环境条件下，跨西岭互通特大桥从开始施工至结束，未发生一项人员、行车及交通安全事故，其无疑是一个成功的安全施工案例。跨西岭互通特大桥复杂环境条件下施工完工全景图如图 4－9－17 所示。

图 4-9-17　跨西岭互通特大桥建成后全景图

4.10　南平建溪特大桥跨越既有峰福铁路连续梁跨度优化设计

4.10.1　设计情况

南平建溪特大桥位于南平市延平区大横镇陈墩村境内，于 DK678 + 145.990 ~ DK678 + 291.690 采用(40 +64 +40)m 连续梁跨越既有峰福铁路，27#、28#墩为连续梁主墩，主跨 64 m，既有峰福铁路为单线电气化铁路。连续梁跨越峰福铁路地段里程为 K242 +986，从既有峰福铁路岩面 1#及 2#隧道中间穿过，线路与既有线大里程的夹角为 49°，如图 4-10-1 所示。

图 4-10-1　南平建溪特大桥跨越既有峰福铁路

4.10.2　优化原因

(1)27#主墩承台距既有峰福铁路较近

根据设计文件及现场实际测量放线显示，(40 +64 +40)m 连续梁 27#主墩承台位置距既有峰福铁路较近，设计承台位置距既有峰福铁路轨道最近侧仅有 7.14 m，详细位置关系详见表 4-10-1 及图 4-10-2。

表4-10-1 27#墩下部结构与既有线的位置和最近距离调查表 m

部位	轨道外边	道碴坡脚	电力线
最近一侧桩基边缘	8.21	5.47	8.96
最近一侧承台边缘	7.21	4.47	7.96
最近一侧墩身边缘	10.22	8.07	8.82

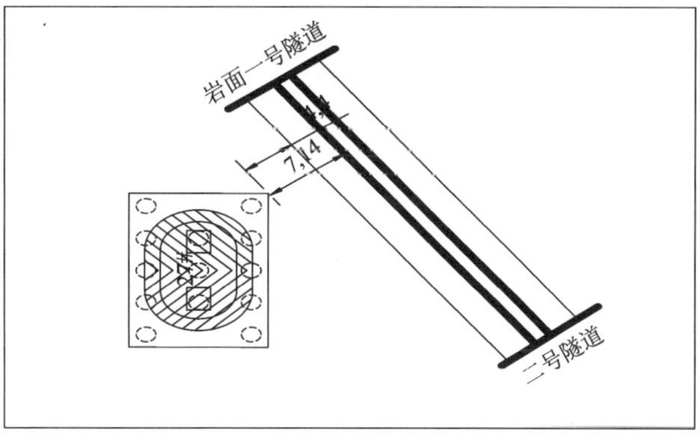

图4-10-2 27#墩与既有线平面关系图

(2)27#主墩承台设计开挖深度较大

27#主墩开挖深度详见表4-10-2及图4-10-3。

表4-10-2 27#墩承台开挖深度调查表 m

墩号	大里程左侧	大里程右侧	小里程左侧	小里程右侧
27#	4.625	4.015	8.400	2.43

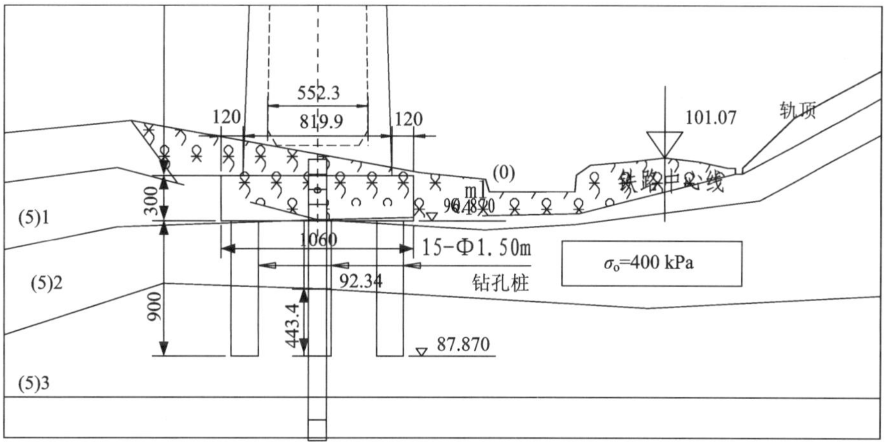

图4-10-3 27#墩与既有线纵断面图

(3)27#主墩承台原设计位置将堵塞既有峰福铁路涵洞排水

27#墩与既有线涵洞及排水沟位置关系如图4-10-4所示。

综上所述，南平建溪特大桥原设计的(40+64+40)m连续梁27#主墩距既有峰福铁路较近、承台开挖深度较大且将堵塞既有峰福铁路排水涵洞，施工过程中存在较大安全隐患。施工完成后，既有线上游将无

图 4－10－4　27#墩与既有线涵洞及排水沟位置关系图

法进行排水泄洪，且对既有峰福铁路具有较大永久安全隐患，为确保施工生产安全顺利进行，保证峰福铁路上游的泄洪需要，须对原设计进行优化。

4.10.3　优化设计

(1)优化方案选定

经过对多种方案进行比选，最终选定将(40＋64＋40)m 连续梁跨度调整为(40＋72＋40)m 连续梁，25#墩、26#墩、27#墩均向小里程方向移动 8 m，28#墩位置不变，25#墩与 26#墩简支箱梁由原设计的 32 m 跨调整为 24 m 跨，如图 4－10－5、图 4－10－6、表 4－10－3、表 4－10－4 所示。

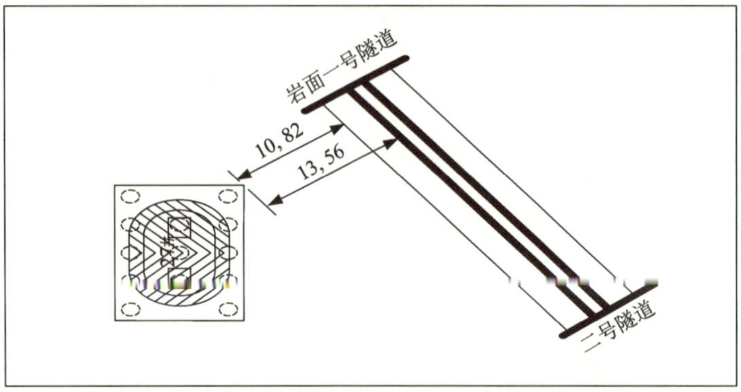

图 4－10－5　优化后 27#主墩与既有线位置关系平面图

表 4－10－3　优化后 27#墩下部结构与既有线的位置和最近距离调查表　m

部位	轨道外边	道碴坡脚	电力线
最近一侧桩基边缘	14.64	11.90	15.39
最近一侧承台边缘	13.56	10.82	14.31
最近一侧墩身边缘	17.31	14.57	18.06

表 4－10－4　优化后 27#墩承台开挖深度调查表　m

墩号	大里程左侧	大里程右侧	小里程左侧	小里程右侧
27	9.24	5.75	12.16	4.061

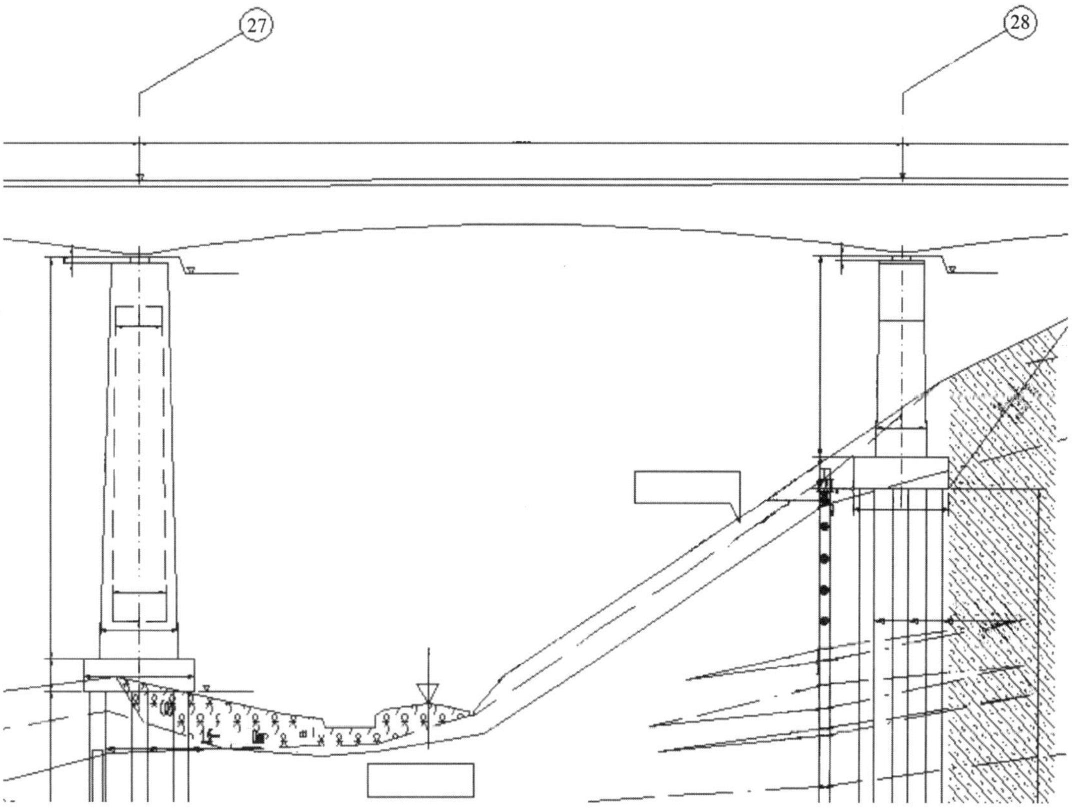

图 4－10－6　优化后与既有线位置关系立面图

(2)优化方案优点

①将连续梁 27#主墩距既有峰福铁路的距离有效增加了 8 m，大大减小了墩台施工对既有线影响的程度，有效降低了安全风险。

②通过对 27#连续梁主墩位置的移动，增加了距既有线涵洞的距离，有效地对既有排水沟进行了改移，并且对既有线涵洞泄洪能力不造成影响，确保了既有峰福铁路运营的安全。

4.10.4　现场实施

(1)移动式防护棚

由于合福高铁此段线路跨越营业线时角度较小，与营业线串行距离很短，使用固定式防护防电棚对营业线运输影响很大，立柱、横梁吊装拆除工作量大且耗时久，需要多台大型机械临近既有线同时作业，安全风险同样较大，如采用移动式防护防电棚则可完全避免以上缺点。防护棚是在营业线限界外拼装组挂完毕，能将安全风险减至最低，防护棚设于挂篮底部既能起到良好的防护效果，又能大大降低成本。

(2)移动式防护棚设计方案

防护平台采用与挂篮底模一体的设计，与挂篮底模纵梁形成桁架结构，在桁架下端，与桁架下弦槽钢焊接，在平台周边也用钢板封闭，使底模平台、边模形成整体的防护平台。连续梁梁体宽度为 12 m，节段长度为 2～4 m 不等，为确保防护安全，防护平台设计宽度为 14 m，长度为 5.1 m，每侧超出梁面 1 m，纵梁采用[10 槽钢，单根长度 5.1 m、行间距 75 cm，横梁采用[14 槽钢，单根长度 14 m、行间距 3.2 m，平台四周焊接 ϕ42 钢管作为围栏，围栏及底板采用 3 mm 厚钢板焊接，形成封闭作业环境，具体如图 4－10－7 所示。

(3)防护棚施工要点

平台与挂篮在线路界限外拼装，其作用是防止连续梁挂篮施工跨越线路时可能掉落构件对线路行车安全产生影响。

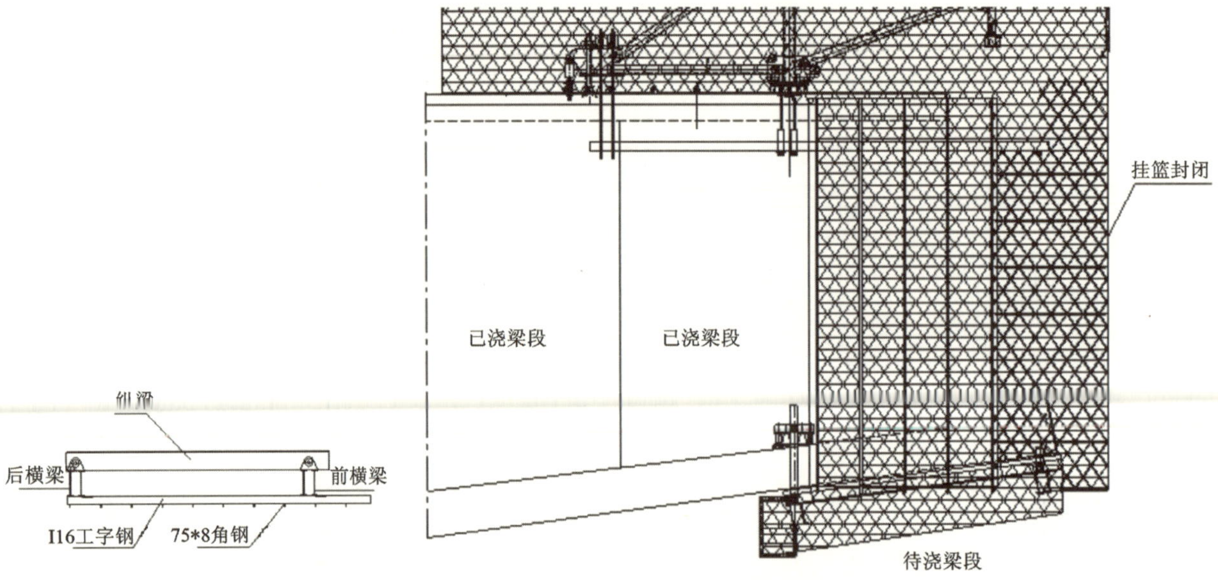

图 4-10-7　移动式防护棚设计示意图

在防护平台四周设置导流槽，在防水层最底角设置集水槽和排水导管，将积水沿主梁下排出铁路外，防止积水形成排放水流与接触网连通。

挂篮、移动式棚架的移动均应在封锁天窗的条件下进行，施工时需通知设备管理单位对施工过程进行不间断的现场安全监护，如图 4-10-8 所示。

图 4-10-8　移动式防护棚效果图

1）施工中将挂篮的四周进行全面的封闭，采用挂篮底板防护棚、密目钢丝网、防滑走道板、防护围栏等全封闭挂篮底部及四周，封堵物体坠落通道，使挂篮成为一个移动的全封闭整体，在铁路线上空分段走行作业。具体措施如下：

①挂篮底模底部采用 I16 工字钢与底模前后横梁焊接连接，采用∠75×8 角钢与 I16 工字钢焊接形成型钢骨架，型钢骨架上铺 2 cm 厚的木板和 2 mm 厚的铁皮，在挂篮底模平台底形成一个可随挂篮移动的封闭防护棚。防护棚宽度超出梁面宽 0.5 m 以上。

②侧面钢丝网防护：采用在主桁纵梁上焊接[20 槽钢挑梁，从挑梁到底模防护棚的最外侧的 I16 工字钢纵梁，自上而下挂密目钢丝网（网目密度不低于 800 目/m^2），密目网采用角钢或槽钢压接（角钢或槽钢与型钢间断焊），防止自行脱落。在栏杆的内侧采用 2 mm 铁皮封闭。

③对于已经成型的梁段，在设计的钢栏杆位置，用 ϕ48 mm 钢管搭设防护栏杆，竖直向钢管的高度为 120 cm，间距为 1.5 m，并在其内侧采用 2 mm 的铁皮进行封闭，在其外侧的适当位置挂防护网，加强防护措施，确保施工安全。

2)悬灌梁施工时，严格执行挂篮走行的安全操作规程，加强挂篮锚固及走行的检查和监控，防止挂篮整体坠落。

①项目部根据挂篮设计技术要求，对挂篮的安装、移位、就位、拆除等工序进行分解，制定作业指导书。每一道工序都要对作业人员进行技术交底，保证作业人员熟悉挂篮的施工过程及施工注意事项，确保挂篮悬灌施工过程的安全。

②派专职起重工和技术人员管理挂篮施工，起重工和技术人员必须了解挂篮的结构，熟悉挂篮悬灌施工的整个工艺流程，以及挂篮悬灌施工的注意事项。

③施工过程中，必须严格按照挂篮施工技术交底的要求进行挂篮悬灌施工。挂篮施工实行工序签认制度，在挂篮走行前、走行后、混凝土浇筑前，必须在上一道工序完成并签字确认后，才能转入下一道工序施工。现场管理技术人员要有高度的责任心，始终把安全生产放在第一位，保证工程的顺利进行。

④当出现大风天气，风力超过 6 级时，必须停止与挂篮相关的一切作业，并派人检查挂篮的后锚及内外模的吊点，确认锚固牢固，并请监理确认。另外，应清理干净挂篮边缘及梁面上的所有设备和杂物(包括轻飘物、金属物)，确保无物体被风刮落到铁路线上。

⑤混凝土养护和梁体压浆时，采取在梁底设置排水管的方式，将养护用水和浆体引排至铁路限界范围之外，确保水流和浆体不滴落到轨道和接触网上。

⑥挂篮施工期间，在现场派人 24 小时对挂篮进行防护，并在车站派驻有资质的驻站员进行联络。

⑦挂篮走行，在天窗点时间进行。

(4)移动式防护棚防排水措施

为保证防护棚内部的排水顺畅，防护棚架整体根据挂篮前移高差设置 2% 的顺坡(由吊杆长度决定)。底部的 δ3 的钢板铺设完毕后再在钢板上铺设一层防水板，防水板采用顺向搭接的方式，在最底角设置集水槽与排水管。在保证棚顶排水通畅的同时，也可以保证雨水不会渗过钢板接缝，滴落在接触网上。

(5)铁路两侧施工防护

在施工期间，施工机械、工具等按照“谁使用谁负责保管”的原则进行管理。施工负责人要对机具摆放位置进行检查，严禁侵入铁路建筑接近限界。收工后，机具、材料等设备必须采取上锁、防溜等措施，确保任何情况下机具都不会因列车振动而自动侵入限界，线路附近堆放的施工材料也不准侵入接近限界。

4.10.5　优化小结

通过对南平建溪特大桥跨既有峰福铁路连续梁设计方案进行优化，有效降低了连续梁施工对既有峰福铁路的影响，将风险最小化。

通过先进的技术方案，采用移动式防护棚架对连续梁挂篮施工进行安全防护，既有效规避了常规地面防护棚施工过程中对既有线运营安全的风险，又有效加快了施工进度，较常规既有线施工防护方案有效降低了施工成本，达到了安全风险可控、进度有效加快、成本合理降低的最佳状态，为以后跨越既有线施工提供了宝贵的参考经验。

4.11　大洲村特大桥第一孔简支梁改框架式刚构设计方案优化

4.11.1　设计情况

大洲村特大桥位于合福线南平市延平区大洲村境内，大洲隧道出口端，桥址跨越三个小山坳，大部分桥墩位于陡坡上，桥址立面如图 4 - 11 - 1 所示。起止里程为 DK692 + 492.000 ~ DK692 + 908.750，中心里程为 DK692 + 859.660，桥全长 748.55 m，桥梁结构形式为 1 × 32 m 简支梁 + 1 × 24 m 简支梁 + 14 × 32 m 简支梁 + 1 × 24 m 简支梁 + 6 × 32 m 简支梁。

图 4－11－1　桥址立面图

4.11.2　优化原因

大洲特大桥原设计合肥台—1 号墩之间跨越 801 县道，因净空不够 5 m，原设计在该道路原位下挖 1 m。但因下挖后两侧地形所限，展线困难且纵坡较大（县道下坡地段），地方不同意原位下挖道路，为满足桥下净高 5 m 的要求，在不改移道路的情况下，需调整桥梁结构形式，801 县道下穿铁路立面如图 4－11－2 所示。

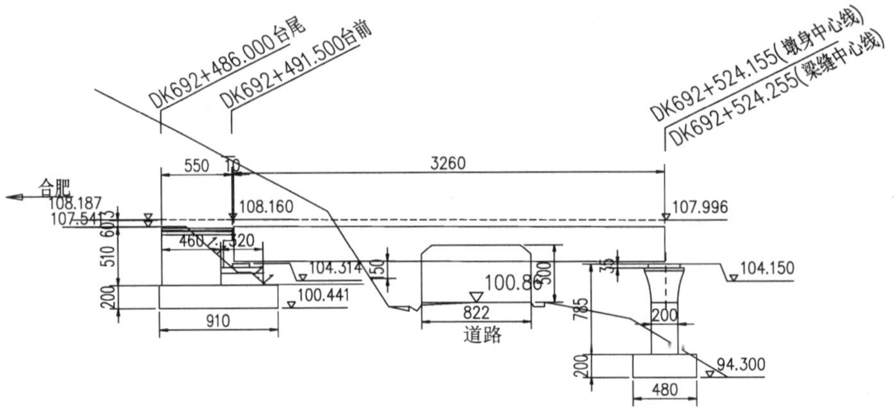

图 4－11－2　801 县道下穿铁路立面图

4.11.3　优化设计

合肥台—1 号墩由 1×32 m 梁改为 1×15 m 刚架，保证桥下县道通过净高，合肥台及 1 号墩作特殊处理。取消原设计中合肥台—1 号墩之间的简支梁，在跨越道路位置设计刚架。原设计的 1 号墩改为异形台，桥台长 3.72 m。原设计的合肥台改为异形台，台长由原来的标准台改为 10.04 m，如图 4－11－3 所示。

4.11.4　现场实施

刚构桥支架采用工字钢和钢管立柱作为支架材料，在墩旁承台上均设单排 I40a 工字钢作为支墩，每排 5 根，间距 2.5 m。中支墩设 2 排单列 ϕ630 mm 钢管立柱，钢管壁厚 $\delta=10$ mm，每排 5 根，横桥向间距 2.5 m。支撑体系自梁底模板往下依次为：1.5 cm 厚竹胶板、I22a 工字钢与 2[18 槽钢组合纵梁，间距 35 cm、横向 2I22a 工字钢垫梁（中墩为 2I32a 工字钢横向垫梁）、沙箱、ϕ630 mm 螺旋钢管、墩旁 I40 工字钢支撑于承台上、中支墩钢管下设 C25 钢筋混凝土基础、承台顶和扩大基础顶均预埋 1 cm 厚钢板与立柱焊

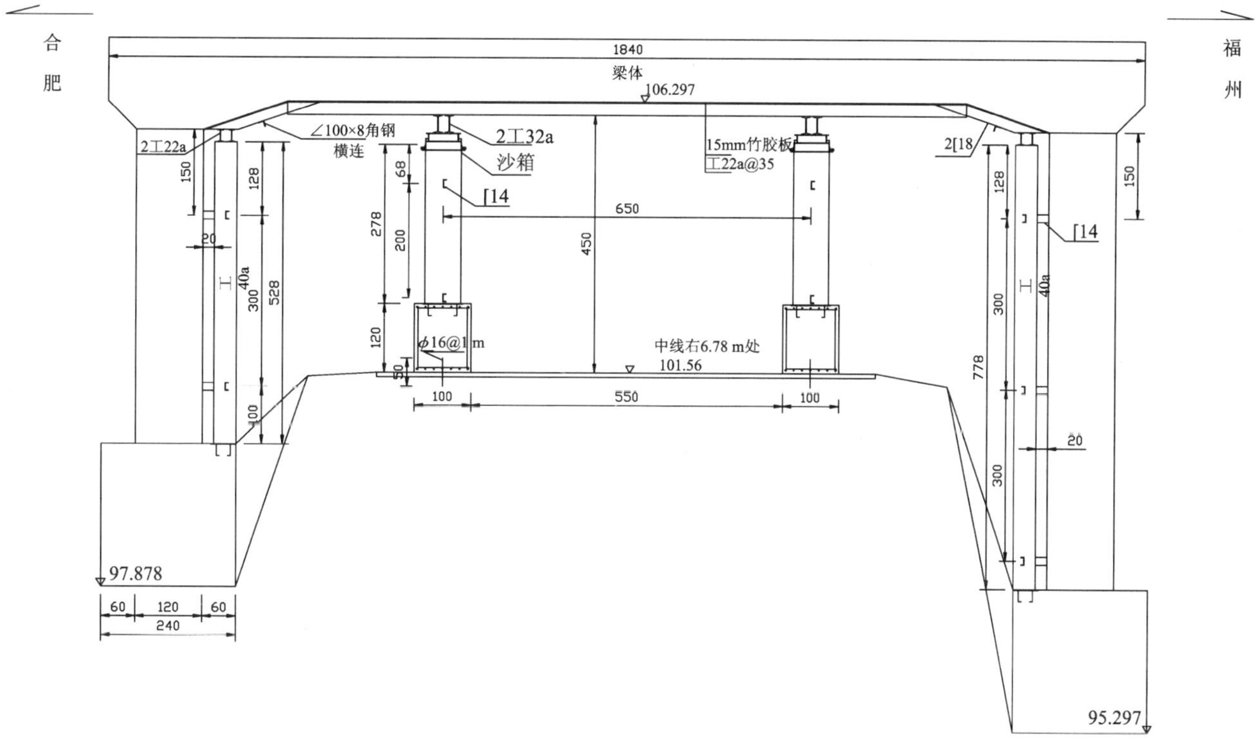

图 4－11－3　优化设计后的钢架桥立面图

接。支架纵梁下净空高度不小于 4.5 m。

力学传递程序：刚构桥混凝土→底模板→纵梁→支撑横梁→卸落装置（沙箱）→工字钢立柱（钢管立柱）→承台顶（C25 钢筋砼基础）。

（1）施工工艺流程

刚构梁施工工艺流程如图 4－11－4 所示。

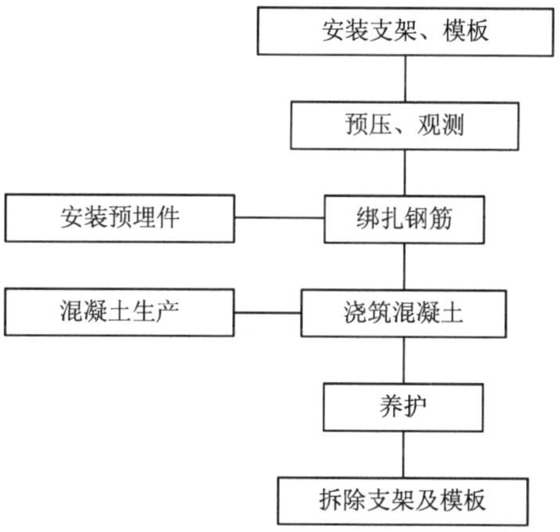

图 4－11－4　刚构梁施工工艺流程图

（2）支架安装

①支架基础

墩旁立柱用承台作为支架基础，在承台浇筑时预埋 25 cm×45 cm×1 cm 钢板，钢板下焊接 4 根 50 cm 长的 ϕ20 钢筋，支架安装时将工字钢立柱与钢板可靠焊接。中支墩钢管下设 12.4 m×1.0 m×1.2 m C25 钢筋混凝土基础，基础上每根钢管处预埋 70 cm×70 cm×1 cm 钢板，钢板下焊接 4 根 50 cm 长的 ϕ20 钢筋，钢管与钢板焊接牢固。

②立柱施工

钢管立柱两端焊接 70 cm ×70 cm ×1.0 cm(长 × 宽 × 厚)钢板，钢管立柱最大高度小于 4 m，工字钢立柱最大高度小于 8 m，均采用整根立柱，无需接长。根据立柱顶标高和实测基础顶标高计算立柱的精确标高，在加工场加工后运至现场，吊车起吊就位，焊接于预埋在基础内的钢板上。立柱下端焊接牢固后，每根立柱之间横向采用[14 号槽钢作为水平撑、∠100 ×8 角钢作为剪刀撑，均与立柱焊接牢固，每层高度不大于 3 m。钢管顶部安装高 30 cm 的沙箱作为落架装置，以便进行模板和支架的拆除。墩旁工字钢立柱与墩身之间每 3 m 高通过 [14 槽钢连接一次，槽钢一端焊接于工字钢立柱上，另一端焊接于墩身拉筋上(当墩身下部已拆模时，在拉筋孔内穿入钢筋，并与连接槽钢焊接)。

③砂箱

砂箱组合整体设计高 30 cm，采用外径 ϕ600 mm，厚度 δ 为 10 mm 的螺旋钢管制作外套管，采用 70 cm ×70 cm ×1.2 cm(长 × 宽 × 厚)钢板焊接封底；采用外径 ϕ52 钢管壁厚 δ 为 8 mm 的钢管制作内套管，下端采用厚 1 cm 的圆形钢板焊接封底，上端采用 70 cm ×70 cm ×1.2 cm(长 × 宽 × 厚)钢板焊接封口。装满沙后压实，每个沙箱的压实荷载为 40 t，采用汽车吊吊装就位。

④垫梁

垫梁在加工场集中加工，边墩横向垫梁由 2 根 I22a 工字钢组成，中墩由 2 根 I32a 工字钢组成，中间采用间隔电焊连接，每 2 m 焊接一处，每处焊缝长度不小于 10 cm，采用汽车吊吊装就位。

⑤纵梁

纵梁采用 I22a 工字钢和 2[18 槽钢焊接组合，每根 12 m 长，I22a 工字钢纵梁两端根据梁体与墩身间的倒角尺寸焊接 2[18 槽钢作为倒角支架，槽钢与工字钢相接的各边均焊接，焊缝长度为 100 cm。纵梁采用吊车吊装，从中间往两边排放，人工拨移就位。左右最外侧一根纵梁与每根横向垫梁焊接一次，焊接点位于纵梁内侧(靠线路侧)，焊缝长度为 5 cm。

(3)支架预压

在浇筑刚构桥砼之前对支架应进行不小于梁体自重 120% 的荷载预压，总结出可靠的预压数据来指导施工。支架预压的目的是为了消除支架的非弹性变形，测出支架的弹性变形、检测支架强度和地基变形情况，为模板和支架的变形控制提供可靠依据。

刚构桥梁体预压采用堆载形式对支架进行预压，预压的材料选用混凝土预压块。预压按规范要求进行，做好支架预压沉降观测及记录。预压加载一般应使加载位置与加载顺序尽量和梁体施工时的加载情况相一致，加载时，应对称、分层、分级进行。每层预制块加载时，按先中间后两边和两端的顺序进行。预压荷载按总荷载值的 60%、100% 和 120% 分三级加载。

支架加载前，应观测并记录各监测点的初始值，各级荷载加载重量偏差应控制在本级荷载的 5% 以内。在每级荷载加载完成 1 小时后进行支架的变形观测，以后每隔 6 小时测量一次并记录支架变形值，当相邻两次监测位移平均值之差不大于 2 mm 时，方可进行后续加载。第三级加载完成后，间隔 6 小时观测并记录一次支架变形值，当连续 12 小时监测位移平均值之差不大于 2 mm 时，认为支架沉降处于稳定状态，方可卸除预压荷载。

卸载同样应分级进行，并记录每分级卸载后的支架变形值。卸载过程中，先跨中，后两端，对称、均匀、分层、有序卸载，每级卸载后支架上的荷载数量均应与加载的每级数量相同，每级卸载完成 6 小时后进行观测并记录。

预压前，须对各测点进行编号，同时编制预压变形实测数据记录表。测点数据观测应尽量选择在温差较小的时间进行，以确保数据可靠。记录好各级荷载下及原始测点标高数据，加载和卸载测量完成后，整理成表格。对支架变形数据进行分析，汇总分析结果。

支架的弹性变形量为预压载至 100% 和卸载至 0% 时其变形量的差值，支架的非弹性变形量为加载前与卸载后的差值。其变形量按测量数据经整理分析后，可作为支架立模标高调整的依据。

(4)预拱度设置

此刚构桥梁部不设置预拱度，但应考虑支架的变形。当预压结果显示支架变形量大于 $L/400$(L 为支架的支点间距)时，根据变形量，可在纵梁上加垫木片，将梁底调平，保证在完成混凝土浇筑后，梁体线形符合规范要求。

(5)模板安装

1)模板组成

模板由侧模、端模和底模三部分组成，侧模、端模和底模均采用木模。

2)模板检查

①对于待拼装的模板进行检查验收，主要检查模板的平整度、平面尺寸、数量等。

②安装后，检查板面是否平整及有无凹凸变形，模板接口处及端头应清洁干净，模板上所有与混凝土相接的接触面都应均匀涂刷隔离剂。

③检查所有模板连接端部和底脚有无因碰撞造成的不符合使用要求的缺陷、变形、开裂破损，底模是否采取穿销钉等方式固定在纵梁上，一旦发现，立即处理。

3)模板安装

模板均采用 1.5 cm 厚的竹胶板，下部设分配梁，ϕ25 精轧螺纹钢做外模拉杆，同时在侧模外设方木和钢管支撑，固定于焊接牢固的纵梁上。先安装底模后安装侧模，从中部往两侧就位。

底模通过打设在纵梁两侧的销钉固定在纵梁工字钢上，模板纵向接缝均布置在纵梁上，通过纵梁和木片调整底模高程。侧模底边采用钢管支撑，钢管焊接在纵向 I22a 工字钢上，I22a 工字钢纵梁焊接在横梁上，两侧模上部通过对拉杆进行固定。

(6)钢筋工程

钢筋在加工前应调直，盘条采用卷扬机冷拉调直，冷拉调直时应注意冷拉伸长率不得大于 2%。线材采用调直机进行调直。钢筋表面有油渍、漆污、水泥浆或铁锈时，都应用钢丝刷或水洗清除干净。调直或加工后的钢筋，表面不应有削弱钢筋截面的伤痕。

钢筋下料依照设计长度准确下料，梁体长主筋配料时，在同一根钢筋上应少设接头，钢筋接头应设置在承受应力较小处。配置在“同一截面”内受力钢筋接头的截面面积占受力钢筋总截面面积的百分率，应符合设计要求。焊(连)接头在受弯构件的受拉区不得大于 50%。

钢筋的接头采用闪光对焊连接，钢筋接头位置应错开并满足施工规范中受拉区的钢筋要求。

各类钢筋接头，都应按照验标要求的频次做拉伸、抗弯试验。每个焊工上岗前都应经过试焊，试焊件经试验质量合格和焊接工艺(参数)确定后，方可上岗成批焊接。

(7)预埋件安设

①防护墙

根据防护墙高度，浇筑梁体混凝土前应预埋防护墙钢筋，防护墙混凝土施工应在梁体混凝土达到强度后进行。防护墙每 2 m 左右设 1 cm 断缝并以油毛毡或橡胶板堵塞。防护墙下端在对应桥面泄水孔的位置设置过水孔，并做好防水层施工，并将电缆槽内的保护层顺坡过渡到防护墙内侧。

②电缆槽

应根据通信、信号、电力等专业需要，在防护墙外侧分别设置信号通信槽、电力电缆槽。梁体施工时应在电缆槽竖墙相应部位预埋连接钢筋，电缆槽盖板为预制构件，后期统一安装。

(8)混凝土施工

为了保证刚构桥灌注的质量要求，需连续灌注，一次成型，灌注时间宜控制在 6 小时以内。混凝土由拌和站集中拌制，用搅拌输送车运输。浇筑时安排一台混凝土汽车泵浇筑，另准备一台汽车泵备用，用插入式振捣器捣固，整跨刚构梁体一次浇筑成型。

(9)模板及支架拆除

梁体混凝土脱模时的混凝土强度应达到设计强度的 100% 且龄期不少于 5 天，并保证梁体棱角完整。大风或气温急剧变化时不宜拆模，拆模时间应安排在梁体混凝土温度开始下降后进行。

拆除模板后，首先应拆除墩旁工字钢横梁，再降低沙箱，拆除底模及纵梁，然后拆除立柱，最后拆除混凝土扩大基础及位于路面上的防撞墩。拆除墩旁工字钢横梁时，可将工字钢立柱顶部切除 3 ~ 5 cm，以降低横梁高度，然后用汽车吊吊出。拆除纵梁时，可先由人工将梁底的纵梁移至梁边，然后用汽车吊提吊至指定位置，避免影响车辆通行。

(10)桥面及附属结构

①防护墙

防护墙高度采用与相邻轨道面等高的设计，应根据设计准确测量放样，在模板和定位钢筋上标记。防护墙应在梁体混凝土达到设计强度后进行现场灌筑。梁体灌筑前在梁体相应部分预埋防护墙钢筋，以确保防护墙与梁体的整体性。防护墙每 2 m 设 10 mm 断缝，防护墙下端设泄水孔并进行防水处理，即在泄水孔周围涂刷防水涂料，并将电缆槽内的保护层顺坡过渡到防护墙内侧，以便于作业人员通行。

②电缆槽

应根据通信、信号电力专业需要，在防护墙外侧分别设置通信、信号电缆合槽和电力电缆槽。电缆槽由竖墙和盖板组成。电缆槽盖板为预制结构，竖墙在梁体预施全部应力后进行现场灌筑，梁体灌筑前在电缆槽竖墙相应部位预埋钢筋，使竖墙与梁体连接为一体，以保证电缆槽竖墙在桥面上的稳定性。

③防水层及保护层的铺设

防水层及保护层应在电缆槽竖墙、防护墙、无砟轨道施工后及时进行铺设。为保证桥面排水畅通，在保护层施工时应根据泄水孔的位置设置一定的汇水坡。当桥梁位于平坡时，可根据泄水孔位置，在桥面上沿纵向设置3‰左右的流水坡。

4.11.5 优化小结

按照原设计方案施工，道路需要原位下挖 1 m，而 801 县道是通往南山、赤门的唯一通道，道路施工必然会造成交通中断。通过对大洲特大桥第一孔简支梁改框架式刚构设计方案优化，其既满足了施工和工程安全需求，又满足了公路通行所需的净空要求，为以后桥梁施工过程中满足净空要求的施工提供了经验和依据。

建成后的大洲村特大桥如图 4 - 11 - 5 所示。

图 4 - 11 - 5 建成后的大洲特大桥

4.12 古田溪特大桥现浇简支梁改 32 m 连续刚构悬臂浇筑方案优化

4.12.1 设计情况

古田溪特大桥位于福建省宁德市古田县和福州市闽清县交界处，桥址于 DK743 + 984.4 ～ DK744 + 167.3 跨越古田溪。古田溪特大桥结构形式为 5 × 32 m 简支梁 + 1 × (60 + 100 + 100 + 60) m 连续梁 + 2 ×

32 m 简支梁 +1 ×24 m 简支梁。其中 9# ~ 12#墩位于 V 形深沟坡面上，上部结构采用 2 ×32 m 简支梁 +1 ×24 m 简支梁，设计简支梁采用支架现浇施工。初步设计桥跨布置如图 4 - 12 - 1 所示。

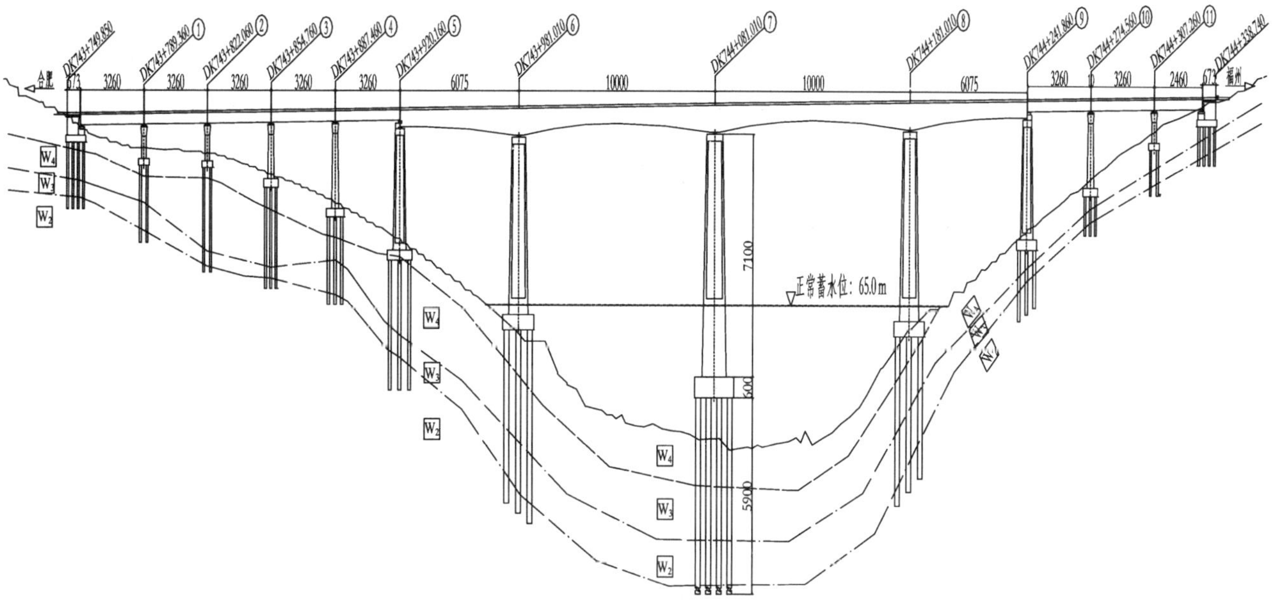

图 4 - 12 - 1 古田溪特大桥初步设计桥跨布置图

4.12.2 优化原因

施工单位进场后，结合初步设计方案对现场进行了施工调查，并对 9# ~ 12#墩台简支梁初步设计方案进行了施工可行性论证。

9# ~ 12#墩台位于地形陡峭的山坡上，原地面坡度高达 40°左右，施工场地布置、施工设备展开极为困难，且地表覆盖层多为碎石土，简支梁采用现浇施工，支架搭设较为困难。9#墩设计墩高 35 m，10#墩设计墩高 22 m，11#墩设计墩高 9 m，采用支架现浇施工简支梁，搭设支架高度较高，同时原地面纵坡较大，施工难度大且存在较大安全隐患。若采用移动模架施工，9# ~ 12#墩台处根本就没有移动模架拼装场地。6# ~ 8#墩主跨连续梁悬臂灌注施工周期较长，0#台 ~ 5#墩移动模架施工完后才能前移到 9# ~ 12#台墩施工，满足不了工期要求。因此需对初步设计方案进行优化。

4.12.3 优化设计

原铁道部工管中心、京福闽赣公司、铁四院桥梁处、中铁二局等单位多次对初步设计施工方案进行研究，并对现场进行实地勘察，结合现场实际地形地质情况和施工区客观施工条件，在保证结构设计科学合理、安全可靠的前提下，设计单位对古田溪特大桥初步设计方案进行了优化。即将 9# ~ 11#墩上部结构原 2 ×32 m 简支梁改为 1 × (31.9 +31.9) m 预应力砼连续梁，以减小施工安全风险。最终修改后的设计为：

9# ~ 11#墩上部结构采用 1 × (31.9 +31.9) m 预应力砼连续刚构梁，全长 65.3 m(含两侧梁端至边支座中心各 0.75 m)。连续梁共分 17 个梁段，中支点 0#梁段长 8 m，一般梁段分为 3.0 m、3.5 m、4.0 m，边跨现浇段长 5.15 m，边跨合拢段长 2 m。

梁体截面梁高 3.05 m，箱梁顶宽 12 m，箱梁底宽 5.5 m(0#段中支点处箱梁底宽 6.7 m)，箱梁横截面采用单箱单室斜腹板形式。连续梁共设 3 道横隔梁，分别位于中支点、端支点截面，如图 4 - 12 - 2 所示。

箱梁采用纵向预应力体系，预应力钢绞线采用抗拉强度标准值为 f_{pk} = 1860 MPa，弹性模量为 E_p = 195 MPa，公称直径为 ϕj15.20 mm 的高强度、低松弛钢绞线。预应力管道形成采用镀锌金属波纹管成孔。预应力张拉时，砼强度不得低于设计强度的 95% 且龄期不得小于 5 天。

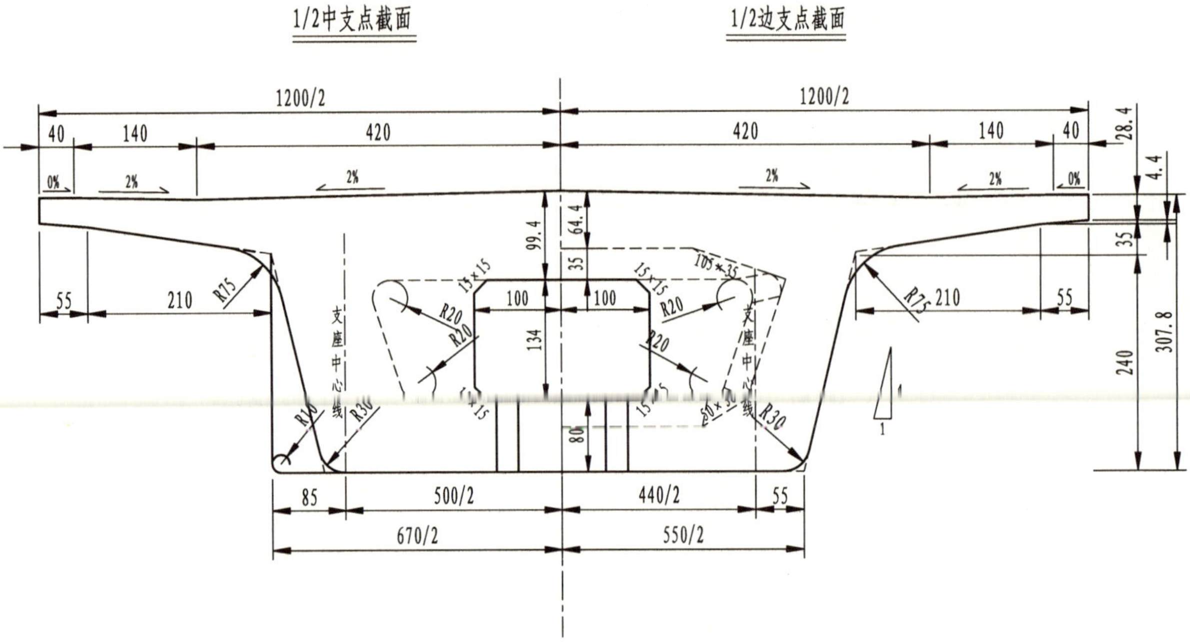

图 4-12-2 箱梁横截面图

4.12.4 现场实施

(1)总体施工方案

(31.9+31.9)m 连续梁的总体施工方案为：0#梁段采用托架法施工，悬灌梁段采用1对挂篮对称悬灌施工，边跨现浇段(9#墩侧)采用托架法施工，边跨现浇段(11#墩侧)采用支架施工，边跨合拢段采用挂篮的底篮拼装合拢吊架施工。

(2)各分项工程施工

①0#段施工

0#段采用托架法施工，即通过在墩身上预埋 I45a 工字钢作为主梁，2[20a 槽钢作为斜撑，焊在预埋工字钢上形成三角托架，然后在托架上铺设 I28 工字钢作为横梁，间距 60 cm，在工字钢上设立碗口支架支撑方木及梁体模板，如图 4-12-3 所示。

0#段底模采用 2 cm 厚熊猫板，侧模采用厂制定型钢模，内模采用钢木组合模板。托架、支架安装完成后安装底模板。安装时首先在支架上划出立模边线，用塔吊、倒链配合，调整底模到位，然后将两片外侧模安装就位后将其固定在支架上，用拉杆及内撑杆将其连成整体。内模在底腹板钢筋及预应力管道安装完成之后安装，待钢筋及预应力管道全部安装完成后再安装端头模。

为保证箱梁砼结构的安全及质量，铺设底模板后必须进行预压处理，以消除支架、支撑方木和模板的非弹性变形影响，同时取得支架弹性变形的实际数值，作为梁体立模的预拱值数据设置的参考。在施工箱梁前须进行支架预压试验，预压方式采用沙袋进行加载预压。预压完成后卸载，卸载顺序依照加载顺序反向进行，分级卸载。

钢筋生产一律在钢筋加工厂内加工弯制成半成品，运至现场进行绑扎。在安装波纹管时，若管道位置与骨架钢筋相碰，应保证管道位置不变，仅将钢筋稍加移动。

0#段混凝土施工使用罐车，运输至10墩位处，使用输送泵泵送入0#段。0#段砼浇注采用斜向分段和水平分层的方法。水平分层厚度不得大于 30 cm，先后两层混凝土的间隔时间不得超过初凝时间。浇筑顺序从中间横隔板处开始向两端推进，竖向从底板开始，然后浇筑腹板、顶板砼，水平方向分层浇筑。浇筑过程中应根据浇筑速度调整分层厚度，并注意平衡推进，避免对模型支架造成偏压。

张拉待混凝土强度及弹性模量达到设计值的100%后进行，且必须保证张拉时梁体混凝土的龄期大于

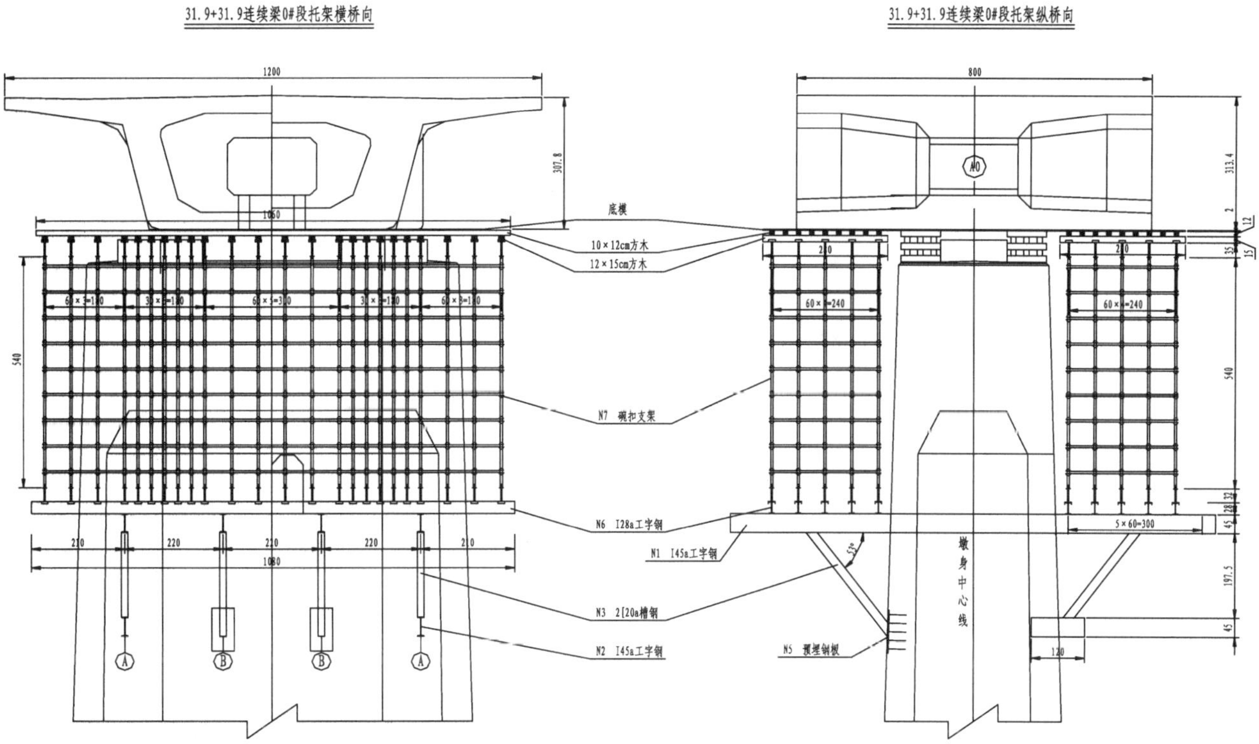

图 4-12-3　0#段托架图

5 天。张拉采用张拉力和伸长量双控，以张拉力为主，钢束伸长值作校核。实际张拉伸长值与理论伸长值应控制在 ±6% 范围内。张拉前要计算出钢绞线的理论伸长量，现场检测钢绞线的实际伸长量，若发现实测伸长量超出理论伸长量 ±6% 或出现其他异常现象，应暂停张拉，查明原因并处理后再进行张拉。施工时张拉两端应采用对讲机进行联系，确保张拉指挥有序，张拉同时缓慢进行。

张拉工艺完毕后，对余长钢绞线进行切割，完成后应立即将钢绞线端头锚具周围预应力筋间隙用水泥浆封锚。待封锚水泥浆抗压强度达到 2 MPa 时，才可进行压浆，且管道压浆应在张拉完成 24 小时内进行。具体如图 4-12-4 所示。

图 4-12-4　0#段砼浇筑

②悬灌段施工

悬灌段采用挂篮进行施工，挂篮拼装完成后采用砂袋压重进行预压，外模采用大块钢模，内箱采用组合钢模，根据预压数据立模。钢筋在钢筋厂制作运至现场安装，采用混凝土泵送，两端对称进行混凝土浇筑，如图4－12－5、图4－12－6、图4－12－7所示。

图4－12－5 悬灌段挂篮拼装施工

图4－12－6 悬灌节段钢筋、预应力施工

图4－12－7 悬灌段施工远景

悬灌段顺序：挂篮拼装就位→预压→调整底模、外侧模标高→绑扎底板、腹板钢筋→安装纵向预应力管道→支立内部模板、堵头模板→绑扎顶板钢筋→安装顶板纵向预应力管道→浇筑混凝土→养护→穿钢绞线→张拉→压浆→移挂篮→下一悬灌段施工。

③边跨现浇段施工

由于9#墩身高度较高，9#墩边跨现浇段侧身采用托架法施工。通过在墩身上预埋I45a工字钢作为主梁，2[20a槽钢作为斜撑，焊在下部预埋工字钢上形成三角托架，然后在托架上铺设I28a工字钢作为分配梁，间距60 cm，在工字钢上立碗口支架支撑方木，在方木上铺设梁体底模板，如图4-12-8、图4-12-9所示。

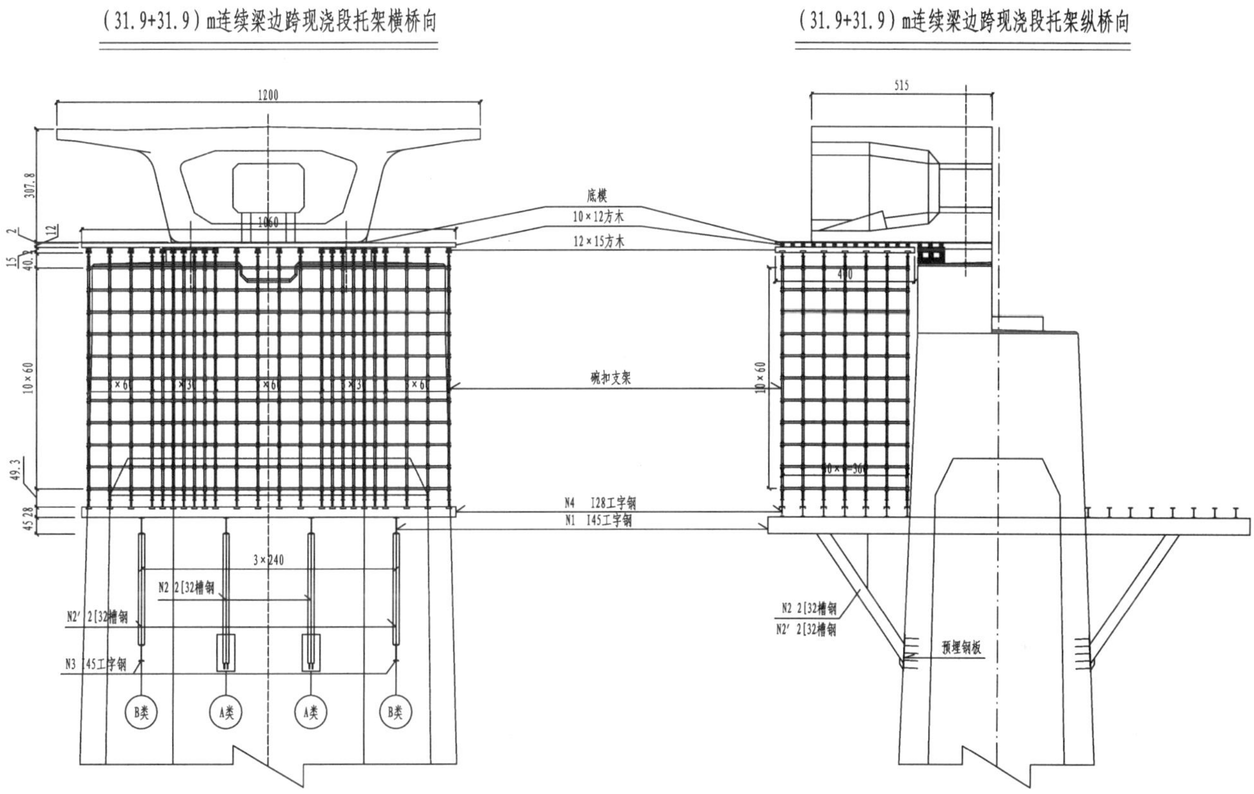

图4-12-8　9#墩侧边跨现浇段托架图

图4-12-9　9#墩侧支架搭设边跨现浇段

由于11#墩身较矮，直接采用搭设支架法进行边跨现浇段施工，支架施工流程：地基处理→搭设支架→铺设底模→支架预压→调整底模标高→安装外侧模→绑扎底板、腹板钢筋→安装纵向预应力管道→支立内部模板、堵头模板→绑扎顶板钢筋→安装顶板纵向预应力管道→浇筑混凝土→养护→穿钢绞线→张拉→压浆。11#墩侧边跨现浇段侧身支架图如图4－12－10所示。

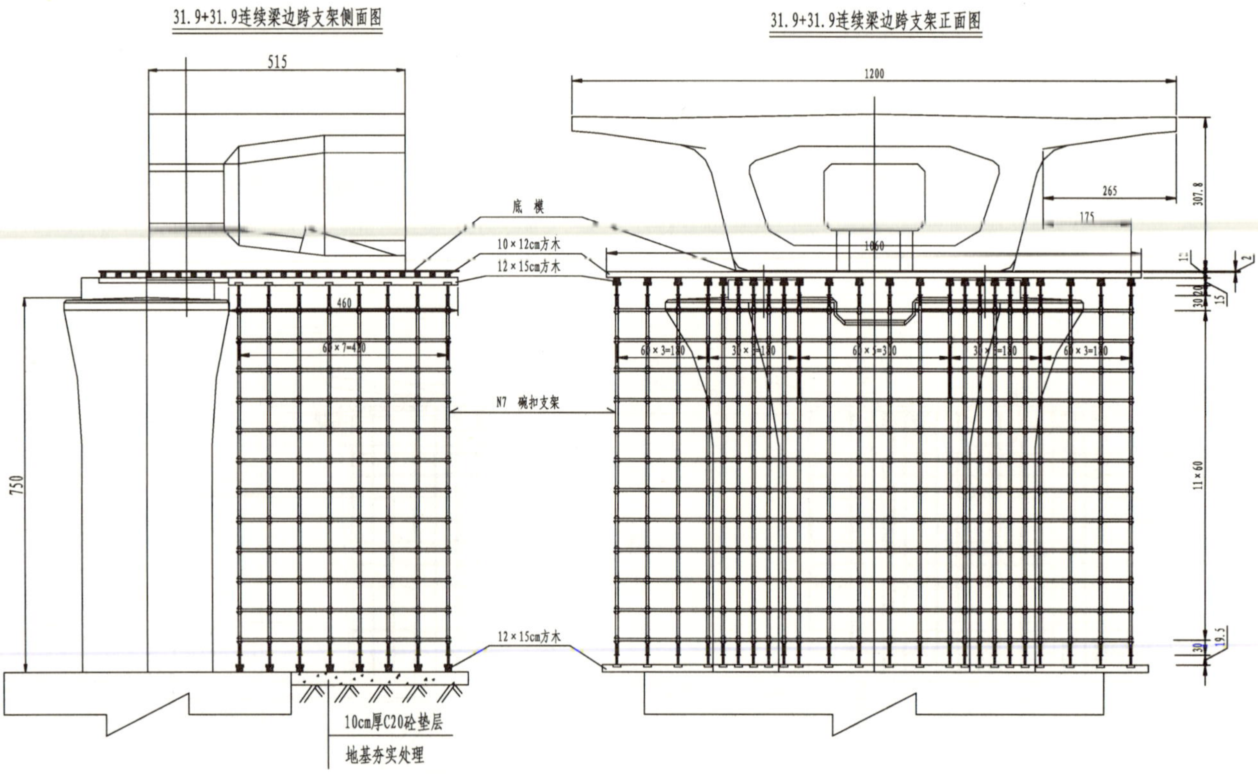

图4－12－10 11#墩侧边跨现浇段侧身支架图

④合拢段施工

连续梁共两个合拢段，每个合拢段长2 m。合拢段采用吊架现浇，吊架采用悬灌挂篮改装，作为合拢施工平台和现浇模型。挂篮底模、外侧模和支架不作改动，通过在合拢段两侧梁段加设预埋孔，用精轧螺纹钢代替原挂篮的前后吊带，用拉杆、倒链对底模、外模进行加固，把本来由挂篮主构架承担的悬挑力，全部转移到合拢段两侧梁段上。

合拢段施工采用在合拢段两侧加设劲性骨架的方式进行合拢。当合拢段挂篮吊架走行到位后，在既定的合拢时间、合拢温度下，先观测合拢段两边悬臂端高差是否达到合拢条件。若达不到合拢条件，可通过加设水箱配重调节主梁标高，使其达到合拢要求，加设配重量由监控单位提供数据。

(5)线性监控

施工过程中由专业人员对梁体进行线性监控。每一节段完成后进行数据采集，将测试资料进行标准化处理(温度修正、近期目标线等)，然后与设计值进行综合分析、比较，以确定调整措施和下一节段的立模高程。在合拢前加大测试密度，以使实际状态接近此时的设计目标，保证梁体合拢的精度。

4.12.5 优化小结

通过将9#～11#墩台上部结构由2×32 m简支梁优化为1×(31.9＋31.9)m连续刚构梁，解决了山区搭设高支架施工现浇梁的难题，有效降低了施工安全风险，同时也节约了施工成本。具体表现如下：

(1)设计优化为连续梁，采用挂篮施工，有效避免了在较大纵坡场地受限条件下搭设高支架施工现浇梁的施工安全风险，使施工安全处于可控状态。

(2)不在陡坡上施工支架基础和搭设高墩支架，施工难度大大降低，且满足了工期要求。

(3)采用挂篮施工，节约了搭设支架所用的材料，有效降低了施工成本。

古田溪特大桥简支箱梁改连续钢构优化建成后全景图如图 4－12－11 所示。

图 4－12－11　古田溪特大桥简支箱梁改连续钢构优化建成后全景图

4.13　建瓯建溪大桥 2 号墩邻近营业线施工

4.13.1　设计情况

合福高铁建瓯建溪大桥位于福建省南平市境内，桥梁跨越建溪及峰福铁路，桥梁结构设计为 24 m＋3×32 m＋(60＋100＋60)m＋3×32 m 简支箱梁＋连续梁结构，如图 4－13－1 所示。2#墩紧邻营业线，设计为钻孔桩、承台基础、圆端形实体墩结构。桩基设计为 8 根 ϕ1.25 m 的钻孔桩，承台尺寸为 8.6 m×6.8 m×2.5 m，墩身为 19 m 高的圆端形实体墩(含墩帽)。

图 4－13－1　建瓯建溪大桥(60＋100＋60)m 连续梁

承台基坑开挖深度及桩基长度范围内土层地质由上至下依次为：①全风化花岗岩，基本承载力 σ_0＝250 kPa，无水，层厚 18.5 m；②强风化花岗岩，σ_0＝550 kPa，层厚 3.0 m；③以下均为弱风化花岗岩，σ_0＝1000 kPa。2 号墩与既有峰福线的平面关系如图 4－13－2 所示。

峰福铁路北起江西横峰，经南平至福州，全线为国家Ⅱ级铁路干线、正线单线、电力牵引设计。该线途经风光秀丽的武夷山风景区，为福建省出海铁路的第二通道，日常客货列车繁忙。

图 4-13-2 现场位置图

4.13.2 优化原因

2#墩承台设计与营业线峰福铁路平行。根据设计资料，桩基边缘与既有线轨道的最近距离为 4.19 m，承台边与既有线轨道的最近距离为 3.38 m，承台顶水沟标高为 131.670 m，承台底标高为 129.043 m，承台开挖深度约 2.7 m，如图 4-13-3 所示。

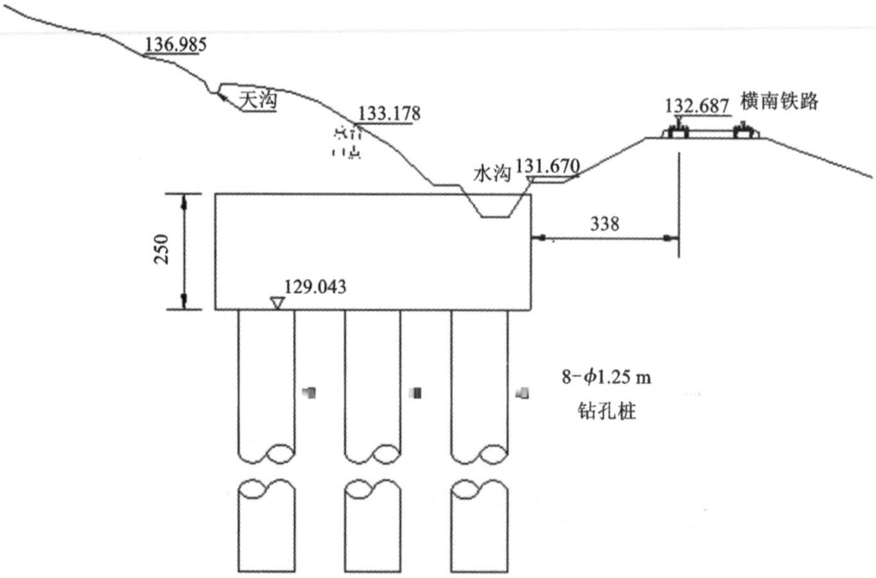

图 4-13-3 纵断面图

2#墩承台外缘距接触网立柱中心的最小距离为 0.8 m，距峰福铁路线路中心的最小距离为 4.40 m，2#墩承台顶距接触网主线垂高 7.6 m，墩身外缘距接触网立柱中心的最小距离为 2.1 m，距接触网回流线支柱的最小距离为 1.2 m，如图 4-13-4 所示。

2#墩紧邻营业线，承台基坑开挖施工可能导致邻近营业线路基沉降变形，影响营业线安全正常运行。墩身高空施工，易发生侵限作业行为，很可能导致人身及行车安全事故发生。2#墩施工涉及峰福铁路贯通线、回流线迁改以及路基天沟和边沟改移，应采取有效的既有线施工方案，优化施工组织设计，并在安全管理程序方面，加强与福州供电段、南平工务段、南平车务段等设备管理单位的沟通，签订现场施工设备管理维护安全协议，以便及时协调、解决现场施工有关问题，并协助做好临近既有线施工过程安全控制，确保现场作业和行车运营安全。

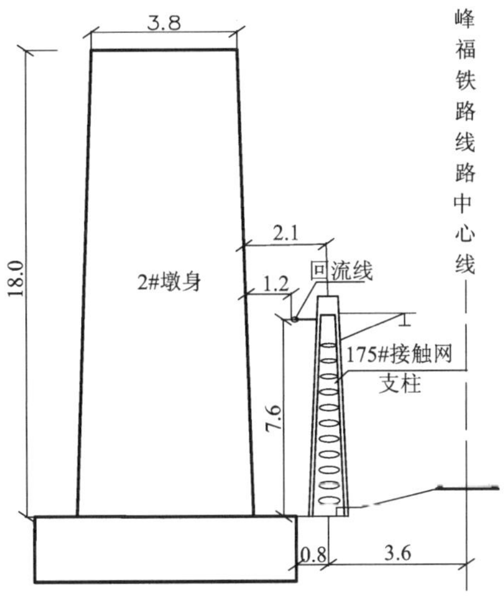

图 4－13－4　立面图

4.13.3　优化设计

优化后的施工方案：对既有贯通线、回流线进行迁改，并对既有营业线截水天沟与边沟进行改移，然后对轨道结构道砟进行挡护，对承台紧邻营业线侧的路基预先采用钢筋砼围护桩进行加固（在承台基坑靠铁路侧边坡顶营业线路基上，平行铁路线方向无空隙连续设置 9 根人工挖孔桩，作为基坑边坡的支挡防护结构），在桩顶设置连续钢筋砼冠梁，在冠梁顶设预埋件并安装 9 m 高的防护排架，使施工作业场所与营业线隔离。防护措施完成后，即可在封闭场所进行主体结构施工，即钻孔灌注桩、承台、墩身，最后拆除防护排架。

施工前需与既有横峰铁路电务、工务、车务等设备管理部门联系接洽，上报 2 号墩邻近既有线的施工方案，签订相关设备维护管理安全协议。待施工方案审查通过、安全协议签订完毕、现场施工准备完毕等全部紧前工作就绪达标后才能实施。

4.13.4　现场实施

（1）贯通线迁改

根据现场勘查，贯通线采用地埋电缆永久迁改的方案，如图 4－13－5 所示。

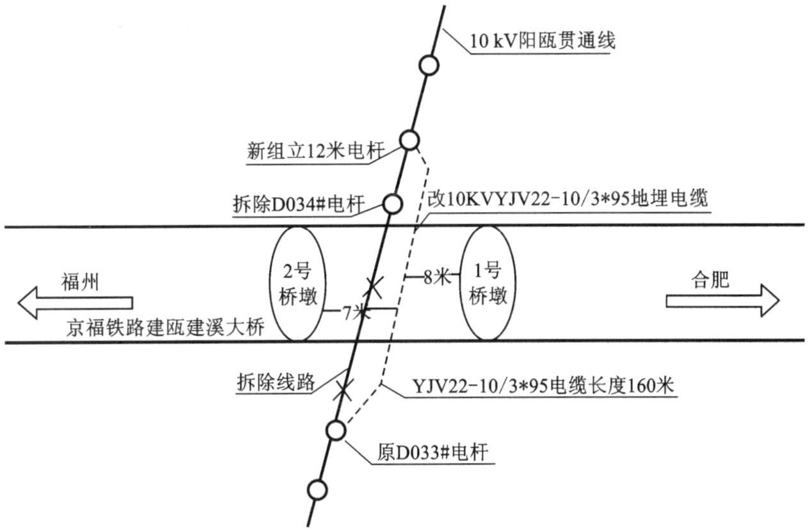

图 4－13－5　10 kV 阳瓯贯通线迁改平面图

①首先，在红线外新组立1根12 m的电杆做终端杆；

②把影响2#墩施工的10 kV阳瓯贯通线D034杆拆除，同时，把D033#～D034#电杆上的架空导线拆除；

③采用YJV22－10/3×95电缆穿钢管保护，按照下图进行敷设线路；

④新组立的终端杆与D033#电杆相连接，完成迁改作业。

迁改技术要求：电缆迁改长度为160 m，电缆地埋位置离建瓯建溪大桥2#桥墩7 m、1#桥墩8 m。电缆采用交联聚乙烯钢带铠装电缆。电缆承载电流不小于原架空导线的承载电流。电缆过合福高铁应穿管保护，以便于维修和事故抢修，减少其对合福高铁的影响。每处穿管采用两根钢管保护管（一用一备），保护管采用热镀锌直缝钢管，内径应不小于管内电缆外径的1.5倍，管壁厚度≥4 mm，电缆埋深不得小于2 m。电缆从电杆引下入地（地下0.3 m至地上2.0 m范围）处应加热镀锌直缝钢管保护。直埋电缆的上、下面应铺垫不少于100 mm厚的砂，并加盖混凝土板，覆盖宽度应超出电缆两侧各50 mm。电缆应预留一定的余量，两个端头处预留约3～5 m的备用电缆。在合福高铁线外应埋设电缆标识桩，电缆终端杆上的金具应全部更换，并加装拉线，电杆应直立，电缆引下部分及钢管应在电杆上固定。

（2）接触网回流线迁改

接触网回流线采取先临时迁改，工后回迁并采取绝缘处理的方案。在迁改及恢复施工期间，对峰福铁路实施封锁作业，如图4－13－6所示。

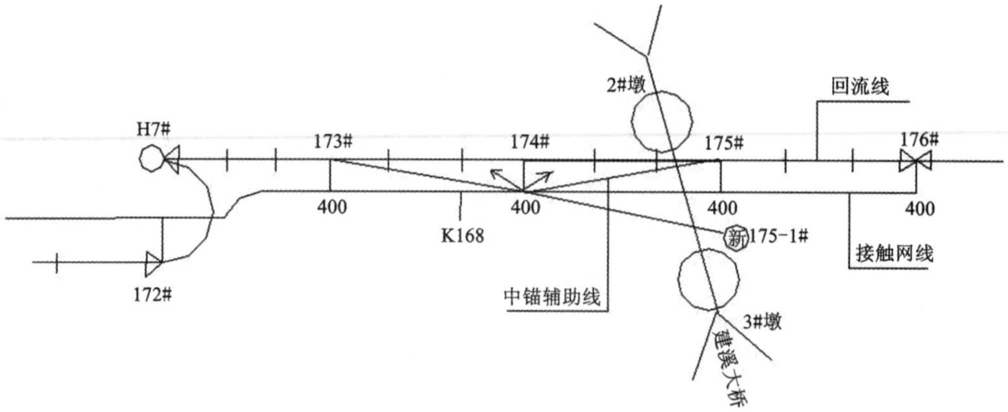

图4－13－6　接触网回流线迁改平面示意图

迁改方案：

①在峰福线建阳至杨墩区间175#支柱对面，新立175－1#支柱和相应的中锚下锚拉线；

②175#定位转换调整；

③174#～175#中锚辅助线迁移；

④进行H7#～176#回流线的改造调整（更换成同材质绝缘材料）；

⑤176#回流线的下锚；

⑥对175－1#进行接地保护。

（3）既有线截水天沟与水沟改迁

施工场地刷坡、平整完成后，对边坡进行永久防护，既有线原有排水沟绕到承台4 m外设置，截水天沟与原沟顺接到新修的排水沟内。施工便道接入施工平台从而跨过排水沟处，做加强处理并埋设暗管通过，保证排水沟的畅通，如图4－13－7所示。

（4）道碴防护

为了确保道床边坡稳固而不发生下沉变形，可在道碴坡脚处人工打入直径ϕ48 mm、壁厚3.5 mm的钢管做支撑，布置间距2 m，打入深度不小于1 m。在立柱顶部和底部各安装 道横向钢管，使道砟防护支撑成为整体稳固结构。在钢管支撑靠近道砟一侧安设密封的竹胶板作为道碴防护挡板，挡板外露高度1 m，

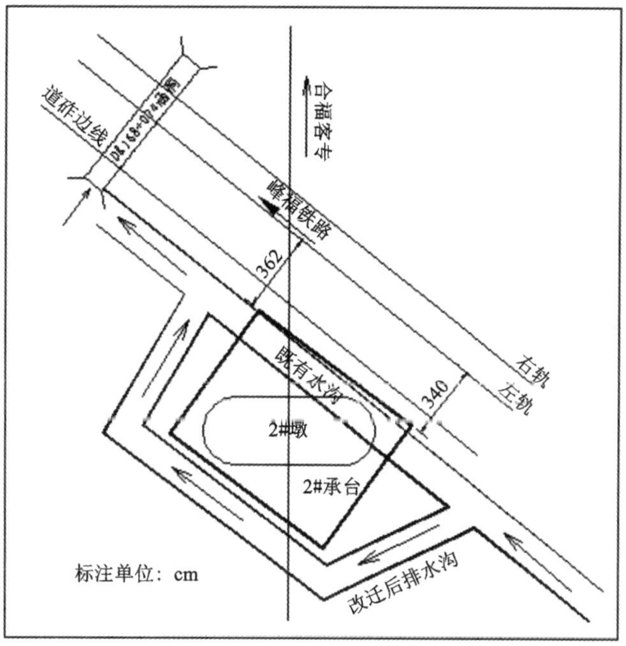

图 4－13－7　2#墩承台处既有线排水沟改迁平面图

用铁丝将竹胶板和钢管绑扎牢固，如图 4－13－8 所示。

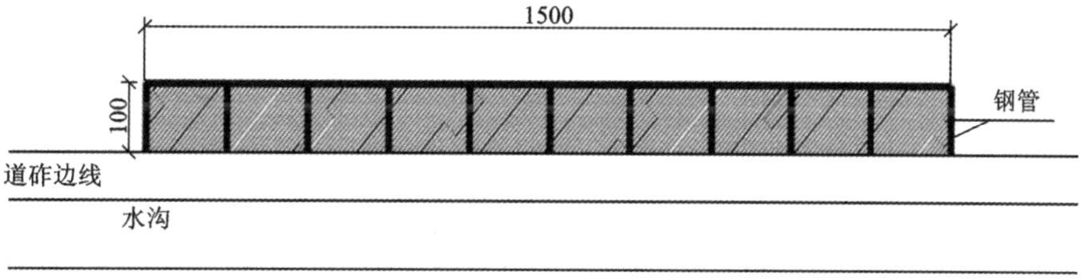

图 4－13－8　道碴防护立面示意图

（5）防护桩及砼冠梁施工

通过方案设计比选，采用 9 根密排钢筋混凝土人工挖孔桩对承台基坑邻近既有线侧路基边坡进行加固防护。防护桩靠近既有线一侧边缘距线路中心 2.65 m，安全限界空间较小。防护桩桩径为 1 m、桩长 5 m，防护桩采用 C30 钢筋混凝土结构，桩基钢筋笼钢筋伸出桩顶 0.5 m。防护桩顶部做 1 m 宽、0.5 m 厚的 C30 钢筋混凝土冠梁，使防护桩成为共同受力工作整体结构。冠梁顶上预埋连接钢板，以便安装固定线路防护排架，如图 4－13－9 所示。挖孔桩采取间隔跳桩施工方法，共分两个循环开挖灌注完成，第一个循环开挖灌注完成 1、3、5、7、9 号桩，第二个循环开挖灌注完成剩余的 2、4、6、8 号桩。防护桩施工期间，作业区域采取既有峰福铁路慢行通过的防护措施，以确保人工挖孔桩作业安全，并确保新灌注的桩体混凝土质量不受列车高速运行的振动影响。

（6）防护排架施工

防护排架采用 7 根Ⅰ18 轻型工字钢作为立柱，单根立柱长 8.5 m，布置间距 2 m，与防护桩冠梁上预埋钢板焊接。相邻工字钢立柱之间用 L75 cm×75 cm×5 cm 角钢连接，竖向间距 2 m。排架分两次吊装拼装完成，背离铁路一侧挂铁丝网。

背离既有线侧拉设 4 根缆风绳并固定在地锚上，如图 4－13－10 所示。防护排架的安装需要利用南昌铁路局批复的封锁停电天窗进行。

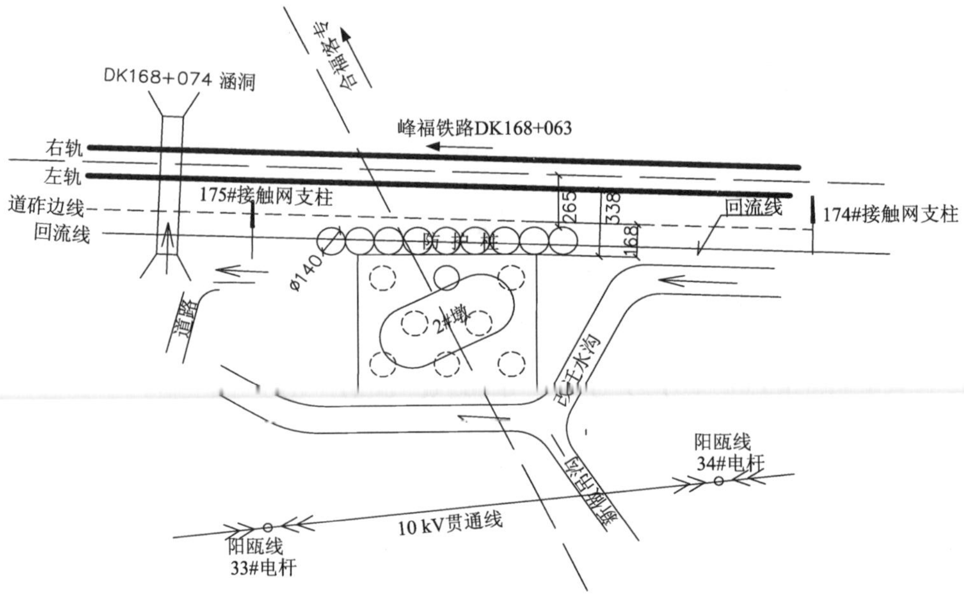

图 4-13-9 防护桩平面布置图

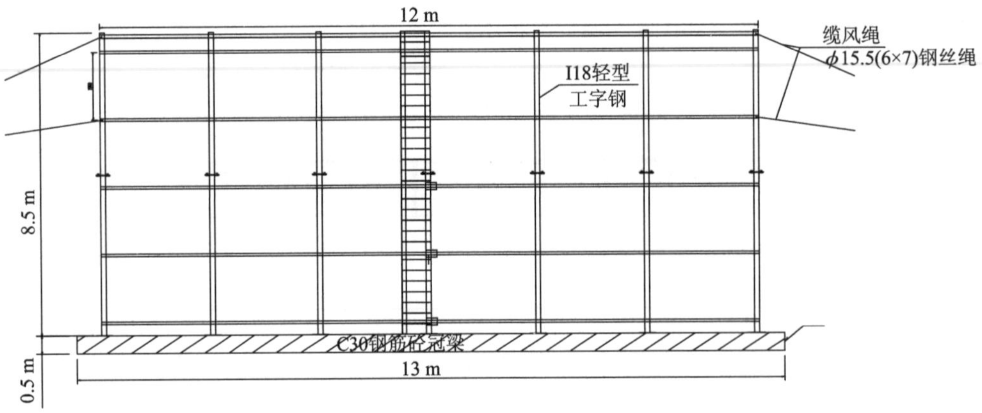

图 4-13-10 防护排架立平面布置图

(7)结构物施工

防护排架按方案要求安装完成后，在防护排架封闭区内按照正常施工方法和工序进行钻孔桩、承台、墩身施工。

4.13.5 优化小结

建瓯建溪大桥 2 号墩邻近营业线施工严格按照评审通过的施工方案组织实施。2010 年 5 月份完成了 2 号墩承台基坑邻近既有线侧路基边坡防护桩、冠梁施工，6 月份利用路局批复的接触网停电计划天窗完成了防护排架安装，6—9 月份完成了桩基、承台、墩身施工，9 月底顺利完成了防护排架拆除。在桩基、承台和墩身施工期间，未发现临近既有线路基沉降变形等不安全情况，也未发生过任何侵限等其他危及行车安全的事件。不仅如期顺利完成了该桥 2 号墩临近既有线的施工，而且保证了既有峰福铁路的安全正常运行。由此可见，本桥 2 号墩临近既有线施工所采用的防止侵限的安全隔离防护措施和防止临近既有线路基沉降变形的围护桩支挡防护措施是科学有效的，可在今后类似的工程施工中加以借鉴。建成后的建瓯建溪大桥全景图如图 4-13-11 所示。

图 4－13－11　建成后的建瓯建溪大桥全景图

第5章 隧道工程

5.1 蘑菇山隧道浅埋段明洞暗挖方案优化

5.1.1 设计情况

合福高铁闽赣段蘑菇山隧道全长3815.08 m，隧址区主要为低山地貌，地层主要为震旦系下统志棠组(Z_1z)凝灰质砂岩、震旦系下统漆工组(Z_1q)粗砂岩夹凝灰质砂岩、玄武岩局部夹安山岩和粉砂岩夹凝灰质砂岩。隧道进出口洞门段、洞身中间段多处浅埋，且自进口至出口依次分布着F1、F2、F3三个断层破碎带及影响带。地表水主要为中间山脊向两边低洼处流的排泄水，雨季流量较大。地下水主要为孔隙水、基岩裂隙水和构造裂隙水，补给来源主要为大气降水、地表水及周边山地的基岩裂隙水。

蘑菇山隧道DK454+506~DK454+580浅埋段位于隧道中间部位，为山间谷地，设计资料显示，DK454+536~DK454+545段为最浅埋部分，此段属于谷底冲沟中间，最小埋深为1.2 m。洞身主要穿越强—弱风化层，浅埋段洞顶存在自然冲沟，洞身围岩易坍塌，地表易发生变形下陷。设计施工工法为明挖法，采用路堑式明洞结构(墙底开挖，回填4~6 m)。明洞的主要防护设施有：线路右侧3根截面为2.5 m×2.5 m，桩长均为17 m的锚固桩；一级边坡及仰坡采用框架锚杆防护，坡比为1∶1.5，锚杆长8 m，间距3 m；二级边坡采用拱形骨架护坡，坡比为1∶1.5。明洞小里程洞口采用30 m的洞口长管棚超前支护，大里程洞口采用35 m的洞口长管棚超前支护。

5.1.2 优化原因

(1)根据设计及实际测量资料，此段浅埋段地质情况复杂，DK454+520~DK454+565段洞顶覆盖层最小厚度为1.2 m，DK454+536~DK454+545段采用明挖法最大开挖深度达17.6 m，浅埋段洞顶覆盖地层主要为粉质黏土层、细角砾土及粉砂岩夹凝灰质砂岩层，地表仅少量黄土层覆盖层，湿陷性黄土层厚度为0.2~0.3 m。隧道边墙拱腰以下为整体性较好的砂岩层，强—弱风化。洞顶地表有自然冲沟，水流量不大，雨季时水量较大。明洞开挖对周边山体的扰动较大，如果处理不当，极易引起边仰坡及山体失稳，发生边仰坡、山体滑坡、坍塌，对施工安全和进度影响较大。

(2)明洞所在部位作业场地狭窄，机械化施工难以展开。明洞段地表图如图5-1-1所示，明洞具体部位图如图5-1-2所示。明洞段明洞长度为9 m，开挖深度达17.6 m，仅9 m明挖段土石方开挖量约计19000 m^3，且涉及增加抗滑桩、挡墙等施工，施工范围狭窄，工作面难以开展，大量的土石方开挖倒运困难。仅施工便道及洞口各项工程就至少需要4个月完成才具备正洞施工条件。

图5-1-1 明洞段地表图

图5-1-2 明洞具体部位图(两旗之间)

(3)地理环境差，工期难以控制。明洞段所在部位，需穿越3个村组，原有村道狭窄，施工车辆难以进入，需修建和改建施工便道2.0 km，包括新建洞口至村道的便道0.736 km，需占用大量农田，仅便道临时征地就需8.61亩。由于穿越村组较多，对地方影响较大，征地拆迁工期难以控制，进明洞便道情况如图5－1－3所示。

图5－1－3 进明洞便道情况图

5.1.3 处理措施

为避免明洞施工可能造成的开挖破坏等因素影响，减少施工临建投入和节约工期。根据现场施工调查资料及隧道工期总体进度安排情况，经施工单位提请设计院进行变更设计，对DK454＋536～DK454＋545段决定采用暗挖通过。主要优化工程措施有：

(1)在正洞工作面未施工至浅埋段前，采用小型机具完成洞顶换填、洞顶截水沟及地表引排处理施工，避免采用大型机械设备进场而改建施工便道，并降低下一步暗洞施工地表水对施工的影响。地表回填采用掺10%水泥碎石改良土，回填后埋深不小于3 m，回填宽度以隧道中线向两侧各20～30 m，水泥碎石改良土表面回填50 cm厚的种植土。地表根据山体冲沟修改混凝土截水沟将山体水引至隧道外部水系，避免冲刷隧道。

(2)取消DK454＋536～DK454＋545段线路右侧桩板墙及边坡防护等明挖法防护措施；取消DK454＋545～DK454＋580段及DK454＋506～DK454＋536段洞口长管棚ϕ108支护。

(3)对DK454＋519～DK454＋554段采用Ⅴb型复合式衬砌结构，拱部采用L－35 mϕ108热轧无缝钢管超前支护，钢花管环向间距40 cm，同时结合ϕ42 mm超前小导管补充预注浆支护，超前小导管L－4.5 m，环向间距0.4 m，纵向间距3 m；初期支护采用I22a型钢钢架加强，钢架间距0.6 m/榀，参照“合福隧参01－23”图设计。拱脚钢架采用4根ϕ50钢花管注浆锁脚，钢花管长5 m。达到了对洞身围岩加固，保证作业安全，减少围岩振动的目的。

(4)加强隧道地质超前预报和洞内监控量测及洞顶地表观测，及时了解围岩变化，以进一步指导现场施工。

5.1.4 现场实施

1. 浅埋段回填及截水处理施工

浅埋段地表回填前，沿着既有沟谷，在DK454＋545～DK454＋566里程段线路中心上下21 m范围内，进行原地面清表，清表原则以清除虚土、腐物而不扰动地表为主，清表后采用手持振动夯对基底进行人工夯实处理，而后在清表位置分层填筑回填掺10%水泥碎石改良土，回填宽度以隧道中线向两侧各20～30 m为准，回填每层厚度不得超过20 cm，采用手持振动夯进行人工夯实，压实度达到80%以上，回填总厚度以回填面距洞顶结构外侧结构层的垂直距离不小于3 m为控制要求，以增加洞顶覆盖层厚度，在水泥碎石改良土表面回填50 cm厚的种植土，以增强洞顶覆盖层的防水能力。本段施工尽量选择避开雨季施工。

水泥碎石改良土施工完成后，进行洞顶排水槽施工，排水槽顺接原沟谷体系，坡度尽量与原始地形相结合，减少地表水对隧道施工的危害。排水槽采用钢筋混凝土，槽底部与洞顶结构外侧的距离不小于2.5 m，以免干扰暗洞施工。排水槽为倒梯形，底宽为2 m，上口宽为4.8 m，水沟坡比为1∶1；水沟采用ϕ8 mm的配筋，间距均为20 cm，沟身混凝土厚度为30 cm，混凝土标号为C25。洞顶换填及截水措施施工如图5－1－4所示。

图5－1－4　洞顶换填及截水措施施工图

2. 暗洞超前支护施工

DK454＋520～DK454＋560段拱部采用L－40 mϕ108热轧无缝钢管超前支护，钢花管环向间距40 cm，DK454＋560～DK454＋565段施作管棚工作室，其断面图如图5－1－5所示。

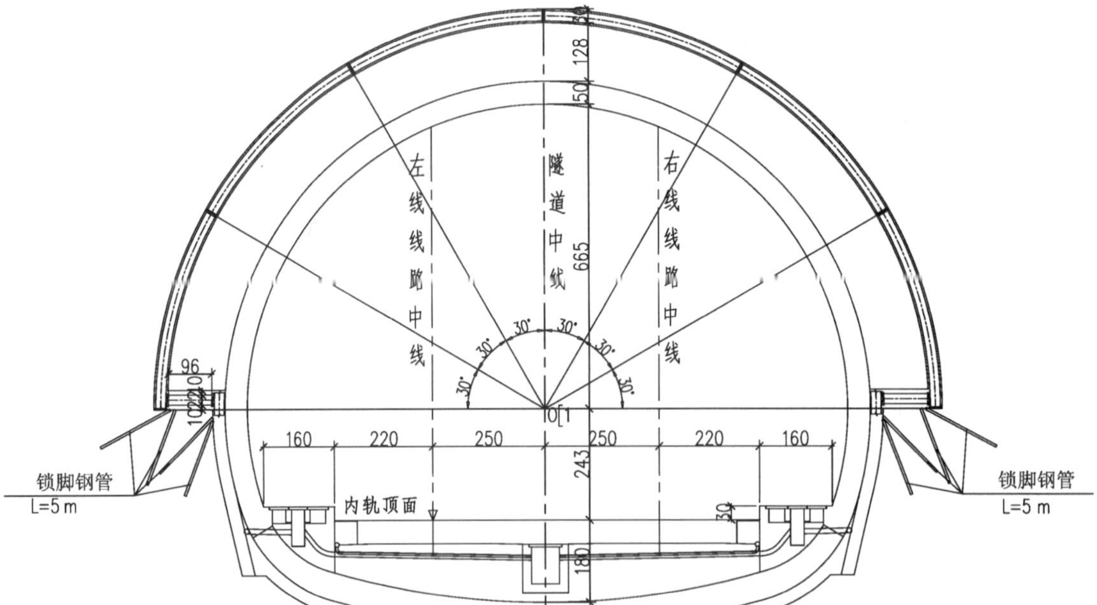

图5－1－5　管棚工作室断面图

（1）管棚工作室施工

DK454＋560～DK454＋565段拱部开挖轮廓线较设计断面扩大了1.0 m，管棚工作室长度可以根据现场机具配备情况酌情调整。管棚工作室开挖后，钢架在初喷4 cm混凝土后架设，架设完毕后须复喷砼至设计厚度。管棚工作室在管棚施作完毕后采用C35混凝土回填，并铺设防水层，最后施作二次衬砌。

管棚工作室的初期支护采用I22a钢架，I22a钢架按纵向间距0.6 m/榀布置，并铺挂钢筋网片，网片采用ϕ6 mm钢筋，网格为20 cm×20 cm，并与钢架焊接牢靠，采用4根ϕ50 mm钢花管注浆锁脚，钢花管长5 m，并按要求施工径向锚杆。

(2)洞身套拱施工

为保证管棚施工角度控制，须对洞身长管棚加设套拱进行导向，套拱采用C20混凝土，截面尺寸为1 m×1 m，设置拱顶在180°范围内，为保证长管棚施工精度，套拱内设2榀I18轻型工字钢，钢架外缘设ϕ140 mm壁厚5 mm导向钢管，钢管与钢架焊接。

(3)洞身长管棚施工

DK454+520~DK454+560段拱部采用L-40 mϕ108热轧无缝钢管超前支护，超前长管棚长40 m，环向间距40 cm，共计62根；采用管棚钻机进行钻孔，采用注浆机进行注浆，洞身长管棚施工断面图如图5-1-6所示。图中编号为单号者采用钢花管，双号者采用钢管，施工时先打设单号钢花管并注浆，注浆材料为水泥浆液1:1(重量比)，注浆压力为0.5~2 MPa，然后打设双号钢管，以便检查钢花管的注浆质量。

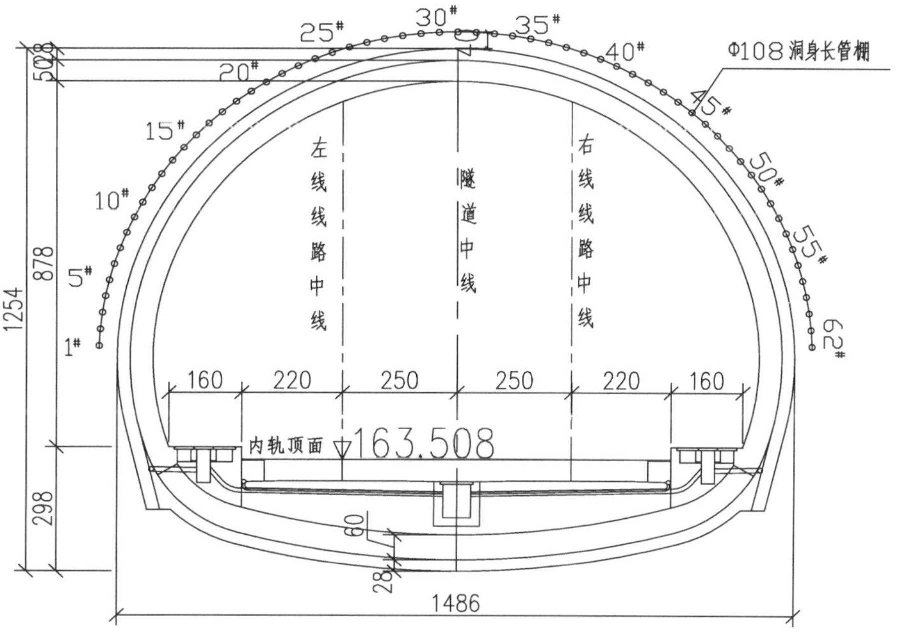

图5-1-6 洞身长管棚施工断面图

3. 超前小导管施工

根据长管棚注浆效果，必要时须采用ϕ42 mm超前小导管补充预注浆支护，壁厚3.5 mm，超前小导管长4.5 m，环向间距0.4 m，纵向间距按3 m一环布置，其纵向搭接长度不小于1 m。其施工图如图5-1-7所示。

图5-1-7 超前小导管施工图

4. 暗洞三台阶临时仰拱法施工

浅埋段采用三台阶临时仰拱施工工法进行施工，如图 5－1－8 所示。

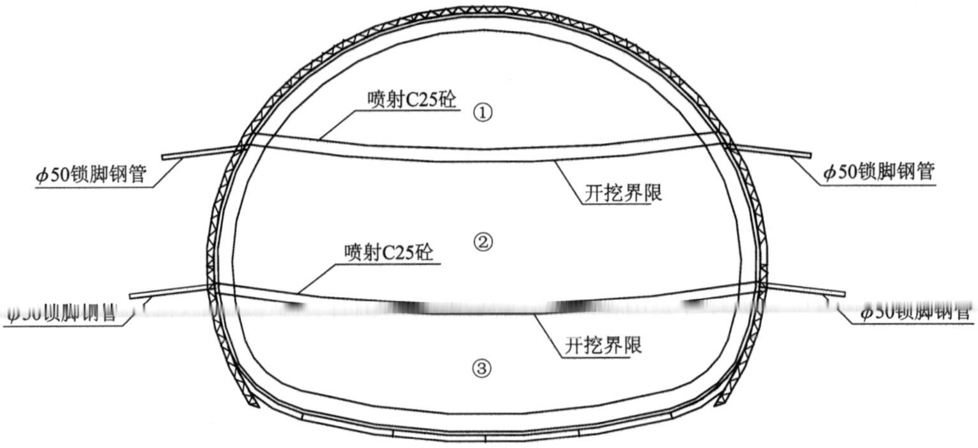

图 5－1－8　三台阶临时仰拱法施工示意图

第一步：施作隧道超前支护开挖①台阶，施作①部洞身结构的初期支护，即喷设 4 cm 厚的混凝土，架立 I22a 钢架并设锁脚钢管，复喷混凝土至设计厚度后钻设系统锚杆；底部架立临时钢架封闭，喷射 10 cm 厚的砼。

第二步：上台阶施工至适当距离后(5～10 m)，开挖②部台阶，接长钢架施作洞身结构的初期支护及封底，参照第一步工序进行。

第三步：开挖③部台阶，及时封闭初期支护，参照第二步工序。各部台阶一次开挖长度宜在 5～10 m 之间，第③部台阶开挖后仰拱应紧跟。

为保证初期支护安全，此段初期支护每榀钢架采用 4 根 $L=5$ m 的 ϕ50 钢花管注浆加强锁脚。

5. 超前地质预报

为确保浅埋地段施工安全，在加强监控量测(地表沉降、水平净空收敛、拱顶沉降等)及地下水、地表水的发育流向情况的同时，还应加强对地质情况的追踪勘察，采用长距(TSP)，中、短距(超前水平钻孔、地质围岩描述)等超前地质预报技术配合的措施，为施工提供准确的监控量测和地质预报信息，及时进行数据信息处理分析，用以指导施工。

6. 监控量测

在前期监控量测的基础上，在洞内及地表以 5 m 为一个断面采取加密布点监控。把监控量测结果绘制成图谱并进行数据分析，及时掌握围岩的变化情况。

7. 二衬施工

为确保施工安全，浅埋段开挖支护完成后，及时跟进施工该浅埋段二次衬砌，保证仰拱、二衬距开挖掌子面安全步距在规范要求范围内。

5.1.5　优化小结

(1)通过采取明洞暗挖施工，结合实际施工过程控制及施工监测情况，洞身围岩收敛及拱顶沉降均在规范范围之内，暗洞拱顶最大沉降量为 6 mm，围岩收敛最大为 5 mm，初期支护表面无明显开裂情况，洞顶未出现开裂、塌陷等情况，充分说明明洞暗挖法的施工技术方案可行，既缩短了工期，又减少了投资以及对周围环境的影响，避免了明挖法带来的工程安全隐患事故。

(2)通过对现场施工经验进行总结，须重点注意以下问题：

①加强洞顶换填质量及截排水措施，确保暗洞施工安全；

②通过管棚钻孔，及时对洞身围岩最真实的地质情况进行了解，并提出应对措施；

③加强超前大管棚注浆施工质量，保证注浆效果，特别是通过注浆对裂隙水进行封堵，对局部松散地

层进行夯实；

④加强锁脚施工质量，局部加设注浆锁脚钢管，能够有效控制初期支护施工过程中的变形；

⑤切实做好监控量测，及时了解围岩动态，保证施工作业安全。

通过实际施工及监测表明，洞身大管棚发挥了作用，洞顶回填及截排水措施到位，确保了施工安全，对隧道的美观亦做到了和谐统一。

5.2　北武夷山隧道辅助坑道设置方案优化

5.2.1　设计情况

合福高铁北武夷山隧道（DK520 + 280 ~ DK534 + 926）位于福建省武夷山市北侧约 29 km 处，全长 14646 m，最大埋深 1110 m。该隧道为全线最长隧道，是重要节点控制工程之一，也是施工环境艰苦、施工条件复杂、不良地质条件突出、施工组织管理难度大、施工安全风险等级高的一条特长大隧道。本隧道共设计了四条施工辅助坑道，包括福建境内的竹坪斜井（斜长 1356.17 m）、麻子坑斜井（斜长 840.73 m）；江西境内的岚谷斜井（斜长 1561.39 m）、石罗坑横洞一座（斜长 185.05 m）；以及涉弃渣所占河道设置的一座导流洞（长 410 m），一座公路隧道（长 648 m）。

1. 工程地质特征

隧道区分布的地层主要以江西段侏罗系上统南园组（J3n），为灰白色、灰紫色流纹质熔结凝灰岩为主夹凝灰质粉砂岩、页岩，偶夹石英粗面岩。

DK520 + 280 ~ DK525 + 800 段以灰白色、灰紫色流纹质熔结凝灰岩为主夹凝灰质粉砂岩、页岩，偶夹石英粗面岩为晚期侏罗纪火山活动强烈爆发的产物，以巨厚层状的熔结较强、含大量晶屑或岩屑的火山碎屑岩为特征，岩石坚硬，受区域构造影响，岩石垂直裂隙较发育，岩石呈块状镶嵌结构。

DK525 + 800 ~ DK530 + 650 段为灰、灰黑色流纹质晶屑凝灰熔岩，熔结凝灰结构，块状构造。岩石坚硬，受区域构造影响，岩石垂直裂隙发育，岩石呈块状镶嵌结构。

2. 水文地质特征

（1）地下水

隧道测区地下水类型有孔隙水、基岩裂隙水和构造裂隙水。隧址区的断层、构造裂隙带在地貌上多呈顺冲沟分布，节理裂隙发育，岩体破碎，导水性较好，地下水较丰富。

（2）隧道洞身涌水量及围岩富水程度

隧道涌水量及围岩富水程度分区如表 5 - 2 - 1 所示。

Q_s：隧道通过含水体地段的正常涌水量；Q_o：隧道通过含水体地段的最大涌水量；q_o：隧道通过含水体地段的单位长度最大涌水量。

表 5 - 2 - 1　隧道洞身涌水量及围岩富水程度分区

序号	名称	Q_s（m^3/d）	Q_o（m^3/d）	q_o（m^3/d）	围岩富水程度分区
1	F1	2107.83	3000	6.46	强富水区
2	DK521 + 400 节理密集带	337.25	500.52	4.73	中等富水区
3	DK521 + 400 节理密集带	2806.04	5488.07	10.26	强富水区
4	DK521 + 400 节理密集带	2463.52	4029.84	11.54	强富水区
5	F2	1976.09	2800	13.39	强富水区
6	F3	3161.74	4500	16.5	强富水区
7	F4	1261.53	3503.5	19.49	强富水区
8	F5	703.49	1000	8.07	强富水区

3. 不良地质条件

(1)高地应力和岩爆

隧道 DK525 +780 ~ DK528 +450 段埋深为 614 ~ 1100 m，属于极高应力区，长度为 2670 m，开挖过程中极有可能发生岩爆。

隧道 DK524 +465 ~ DK525 +780 段埋深为 366 ~ 614 m，属于高应力区，长度为 1315 m，开挖过程中有岩爆可能。

(2)高地温

根据初步勘探地质文件资料显示，预测本隧道区埋深≥356.7 m 的地段(DK524 +395 ~ DK528 +450 段，长度 4055 m)的地温≥28℃，最高有 50.3℃，属存在地温危害区域。

(3)高涌水

隧道洞身及斜井大部分区段穿越强富水区，最大涌水量在 2800 ~ 5488.07 m^3/d 之间。

(4)穿越 5 条断裂构造带和 3 条节理密集带

根据初步勘察设计资料，在隧址区内发现了断裂构造带 5 条，节理密集带 3 条(江西境内)。

F1 断层为压扭性断层，断层及影响破碎带宽度约 100 m，影响破碎带内透镜体极为发育，岩石破碎、裂隙密集，顺沟分布，导水性较好，预计最大涌水量为 3000 m^3/d。

F2 断层为压扭性断层，断层及影响破碎带宽度约 65 m，破碎带内岩石硅化严重，糜棱化、绿泥石化，透镜体发育，裂隙密集，断层附近冲沟发育，汇水量较大，地表水发育，预计最大涌水量为 2800 m^3/d。

F3 断层与线路交于 DK523 +680 附近，断层及影响破碎带宽度约 120 m，物探显示，存在软弱带，构造及影响带内节理裂隙发育，岩体破碎，预计最大涌水量为 4500 m^3/d。

F4 断层为压扭性断层，断层及影响破碎带宽度约 100 m，带内岩体受挤压破碎，挤压条带发育，断面较光滑，节理裂隙发育，地形地貌上显示断层切割形成山谷，沟谷地表水发育，预计最大涌水量为 3503.5 m^3/d。

F5 断层为压扭性断层，断层及影响带宽度约 60 m，挤压条带、透镜体发育，构造蚀变强，节理裂隙发育，预计最大涌水量为 1000 m^3/d。

DK521 +400 处节理密集带。据物探资料及初测资料显示，节理密集带及影响宽度约 60 m，岩体破碎，节理裂隙极为发育。预计最大涌水量为 500.52 m^3/d。

DK521 +760 处节理密集带。节理密集带及影响宽度约 60 m，节理裂隙发育，岩体破碎，稳定性差。物探 EH -4 显示为相对软弱段。预计最大涌水量为 5488.07 m^3/d。

DK522 +450 处节理密集带。节理密集带及影响宽度约 60 m，节理裂隙发育，岩体破碎，稳定性差。预计最大涌水量为 4029.84 m^3/d。

通过以上地质状况的描述可以看出：

北武夷山隧道属高风险等级隧道，在施工过程中，存在各种潜在安全隐患和风险，高地应力可能产生的岩爆、甚至可能达到 50.3℃的高地温施工环境、以及最大涌水量达 5488 m^3/d 的不良地质条件，都会对洞内的施工作业环境及作业条件产生较大的影响，将大大降低洞内施工作业人员和施工机械的作业效率，施工安全风险及工期风险极大。

4. 原设计施工辅助坑道设置情况

北武夷山隧道江西境内长 8170 m，原设计该区段设置了岚谷斜井和石罗坑横洞共两条施工辅助坑道。

(1)石罗坑横洞

横洞位于线路前进方向左侧，与隧道正洞交于 DK520 +700 处。横洞斜长 185.05 m，各级围岩情况：Ⅴ级 45.01 m，Ⅳ级 60.02 m，Ⅲ级 30.01 m，Ⅱ级 50.01 m。斜井采用无轨运输双车道断面，综合坡度：-2.345%。

(2)岚谷斜井

斜井位于线路前进方向右侧(DK523 +974 右侧 80 m)，与隧道正洞交于 DK525 +500 处，与线路小里程的夹角为 45°。斜井斜长 1561.39 m，各级围岩情况：Ⅴ级 159.82 m，Ⅳ级 90.45 m，Ⅲ级 90.45 m，Ⅱ级 1220.67 m。斜井采用无轨运输双车道断面，综合坡度：9.26%。

岚谷斜井穿越 F4、F5 断层及影响破碎带，最大涌水量达 3503.5 m^3/d。

5.2.2 优化原因

(1)原设计石罗坑横洞洞口位于漆树坪电站和石罗坑电站之间，横洞洞口距水电站房屋只有30 m(横洞中线)，洞口路面标高下方5 m为水电站一石拱桥(1×16 m+1×8 m)，仅此一条道路进出电站。洞口处照片如图5-2-1、图5-2-2所示。横洞洞口及进出道路搭建施工平台将把水电站进出道路完全封堵，水电站将无法运营。其中漆树坪水电站为3台发电机组，共1660 kW，年发电量550万kWh；石罗坑水电站为2台发电机组，共3200 kW，年发电量1300万kWh；这两座水电站为并网发电，电站停运直接费用将达到800万元/年。该横洞施工工期为33个月，即2.75年，停运直接费用达2200万元。另外，征地拆迁部门与电站负责人现场交涉，电站负责人同意电站拆迁，但拆迁费用达6800余万元。

图5-2-1 DK520+700石罗坑横洞洞口全貌

图5-2-2 DK520+700石罗坑横洞洞口设计位置

(2)原设计岚谷斜井主攻方向最长达4511.39 m(岚谷斜井长1561.39 m+主体施工长度2950 m)，石罗坑横洞往(进口)小里程次攻方向施工长度仅为420 m。

(3)原设计岚谷斜井主攻方向集中了多种不良地质条件：

岚谷斜井主攻方向DK525+500~DK528+450段，施工长度2950 m范围内，集中了岩爆、高地温、高涌水和断层破碎带等几种不良地质条件。

该隧道施工区段全部处在 DK524 +395 ~ DK528 +450 段长 4055 m 的高地温危害区域内，地温温度≥28℃，最高可达 50.3℃。

该隧道施工区段处在 DK525 +780 ~ DK528 +450 段长 2670 m 的极高应力区内，开挖过程发生岩爆的可能性极大。

岚谷斜井穿越 F4、F5 断层及影响破碎带时，最大涌水量达 3503.5 m^3/d。

该地段隧道施工的安全风险和施工难度过于突出，对隧道的整体施工组织极为不利。

综合以上几点因素，需要调整施工辅助坑道位置，尽量均衡隧道各区段的施工长度和施工难度，以有效降低隧道施工中的安全风险、工期风险和管理风险，经多次现场踏勘和研究，建议调整施工辅助坑道位置，增加施工作业面。

5.2.3 优化设计

(1)隧道施工任务及区段划分优化

北武夷山隧道进口段施工对整条隧道的贯通起着重要的作用，能减轻金奥斜井的施工负担。拟定金奥、岚谷斜井后，隧道施工任务及区段划分如图 5-2-3 所示。分为隧道进口工区、金奥斜井工区、岚谷斜井工区。

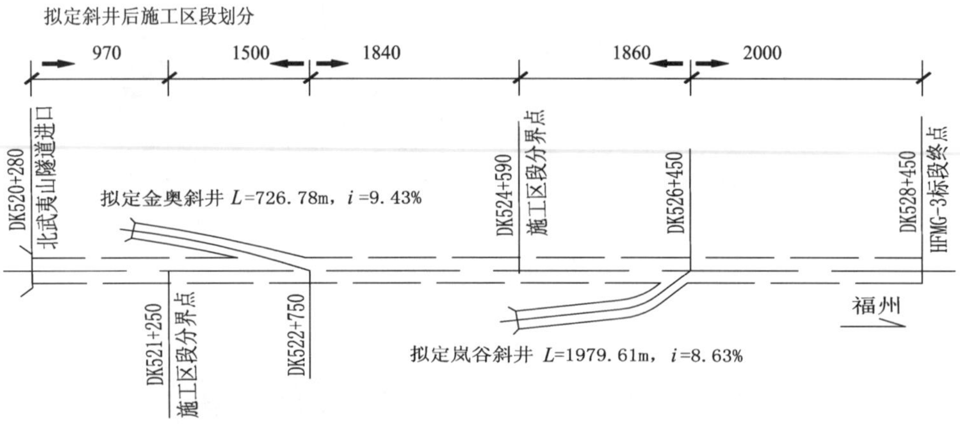

图 5-2-3 隧道施工任务及区段划分

(2)施工方案比选优化

方案一：在 DK520 +190 左侧 50 m 处开始架设桁架栈桥至隧道进口，但经过现场实际测量，该处与洞口标高相差较大，达 15.6 m，至洞口坡度达到 17%，进出隧道很困难，该方案不可行。

方案二：在 DK520 +150 左侧 155 m 处修建便道，于 DK520 +190 左侧 60 m 处架设桁架栈桥至隧道进口，但该处有一 35 kVA 的高压线路经过，受高压线影响(涉及山里的 8 个电站发电并网，迁改成本较大)，至洞口坡度将达到 14%，坡度较大，满足不了施工条件，故该方案也不可行。

方案三：考虑到施工安全、降低成本、满足施工条件及结合现场实际情况，最终确定在 DK519 +950 ~ DK520 +280 线路前进方向右侧修筑一条施工便道至隧道进口，便道长约 460 m，便道起点处(DK519 +950 右侧 160 m)标高 372.500，洞口处路面标高(轨道底座板底面标高)395.579，至隧道洞口综合坡度为 5%，从保证施工安全、降低施工风险方面，该方案可行。

(3)优化前后经济比较

施工辅助坑道位置调整后，施工斜井将增加费用 12634274 元；可取消公路隧道施工，将公路隧道的施工费用(18953230 元)用于新增辅助坑道施工及弃渣场处理。

5.2.4 现场实施

1. 辅助坑道位置调整后工期安排及施工工区任务划分

辅助坑道位置调整后的施工工期安排，采用原“初步设计”资料中的各项施工综合进度指标，如表 5-2-2 所示。

表 5-2-2 施工综合进度指标表

项目 \ 指标(m/月)		Ⅱ级	Ⅲ级	Ⅳ级	Ⅴ级
进出口单向施工正洞	开挖及初支	160	130	70	30
	衬砌	160	130	70	30
双车道斜井、横洞双向施工正洞	开挖及初支	130	110	60	30
	衬砌	130	110	60	30
横洞、斜井洞身施工	开挖及初支	230	200	150	90
	衬砌	230	200	150	90

辅助坑道调整后，隧道(江西境内)按隧道进口、金奥斜井双车道、岚谷斜井双车道施工，共 5 个工作面组织施工，施工进度安排主体工程贯通工期 27.4 个月，贯通里程至 DK528 +450。

(1)隧道进口工区

从隧道进口修建施工便道并搭设施工平台进洞施工。负责 DK520 +280 ~ DK521 +250 段主体工程施工任务，施工段主体工程长 970 m。其中：Ⅱ级围岩 390 m，Ⅲ级围岩 325 m，Ⅳ级围岩 90 m，Ⅴ级围岩 165 m。不良地质状况：有一条 F1 断层及破碎带，断层宽约 20 m，破碎带长 130 m，预测最大涌水量为 3000 m^3/d。

隧道进口工区工期安排：施工准备 3 个月，隧道主体工程工期 15.7 个月，即该区段工期为 18.7 个月。

(2)金奥斜井工区

负责 DK521 +250 ~ DKD524 +590 段主体工程及斜井施工任务，施工段主体工程长 3340 m，斜井斜长 726.78 m。

①金奥斜井次攻方向

DK521 +250→DK522 +750 方向，施工长度为 1500 m。其中：Ⅱ级围岩 1240 m，Ⅲ级围岩 150 m，Ⅳ级围岩 110 m，隧道主体工程工期 12.7 个月。不良地质状况：有三条节理密集带，长 260 m，预测最大涌水量为 5488.07 m^3/d。

②金奥斜井主攻方向

DK522 +750→DK524 +590 方向，施工长度为 1840 m。其中：Ⅱ级围岩 1253 m，Ⅲ级围岩 220 m，Ⅳ级围岩 220 m，Ⅴ级围岩 147 m，隧道主体工程工期 20.2 个月。不良地质状况：穿越 F2、F3、F4、F5 四条断裂构造带及节理破碎带，断裂带宽约 40 m，破碎带长 147 m，预测最大涌水量为 4500 m^3/d。DK524 +465 ~ DK524 +590 段长 125 m，属于高应力区，开挖过程中有可能发生岩爆。

③ 金奥斜井工区工期安排：斜井施工准备 2 个月，斜井施工 4 个月，隧道主体工程工期 20.2 个月，即该区段工期为 26.2 个月。

现场照片如图 5-2-4 所示。

(3)岚谷斜井工区

负责 DK524 +590 ~ DKD528 +450 段主体工程及斜井施工任务，施工段主体工程长 3860 m，斜井斜长 1979.61 m。

①岚谷斜井次攻方向

图5-2-4　施工中的金奥斜井

DK524+590→DK526+450方向，施工长度为1860 m。其中：Ⅱ级围岩1860 m，主体工程工期14.5个月。不良地质状况：隧道洞身DK524+590～DK526+450段长1860 m，均属于高地温危害区域，地温温度≥28℃，最高地温达50.3℃。隧道洞身DK525+780～DK526+450段长670 m，属于极高应力区，开挖过程中发生岩爆的可能性极大。DK524+590～DK525+780段长1190 m，属于高应力区，开挖过程中有可能发生岩爆。

②岚谷斜井主攻方向

DK526+450→DK528+450方向，施工长度为2000 m。其中：Ⅱ级围岩2000 m，主体工程工期15.4个月。不良地质状况：DK526+450～DK528+450段长2000 m，属于高地温危害区域，地温温度≥28℃，最高地温达50.3℃。DK526+450～DK528+450段长2000 m，隧道埋深614～1100 m，属于极高应力区，开挖过程中极有可能发生岩爆。

③岚谷斜井工区工期安排

斜井施工准备2个月，斜井施工10个月，隧道主体工程工期15.4个月，即该区段工期为27.4个月。

现场照片如图5-2-5所示。

图5-2-5　施工中的岚谷斜井

2. 施工辅助坑道位置调整后隧道弃渣处理与环保

(1)辅助坑道位置调整后的隧道弃渣量

隧道进口工区：隧道正洞970 m(DK520+280～DK521+250段)洞渣量为134475 m^3；

金奥斜井工区：隧道正洞（DK521＋250～DK524＋590 段）及斜井（斜井长度 726.78 m）洞渣量为 492750 m^3；

岚谷斜井工区：隧道正洞（DK524＋590～DK528＋450 段）及斜井（斜井长度 1979.61 m）洞渣量为 592348 m^3；

泄水洞洞渣量为 21000 m^3；

合计洞渣量为 1240573 m^3（实方）。

（2）辅助坑道位置调整后的隧道弃渣处理与环保：

①原设计渣场位置：DK521＋500～DK522＋100 段左侧 80～200 m 雨溪河河道内。

②鉴于公路隧道不予以施作，在原有弃渣场处堆放少量洞渣，并保证原有道路畅通，本标段多次现场查勘，经过比选，确定了渣场位置。

Ⅰ. DK523＋900～DK524＋210 段右侧弃渣场

弃渣场位于线路 DK523＋900～DK524＋210 段右侧 170 m 的山谷内。弃渣场占地面积约为 26052 m^2。弃渣场计划储渣量为 91.2 万方（虚方），平均堆积高度为 35 m。

Ⅱ. 原设计弃渣场 DK521＋500～DK522＋100 段左侧河道内

弃渣场位于 DK521＋500～DK522＋100 段左侧 80～200 m 的河道内。弃渣场占地面积约为 21750 m^2。弃渣场计划储渣量为 65.3 万方（虚方），平均堆积高度为 30 m。

该弃渣场在施工过程中金奥斜井洞口处河道暂不堆渣，泄水洞贯通过水后金奥斜井洞口处河道堆渣高度要低于洞口路面高度 1～2 m，堆渣顺坡于泄水洞进水口方向。

Ⅲ. DK519＋480～DK519＋620 段右侧弃渣场

弃渣场位于 DK519＋480～DK519＋620 段左侧 140～220 m 的河道内。弃渣场占地面积约为 6550 m^2。弃渣场计划储渣量为 17.7 万方（虚方），平均堆积高度为 27 m。弃渣场防护及排水结构同 DK523＋900～DK524＋210 段右侧弃渣场。

③该隧道Ⅱ级围岩居多，根据场地及生产洞渣情况，利用洞渣生产机制砂、碎石的工作量为 6～7 万方/年。本标段隧道的砼用量为 18.8 万方，本标段将利用的洞渣量约为 14 万方。

④该隧道施工便道沿雨溪河谷而上，弯道处均需要回填曲直道路，遇到雨季便道损毁处及便道时常养护方面，均能消耗一小部分洞渣。

5.2.5　优化小结

（1）施工辅助坑道位置调整后工期的优化

①施工辅助坑道调整后，有效地保证了施工工期。隧道完工的时间缩短了工期 5.6 个月，确保了隧道完工的总体计划目标的实现。

②均衡了各主体工程区段的施工任务，由原来最大施工长度 4511.39 m（原岚谷斜井长 1561.39 m＋正洞施工长度 2950 m）调整到了 3979.61 m（岚谷斜井长 1979.61 m＋正洞施工长度 2000 m）。

③降低了隧道安全、施工风险及施工难度，对隧道掘进过程中的各种潜在因素和风险留有处理空间，工期得到了保证。尽管在原设计地质资料中，各种不利地质条件已有相关描述，但各种潜在未知的风险因素依然有存在可能，如涌水及突水量增大、断裂构造带及节理密集带增多、地温危害及地应力区域范围加大、岩爆危害加重等。

④取消石罗坑横洞，避免了横洞施工对既有两座发电站的干扰影响，以及避免了停运及拆迁问题带来的经济赔偿。

⑤避免了岚谷斜井穿越 F4、F5 断层及影响破碎带（最大涌水量达 3503.5 m^3/d）。

⑥改善了洞内施工作业环境及作业条件（如提高了通风排烟效果），有利于提高现场施工作业人员和施工机械的作业效率。

（2）施工辅助坑道位置调整后隧道弃渣处理与环保的优化

隧道洞渣通过渣场堆放、利用洞渣生产砂石料、便道养护等方面，选定后的渣场堆放量及利用洞渣量为 188.2 万方（虚方）。辅助坑道位置调整后该隧道所有构筑物的洞渣量为 124.1 万方（实方），实方与虚方换算系数为 1.5，即 186.1 万方(虚方)。故不施作公路隧道，选定后的渣场堆放洞渣及利用洞渣等方面可以解决隧道弃渣问题。

5.3　三清山隧道涌水处理

5.3.1　设计情况

合福高铁三清山隧道位于江西省上饶市境内，起讫里程为 DK421 +060 ~ DK432 +921，全长 11861 m。

DK430 +182 ~ DK430 +212 段为 F1 断层破碎带及其影响带，断层构造特征以挤压断裂带和裂隙带为主，其中 F1 断层产于燕山期(γ52 -3b)中，EH -4 低阻异常带，与线路交于 DK430 +212 ~ DK430 +182 附近，和线路走向夹角约为 300°，断层产状为 1200∠800 ，宽度约 200 m，此段隧道埋深较大，洞身围岩岩性蚀变严重，断层段最小埋深 205 m，最大埋深 278 m。岩性主要为花岗岩，岩质较硬，岩体较破碎，节理较发育。地下水主要为构造裂隙水、较发育，估算最大涌水量约为 4175 m^3/d，属强富水区，隧道通过含水体地段的正常涌水量为 1115.2 m^3/d。施工时须加强超前地质预报工作，加强支护及防排水措施。经地质预报综合判定为Ⅳ级围岩。

5.3.2　事件简介

2012 年 9 月 30 日下午 4 点左右，三清山隧道出口上导坑开挖至 DK430 +211 处时，出渣完成后于晚上 6 点 30 分发现掌子面有一处涌水，开始时出水直径大约在 ϕ60 mm 左右，但至晚上 8 点 10 分，上台阶线路右侧拱顶处的出水直径变为 ϕ150 mm，随后出水口水量不断增加，经检测估算，最初流量为 150 m^3/h，涌水处形成了一条长 10.2 m，宽 1.5 ~2.5 m，向洞顶地表延伸深度超过 60 m 的裂隙，经水流不断冲刷后有继续扩大的趋势；2012 年 10 月 1 日上午测算出水口流量为 150 m^3/h，10 月 1 日下午测算出水口流量为 188 m^3/h，10 月 2 日上午测算出水口流量为 217 m^3/h，日出水量为 5200 m^3/d，已超过设计的 4175 m^3/d，根据后续每天测算，10 月 8 日达到最大流量 6500 m^3/d。事发现场照片如图 5 -3 -1、图 5 -3 -2 所示。

图 5 -3 -1　上台阶流水及空腔现场

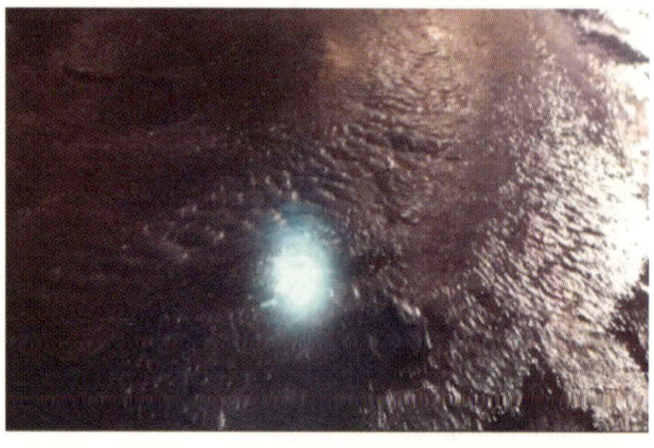

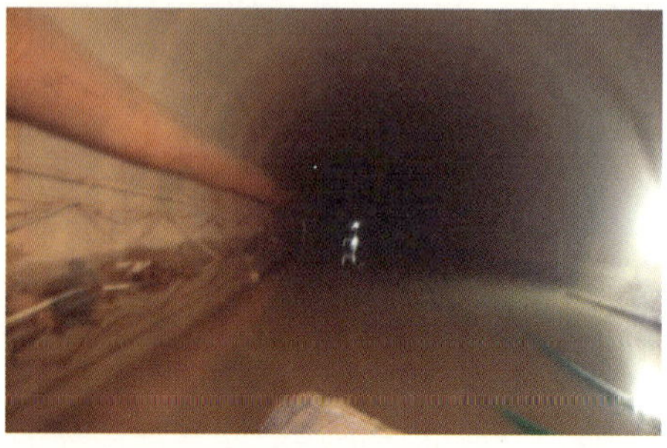

图 5 -3 -2　下台阶中心水沟涌水及洞口水淹现场

5.3.3　原因分析

根据设计对洞顶进行的地质钻孔取芯及对隧道掌子面进行的超前水平地质钻孔并结合 TSP 超前地质预报、地质雷达超前预报、高密度电法等地质探测手段，对该地段进行了地质验证，本段围岩为 F1 断层破碎带及其影响带，断层构造特征以挤压断裂带和裂隙带为主，其中 F1 断层产于燕山期（γ52－3b）中，EH－4 低阻异常带，与线路交于 DK430＋212～DK430＋182 附近，和线路走向的夹角约 300°，断层产状为 1200∠800，宽度约 200 m。此段隧道埋深较大，洞身围岩岩性蚀变严重，断层段最小埋深 205 m，最大埋深 278 m。岩性主要为花岗岩，岩质较硬，岩体较破碎，节理较发育。地下水主要为构造裂隙水、较发育，估算最大涌水量约为 4175 m^3/d，属强富水区，隧道通过含水体地段的正常涌水量为 1115.2 m^3/d。开挖揭示，DK430＋212 掌子面岩性主要为花岗岩，掺杂有萤石成分，岩质属于强风化和全风化，岩体破碎，节理特别发育，透水性较好。地下水主要为构造裂隙水、特别发育，且掌子面左侧（线路右侧）有一处涌水，现涌水处形成了一条长 10.2 m，宽 1.5～2.5 m，向洞顶地表延伸深度超过 60 m 的裂隙，经水流不断冲刷后有继续扩大的趋势，测量最大涌水量为 6515 m^3/d，属强富水区。可判断此段属断层破碎带地段，由于爆破振动，造成了岩层坍塌从而引起涌水、涌泥现象。

5.3.4　处理措施

根据参建四方现场多次踏勘，并结合设计院地质钻孔及施工单位一系列超前地质预报等资料，制定如下处理措施：

（1）施工过程中严格遵守超前地质预报与超前地质钻孔先行的原则，探明前方地质情况方可开挖掌子面。超前地质钻孔孔数不少于 3 孔。

（2）DK430＋182～DK430＋212 段采用 5 m 超前周边预注浆堵水加固。开挖 25 m 时再次采用超前地质钻探明前方地质情况，注浆工艺采取后退式分段自上而下注浆。

（3）DK430＋182～DK430＋212 段采用Ⅴb 型复合式衬砌；I22a 型钢钢架加强支护，纵向间距 0.6 m/榀；超前支护采用超前双层小导管，小导管直径 ϕ50 mm，壁厚 5 mm，单根长度 5 m。采用三台阶临时仰拱法施工。

（4）为了在施工期间和隧道通车运营后，防止隧道断层段洞顶地表河流的水直接流向隧道洞内，在隧道断层洞顶地表沟谷采用浆砌片石铺砌处理，沟谷铺砌长度 350 m，铺砌厚度 80 cm，铺砌宽度结合沟谷宽度而定，铺砌高度结合汇水量而定。

5.3.5　现场实施

1. 超前地质预报

针对目前三清山隧道工程地质情况复杂的特点，成立专业的超前地质预测预报小组，并将该项工作纳入施工工序管理。实现信息化施工，提前掌握开挖地层的特性，确定合理的支护参数和施工方法，制定施工中可能出现的各种问题的处理预案，确保工程质量和施工安全。在预设计地质资料的基础上，采用地面预报和洞内超前预报相结合的模式，主要以洞内超前预报为主，对未开挖地段进行地质预测和分析，采集各种水文、地质、变形、应变等信息，及时进行信息反馈，以确定合理的支护参数，制定合理的施工方法。洞内超前预报主要通过全断面地质素描、TSP203 地质超前预报系统、地质雷达、超前钻孔等手段进行；洞顶地表通过高密度电法及地质补勘钻探手段进行超前地质预报。

2. 围岩注浆

为确保溶洞区的施工安全、改良洞周围岩条件以及减少地表水下渗，DK430＋182～DK430＋212 段采用了 5 m 超前周边预注浆堵水加固。注浆采用 1∶1 水泥浆和水泥—水玻璃双液浆，以达到加固围岩及堵水的目的。

（1）注浆孔按浆液扩散半径 2 m，孔底间距 3 m 布置，每一循环共设 4 环 98 个注浆孔。

（2）注浆材料以普通水泥浆液（水灰比 1∶1）为主，对局部严重出水点附近可根据止浆试验情况采用水泥—水玻璃双液浆。水灰比为 0.5～1.0（重量比），水玻璃浓度为 35Be，水泥浆与水玻璃体积比为 1∶1，缓凝剂(Na_2HPO_4)掺量为2%，水泥采用425号硅酸岩水泥。

(3)注浆压力按1～1.5 MPa。

(4)注浆效果检查：注浆完成后，每延米隧道涌水量>2 m^3/d，则判断注浆达到效果，否则应该进行补注浆。

3. 超前预支护施工

DK430+182～DK430+212段为F1断层破碎带及其影响带。为了安全穿过此破碎带，设计在该段采用双层小导管预支护。

(1)加工小导管：小导管采用ϕ50 mm的热轧无缝钢管，管长5 m，壁厚4 mm，小导管上孔眼直径为ϕ8 mm，呈梅花形布置，间距15 cm，尾部30 cm不设压浆孔。

(2)在钻孔前，先喷砼将开挖面封闭，以防止碎石掉落及注浆时掌子面漏浆。

(3)测量放样，在设计孔位上做好标记，然后用风枪钻孔，孔径需较管径大20 mm，钻孔外插角应控制在15°左右。

(4)安设小导管，将小导管插入钻孔，外露10 cm，以便连接注浆管并用锚固剂将小导管周围空隙封堵严实。拱部环向间距40 cm，纵向间距2.4 m，保持1 m的搭接长度。

(5)注浆：注浆前先冲洗管内积物，而后再注浆，浆液先稀后浓，顺序是由下而上向小导管内注浆，注浆泵选用2.0 MPa以上的。小导管注浆压力严禁超过允许值，以防压裂工作面，同时还要控制注入量，若孔口压力已达到规定值，或达到设计注浆量，可结束注浆。为加速注浆，可在小导管前安设分浆器，一次可注入3～5根小导管。配置的浆液应在规定时间内注完。

4. 洞身开挖及初期支护

(1)洞身开挖

隧道开挖按新奥法原理进行施工，在施工中严格遵循“管超前，严注浆，短进尺，弱爆破，强支护，早封闭，勤测量”的施工原则。开挖段采用控制爆破技术，施工过程中加强检测，密切注意围岩变化，并及时调整爆破参数，随挖随护。

(2)初期支护

①喷射砼施工

喷射混凝土施工在对有涌水、渗水或潮湿的岩面喷射前应按不同情况进行处理：大股涌水宜采用注浆堵水后再喷射混凝土。小股水或裂隙渗漏水宜采用岩面注浆或导管引排后再喷射混凝土。大面积潮湿的岩面宜采用黏结性强的混凝土，如添加外加剂、掺和料等以改善混凝土的性能。

②钢筋网

钢筋网片采用Ⅰ级ϕ8钢筋焊制，在钢筋加工场内集中加工。先用钢筋调直机把钢筋调直，再截成钢筋条，钢筋网片尺寸根据拱架间距和网片之间的搭接长度综合考虑确定。钢筋焊接前要先将钢筋表面的油渍、漆污、水泥浆和用锤敲击能剥落的浮皮、铁锈等均清除干净；加工完毕后的钢筋网片应平整，钢筋表面无削弱钢筋截面的伤痕。按图纸标定的位置挂设加工好的钢筋网片，钢筋片随初喷面的起伏铺设，绑扎固定于钢架后，再把钢筋片焊接成网，网片搭接长度为1～2个网格。

③型钢钢架

由于该段围岩破碎，里程DK430+182～DK430+212段衬砌结构类型采用“Ⅴb型”，应采用钢架I22a工字钢(间距由0.6 m/榀)加强支护。

5. 洞顶河道铺砌

在隧道断层洞顶地表沟谷采用浆砌片石铺砌处理，沟谷铺砌长度350 m，铺砌厚度80 cm，铺砌宽度结合沟谷宽度而定(平均宽度约11 m)，铺砌高度1.5 m。如图5-3-3所示。

5.3.6 案例小结

通过设计方案对三清山隧道突水事件进行了专项处理，确保了施工安全，同时通过超前小导管、围岩超前周边注浆等措施的实施，对围岩进行了加固，为施工掘进提供了安全保障，最终顺利通过了溶洞区域，未发生一起安全事故。通过现场监控量测、二衬前断面检测，本段经地质加固处理后，拱顶沉降及围岩收

图5-3-3　洞顶河道铺砌

敛均在允许范围内。

5.4　棋盘山隧道溶洞涌水塌方处理

5.4.1　设计情况

棋盘山隧道起讫里程为DK440+700～DK442+458.13，全长1758.13 m。隧址区为剥蚀丘陵区(Ⅲb)，自然坡度30°～40°，植被茂密，多数为树、杂草等。

DK441+600～DK441+660段处于一向斜构造中，围岩为寒武系下统荷塘组炭质硅质页岩夹炭质页岩、灰岩，灰黑色，强—弱风化，基岩裂隙发育，岩体破碎，局部围岩为寒武系下统荷塘组钙质页岩夹炭质页岩、灰岩，灰黄色，强—弱风化，岩质软，基岩裂隙发育，岩体破碎，为物探低阻区，稳定性较差，应加强超前地质预报工作，做好瓦斯预防措施。地下水类型主要为基岩裂隙水，预测最大涌水量约为251 m^3/d，为中等富水区。本段浅埋，净覆土12～30 m。原设计衬砌类型为“Ⅴb型”，超前预支护措施为双层小导管预支护。DK441+650～DK441+661段采用三台阶临时仰拱法，DK441+600～DK441+650段采用四步CD法。

5.4.2　事件简介

2012年9月16日14时30分，棋盘山隧道出口上台阶掌子面(里程DK441+660)爆破出渣完成之后，挖掘机排险的过程中，线路左侧拱腰部位，出现大量突水、突泥现象，现场施工作业人员及设备紧急撤离，未造成人员伤害及设备损失。现场施工人员反映，掌子面出现直径约为1.0 m的圆状孔，现场目测涌出的角砾料、砂、泥等约为200余方，涌出物体堵塞孔洞，掌子面水流较大，水体浑浊，夹带大量泥沙，突水淹没上台阶、仰拱及洞口加工场和隧道出口2#拌和站。当天下午15时30分左右测量流速约为1.5 m/s，水沟的宽度为1.1 m，水深约为25 cm，估算每天的突水量约为3.6万方，事发现场照片如图5-4-1、图5-4-2所示。

图5-4-1　上台阶流水及涌出泥土

图 5－4－2 下台阶中央水沟涌水及洞口水淹

5.4.3 原因分析

根据设计对洞顶进行的地质钻孔取芯及对隧道掌子面进行的超前水平地质钻孔并结合 TSP 超前地质预报、地质雷达超前预报、高密度电法等地质探测手段，对塌方段进行了地质验证，本段围岩为寒武系下统荷塘组钙质页岩、炭质页岩、炭质灰岩，局部夹有石煤层，灰黄、灰黑色，强—弱风化，岩质较软，裂隙发育，岩体破碎，局部岩溶发育，DK441＋638、DK441＋648、DK441＋659 附近发育溶洞，沿线路方向长 3～5 m，结合目前水平钻、施工补钻及物探工作推测，溶洞多充填，主要充填物为软塑状钙质页岩全风化体、炭质页岩全风化体及灰岩碎块等，预测最大涌水量约为 1500 m^3/d。同时，根据地质超前预报、高密度电法、地质补勘等资料获知，在 DK441＋660 位置线路左侧拱腰位置有 1 个高为 15 m、长为 10 m（沿线路方向）、宽为 6 m 的溶洞；根据洞内超前水平钻探的资料获知，在 DK441＋647～DK441＋650 位置存有溶洞，溶洞填充物为黏土；DK441＋635～DK441＋639 位置存有溶洞，溶洞填充物为炭质页岩全风化土。可判断此段属溶洞地段，由于爆破振动，造成溶洞填充物质坍塌从而引起涌水、涌泥现象，现场溶腔照片如图 5－4－3 所示。

图 5－4－3 现场溶腔

5.4.4 处理措施

根据参建四方现场多次踏勘，并结合设计院地质钻孔及施工单位一系列超前地质预报等资料，制定了如下处理措施：

（1）施工过程中严格遵守超前地质预报与超前地质钻孔先行的原则，探明前方地质情况方可开挖掌子面。超前地质钻孔孔数不少于 3 孔。

（2）在 DK441＋660～DK441＋661 段设置 C20 混凝土止浆墙，用于后续 5 m 超前周边注浆和封堵上台阶掌子面左侧（按线路前进方向分左右，下同）溶洞，同时溶腔内预留一根 ϕ160 mm 的钢管，钢管斜向布设在溶腔中间，泵管口高出隧道断面拱顶标高以上6 m，泵送C20混凝土填充空腔至拱顶标高以上不小于5 m。施作止浆墙时涌水由孔口管排出，以确保混凝土及注浆的施工质量。

(3)为确保溶洞区的施工安全、改良溶洞周围岩条件以及减少地表水下渗，DK441 +631 ~ DK441 +661段采用5 m超前周边预注浆，开挖27 m时再次采用超前地质钻探明前方地质情况，注浆工艺采取前进式分段自上而下注浆。DK441 +600 ~ DK441 +631段采用3 m径向注浆。

(4)DK441 +600 ~ DK441 +661段超前预支护措施由双层小导管调整为洞身长管棚套打单层小导管预支护。通过洞身长管棚和小导管对注浆不足部位或注浆盲区进行补充注浆。

(5)DK441 +600 ~ DK441 +661段衬砌结构类型与原设计不变采用“Ⅴb型”，钢架I22a工字钢，间距由原设计的0.6 m/榀调整至0.5 m/榀，其中DK441 +631 ~ DK441 +661段边墙ϕ22 mm砂浆锚杆调整为中空锚杆。

(6)采取物探或红外探测手段探查DK441 +600 ~ DK441 +675段仰拱底15 m范围是否存在空洞，如果发现异常，及时上报业主及设计单位，分析、处理并提出处理方案。

5.4.5 现场实施

1.超前地质预报

针对目前棋盘山隧道工程地质情况复杂的特点，成立专业的超前地质预测预报小组，并将该项工作纳入施工工序管理。实现信息化施工，提前掌握开挖地层的特性，确定合理的支护参数和施工方法，制定施工中可能出现的各种问题的处理预案，确保工程质量和施工安全。在预设计地质资料的基础上，采用地面预报和洞内超前预报相结合的模式，主要以洞内超前预报为主，对未开挖地段进行地质预测和分析，采集各种水文、地质、变形、应变、溶腔信息，及时进行信息反馈，以确定合理的支护参数，制定合理的施工方法。洞内超前预报主要通过全断面地质素描、TSP203地质超前预报系统、地质雷达、超前钻孔等手段进行；洞顶地表通过高密度电法及地质补勘钻探手段进行超前地质预报。

2.溶洞处理

(1)溶洞口封闭

①为防止穿堂风对溶洞围岩分化导致再次塌方，应立刻封堵突泥突水口，在突泥口设置一个宽2 m、高3 m的弧形门式架(门式架采用Ⅰ22工字钢焊接而成)，在门式架上打设15根长为6 m的108钢管，钢管的前段设置成锥形，钢管一段打入溶腔内土中，一段设置在门式架上，门式架两侧各设置8根锁脚钢管，同时在钢架布设一根直径为160 mm的钢管，钢管长为7 m，该钢管斜向布设在溶腔中间，泵管口高出隧道断面外6 m，另外在突泥口最底部预埋2根107盲管排除溶腔内裂隙水。

②钢管施作完毕后，采用C30标号网喷砼将孔口喷射封堵，喷射顺序从孔内向孔外依次喷射，喷射时尽量将喷头伸至孔内，确保喷射砼密实。

(2)泵送混凝土

采用C20砼进行溶腔充填，砼由拌和站统一拌制，8方砼罐车运至洞内由砼地泵进行泵送，砼充填分两次进行，第一次充填16 m^3，待砼强度达到终凝后再进行第二次充填，直至泵不动为止。

(3)砼止浆墙施工

施工之前在掌子面位置第一循环5 m周边预注浆位置设置1道1 m厚的C20混凝土止浆墙。

3.围岩注浆

为确保溶洞区的施工安全、改良洞周围围岩条件以及减少地表水下渗，里程DK441 +631 ~ DK441 +661段采用了5 m超前周边预注浆。里程DK441 +600 ~ DK441 +631段采用了3 m径向注浆。注浆采用1∶1水泥浆和水泥—水玻璃双液浆，以达到加固围岩及堵水的目的。

4.超前预支护施工

棋盘山隧道里程DK441 +600 ~ DK441 +661段为浅埋段，地质复杂、围岩破碎，局部溶洞发育，结合目前水平钻、施工补钻及物探工作推测，溶洞多充填，主要充填物为软塑状钙质页岩全风化体、炭质页岩全风化体及灰岩碎块等，预测最大涌水量约为1500 m^3/d。地表处于冲沟地带，埋深11 ~ 30 m。为了安全穿过此浅埋段，设计将该段超前预支护措施调整为洞身长管棚套打单层小导管预支护。

(1)洞身管棚施工

设计参数：每环45根，环向间距40 cm，洞身长管棚长度一般为10～15 m一环，两环之间及与下一类型超前支护措施的搭接长度不小于3 m。根据需要，两环长管棚之间可设置小导管。管棚外插角不大于8°，具体可根据现场情况适当调整。根据洞身管棚打设的需要，在靠近掌子面位置支立1榀钢架，该钢架支立完毕后使用锁脚钢管将该钢架进行锁脚锚固，锁脚由原来的4根增加到12根；同时该钢架支立完毕后不进行喷射混凝土施工，该钢架作为洞身管棚的导向管支撑架，在该钢架上固定导向管，导向管设置角度为10°(通过调整钢架的半径，间接调整导向管角度)，长度设定为80 cm。

(2)单层小导管施工

小导管采用无缝热轧钢管制成，采用台式钻床在前部钻注浆孔，孔径为10 mm，孔间距15 cm，呈梅花形布置，前端加工成锥形，尾部不钻孔长度不小于30 cm，作为止浆段。小导管采用凿岩风钻打孔，成孔直径ϕ42～ϕ50，孔口钻眼偏差小于50 mm，孔眼长度大于小导管长度，然后将小导管打入。小导管打入后用高压风将小导管内的砂石等吹出。小导管尾部置于钢架腹部，增加共同支护能力。小导管安装后用塑胶泥封堵导管外边的孔口及围岩裂隙。

5. 洞身开挖及初期支护

(1)洞身开挖

隧道开挖按新奥法原理进行施工，在施工中严格遵循“管超前，严注浆，短进尺，弱爆破，强支护，早封闭，勤测量”的施工原则。开挖段采用控制爆破技术，施工过程中加强检测，密切注意围岩变化，并及时调整爆破参数，随挖随护。

(2)初期支护

①锚杆施工

该段拱部140°范围内采用中空锚杆，边墙采用砂浆锚杆，其中DK441+631～DK441+661段边墙由于地质较差由原设计的ϕ22砂浆锚杆调整为中空锚杆。

②喷射砼施工

喷射混凝土施工时对有涌水、渗水或潮湿的岩面喷射前应按不同情况进行处理：大股涌水宜采用注浆堵水后再喷射混凝土；小股水或裂隙渗漏水宜采用岩面注浆或导管引排后再喷射混凝土；大面积潮湿的岩面宜采用黏结性强的混凝土，如添加外加剂、掺合料等以改善混凝土的性能。

③钢筋网

挂钢筋网在砂浆锚杆施作后安设，钢筋类型及网格间距按设计要求施作。钢筋网随被支护岩体的实际起伏状铺设，并在初喷混凝土后进行，与被支护岩面间隙约3 cm，钢筋网与钢筋网连接处、钢筋网与锚杆连接处点焊在一起，使钢筋网在喷射时不易晃动。岩面较平整时，钢筋网在加工厂加工成片，在洞内再焊接起来形成整体。岩面不平时，钢筋网在洞内现场安设。

④型钢钢架

由于该段围岩破碎，衬砌结构类型采用“Ⅴb型”，钢架I22a工字钢，间距由原设计的0.6 m/榀调整到0.5 m/榀以加强支护。

6. 监控量测

棋盘山隧道以洞内和洞外观测、水平净空变化值的量测、拱顶下沉量测及地表下沉量测为必测项目。根据围岩性质、隧道埋置深度、开挖方式等条件确定锚杆轴力量测和爆破振动观测，以进一步了解围岩变化，为后续二衬施工提供参考依据。

5.4.6 案例小结

(1)棋盘山隧道溶洞突水突泥事件，主要由向斜构造引起，经超前地质钻孔揭露，此段地层岩性、地质构造均较复杂，岩溶发育，岩体破碎，涌水量较大。对此，在施工过程中，必须加强对断层破损带、接触带、向斜地质构造等特殊地质的超前预报措施。

(2)在突水突泥整治方案中，通过超前大管棚、超前小导管、钢架加密、围岩超前注浆及周边注浆等措施的实施，对围岩进行了加固，为施工掘进提供了安全保障，最终顺利通过溶洞区域，未发生一起安全事故。

(3)针对本段实测涌水量较大，通过围岩超前预注浆、径向注浆对围岩裂隙进行加固，并加强二衬结构排水措施，实现“堵排结合、综合治理”。

(4)通过现场监控量测、二衬前断面检测，本段经地质加固处理后，拱顶沉降及围岩收敛均在允许范围内。

5.5 楼村隧道二衬纵向裂纹处理

5.5.1 设计情况

合福高铁楼村隧道位于江西省上饶市上饶县境内，隧道起讫里程为 DK445 +017 ~ DK447 +334，隧道全长 2317 m。隧道位于丘陵区，走势起伏，坡度较陡，自然坡度为 20° ~30°，植被发育，多为灌木和松林。隧址区穿过姜村向斜及白沙复式向斜核部，轴面走向北东—南西，卷入地层为震旦系、寒武系及奥陶系地层，多往南西方向扬起。楼村隧道正交穿过向斜核部，岩层产状变化较大，进口段产状为 44°∠50°，中段产状逐渐变缓，出口过渡为 240°∠21°，其中 DK446 +072 产状为 183°∠38°。隧址冲沟内有地表径流发育，流量较小，地下水为基岩裂隙水，DK446 +030 ~ DK446 +140 段浅埋段预测最大涌水量为 60 m^3/d，弱富水，其他段地下水不发育。

DK446 +140 ~ DK447 +046 段全长 906 m，均为Ⅲ级围岩；该段正交穿过向斜核部，岩层产状变化较大，围岩为钙质页岩、钙质板岩，灰黑色，青灰色，弱风化，岩质较软，节理裂隙不发育，岩体完整。震探弹性波波速为 4100 ~5350 m/s，地下水为基岩裂隙水，不发育，该段埋深在 80 m 左右。

DK445 +263 ~ DK446 +030 段设计为Ⅲ级围岩，全长 767 m；该段正交穿过向斜核部，岩层产状变化较大，围岩为钙质页岩、钙质板岩，灰黑色，青灰色，弱风化，岩质较软，节理裂隙不发育，岩体完整。震探弹性波波速为 4250 ~5250 m/s，地下水为基岩裂隙水，不发育，该段埋深在 140 m 左右。

隧道Ⅲ级围岩主要采用Ⅲc 复合式衬砌，ϕ22 mm@ 140 格栅钢架加强支护，纵向间距 1.2 m/榀，初期支护采用喷射 C30 混凝土，仰拱无初期支护，二衬拱墙、仰拱均采用 C30 素混凝土，厚度为 40 cm，仰拱填充为 C20 混凝土，最大厚度为 128.5 cm。

5.5.2 事件简介

2014 年 9 月，接管单位南昌西工务段在对楼村隧道进行正式静态验收检查时，发现 DK446 +934.1 ~ DK447 +005.5 段线路左侧及 DK445 +576 ~ DK445 +652 段线路右侧及水沟电缆槽顶面以上 1.5 ~3.5 m 部位连续 6 ~6.5 板二衬边墙出现纵向裂缝，裂缝的宽度为 0.25 ~0.75 mm 不等，如图 5 -5 -1 所示。建设单位现场指挥部及时组织设计单位、监理单位、施工单位进行多次现场查看，对裂纹地段及前后隧道围岩重新进行地质钻孔取芯。

图 5 -5 -1 楼村隧道连续纵向裂缝情况

5.5.3 原因分析

为查找原因，在接管单位、监理、设计等各方的共同见证下，施工单位对楼村隧道纵向裂缝段的二衬厚度、二衬强度、仰拱厚度、仰拱虚渣及仰拱填充强度进行了取样，并对样品进行了检测。取芯数据显示仰拱下基本没有虚渣；二衬及仰拱厚度均能满足设计要求，强度实验验证混凝土强度均超出设计值；现场施工质量基本能满足设计要求；裂缝可能是由于这两段钙质页岩存在着围岩低应力而导致的。裂缝处取芯调查情况如表 5 -5 -1、图 5 -5 -2、图 5 -5 -3、图 5 -5 -4 所示。

表5-5-1 楼村隧道二衬裂缝处取芯情况统计表

序号	里程	二衬设计厚度(cm)	芯样长度(cm)	裂缝深度(cm)	备注
1	DK446+937	40	45	13	厚度满足设计
2	DK446+943	40	45	25	厚度满足设计
3	DK446+951.5	40	40	33	厚度满足设计
4	DK446+956	40	40	34	厚度满足设计
5	DK446+963	40	44	20	厚度满足设计
6	DK446+966	40	44	13	厚度满足设计
7	DK446+975	40	42	27	厚度满足设计
8	DK446+980	40	45	15	厚度满足设计
9	DK446+985.5	40	40	6	厚度满足设计
10	DK446+992	40	42	13	厚度满足设计
11	DK446+999	40	45	26	厚度满足设计
12	DK447+004	40	43	17	厚度满足设计

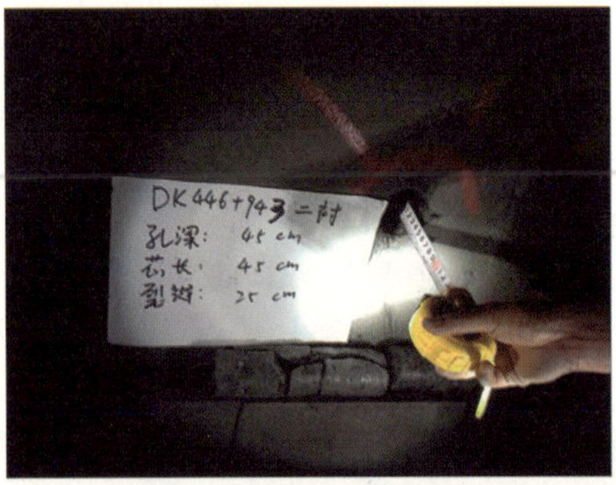

图5-5-2 二衬裂纹处取芯情况

图5-5-3 边墙裂缝对应仰拱取芯情况

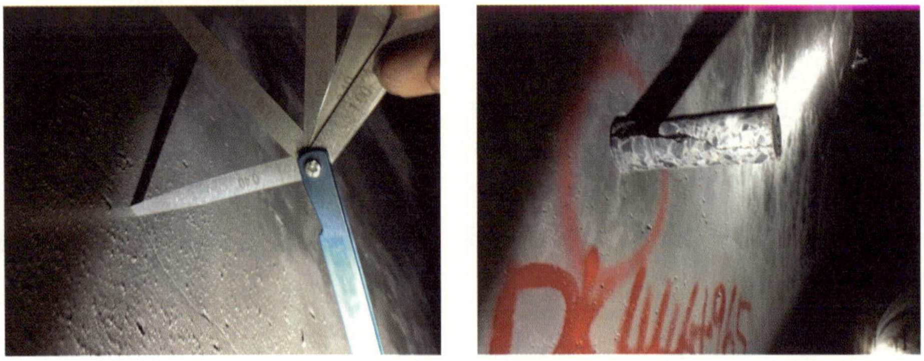

图5-5-4 裂纹调查情况

5.5.4 处理措施

根据楼村隧道二衬纵向裂缝现状及钻孔取芯验证情况，建设单位组织召开了两次楼村隧道二衬纵向裂缝处理专家会议，最终确定了处理方案。居于楼村隧道除 DK445+576～DK445+654 段及 DK446+934.1～DK447+006 段外的4段结构裂缝，其余地段均能满足下列前提条件：

(1)隧道衬砌类型、仰拱强度和厚度、初支钢架满足设计要求；

(2)拱部及边墙背后无空洞，敲击无空响；

(3)地质条件与设计相符；

(4)衬砌结构未发生较大变形，隧道基底无异常沉降；

(5)隧道内排水管网排水通畅。

根据专家组意见及现场实际情况，设计院编制了《楼村隧道 DK446 +934.1 ~ DK447 +005.5、DK445 +263 ~ DK446 +030 段结构裂缝缺陷整治设计图》，制定了整治措施：对仰拱以下有虚碴的地段，采用注浆加固处理；对水平裂缝地段，在裂缝上下各施作 1 排 ϕ28 mm(长 3.5 m)砂浆锚杆加固，裂缝采用环氧树脂进行封闭处理。

5.5.5　现场实施

1. 对裂缝段布设监控量测点

设计要求对裂缝段两侧各 40 m 范围进行监测，监测点分别布设在拱顶及拱腰位置，其中拱顶布设 1 个点、拱腰位置左右侧各布设 1 个点，纵向间距按照 10 m 布设一个断面；观测点采用沉降观测标的方式进行布置，在二衬表面打设膨胀螺栓，将观测标用螺栓固定在膨胀螺栓上，监测的频率如表 5 -5 -2 所示。

表 5 -5 -2　监测频率表

联调联试	监测期限	监测周期	备注
	前一个月	1 次/d	
运营期	1 个月后	1 次/7 d	
	前一年	1 次/15 d	
	一年后	1 次/30 d	

2. 对裂缝段仰拱进行注浆加固

根据仰拱取芯情况显示，部分仰拱点还是存在少量虚渣情况，为减少二衬因仰拱虚渣而产生不均匀的情况，需对裂缝段仰拱进行注浆加固处理。

(1)注浆采取 ϕ50 mm 注浆孔，注浆孔深至仰拱底面以下不小于 40 cm，横断面 8 孔，纵向间距 1.5 m，注浆扩散半径 1.0 m。注浆孔不得打断横向排水管，仰拱注浆打孔布置如图 5 -5 -5 所示。

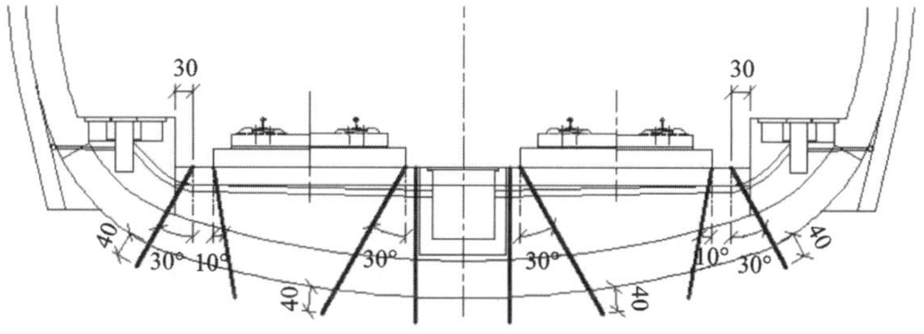

图 5 -5 -5　仰拱加固注浆孔布置图

(2)注浆材料采用 1∶1 水泥浆液或者硫铝酸盐水泥，硫铝酸盐水泥浆水灰比为 0.8∶1，详细参数见《硫铝酸盐水泥》(GB 20472—2006)。

(3)注浆顺序：从仰拱中心向两侧、从下坡端向上坡端(即小里程向大里程)顺推，采用“一次成孔、一序注浆”。

(4)注浆压力：注浆过程中，注浆段落由专人负责进行水平尺全程监控。初始注浆压力建议不大于 0.05 MPa，终孔注浆压力 0.2 MPa。

(5)单孔结束标准：相邻注浆孔开始返浆或注浆压力逐步升高且进浆量无明显变化。

3. 对裂缝段边墙进行锚杆加固处理

由于二衬表面已存在裂缝，裂缝处将成为二衬结构的薄弱点，需对该薄弱点进行加固处理，设计要求对裂缝处理采用锚杆加固处理。

(1)边墙裂缝两侧采用锚杆加固。锚杆沿裂缝纵向梅花形布置，环向间距 1 m，纵向间距 1.5 m，钻孔直径 42 mm，钻孔孔深 3.5 m，锚杆采用直径为 32 mm 的精轧螺纹钢，锚杆长 3.5 m，外漏 10 cm。锚杆平面布置如图 5-5-6 所示。

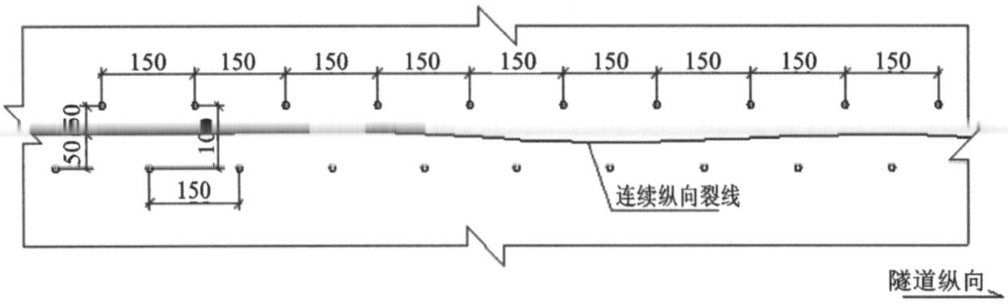

图 5-5-6 锚杆平面布置图

(2)锚杆孔钻完后将孔内清理干净，注入 M40 水泥砂浆，插入锚杆，待砂浆固结后，每根锚杆外露部分安装 1 块垫板(厚 8 mm，中间穿孔直径 34 mm，直径 10 cm 的圆形钢板)，在垫板上外装 1 个六角螺母，螺母长 5 cm。

注浆管顶端距不密实面不大于 2 cm，注浆过程中由专人负责进行全程监控。初始注浆压力不大于 0.5 MPa，终孔注浆压力为 0.2 MPa。从下到上、从四周向中间逐孔进行。注浆前应做好准备，保证注浆连续进行，在一个孔眼注浆完成之前不得中途停止。

(3)注浆结束 28 天后，对锚杆进行拉拔试验，锚杆拉拔力不小于 50 kN，现场采用拉拔计对锚杆拉拔力进行抽检，每处连续裂缝病害抽检率不小于 5%，且不小于 3 根。

4. 对裂缝进行封闭及注浆处理

锚杆施工完毕需对裂缝位置进行注浆加固，并对裂缝进行封闭处理。

(1)把裂缝两边各 3 cm 宽范围内的衬砌表面刷洗干净，清除松动砼块，沿裂缝间隔 20～30 cm 贴一处胶带；

(2)刮涂 J-1 快干型封缝胶两道，封缝胶固化后揭除胶带，安设灌浆嘴，如图 5-5-7 所示；

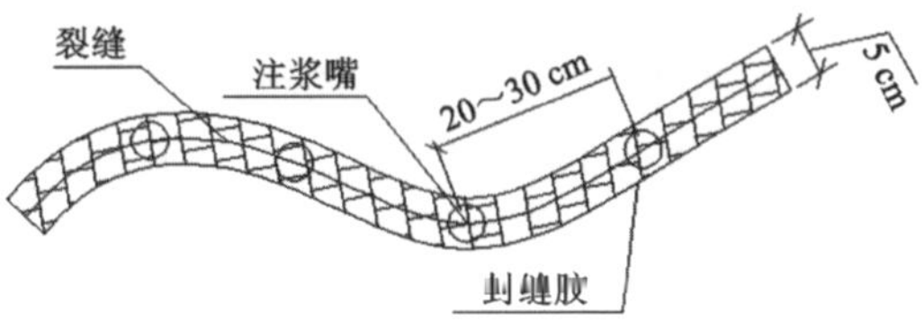

图 5-5-7 裂缝处理示意图

(3)灌注环氧树脂，待树脂固化后，拆除灌浆嘴并清理表面封缝胶，裂纹环氧注浆封闭如图 5-5-8 所示；

图 5-5-8 裂纹环氧注浆封闭

(4)沿裂缝走向在两侧各20 cm范围内的基层表面涂布水泥基渗透结晶型防水涂料2次，用量不应小于1.5 kg/m^2，且涂抹厚度不应小于2.0 mm。

5.5.6 案例小结

(1)针对连续纵向裂纹出现的原因，主要基于三个方面：一是对钙质页岩节理发育地段的地质还需在施工过程中进一步加强地质条件确认，及时了解围岩动态情况，以便更好地指导施工，保证结构安全；二是施工过程中，必须坚持对隧底的清理，确保无虚碴；三是加强隧道沉降观测，及时了解结构沉降变化情况。

(2)通过楼村隧道裂纹的现场验证、地质条件确认，为裂纹整治加固方案提供依据，通过锚杆加固、隧底加固、裂纹加固封闭等措施的实施，经沉降监测分析，隧道整体稳定，满足运营要求。同时也为类似工程提供了参考经验。

5.6 武夷隧道出口段软弱围岩初支变形地表注浆换拱处理

5.6.1 设计情况

武夷隧道起讫里程为DK556+155.88～DK561+137，全长4981.12 m。隧址区位于武夷山脉北段南东侧，属于低山-丘陵地貌，为构造剥蚀山地，总体地形中部高、两侧低。出口段地形坡度相对较缓，自然坡度为10°～15°。

(1)出口段地质概况

地表为(Q4dl)粉质黏土，灰黄色，软—硬塑，土体湿润，厚度约为3 m。成分以粉黏粒为主，局部夹块石土，下伏(Pt2dl)全风化云母石英片岩，灰黄色，呈砂土状，厚约9 m。地下水主要为基岩裂隙水，易受地表水下渗影响。最大涌水量为898 m^3/d，为中等富水区。

(2)出口段工程地质评价

出口段表层为坡积(Q4dl)粉质黏土夹碎石土，灰黄色、灰黑色，软—可塑，湿润。成分以粉黏粒为主，厚度约为3 m，局部含碎石、块石约20%，个别块石直径为600～1200 mm，厚度为3.5～13.5 m。隧道出口段的DK560+660～DK561+137为松散堆积体。围岩分级为Ⅴ级，总体稳定性差，工程地质条件差，易坍塌。

(3)设计主要处理措施

DK561+028～DK561+108段，采用Ⅴb型加强衬砌结构，洞口长管棚预支护，六步CD法施工；DK560+820～DK561+028段，采用Ⅴb型加强衬砌结构，双层小导管预支护，六步CD法施工。

5.6.2 事件简介

武夷隧道出口工区自2010年10月进洞施工，采用四步CD法开挖，采用洞身ϕ108长管棚结合ϕ42单层小导管超前预支护；初期支护喷厚28 cm的混凝土，采用间距0.6 m/榀的I22a型钢钢架。

2012年4月以来，陆续发现DK561+006～DK561+042段拱顶及拱腰位置出现了较大沉降，日均沉降量达到3～5 cm，5月23日地表出现了多条裂缝，裂缝最大宽度约10 cm，长度约10 cm，方向垂直隧道中线，如图5-6-1所示。截至2012年6月3日，隧道拱顶累计下沉降大值540 cm，侵入二衬390 cm。

2012年11月14日至16日，武夷山地区持续下中到大雨，至11月17日陆续发现DK561+000～DK560+989段拱顶位置出现了较大沉降，日最大沉降量达到260 mm，拱腰部位收敛最大达到632 mm，洞内初支钢拱架变形照片如图5-6-2所示。11月20日地表发现了多条横向裂缝，裂缝最大宽度为2～3 cm，长度约10 cm，方向垂直隧道中线。截至2012年11月27日，隧道拱顶累计下沉降大值1340 cm，侵入二衬850 cm。

图5-6-1 地表开裂

图5-6-2 洞内初支钢拱架变形

5.6.3 原因分析

该段隧道围岩级别为Ⅴ级，隧道埋深浅，地层为残坡积粉质黏土夹块石及全风化石英云母片岩，地层分层线位于隧道的中上拱部范围内，粉质黏土及全风化地层软弱，自稳性较差，受地下水影响大，水理性差，遇水强度下降。

本段隧道施工期间雨水天气较多，雨水下渗会造成洞内围岩自稳能力、承载能力降低。线路右侧的山体土层含水率增大，会挤压拱脚钢架进入边墙身净空内，造成初支系统失稳，拱顶、拱脚侵入二衬范围。

5.6.4 处理措施

(1)加强地表与洞内截排水处理。对地表裂缝采用黏土夯填封闭，设置截水沟将地表水排至隧道范围以外；洞内积水及时抽排，防止软化基底。

(2)为改善隧道洞身浅埋段围岩物理力学性能，对DK560+920～DK561+042段地表进行注浆处理。

(3)DK561+000～DK561+028段超前支护采用洞身ϕ108 mm管棚结合超前小导管。ϕ108管棚按拱墙 180°范围设置(一环 10 m、搭接长度为 3 m)，为加强管棚刚度及抗弯能力，在钢(花)管内设置钢筋笼，DK560 +920 ~ DK561 +000 段超前支护采用洞身 ϕ89 mm 管棚结合单层小导管。ϕ89 管棚按拱墙 140°范围设置(一环 15 m、搭接长度为 3 m)。

(4)掌子面采用玻璃纤维锚杆(L =8 m)及喷砼(每开挖一环封闭一次)防护。

(5)DK561 +000 ~ DK561 +042 段初期支护钢架采用 HW175 型钢、间距 0.5 m/榀，DK561 +000 ~ DK560 +920 段初期支护钢架采用 I22 型钢、间距 0.6 m/榀；并采取有效措施对钢架接头部位进行锁脚处理。

5.6.5　现场实施

1. 地表袖阀管注浆

DK561 +000 ~ DK561 +042 段地表注浆加固范围为隧顶以上 8 m、隧道中线两侧各 15 m；

DK560 +989 ~ DK561 +007 初支钢架变形段地表袖阀管注浆范围为隧道中线两侧各 15 m、隧顶以上 8 m 至仰拱底；

DK560 +920 ~ DK561 +989 段地表袖阀管注浆范围为隧道中线两侧各 12 m、隧顶以上 6 m 至仰拱底下 2 m。

地表袖阀管注浆示意图如图 5 -6 -3、图 5 -6 -4 所示。

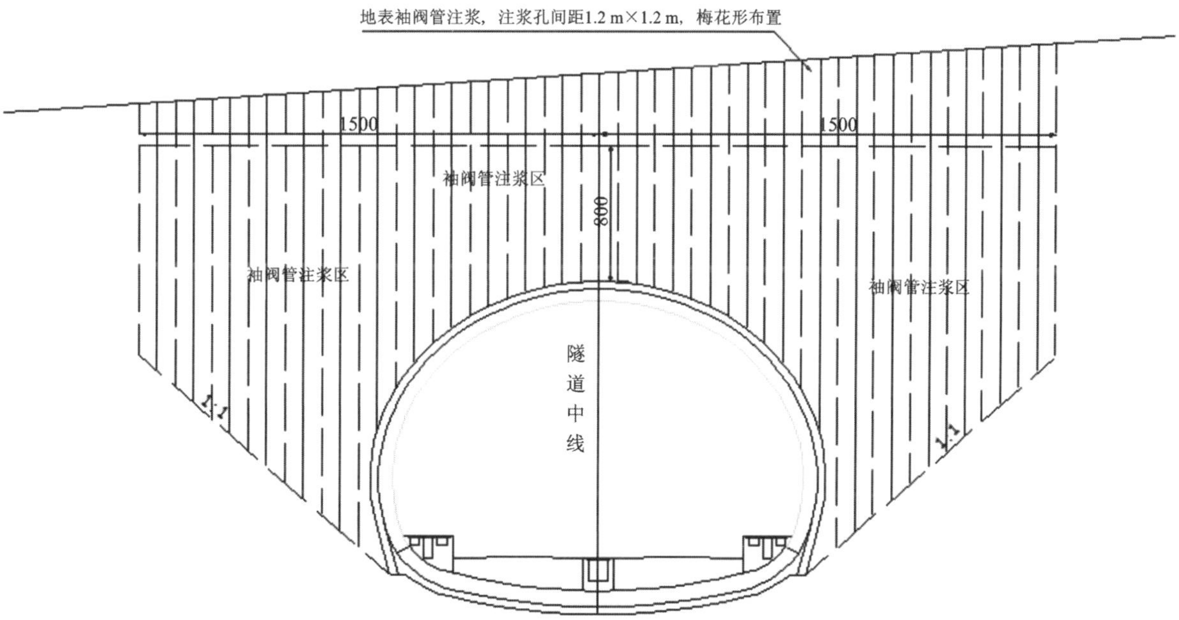

图 5 -6 -3　DK561 +000 ~ DK561 +042 段地表袖阀管注浆示意图

(1)工艺流程

地表注浆处理施工采用后退式袖阀管分段注浆工艺，即采用地质钻机垂直于地面钻孔，下入袖阀管后，通过注浆泵进行后退式分段注浆，较均匀地固结充填地层空隙，如图 5 -6 -5 所示。

(2)钻孔施工

采用回转式地质钻机成孔。采用针状合金钻头钻进，用泥浆作为冲洗液，开孔孔径 110 mm。采用一次成孔法，钻至设计高程后停止钻进。

排间钻孔分为二序施工，同排钻孔亦分为二序施工，先钻一序后钻二序。

钻孔过程中，遇地层变化等异常情况，应进行详细记录。

(3)清孔、浇注套壳料、下袖阀管及待凝

①清孔

钻孔结束后，对钻孔进行清孔，即用稀泥浆置换孔内的稠泥浆，待回浆比重小于 1.1 时，清孔即可结

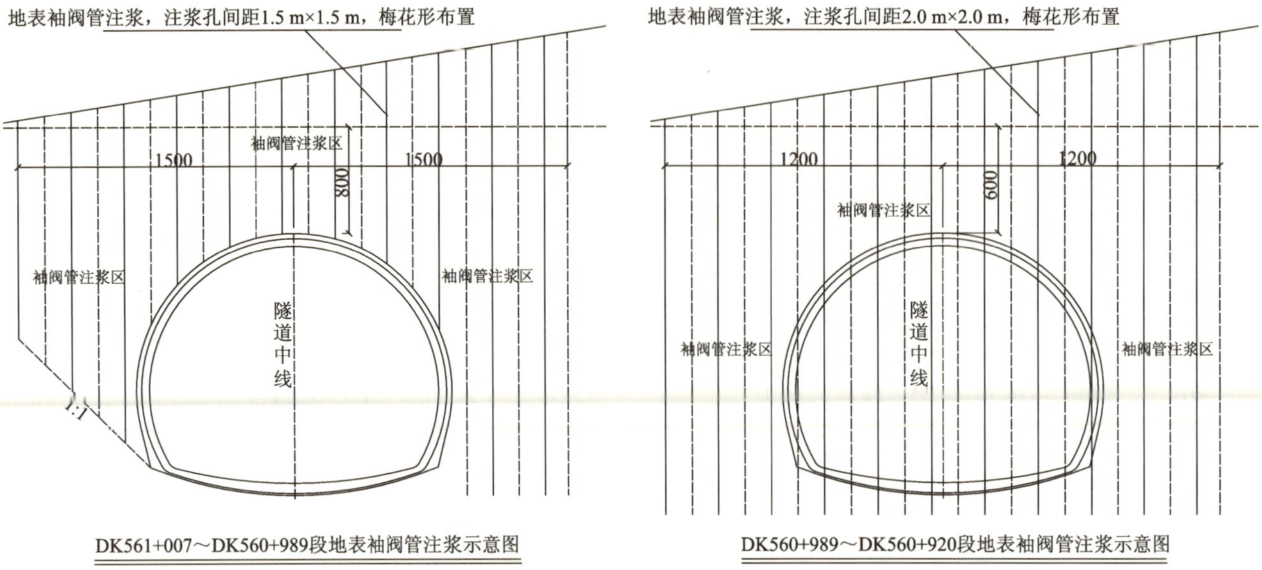

图5－6－4 DK560＋989～DK561＋007段、DK560＋920～DK560＋989段地表袖阀管注浆示意图

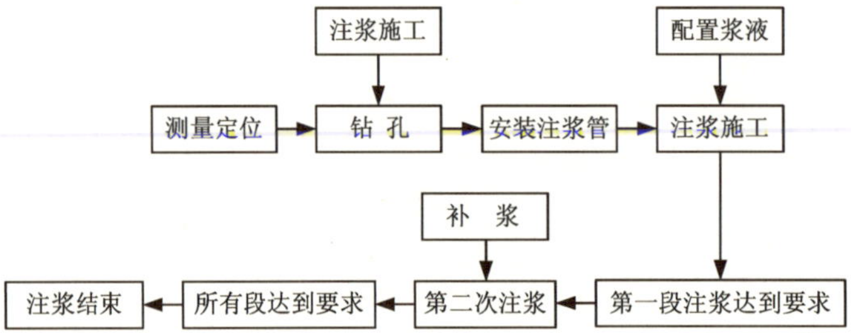

图5－6－5 后退式袖阀管分段注浆工艺流程

束。清孔后立即向孔内注入套壳料。

②浇注套壳料

套壳料是由水泥、黏土浆按配比混合制成（水泥∶黏土∶水为1∶1.5∶1.9）。将导管下至孔底10 cm处，用注浆泵通过导管将套壳料送到孔底，使套壳料自下而上全部置换孔内泥浆，直到套壳料从孔口溢出。浇注套壳料必须连续进行，不得中间停顿。灌注套壳料的时间力求最短，最长不宜超过20分钟。

③下袖阀管

套壳料注入完毕后立即下入袖阀管，袖阀管位置应居中并固定，管底高程应满足设计要求，管口出地面10～20 cm，对管口加以保护。

④待凝

套壳料灌注完毕后，须待凝3～5天才能注浆。

(4)注浆

现场注浆照片如图5－6－6所示。

图5－6－6 现场注浆

①注浆材料

本注浆工程使用纯水泥浆，采用PO42.5普通硅酸盐水泥，注浆用水采用引用水，水灰比为0.8∶1～1∶1。

制浆材料的称量误差应小于5%，每部注浆机都配备一部专用的灰浆搅拌机。

水泥浆搅拌时间不小于 3 分钟。浆液使用前必须过筛，浆液制备至用完时间不宜大于 4 小，超过 4 小的余浆应作为废浆处理。

②注浆方式

A. 注浆工序

套壳料待凝到规定强度后，即准备注浆工作。首先用清水将袖阀管冲洗干净，然后向袖阀管内下入双塞式注浆塞，注浆塞出浆口与袖阀管环孔位置应一致。用注浆泵对袖阀管内注浆段逐渐加压，直到清水通过花管的孔眼将套壳料压开，使套壳料产生裂缝，即开环。开环后，即向地层中灌注符合规定配合比的水泥浆。

B. 开环标准

清水耗量突然大增，压力突然降低。

C. 注浆次序

先灌边排孔，后灌中间排孔。每排孔采用逐渐加密的方式灌注。

开环率要求大于 95%，中排孔不得有连续不开环的孔段，边排孔不得有连续 3 个不开环的孔段。

③注浆压力

拟采用注浆压力 0.5 ~ 1.2 MPa。

④注浆结束标准和封孔

A. 注浆结束标准

a. 注浆压力逐步升高，当达到设计终压并继续注浆 10 min 以上；

b. 注浆结束时的进浆量在 5 L/min 以下；

c. 若单孔(或每段)压力达不到设计终压，但注浆量达到设计注浆量。

B. 封孔

袖阀管注浆结束并验收合格后对袖阀管进行封孔，封孔采用纯水泥浆。注浆结束后须对注浆效果进行检查，检查的方法为：

a. 对注浆过程中的 $P-Q-t$ 曲线进行分析，要求达到设计终压，注浆速度小于 5 L/min，并且 $P-t$ 曲线呈上升趋势，$Q-t$ 曲线呈下降趋势；

b. 施工总注浆量反算出浆液填充系数达到 80% 以上。

(5)特殊情况下的技术处理措施

①在注浆过程中，发现浆液冒出地表即为冒浆，应采取如下控制性措施：

A. 降低注浆压力，同时提高浆液浓度，必要时掺砂或水玻璃。

B. 限量注浆，控制单位吸浆量不超过 30 ~ 40 L/min 或更小一些。

C. 采用间歇注浆的方法，即发现冒浆后就停灌，等待 15 分钟左右再灌。

②在注浆过程中，当浆液从附近其他钻孔流出即为串浆，应采取如下方法处理：

A. 加大第 I 次序孔间的孔距；

B. 在施工组织安排上，适当延长相邻两个次序孔施工时间的间隔，使前一次序孔浆液基本凝固或具有一定强度后，再开始后一次序钻孔，相邻同一次序孔不要在同一高程钻孔中注浆；

C. 串浆孔若为待灌孔，采取同时并联注浆的方法处理，如串浆孔正在钻孔，则停钻封闭孔口，待注浆完后再恢复钻孔。

图 5-6-7　现场取芯验证

注浆结束 7 天后须对注浆处理效果进行质量检查，检查的方法采用抽样在相邻两孔间钻探检验注浆扩散半径及注浆质量，现场取芯验证如图 5-6-7 所示。若达到规定要求，说明满足设计要求，否则须补孔继续注浆，直到满足设计要求。检查满足设计要求后，对所有探测孔注浆补强，并用砂浆封口。

2. 超前支护

(1)洞身管棚施工

洞身长管棚长度一般为 10 ~ 15 m 一环，两环之间及与下一类型超前支护措施的搭接长度不小于 3 m。由于在前期施工过程发生初支钢架侵入二衬，管棚施工前需要对部分侵限的初支钢架进行换拱处理，换拱长度满足管棚施工所需即可，然后再立 1 榀钢架，该钢架支立完毕后使用锁脚钢管对该钢架进行锁脚锚固，每个接头采用 6 根 ϕ89 mm 钢管，钢管长 5 m，同时该钢架支立完毕后不进行喷射混凝土施工，该钢架作为洞身管棚的导向管支撑架，在该钢架上固定导向管，导向管设置角度 5°(通过调整钢架的半径，间接调整导向管角度)，长度设定为80 cm，然后进行喷射混凝土施工(喷射砼时需对导向管进行临时堵塞)。待喷射砼完成 24 小时后再进行钻孔及后续的送管(ϕ108 mm 钢管内加钢筋笼)、注浆等施工，洞身管棚施工如图 5 – 6 – 8 所示。

(2)单层小导管施工

小导管采用无缝热轧钢管制成，采用台式钻床在前部钻注浆孔，孔径为 10 mm，孔间距 15 cm，呈梅花形布置，前端加工成锥形，尾部不钻孔长度不小于 30 cm，作为止浆段。小导管采用凿岩风钻打孔，成孔直径 ϕ42 mm ~ ϕ50 mm，孔口钻眼偏差小于 50 mm，孔眼长度大于小导管长度，然后将小导管打入，小导管打入后用高压风将小导管内的砂石等吹出。将小导管尾部置于钢架腹部，增强共同支护能力。小导管安装后用塑胶泥封堵导管外边的孔口及围岩裂隙，然后进行注浆，洞内单层小导管施工如图 5 – 6 – 9 所示。

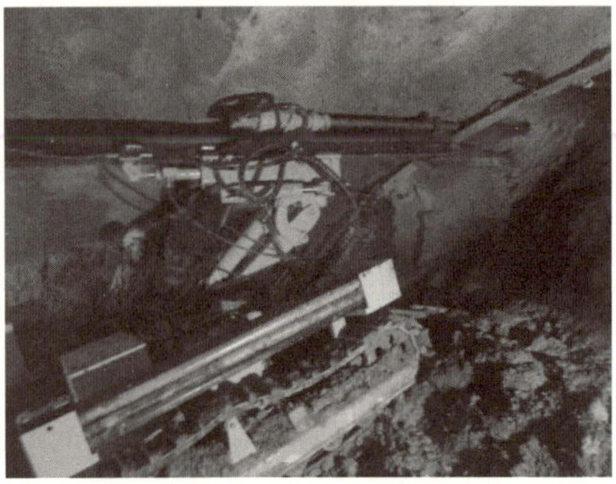

图 5 – 6 – 8　洞身管棚施工

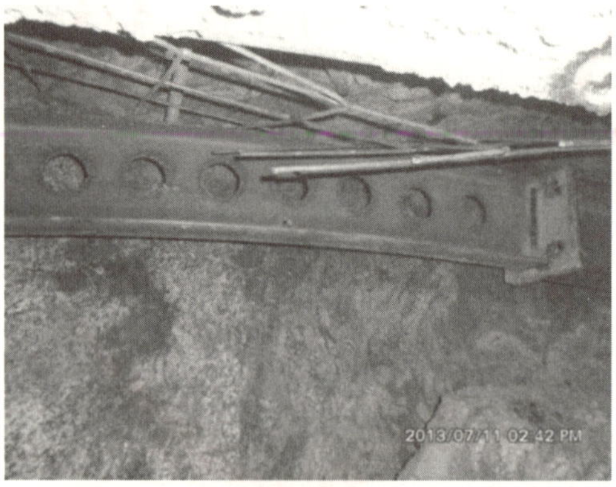

图 5 – 6 – 9　洞内单层小导管施工

3. 对侵限的初支钢架进行更换

钢棚施工完毕后，对剩余侵限的初支钢架进行更换。换拱前，先进行断面测量以确定初支侵限的部位和数据，然后对洞内初支钢架进行加固(在洞内增设竖撑)。换拱作业时，采用由上至下的顺序，先换拱部钢架，待已更换初期支护的砼达到一定强度后，再更换边墙段钢架。由洞口方向向掌子面方向进行，每次换拱作业，不得超过 1 榀钢架。

(1)剥离初支砼、拆除钢架及连接件、更换钢架

待松散围岩固结后，进行换拱作业。换拱时，先采用弱爆破对初期支护砼进行剥离，然后切除连接螺栓，最后拆除待换钢架、钢筋网等。

对开挖断面再次进行量测，并对开挖断面进行人工修整(并预留变形量 15 cm)，然后对开挖面进行初喷，厚度 4 cm。

安装钢架和施工系统锚杆，DK561 +000 ~ DK561 +042 段采用 HW175 型钢、间距 0.5 m/榀，DK560 +920 ~ DK561 +000 段初期支护钢架采用 I22 型钢、间距 0.6 m/榀，系统锚杆(拱部不设系统锚杆)间距 1.2 m(环向) ×1.2 m(纵向)，其中 DK560 +920 ~ DK561 +000 段右侧边墙系统锚杆调整为 ϕ42 mm 钢花管，壁厚 3.5 mm，长度 5 m，注 1∶1 水泥浆。

对于拱部和边墙均侵限的钢架，更换边墙钢架前，应待该榀钢架的拱部钢架更换完毕且喷射砼达到一

定强度后再更换边墙段钢架。

(2)安装钢筋网片

ϕ6 mm 钢筋网格间距为 20 cm×20 cm，搭接 1～2 个网格(注意上下台阶处搭接)，钢筋网片均须超过拱架 1～2 个网格。该榀钢架的网片均须与上榀钢架的网片进行焊接连成整体。

(3)安装纵向连接钢筋

采用 ϕ22 钢筋将相邻两榀钢架按设计要求进行连接，以保证整体受力结构。

(4)打设锁脚钢管

在更换钢架的拱脚处各打一组 6 m 长、ϕ89 mm 的锁脚钢管，并采用 ϕ25 mm L 形连接钢筋将钢管、拱架焊接牢固，并注浆，如图 5－6－10 所示。

图 5－6－10　ϕ89 mm 锁脚钢管(注浆)

(5)喷射砼

钢架、锁脚、钢筋网安装完成后，及时喷射砼进行封闭。喷射顺序应自下而上，喷射砼作业应分段、分片、分层依次进行，喷射时先将低洼处大致喷平，再自下而上顺、往复喷射。喷射厚度为 28 cm，砼表面的平整度允许偏差为 100 mm。

4. 监控量测

武夷隧道出口洞内和洞外观测、水平净空变化值的量测、拱顶下沉量测及地表下沉量测为必测项目。根据围岩性质、隧道埋置深度、开挖方式等条件确定是否采用锚杆轴力量测和爆破振动观测，以进一步了解围岩变化，为后续二衬施工提供参考依据。

5.6.6　案例小结

围岩较差的浅埋隧道，通过地表袖阀管注浆对围岩进行加固和做洞内支护参数调整，达到了有效控制围岩变形，保持隧道初支结构基本稳定的目的。

(1)采用袖阀管注浆对隧道围岩进行加固，较好地解决了地表水下渗对隧道施工的影响，洞内围岩强度得到了加强。

(2)采用洞身管棚结合小导管对围岩进行预支护，对隧道洞身上方的危岩变形起到了较好的抑制作用。

(3)支护参数调整，将初支变形较大 DK561＋000～DK561＋042 段的 I22 工字钢(间距 0.6 m/榀)调整为 HW175 型钢、间距 0.5 m/榀，每个接头锁脚钢管由原设计的 4 根 ϕ50 mm 钢管调整为 6 m 长、ϕ89 mm 的锁脚钢管，部分系统锚杆调整为 ϕ42 mm 钢花管，注 1∶1 水泥浆等措施。刚柔并济的综合初期支护体系，能有效约束围岩变形，减少变形量，避免了单一措施失效。

(4)施工过程中要加强监控量测频率，根据量测数据调整支护参数。做好施工过程中施工各工序的衔接，及时封闭成环。

5.7 岭头亭隧道进口明洞段优化设计

5.7.1 设计情况

岭头亭隧道起讫里程为 DK756 +040 ~ DK760 +149，全长 4109 m。位于福建省闽清县东桥镇境内，进口位于福建省闽清县东桥镇横溪坑(溪尾)电站南的山坡上，洞身穿过后空垄自然村，出口位于闽清县东桥镇大箬村西北侧的上坡上。岭头亭隧道进口 DK756 +040 ~ DK756 +181 段设计为明挖法施工，其中 DK756 +040 ~ DK756 +053 段衬砌类型为喇叭口倒切式洞门(L -13 m)，DK756 +053 ~ DK756 +181 段衬砌类型为偏压路堑式明洞(墙顶开挖)，如图 5 -7 -1 所示。

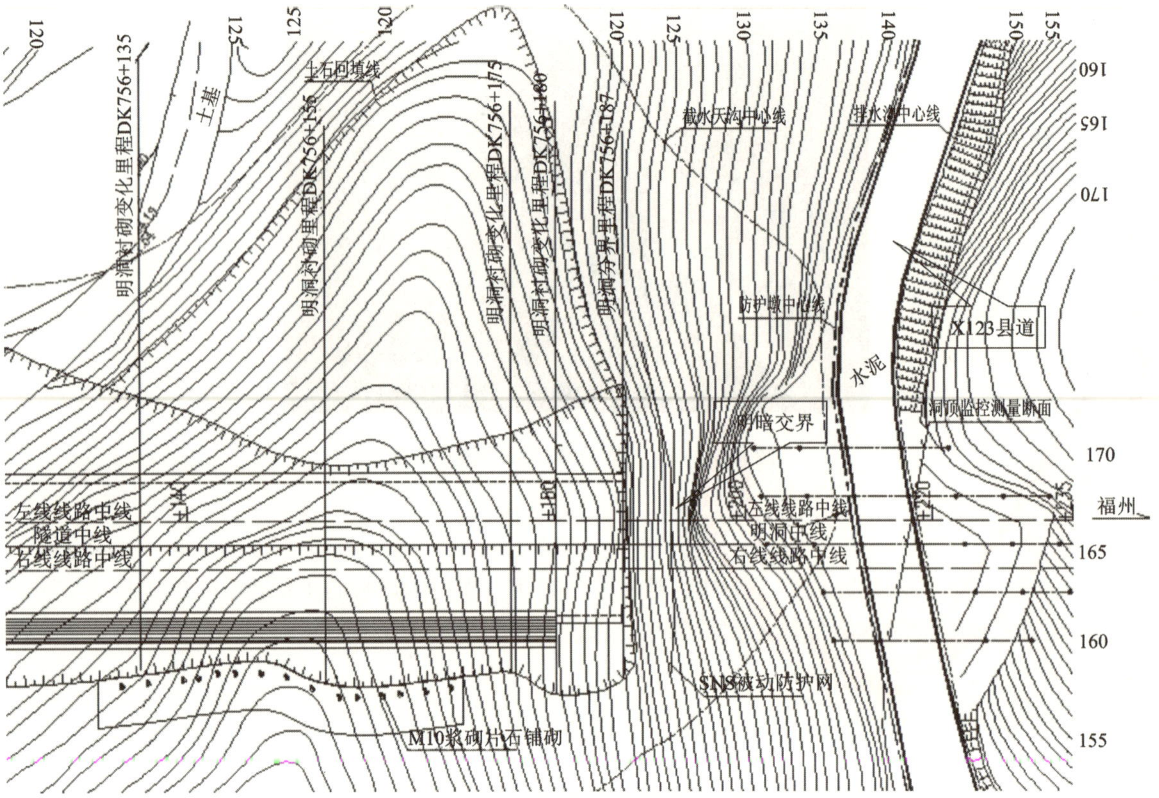

图 5 -7 -1 岭头亭隧道进口明洞段示意图

5.7.2 优化原因

岭头亭隧道进口上方 45 m 处为 X123 县道，如图 5 -7 -2 所示。坡面危岩、落石较多；进口段下穿 Y209 乡道，在乡道靠山侧有 1 处冲沟，明洞段地势较缓，形成了自然汇水面，长期受水浸泡、侵蚀，仰拱开挖后，基底揭示为山体冲沟堆积层，主要为粉质黏土夹碎石，地层松软，局部有地下水渗出。

5.7.3 优化设计

(1)施工图设计情况

岭头亭隧道起讫里程为 DK756 +073 ~ DK760 +157，全长 4084 m。岭头亭隧道进口 DK756 +073 ~ DK756 +187 段设计为明挖法施工，其中 DK756 +056 ~ DK756 +102 段衬砌类型为帽檐斜切开孔式缓冲结构(L -29 m)，DK756 +102 ~ DK756 +187 段衬砌类型为明洞(墙顶开挖)。DK756 +130 ~ DK756 +170 段结构右侧基础悬空，设计采用 C20 混凝土回填，回填深度最大为 8.0 m，深入基岩不小于 1 m。

(2)优化设计情况

图 5-7-2　岭头亭隧道进口上方 X123 县道

施工图明洞段设计优化：延长进口明洞长度，将明暗分界里程由原设计的 DK756+181 调整至 DK756+187，公路下方明洞洞顶填土厚度加厚至 4.0 m，施工前应清除上方边坡的松散危石，采用随机锚索与锚杆相结合对危石进行加固，坡面采用防护网防护。

明洞基底优化：仰拱开挖后 DK756+130～DK756+187 段所揭示的水文地质情况与设计存在较大差异，经参建四方现场会勘，决定对仰拱以下粉质黏土夹碎石土部分采用 C20 混凝土进行换填处理，如图 5-7-3 所示。

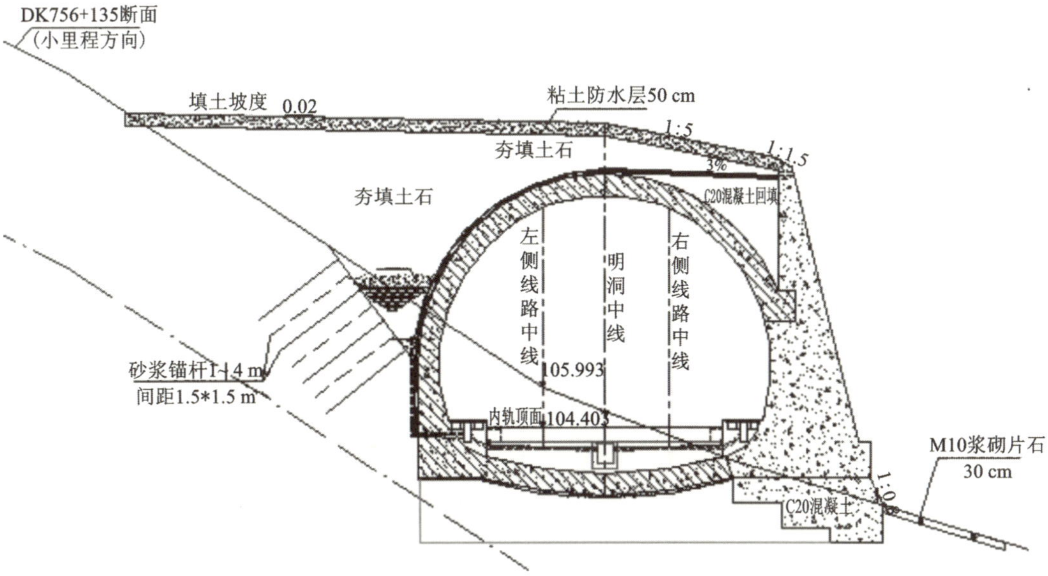

图 5-7-3　基地换填

5.7.4　现场实施

(1) 明洞洞顶仰坡危岩落石防护方案

进洞前，首先应对仰坡坡面松动、突兀的危岩危石采取爆破或人工清除的方式从上往下清除，再进行危岩危石加固；对不能清除的直径大于 2.0 m 以上的孤石(危石)采取预应力锚索加固，随机布置(锚孔直径为 130 mm，锚索长 15 m，锚固段长 5～8 m，进入稳定母岩不少于 5 m，每孔锚索均为 3 束钢绞线，锚固

力 $P=350$ kN，倾角为15°。锚头采用C35钢筋锚墩，锚孔内灌注M40水泥砂浆）。对不能清除的直径小于2 m的孤石，在其下部设置固定锚杆不少于2根，锚杆长2 m，为 $\phi32$ mm HRB335级钢筋，锚杆外露长1 m，锚孔直径50 mm，灌注M30水泥砂浆。对仰坡坡面不易清除处理干净的大面积危岩及陡崖区域采取SNS主动防护网防护，防护面积为5400 m^2。

在隧道进口上方X123县道靠山外侧设置90 cm高的防护墙及监测设施。

(2)明洞基底换填实施方案

DK756+130~DK756+187段仰拱基底换填总体施工采取纵向分2段、高度方向分3~4段浇筑完成，每层厚3 m。开挖主要采用挖掘机从上至下逐级放坡进行开挖，如图5-7-4所示，局部人工利用风镐进行修整，如图5-7-5所示。临时边坡采用喷锚支护，锚杆采用 $\phi22$ mm砂浆锚杆，L-4 m，间距1.5×1.5 m，呈梅花型布置，钢筋网采用 $\phi8$ mm，网格间距25×25 cm；喷射混凝土采用10 cm厚的C25网喷混凝土，混凝土采用自动计量拌和站拌制，用罐车运输到作业地点，利用溜槽浇筑至作业面，混凝土振捣采用插入式捣固密实，混凝土浇筑养生如图5-7-6所示。

图5-7-4 挖掘机挖碴

图5-7-5 人工进行清底

图5-7-6 混凝土浇筑养生

5.7.5 优化小结

岭头亭隧道进口明洞接长方案优化完工全景图如图5-7-7所示。

通过对岭头亭隧道进口明洞进行延长，且对洞顶仰坡坡面危岩、落石采取随机锚索与锚杆相结合的方式进行加固，坡面采用SNS主动防护网防护措施，为X123县道路的运行安全和铁路运营安全提供了更有效的安全保证措施。

通过对DK756+130~DK756+187段仰拱基底换填处理，有效遏制了铁路运营过程中该段产生的不均

图 5－7－7　岭头亭隧道进口明洞接长方案优化完工全景图

匀沉降，提高了乘客高铁出行的安全感和舒适感。

5.8　高速铁路隧道清扫除尘

合福高铁闽赣段全长 466.7 km，闽赣段境内正线桥隧比例为 90.3%，其中隧道 159.5 座 274.1 km，占正线长度的 58.7%。合福高铁闽赣段 2010 年 4 月开工，2015 年 3 月初开始联调联试，6 月 28 日正式开通运营。联调联试前，京福闽赣公司组织南昌铁路局保洁公司利用清洗列车对隧道进行了大规模冲洗。冲洗完成后，在联调联试期间发现大部分隧道内的扬尘还是比较大，尤其是当试验速度达到 250 km/h 以上时长大隧道扬尘非常明显。现场采取的办法是利用晚上天窗点或停轮期间组织大量人员进行再次清扫除尘。为总结经验与教训，本条线路在隧道清扫除尘工作中采取的措施办法，在这里作为一个典型案例给大家当作借鉴。

5.8.1　联调联试前除尘

高速铁路隧道施工完毕，按要求要对隧道进行一次全隧清扫除尘工作，合福高铁闽赣段采取的主要办法是利用高压水进行全面冲洗，确保列车通过时洞内无明显粉尘现象。这是一个非常人性化的环节，最终目的是为了减少列车通过时隧道内扬起的灰尘对旅客的影响。

合福高铁闽赣段隧道清扫除尘工作，由京福闽赣公司统一协调安排，经与路局协商，隧道冲洗采用路用平板列车装高压冲水设备＋水灌车＋棚车，分 2～3 列进行编组并分隧道部位进行清洗工作。冲洗工作由一家清洁公司全面负责，站前施工单位积极配合。公司、保洁公司、站前施工单位三方签订《清洁服务合同协议书》，约定各方相关责、权、利。

公司负责租用牵引机车（含机务人员）、提供隧道清洗路用车（含平板 6 辆、装水罐车 24 辆、棚车 2 辆），按要求进行车辆的编组。协调工程线行车调度满足施工计划的批准，协调电化局、通号公司对被清洗隧道进行照明设备保护，协调由保洁公司另行与电化局、通号公司签订设备成品保护协议。

保洁公司负责提供抽水、装水及发电设备，配备冲洗与清、扫、拖等工具。负责在每遍清洗之前先行清理隧道内的小件杂物和沉积粉尘，归集后带出隧道外的铁路红线外进行处理，严禁丢弃在水沟和检查井内。负责组织人员对隧道进行清洗作业。清洗范围为隧道（含拱墙衬砌、双侧沟漕顶面、底板及轨道道床、隧道进出口各延长 50 m 及隧道口立面水泥墙），如图 5－8－1 所示，冲洗过程要配合着对底面进行沙尘清扫。

站前施工单位负责隧道内遗留杂物的清理。申报施工计划，负责驻站防护。安排人员（固定一人）跟班作业，协调保洁公司清洗工作的正常进行，检查和监督保洁公司清洗的质量效果。配合调查和提供就近的取水点，并保证水源充足。如发现未清洗干净需进行二次清洗，应告知保洁公司双方协商解决。负责把保洁公司用货车运到现场的设备吊装到铁路平板车上，清洗完毕退场把设备吊卸到公路货车能装车的地点。

2015 年元月下旬由江西段隧道开始冲洗，2 月中旬进入福建段，3 月初基本冲洗完毕。在冲洗过程中，发现高铁长大下坡作业水灌车轮磨耗非常严重，为避免出现安全质量事故，及时将罐车冲洗设备退出工程

图 5 -8 -1　高压冲洗拱顶、边墙、电缆沟顶与底板轨道

线，剩余部分肉眼可见的未清理干净地段可采取人工冲洗等措施处理。

5.8.2　存在问题

隧道初步冲洗清扫后，在联调联试过程中发现高铁试验动车组在高速运行中会带起大面积细微粉尘颗粒，造成大面积扬灰，特别是长大隧道内空气气流流动性差，扬灰的情况难以在短时间消散，尤其是当试验速度达到 250 km/h 以上时长大隧道扬尘会非常明显，试验车运行多组过后，能见度显著下降。

5.8.3　原因分析

为查找原因，利用跟车录像采集资料监测了隧道洞内扬起的粉尘情况，发现有些隧道灰尘依然较大，高铁在高速运行中会在隧道内形成空气动力学效应，特别是长大隧道内空气气流流动性差，高铁列车在高速运行中在隧道内会形成急速的气压变化，从而带动隧道内结构物外表所附着的细微粉尘颗粒，尤其是长大隧道内，两侧电缆沟槽、部分综合洞室附近扬起的灰尘成股状，形成扬灰，造成能见度下降，造成行车视线干扰，影响行车安全。

经检查初步分析后利用晚上天窗进洞核查，发现联调列车通过后灰尘颗粒主要集中在隧道电缆沟与线路间、半圆管沟槽、综合洞室、水沟及电缆沟盖板缝内等，如图 5 -8 -2、图 5 -8 -3、图 5 -8 -4 所示。

图 5 -8 -2　隧道洞室灰土未清除干净

图 5 -8 -3　盖板槽内汇集细颗粒

分析原因认为主要有以下几个方面：

(1)施工无砟轨道前没有对隧道全断面特别是拱顶、边墙进行彻底的冲洗除尘处理，导致这些部位后期难于处理，而附着在拱顶、边墙上的粉尘在高速动车组运行中被带动起来，是造成扬尘的主要原因。

(2)电缆沟槽和综合洞室的填砂也是扬尘的一个重要原因。隧道两侧电缆沟槽内设计采用中粗砂充填，充填高度低于 2/3，冲洗隧道边墙的灰尘随水流入，残留在沟内表面，有些隧道填筑颗粒较小，中心水沟、两侧电缆沟沟帮缝中灰土沉积，有些单位在清洗隧道时常将隧道清扫出的尘土倒入电缆沟等，砂子中

图5-8-4 半管沟内汇集细颗粒

的细颗粒在高压气流带动下会产生扬尘。

(3)隧道底板平整度较差的死角、板槽缝内，水冲洗后粉尘变成泥浆在低洼处或缝槽内淤积，在高压冲洗后未及时清理干净，待水蒸发变干后，列车经过的风力带动会产生扬尘。

(4)利用罐车冲洗不彻底，对电缆槽和综合洞室等位置难以冲洗到位，拱部及墙腰冲洗后，附在衬砌表面的水流与粉尘形成泥浆流淌到边墙脚黏附在墙上，待干燥后高速列车风动带动，又形成新的粉尘来源。

5.8.4 处理措施

根据隧道内联调联试出现扬尘影响能见度及行车安全情况，利用天窗点申报施工计划，每天清晨先运行轨道确认车检查在160 km/h的速度下，对每个隧道的扬灰情况做好记录，对扬灰情况不理想的区段进行重点排查记录，并在后续的联调联试过后的天窗点重点申报扬灰比较严重的区段并协调铁路相关维管单位使得施工计划获批，对有针对性的区段进行反复冲洗确保不影响第二天的联调联试工作。

经过分析核查，明确扬尘的来源及扬灰地段后，针对性地采取了下列处理措施：提前准备好隧道清扫除尘物资设备，先组织大量人工清扫，然后利用抽水泵加压或清洗罐车高压水进行全断面冲洗，对边墙没有冲洗彻底的，在洞内用手摸，对有粉尘黏在手上的地段进行再冲洗；对低洼淤积地段采取冲、扫、拖的办法反复清拖直到干净为止；对缝槽处和盖板底空隙直接掀起盖板彻底冲洗，对电缆沟内的粉尘来源，将盖板掀开，用水浇砂，细粉尘自然沉透到底部，表面为粗颗粒，并会在表面形成软壳，风压扫过不会再产生大的扬尘。

5.8.5 现场实施

因处于联调联试期间，对有扬尘地段的清扫冲洗处理都必须利用计划点进行，按照南昌铁路局《合福高速(南昌局管段)联调联试及试运行期间施工管理办法》向联调办申报施工计划，相关设备管理单位联签联查，按运营线施工办理。

联调联试期间，施工计划受理设在联调办。站前单位每天派人参与先导车添乘检查，拍录视频，明确会产生扬尘的隧道和地段。按联调联试管理办法，设专人申报和对接施工计划。施工计划下达后，按运营线施工管理，设置驻站联络员、现场防护员、施工负责人等按计划时间、计划区段组织实施。现场隧道清扫除尘实施步骤：

(1)隧道清扫除尘设备物质准备

每个隧道清扫除尘区段(每30～50 m划为一个区段)，施工单位物资设备部均需配足隧道清扫冲洗所需的全部设备和物质，每个清扫除尘区段需配备的主要物资如下：发电机4台，手推车4部，抽水泵4台，水管4捆，扫把20把，拖把15把，编织袋10个，水桶4个，簸箕9个。

(2)对隧道内成品进行保护

在隧道清扫除尘过程中，需安排负责任的工点负责人和领工员，带领作业人员在清扫除尘作业时要注意对隧道内成品进行保护，如水沟、电缆槽盖板和电缆电务等设备，确保不损伤已施工安装完成的任何构配件和各种设备设施。

(3)组织大量人工清扫

每个隧道清扫除尘区段均需配备50人左右的作业人员进行隧道清扫，人工先对隧道内的粉尘进行全面彻底清扫，包括隧道底板或仰拱填充层、道床板、电缆槽盖板、水沟盖板、综合洞室等。清扫过后将粉尘等垃圾装入编织袋运至洞外集中处理。

(4)高压水冲洗

采用抽水泵加压形成高压水先对隧道衬砌、电缆槽、水沟、综合洞室等进行冲洗，配备拖把进行反复拖洗除尘，对其冲洗完成后，再对轨道板、隧道底板或仰拱填充层、中心水沟盖板进行冲洗。对没水或水量很少的隧道区段进行冲洗作业时需采用供水罐车或多级泵梯级抽取供应所需水，高压水冲洗。

冲洗过程中根据现场实际冲洗情况随时调整水压以及高压水枪距冲洗面的距离等，确保隧道内的结构物等设施不被损坏。另外，对污染比较严重冲洗不掉污渍的地方，需人工配合用刮刀将其刮掉。

冲洗应分区段进行，每30～50 m为一区段，在每个区段下游中心水沟处设置拦截设施对粉尘垃圾进行拦截沉淀。每个区段冲洗完成后都及时安排人员将中心水沟内的沉淀物等垃圾进行清除，利用编织袋袋装垃圾运至洞外集中处理。

(5)隧道清洗过程管理

联调联试及运行试验期间，比照铁路营业线施工安全管理办法对各项施工进行管理，做到“行车不施工、施工不行车”，所有人员、料具、机具一律不得在封闭栅栏内停留、放置。人员设备进栅栏，需根据下达的施工计划先进行报备，由哪个栅栏门进哪个栅栏门出，有哪些人员设备等，都要注明。天窗时间下达后，开启栅栏门人员设备才能进入。进出栅栏须清点人员和料具并进行登记拍照，防止东西遗留在洞内。做好施工单位、设备管理单位、安保人员重点卡控施工人员管理、垃圾路料清理、施工机具设备和车辆管理、动车组每日上线条件确认、治安保卫及安全防护、移动设备运用检修、限界检查、试验列车运行速度签认等关键环节，确保安全。

(6)隧道清洗后除尘效果

隧道清洗后的除尘效果如图5－8－5所示。

图5－8－5　隧道除尘清洗效果

5.8.6　案例小结

隧道的清扫除尘工作主要还是要认真彻底，不留死角。另外对列车通过产生扬尘的地段要认真分析，找准来源，才能合理采取有效的措施。合福高铁隧道的除尘过程中也走了些弯路，但终究还是找对了问题根源，经过 6 ~ 8 遍多次清理后处理得也比较彻底，从后期的运营效果来看，成果显著。在后期施工中应注意以下几个主要问题：

(1)首先在源头上把关，确保电缆沟内填的是较大颗粒的阻燃物(如粗砂)，严禁填细小颗粒物(如细沙、机制石粉等)，填充的高度适宜；

(2)高速铁路多长大坡段，最大限坡高达 20‰，施工过程中尤其要注意防溜措施的落实；采用罐车装水后重载清洗更要特别注意安全，应加强设备的检修工作，尤其是轮对质量安全检查；

(3)罐车清洗后要派人及时清理冲洗后的堆积物，必要时利用中心水沟水再次清扫，清扫出的堆积物必须装袋带出到洞外，严禁倾倒到洞内水沟、电缆沟内。

5.9　城南隧道进口边仰坡危岩落石处理

5.9.1　设计情况

合福高铁闽赣段城南隧道起讫里程为 DK555 +314.76 ~ DK555 +947.27，全长 632.51 m。位于闽赣两省交界武夷山市，隧道进口地势起伏、坡度较陡，为人工开挖后的临空面，基岩直接出露，高约 100 m，该临空面存在不稳定的节理面，且附近的坡面上存在着危岩、危石，城南隧道水平示意图如图 5 -9 -1 所示，纵断面示意图如图 5 -9 -2 所示。

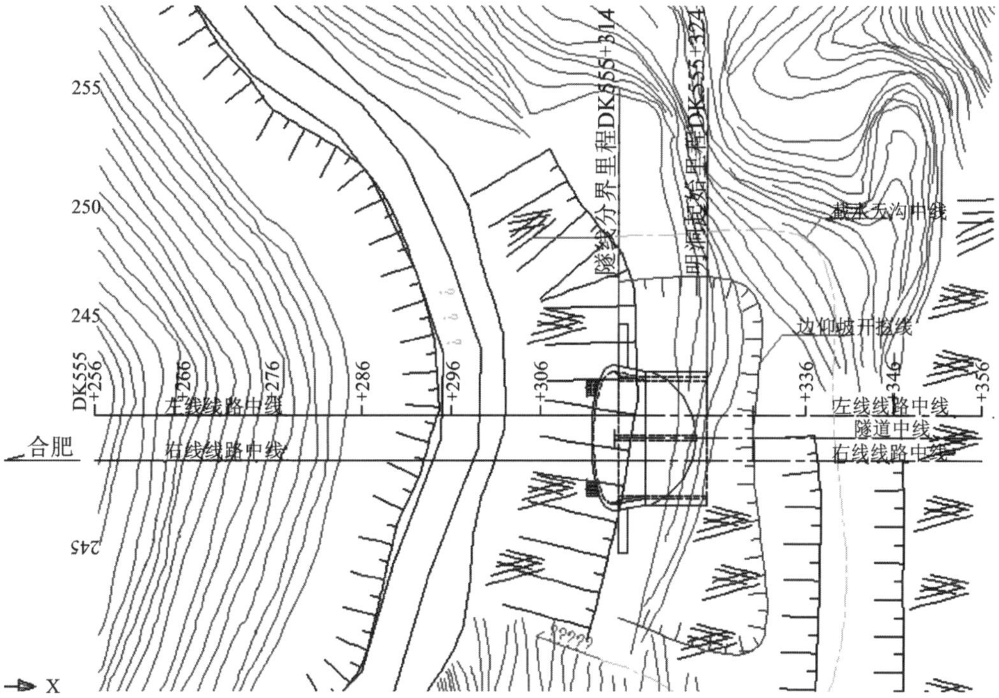

图 5 -9 -1　城南隧道水平示意图

城南隧道进口原设计的危岩落石防护主要包括坡面危石清除、挂网喷射混凝土、承压板锚索、被动防护网和主动防护网。在城南隧道进口洞顶和坡顶应分别设一道被动防护网，隧道洞顶被动防护网高 7 m，隧道坡顶被动防护网高 5 m，隧道进口加固前全貌如图 5 -9 -3 所示。

主要防护措施如下。

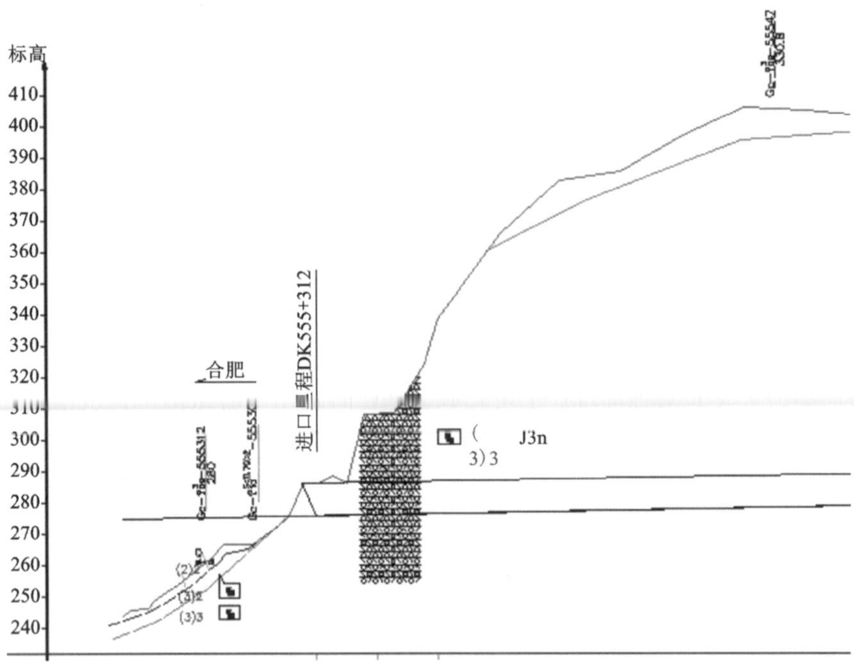

图 5-9-2　城南隧道纵断面示意图

图 5-9-3 城南隧道进口加固前全貌

(1)被动防护网

在城南隧道进口(DK555+315)正上方+310 m 及+340 m 两标高处分别设置 40 m、60 m 长的 SNS 被动防护网(RX-050)，网高 5 m。

(2)主动防护网

在城南隧道进口(DK555+315)正上方+290 m 标高至+340 m 标高，左 22.5 m 至右 27.5 m 共 50 m 的范围内铺设 GPS2 型主动防护网。

(3)随机锚索防护

①对主动防护网范围内的岩体根据现场实际情况布置随机锚索。

②锚索设计长度为 15.0 m。锚索体与水平面的夹角为 15°，锚索孔径 $\phi=130$ mm，锚索采用 3 根高强度、低松弛的预应力钢绞线($\phi-15.24$ mm)制作，钢绞线强度 $Rb=1860$ MPa，用 OVM15-3 型锚具锁定。锚索设计吨位为 350 kN，锚固段为 6.0 m。

(4)其他措施

①首先应对坡面松动、突兀的危岩危石采取爆破或人工清除的方式进行清除(从上往下清)，再进行危岩危石加固；危岩危石加固顺序：危岩危石支撑、嵌补→铺设主动网→施打随机锚杆及锚索→被动网施工→裂缝灌浆→建立防灾减灾报警系统。

②当危岩落石存在较大临空面且基底条件较好时，可采用 M10 浆砌片石支撑或嵌补。对原生危岩存在的小于 10 cm 的裂缝，可采用灌注 M10 水泥砂浆处理。

5.9.2　事件简介

南昌铁路局有关部门对合福高铁闽赣段进行评估检查，在查看了城南隧道进口现场情况和原设计措施后，认为该隧道洞口位于古采石场场址位置，高达 100 多米的裸岩整体虽看起来暂时稳定，但随着时间推移，岩石风化可能加剧，在开通后存在岩体局部掉块崩落甚至仰坡坍塌的风险，原设计的防护措施强度和覆盖面积难以满足要求，要求对城南隧道进口洞顶裸岩的边、仰坡的防护措施进行补强调整。

5.9.3　原因分析

(1)合福高铁属于典型的南方山区铁路，隧道洞口段杂草丛生，设计周期极短，城南进口坡度极其陡峭，设计院现场调查不细。

(2)对边仰坡危岩落石的危害性认识不足，在城南隧道进口边仰坡的施工过程中，在施工前期没有得到高度重视，施工单位进场后也未对洞顶边仰坡红线外进行排查，因此，未能提前提出变更采取工程措施防护，致使部分危石残留在洞口坡面，防护范围不足。

5.9.4　处理措施

由于现场已经铺轨，施工顺序有所改变。首先进行被动网施工；后对坡面危岩危石进行清除；再进行危岩危石加固。危岩危石加固顺序：危岩危石支撑、嵌补→裂缝灌浆→施工挂镀锌铁丝网喷射混凝土→施打随机锚杆及锚索→铺设主动网→建立防灾减灾报警系统。

城南隧道进口补强现场照片如图 5 -9 -4 所示。

图 5 -9 -4　城南隧道进口补强过程中的图片

1. 被动防护网位置调整，防护网加高

在隧道进口上方标高为 +290 m 附近设长 120 m 的 SNS 被动防护网(RX -050)，网高 7 m；另在坡顶附近设长 100 m 的被动防护网，网高 5 m。

2. 既有轨道防护

在危岩危石防护过程中，为尽量减少对进口既有轨道的破坏，在程溪大桥福州侧 2 孔 65 m 范围内上、下行线路轨道上铺设宽 2.65 m 的旧枕木以进行安全防护。

3. 坡面加强防护

（1）对隧道进口洞顶上方 290 ~ 370 m 标高，线路横向 120 m 范围的边仰坡坡面松动、突兀的危岩危石采取爆破或人工清除的方式进行清除（从上往下清）。

（2）当危岩落石存在较大临空面且基底条件较好时，可采用 M10 浆砌片石支撑或嵌补。对原生危岩存在的小于 10 cm 的裂缝，可采用灌注 M10 水泥砂浆处理。

（3）挂镀锌铁丝网喷射混凝土

在隧道进口洞顶上方 290 ~ 370 m 标高，线路横向 120 m 范围的边仰坡挂镀锌铁丝网喷混凝土防护。

（4）随机锚索防护

①在隧道进口洞顶上方 290 ~ 370 m 标高，线路横向 120 m 范围内的边仰坡的岩体根据现场实际情况布置随机承压板锚索，锚索间距 4 ~ 5 m。局部岩体破碎地段采用跟钢管钻进。

②锚索设计长度 15.0 m，锚索体与水平面的夹角为 15°，锚索孔径 $\phi = 130$ mm，锚索采用 3 根高强度、低松弛的预应力钢绞线（$\phi = 15.24$ mm）制作，钢绞线强度 $Rb = 1860$ MPa，用 OVM15 - 3 型锚具锁定。锚索设计吨位为 350 kN，锚固段为 6.0 m。

（5）主动防护网

在隧道进口洞顶上方 290 ~ 370 m 标高，线路横向 120 m 范围的边仰坡铺设 GPS2 型主动防护网。

（6）在边仰坡适当位置增设 C25 混凝土踏步一道，长度约 80 m。

5.9.5 现场实施

施工流程：隧道进口段成品保护→洞顶被动防护网施工→搭设脚手架→坡顶被动防护网→清理危岩、落石→挂网喷射混凝土→主动防护网→随机锚索；

隧道边仰坡挂网喷射混凝土、主动防护网结合承压板锚索施工采用自上而下，边仰坡清理一级，加固防护一级。

1. 隧道进口段成品保护

为防止清理边仰坡时危岩落石掉落而砸损隧道洞口段衬砌和程溪大桥梁面、桥上无砟轨道等，故采取以下措施进行保护：

（1）隧道明洞段采取 ϕ48 mm × 3.5 mm 钢管脚手架罩棚将整个裸露衬砌罩住。

（2）程溪大桥 3#墩至福州台后 30.2 m 桥面及无砟轨道采用枕木覆盖，同时栏杆上挂上轮胎，工程线有车通行及不施工时段拆除，通行后及时防护。

2. 被动防护网施工

城南隧道进口洞口上方于 DK555 + 312 处及标高 370 m 附近（坡顶）设二道 SNS 被动防护网（RX - 050），被动防护网由钢立柱、高强度棱形镀锌钢丝网、锚绳及锚固基础组成，钢立柱间距 10 m，第一道被动防护网（DK555 + 312 处）的高度为 7 m，第二道被动防护网（标高 370 m 附近）的高度为 5 m，位置和标高根据现场地形实际情况适当调整，拦石网钢柱基础采用人工开挖，并做好施工防护。其中 DK555 + 312 处的被动防护网应在脚手架搭设前施工，被动防护网如图 5 - 9 - 5 所示。

施工工序如下：

（1）施工前按设计并结合现场地形对钢柱和锚杆基础进行测量定位，现场放线长度应比设计系统长度增加 3% ~ 8%，对地形起伏较大、系统布置难沿同一等高线呈直线布置的取上限（8%），对地形较平整规则、系统布置能基本上在同一等高线沿直线布置的取下限（3%），在此基础上，柱间距可以为设计间距的 20% 缩短或加宽范围。

（2）基坑开挖（对覆盖层不厚的地方，当开挖至基岩尚未达到的设计深度时，则在基坑内的锚孔位置处钻凿锚杆孔，待锚杆插入基岩并注浆后再灌注上基础砼）。

（3）预埋锚杆并灌注基础性砼，亦可在灌注基础砼后钻孔安装锚杆。

图5-9-5　被动防护网

(4)基座安装：将基座套入地脚螺栓并用螺帽拧紧。

(5)钢柱安装：将钢柱顺坡放置并使钢柱底部处于基座处，将上拉锚绳的挂环挂于钢柱顶端挂座上，然后将拉锚杆的另一端与对应的上拉锚杆套连接并用绳卡暂时固定(设置中间加固和下拉锚绳时，同上拉锚绳一起安装或待上拉锚绳安装好后再安装均可)，将钢柱缓慢抬起来并对准基座，然后将钢柱底部插入基座中，最后插入连接螺杆并拧紧，通过上拉锚绳来按设计方位调整好钢柱的方位，拉紧上拉锚绳并用绳卡固定。

(6)ϕ16 mm 侧拉锚绳的安装：安装方法同上拉锚绳，只是要在上拉锚绳安装好后再进行。

(7)减压环的布置：减压环分布于上拉锚绳及两根上支撑绳与两根底部支撑绳上，减压环在上支撑绳及底部支撑绳上每跨网之间为两个分布。

(8)ϕ16 mm 上支撑绳的安装：将第一根支撑绳的挂环端暂时固定于端柱(分段安装时为每一段的起始钢柱)的底部，然后沿平行于系统走向的方向调直支撑绳并放置于基座的下侧，并将减压环调节就位(距钢柱约50 cm，同一根支撑绳上每一跨的减压环相对于钢柱对称布置)；将该支撑绳的挂环挂于端柱的顶部挂座上(仅用30%的标准固力)，在第三根钢柱处，将支撑绳放在挂座内侧，如此相同安装支撑绳在基座的外侧和内侧，直到本段最后一根钢柱并向下统至该钢柱基座的挂座上，再用绳卡暂时固定；再次调整减压环位置，当确信减压环全部正确就位后拉紧支撑绳并用绳卡固定；第二根上部支撑绳和第一根的安装方法相同，只不过是从第一根的最后一根钢柱向第二根钢柱的方向反向安装而已，且减压环位于同一跨的另侧(有减压环时)；在距减压环约40 cm处用一个绳卡将两根上部支撑绳相互连接(仅用30%的标准固力)。

(9)ϕ16 mm 底部支撑绳的安装：将第一根支撑绳的挂环挂于端柱基座的挂座上，然后沿平行于系统走向的方向，调直支撑绳并放置于基座的下侧，并将减压环调节就位(距钢柱约50 cm，同一根支撑绳上每一跨的减压环相对于钢柱对称布置，当每跨为单减压环时，应与上部支撑绳的减压环呈对角关系)；在第二个基座处，用绳卡将支撑绳固定于挂座的外侧(仅用30%的标准固力)，在第二个基座处，将支撑绳放在挂座内下侧，如此相同安装在基座的外侧及内下侧，直到本段最后一个基座并将支撑绳缠绕在该基座的挂座上，再用绳卡暂时固定；检查确信减压环全部正确就位后拉紧支撑绳并用绳卡(绳卡不少于3个)固定，按上述步骤安装第二根支撑绳，但反方向安装，且减压环位于同一跨的另侧；在距减压环约40 cm处用一个绳卡将两根底部支撑绳相互连接(仅用30%的标准固力)；如此在同一挂座处形成内下侧和外侧两根交错的双支撑绳结构。

(10)钢绳网按组编号，并在钢柱之间按照对应位置展开：用一根多余的起吊钢绳穿过钢绳网上缘网孔(同一跨内两张钢绳网同时起吊)，一端固定在一根临近钢柱的顶端，另一根通过钢柱座绕到其基座并暂时固定；用紧绳器将起吊绳拉紧，直到钢绳网上升到支撑绳的水平为止，再用多余的绳卡将网与上支撑绳暂时进行松动联结，同时也可将网与下支撑绳暂时联结以确保缝合时更为安全，此后起吊绳可以松开抽出；重复上述步骤直到全部钢绳网暂时挂到上支撑绳上为止，并侧向移动钢绳网使其处于正确位置；将缝合绳按单张网周边长的1.3倍截断，并在其中点做标记；从系统的一端开始，先将缝合绳的中点固定于每一张网的上缘中点，从中点开始用一半缝合绳向左逐步将网与两根支撑绳缠绕在一起，直到用绳卡将两根支撑绳联结在一起后，用缝合绳将网与不带减压环的一根支撑绳缠绕在一起，当到达柱定挂座时，将缝合绳从挂座的前侧穿地，并继续转向右缠绕不带减压环的一根支撑绳，直到联结两根支撑绳的绳卡之后，从这里开始用缝合绳将网与两根支撑绳缠绕在一起，直到跨越钢绳网下缘中点1 m为止，最后用绳卡将缝合绳与钢绳网固定在一起，绳卡应放在离缝合末端约0.5 m的位置；缝合绳的另一端从网上缘中点开始向右缝合，直到与另一张网交界的地方转向下一起，最后使左右侧的缝合端头重叠1 m。

(11)格栅网的安装：格栅网铺挂在钢绳网的内侧，应叠盖钢绳网上缘并折到网的外侧15 cm，用扎丝将钢绳网与格栅网联结在一起；格栅网底部应沿斜坡向上敷设0.5 m左右，为使下支撑绳与地面不留缝隙，用一些石块将格栅网底部压住；每张格栅网之间应叠盖10 cm，用扎丝将格栅网固定到钢绳网上，每平方米约固定4处，每隔50 m设置ϕ16 mm中间加固拉绳网一处。

3. 搭设施工脚手架及操作平台

操作平台如图5－9－6所示。

图5－9－6 操作平台

脚手架采用落地式双排扣件式钢管脚手架，钢管选用外径48 mm，壁厚3.5 mm，钢材强度等级Q235－A的，钢管应平直光滑，有严重锈蚀、弯曲或裂纹的不得使用；扣件采用可锻铸造扣件，应符合建设部《钢管脚手架扣件标准》的要求，不得有裂纹、气孔、缩松、沙眼等锻造缺陷，扣件的规格应与钢管相匹配。

4. 清除危岩、落石

由于城南隧道进口边仰坡下方为乡村公路，直接影响来回车辆的行驶安全，施工前应通知武夷山交通局对坡下道路实行交通管制(间隔通行)，危石清理采用人工配合机械(机械解小)直接撬除法施工，滚石滚落至便道上应立即清除。

(1)工人坡面作业时，对于坡度较大的地方沿坡面设置软爬梯、安全攀援绳，工人系好安全带，用安全自动锁扣锁在安全绳上。

(2)清理前在山顶找好固定安全绳的定点，钻孔固定绳索时必须在坚实稳固的岩层打孔，必须打到1 m以下才允许插入固定钢索。拴保险绳要拴稳、拴牢；同时在清理危石的下方挂一道网孔10 cm、直径1 cm的攀爬网，并用锚杆固定在岩面上，以免危石掉落时碰击脚手架而影响其稳定性。

(3)清理危石时要确保下方无人员作业，清理时工人要在危石上方找好位置站稳，从上往下清理，每5 m只允许一个人或者两个人在一个层面工作清理石头，每局部工点清理完毕后，采用人工方式将松动石块搬至脚手架平台上的手推车里，然后运至线路右侧脚手架端部的山坳处集中堆放。

(4)当坡面上存在树枝、浮土或浮石时，宜予以清除或就地临时处理。对不能清除的直径大于2 m以上的孤石(危石)或危岩体作好标识，采取预应力锚索加固，随机布置。

(5)危石清理完毕后及时请工务部门到现场确认，合格后才能进入下道工序施工。

(6)危石清理前在坡顶线以上2 m处设置危岩观测标识，横向5～10 m内设置一处观测标识。利用坡下 CPⅢ成果数据，采用全站仪进行观测，主要监测施工期间坡顶的沉降和位移变化情况，为施工安全提供数据支持。

5. 挂网喷射混凝土施工

城南隧道进口边仰坡坡率约为 1∶0.3，对裸露的岩石采用挂网喷射混凝土封闭。主要施工工序如下：

（1）施工锚杆，锚杆采用直径 16 mm 的螺纹钢筋，锚固深度 1.0 m，锚杆外端采用直弯头，长 5 cm，锚杆沿剖面间距 1.0 m，呈正方形排列，锚孔内灌注 M30 水泥砂浆；

（2）当固定锚杆的砂浆强度达到 70% 时，挂 2.6 m 镀锌钢丝网，铁丝网相邻搭接时应绑扎紧密，搭接强度应不小于材料本身强度；

（3）混凝土剖面设 $\phi=0.05$ m PVC 泄水孔，按梅花型布置，间距 5 m，如有地下水出露，应适当加密泄水孔；

（4）喷射混凝土厚度为 8～10 cm，厚度要均匀，不得使铁丝网外露；

（5）喷射混凝土初凝后应及时洒水养护，现场应做好温度测量记录；

（6）坡面沿线路方向每隔 15～25 m 设伸缩缝一道，缝宽 0.02 m，缝内填塞沥青木条封闭。

现场照片如图 5－9－7 所示。

图 5－9－7 挂设镀锌铁丝网喷射混凝土

6. 主动防护网施工

主动防护网施工工序：测量定位及放线→测量精确放样确定锚索孔→钻凿锚孔并清孔→安装锚杆并注浆→安装纵横钢绳并张拉、锚固→从上而下铺装格栅网并缝合→由上而下铺设高强度钢绳菱形网→固定链接缝合绳及网绳→将钢绳网与格栅网进行相互扎结→质量检验验收。

GPS2 型主动防护网系统采用 2 根 $\phi16$ mm 钢绳锚杆，锚杆间距 4.5 m×4.5 m 布设，上沿锚杆深度为 3 m，中下沿锚杆深度为 2 m，孔径 42 mm，纵向支撑绳采用 $\phi12$ mm 钢绳，横向支撑绳采用 $\phi16$ mm 钢绳，纵横铺设与锚杆联结形成骨架网，骨架形成后按设计安装防护网片，采用 $\phi8$ mm 高强度钢绳缝合，缝合绳两端各用两个绳卡与网绳固定连接，纵横向交错的 $\phi16$ mm 横向支撑绳和 $\phi12$ mm 纵向支撑绳与 4.5 m×4.5 m 正方形模式（边缘局部根据需要有时为 4.5 m×2.5 m）布置的锚杆相联结并进行预张拉，支撑绳构成的每个 4.5 m×4.5 m 网格内铺设一张钢丝绳网，钢丝绳网下铺格栅网。每张钢丝网与四周支撑绳间用缝合绳联结并拉紧，该预张拉工艺能使系统对坡面施以一定的法向预紧压力，从而提高表层岩土体的稳定性，阻止崩塌落石的发生，主动防护网断面布置示意图如图 5－9－8 所示。

7. 随机锚索施工

锚索孔深 15.2 m，锚索设计长度 15.0 m。锚索体与水平面的夹角为 15°，锚索孔径 $\phi=130$ mm，锚索采用 3 根高强度低松弛的预应力钢绞线（$\phi=15.24$ mm）制作，钢绞线强度 $Rb=1860$ MPa，用 OVM15－3 型锚具锁定。锚索设计吨位为 350 kN，锚固段为 6.0 m。根据设计图纸有关要求，为验证预应力锚索设计，

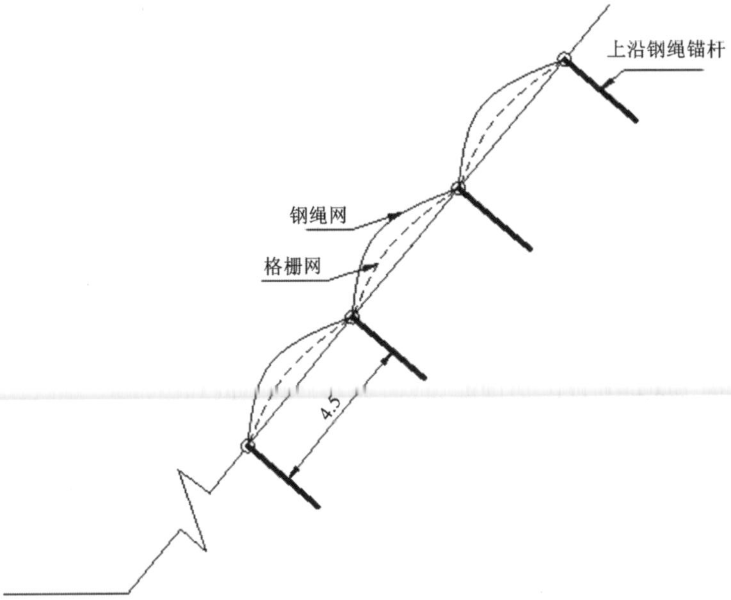

图5-9-8 主动防护网断面布置示意图(单位：m)

检验其施工工艺，指导安全施工，在锚固工程施工初期，需选择9根锚索进行预应力锚索锚固试验。主要施工工序如下。

(1)钻孔。

锚索钻孔采用潜孔冲击成孔。钻孔要求干钻，禁止采用水钻，孔径、孔深要求不得小于设计值。

(2)锚索体制作及安装。

预应力锚索体由沉压板、自由段、锚固段三部分组成。采用压力分散型锚索，由三个单元锚索组成，锚索采用3根高强度低松弛的预应力钢绞线($\phi=15.24$ mm)制作；钢绞线采用ϕ15.24 mm高强度低松弛的无黏结预应力钢绞线制作。安装前，要确保每根钢绞线顺直，不扭不叉，排列均匀，除锈、除油污，将有死弯、机械损伤及锈坑处剔出。钢绞线沿锚索体轴线方向锚固段每1.0 m加一扩张环，用细铁丝固定，再在锚索下端部安装钢质承载体及挤压套，注浆管与锚索一起编入索体，从承载板中间穿过，保证锚索体保护层厚度不小于20 mm。

(3)锚固注浆。

注浆采用水泥砂浆，经试验比选后确定施工配合比。实际注浆量一般要大于理论的注浆量，或以锚具排气孔不再排气且孔口浆液溢出浓浆作为注浆结束的标准，注浆压力一般不小于0.6~0.8 MPa，砂浆灌注必须饱满密实，如一次注不满或注浆后产生沉降，要补充注浆，直至注满为止。注浆结束后，将注浆管、注浆枪和注浆套管清洗干净，同时做好注浆记录。

(4)承压板施工。

承压板施工程序为：测量放线→支立模板→绑扎钢筋→安装锚索空口波纹管→安装螺旋筋及钢筋网→安装锚具(锚垫板)→现浇砼→砼养护，其施工主要要点如下：

①模板的安装与固定：模板采用竹胶板加工，锚斜托处的模板特制，使锚斜托突出的承压板表面部分与锚索方向垂直，用ϕ14 mm钢筋打入岩面和钢管支架联成整体固定模板，检查模板接缝，空隙用海绵条堵塞紧密防止砼灌注时漏浆。

②钢筋制安、砼灌注和养护：承压板现场浇筑，钢筋在棚内制作，运送至现场绑扎，下料、弯制、焊接、绑扎按设计技术规范施作；砼机械拌和、简易索道和铁斗车运输，振动棒振捣密实，尤其在锚孔周围，钢筋较密集，应仔细振捣，保证质量，砼浇筑完成后，及时土工布覆盖洒水养生至张拉龄期，浇筑砼前，必须将锚具中的螺旋钢筋、波纹管及锚垫板按设计要求固定在承压板的钢筋上，方向与锚孔一致，摆放平整。

(5)锚索张拉及锁定、封锚。

通过现场张拉试验，确定张拉锁定工艺。锚索的张拉及锁定分级进行，严格按照操作规程执行。两次张拉间隔时间不宜少于3～5天，为减少预应力损失，总张拉力应包括超张拉值，自由段为土层时超张拉值为15%～25%，自由段为岩层时宜为10%～15%，张拉必须等孔内砂浆达到设计强度的70%后方可进行，张拉中应对锚索伸长及受力做好记录，核实伸长与受力是否相符，各级张拉力分别为设计张拉力以25%的倍数递增，每级间隔2～5分钟，最后一级间隔30分钟，为克服地层徐变等因素造成的预应力损失，须进行一次补偿张拉，然后锁定，切除多余的钢绞线，从锚具量起，留出长5～10 cm钢绞线，其余部分截去，须用机械切割，严禁电弧烧割。最后用水泥净浆注满锚垫板及各部分空隙，然后对锚头采用C30混凝土进行封锚，防止锈蚀并兼顾美观。

现场照片如图5－9－9所示。

图5－9－9 承压板随机锚索

5.9.6　案例小结

城南隧道进口边仰坡采用网喷混凝土防护，坡面岩石与空气得到了隔离，岩石风化得到了减缓；通过主动网（含镀锌铁丝网）和随机锚索对坡面施以一定的法向预紧压力，从而提高了表层岩体的稳定性，阻止了崩塌落石的发生；在隧道口上方和坡顶设置两道被动防护网，有效杜绝了异物进入线路范围内，确保了运营安全。

第 6 章　轨道工程

6.1　道床板表面裂纹处理

6.1.1　设计情况

合福高铁闽赣段正线及与正线相邻的到发线铺设 CRTS Ⅰ 型双块式无砟轨道结构，无砟道床采用 C40 SK－2 型双块式轨枕。道床板宽 2800 mm，厚 260 mm，轨枕间距一般取 650 mm，对于隧道沉降缝处，板端轨枕间距可做适当调整，范围 600～650 mm；顶面宽度允许偏差为 ±10 mm，顶面与承轨台面相对高差允许偏差为 5 mm，中线位置允许偏差为 2 mm，平整度允许偏差为 3 mm/1 m。

路基及隧道内为连续道床，在隧道变形缝处采用断开设计，变形缝宽 20 mm；桥梁段道床为断开式设计，道床板之间间隔 100 mm；路基、桥梁、隧道相邻处道床采用断开设计。

6.1.2　事件简介

目前，道床板裂纹是无砟轨道施工和使用中存在的普遍性技术问题。

(1)裂纹的危害

混凝土结构的完整性对无砟轨道结构的安全性、耐久性起着至关重要的作用，而道床板产生裂纹后会导致构件受力尺寸减小，削弱结构断面的承载能力、降低结构的安全性；特别是在裂纹宽度超过规范限值时，在疲劳荷载作用下，外界空气和水渗入后，会出现渗水、保护层脱落等病害，加速影响结构安全，从而缩短建筑物的使用年限。因此，针对裂纹类型及时制定合理修补措施，分类进行裂纹修补，是确保结构完整性和使用寿命的有效办法。

(2)裂纹的形态

道床板浇筑成型后随时间推移道床板表面会逐渐产生裂纹，经现场观察统计，主要有以下三种形式，如图 6－1－1 所示。

①混凝土与轨枕接触面轨枕块周边的“八”字形裂纹；

②混凝土水分散失、体积收缩等引起的龟裂；

③钢轨应力、新旧混凝土接触面、基础不均匀沉降、支承层裂纹反射至道床板等所产生的贯通裂纹等。

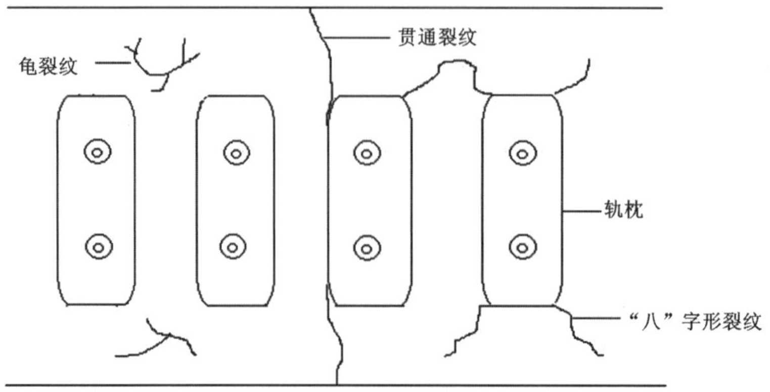

图 6－1－1　道床板裂纹主要形态

6.1.3　原因分析

裂纹的形成因素较复杂，温度、湿度、材料、设计、施工、不均匀沉陷等都有可能形成表面裂纹，初步分析主要原因如下：

（1）温度应力裂纹

混凝土内温度升高主要来源于水化热，浇注初期混凝土的弹性模量和强度低，对水化热急剧升温产生的应变约束不大，温度应力较小，随着混凝土龄期的增长，其弹性模量和强度相应提高，对混凝土降温收缩变形的约束越来越强，即产生极大的温度应力，当抗拉强度不足以抵抗该温度应力时，便产生温度裂纹。

（2）内外约束裂纹

受温度作用，混凝土伸缩变形会受到外在其他结构和内部约束，而产生较大的约束力，致使混凝土产生表面裂纹。

（3）收缩裂纹

混凝土在水泥水化过程中会产生一定的体积变形，这种变形多为收缩变形，随着混凝土的硬化，其水分不断挥发，会出现干燥收缩，在混凝土表面形成不规则的收缩裂纹。

（4）钢轨应力影响

因混凝土和钢轨热胀冷缩性能不同，在道床板混凝土浇筑后未及时松开钢轨的扣件，钢轨随温度的变化伸缩将引起道床板新浇混凝土在轨枕边缘产生裂纹，尤其在路基和桥梁地段更为明显。

（5）新旧混凝土界面影响

双块式轨枕与道床板混凝土浇注时间不同，出现界面黏结不良或失水造成开裂，易在双块式轨枕侧面及角部出现“八”字形裂纹；前后浇筑的道床板施工缝断面未清理干净或相隔时间较长，后期会逐渐形成贯通裂纹。

（6）结构设计

路基地段道床板为连续结构，未设置断缝，且昼夜温差大，易导致道床板混凝土产生裂纹，路基下部支承层中存在裂纹或结构缝时，同样也会在道床板上产生反射裂纹。

（7）其他因素

结构基础不均匀沉降、隧道底板或路基支撑层开裂、钢筋锈蚀等均有可能产生裂纹。

6.1.4　处理措施

（1）伤损形式及伤损等级判定标准

根据《高速铁路无砟轨道线路维修规则》（试行）（铁运〔2012〕83 号）要求，无砟道床伤损等级分为Ⅰ级、Ⅱ级、Ⅲ级，见附表 6 – 1 – 1。对Ⅰ级伤损应做好记录，对Ⅱ级伤损应列入维修计划并适时进行修补，对Ⅲ级伤损应及时修补。

表 6 – 1 – 1　双块式无砟道床伤损形式及伤损等级判定标准（mm）

伤损部位	伤损形式	判定项目	评定等级			备注
			Ⅰ	Ⅱ	Ⅲ	
双块式轨枕	裂纹	宽度	0.1	0.2	0.3	掉块、缺损应适时修补，挡肩失效应及时修补
道床板	裂纹	宽度	0.2	0.3	0.5	
	轨枕界面裂纹	宽度	0.2	0.3	0.5	
支承层	裂纹	宽度	0.2	0.5	1.0	
底座	裂纹	宽度	0.2	0.3	0.5	

（2）修补措施

根据道床板裂纹的宽度、深度和类型，先进行研究分析、区别对待，有针对性地采取修补措施。常用的方法有低压灌浆法、表面封闭法、开槽嵌塞法、柔性封闭法。本线道床板裂纹主要采用了低压灌浆法、表面封闭法和开槽嵌塞法。

①低压灌浆法

宽度在0.2 mm以上的贯通裂纹采用树酯环氧树酯和聚氨酯修补，这是最常见的裂纹灌注材料，具有较高的机械强度，可以灌入到0.05 mm的裂纹，并能抵抗混凝土所遇到的大多数化学侵蚀。低压灌浆法是用密封胶将裂缝表面封闭，使其内部空间只能通过预先安装灌注头基座与外界相通，然后通过具有恒定压力的橡胶管注入器，把低黏度树脂胶(SSG－17高强型注入胶)、环氧树酯等浆体注入到裂缝中，实现修复结构的一种方法，一般适用于处理静止缝和相对干燥的裂纹。

在注入过程中要始终保持3 kg/cm^{2}的压力，利用注浆器以低速恒定的压力保证将修补材料注入到宽仅0.02 mm的裂缝末端，将胶液完全充填缝隙从而确保修补质量，如图6－1－2所示。裂缝模型与注浆压力试验曲线图如图6－1－3所示。相对于高压注浆工法，低压灌注法可以使灌浆材料深入裂缝深处，在不规则细裂纹补强上，显示出独特优势。低压灌注法对提高混凝土构件强度，尤其对提高构件混凝土的耐久性和整体性有很大作用，而且避免了在高压注浆时产生的气阻现象。

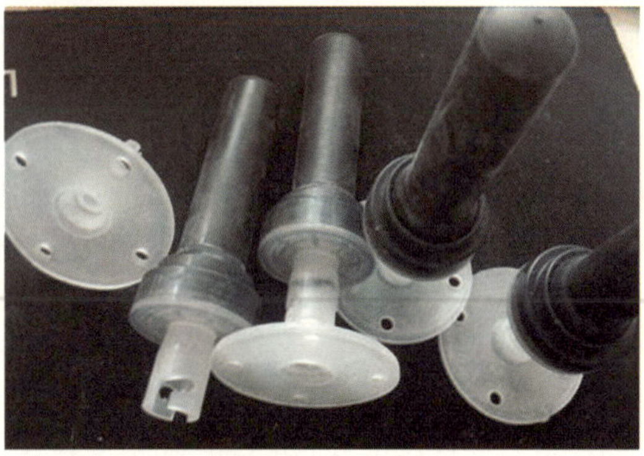

图6－1－2 注浆器

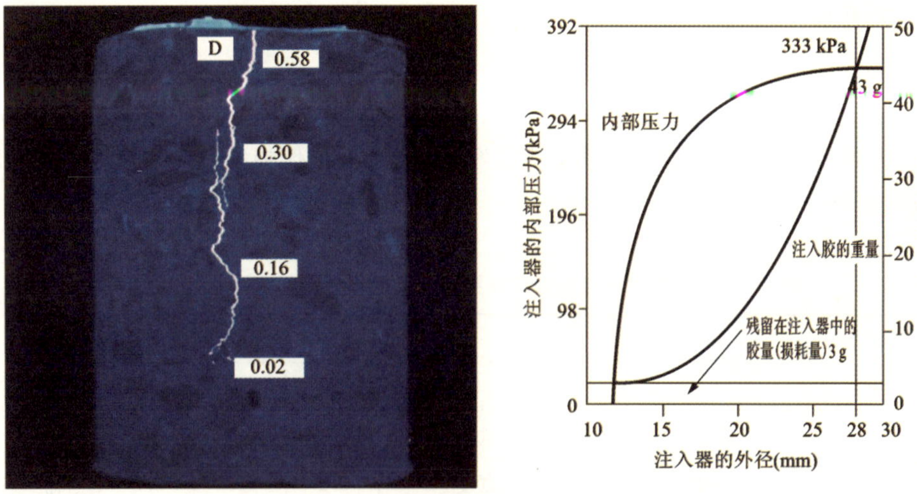

图6－1－3 裂缝模型与注浆压力试验曲线图

SSG－17高强型注入胶胶液黏度很低，渗透性强，并添加有反应性稀释剂，固化过程中不收缩；材料稳定性好，耐老化、耐腐蚀，能实现永久性修复。该胶固化后具有C60～C70级强度，各项性能完全符合GB/50367—2006标准要求。对潮湿渗水裂缝可选用GW系列材料，实现带水施工。材料大多有冬季型和夏季型两种配方，分别用于不同季节，气温在5℃以上均可施工，性能指标如表6-1-2所示。

表6-1-2　SSG-17高强度灌注胶材料性能指标

测试项目	测试方法	单位	规格值	测试值
比重	JIS K 7112	—	1.15±0.10	1.12
黏度(混合物)	JIS K 6833	MPa·s	500±200	480
抗压屈服强度	JIS K 7208	MPa	100以上	77.2
受压弹性模量	JIS K 7208	MPa	1000以上	2170
拉伸剪切强度	JIS K 6850	MPa	10以上	22.2

浆液固化分两个阶段：在达到临界温度前，材料以液态存在；在达到临界温度后，材料在极短的时间内迅速固化，可达到最终强度的70%。材料硬化后具有极强抗水性和化学稳定性，不会受雨水、海水、酸、碱、碱溶液、二氧化碳的破坏，其寿命远大于混凝土结构本身。

②表面封闭法

表面封闭法是普通的裂纹修补方法，用于修补对道床板结构影响不大的静止未贯通的裂纹，一般裂纹宽度在0.1~0.20 mm。通过密封裂纹来防止水、化学物质和二氧化碳的侵入，现场采用SSG-70裂缝密封胶修补涂刷到裂纹表面上，对裂纹进行封闭，其性能指标如表6-1-3所示。

表6-1-3　SSG-70裂缝密封胶材料性能

测试项目	测试方法	单位	规格值	测试值
比重	JIS K 7112	—	1.70±0.10	1.12
弯曲强度	JIS K 7203	MPa	40以上	48.1
抗压屈服强度	JIS K 7208	MPa	60以上	76.8
受压弹性模量	JIS K 7208	MPa	4000~8000	4910
抗拉强度	JIS K 7113	MPa	20以上	26.5
冲击强度	JIS K 7111	kJ/m^2	1.5以上	2.08
硬度	JIS K 7215	HDD	80以上	87
拉伸剪切强度	JIS K 6850	MPa	11以上	15.2

③开槽填嵌塞法

适用于结构允许开槽且宽度较大但数量不多的裂纹，一般在道床板表面裂纹宽度为0.2~0.5 mm且裂纹深度较浅时，沿裂纹开凿U形槽，将环氧树脂砂浆压入槽中并刮平，达到对裂纹进行封闭处理的效果。

6.1.5　现场实施

(1)低压灌注法施工

①裂缝调查

检查裂缝的宽度、深度及数量，以便确定施工的工艺及方法。

②表面处理

用小锤、钢丝刷沿裂缝清理混凝土表面，宽度约为10 cm，清除表面的浮尘、污物及松散颗粒，尤其对沿裂缝两侧发展的细微裂缝及施工模板裂缝，处理宽度可适当加宽；然后用毛刷蘸甲苯或工业丙酮等有机溶液，清洗处理表面，并保持干燥。

③清缝

采用毛刷、刀片等清理裂纹内的杂物及周边松动混凝土等，并保证裂纹干燥；采用吹风机或者高压空气清除裂纹内的灰尘及其他杂物。

④埋没灌注头基座

清缝处理后，骑缝用环氧胶泥黏基座，基座四周用配套密封胶固定，间距以35～40 cm为宜，原则上缝窄宜密，缝宽适当加宽，但每一条裂缝都确保有一个注浆孔和排气孔，如图6－1－4所示。

⑤封缝

在经甲苯或工业丙酮擦洗干净的混凝土表面，涂沫一层薄薄的环氧树脂基液，待其初凝后，用环氧胶泥抹压进行封缝处理，防止浆液灌注时渗漏，再用橡皮刮板将表面刮平，防止产生小孔和气泡，厚度控制在2 mm左右。环氧胶泥初凝后，在其表面涂刷二度环氧树脂基液，如图6－1－5所示。

图6－1－4　埋没灌注头基座

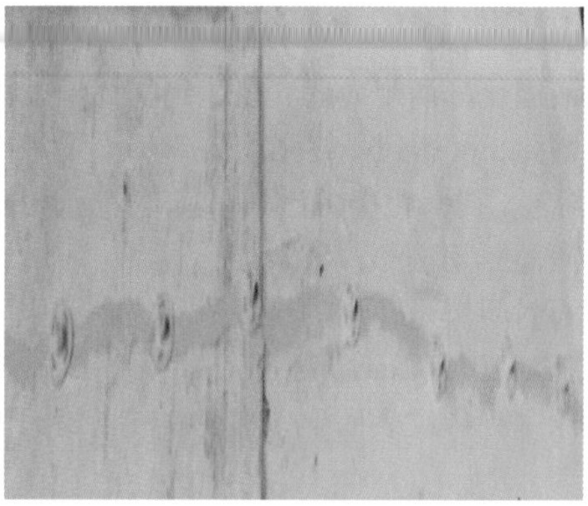

图6－1－5　环氧树脂基液封缝

⑥试气密封检查

封缝胶固化后，沿缝涂一层肥皂水，并从灌浆嘴向缝中通入气压为0.2 MPa的压缩空气，检查密封效果，对漏气部位进行补封处理。

⑦注浆

将BL或DD注入器连接端安装在基座上，将注入胶按比例配合，装入黄油枪，连接注入器注入端开始注入，当橡胶管膨胀至充满限制套时停止注入。注浆时如果注入器膨胀后收缩较快，说明该裂缝较深、空隙较大，须对注入器进行补灌，直到膨胀状态确认不再进胶后拆除灌浆器，如图6－1－6所示。

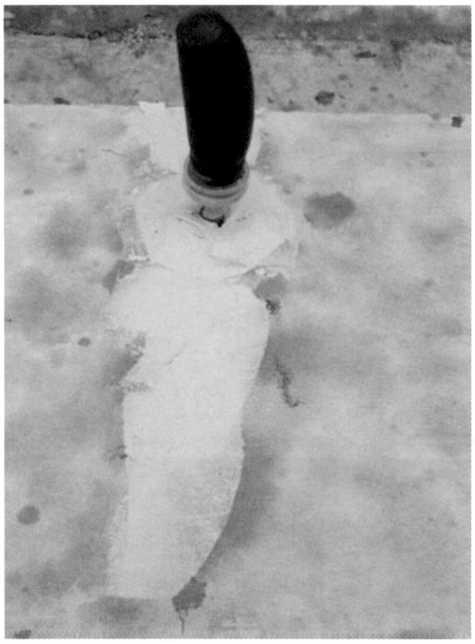

图6－1－6　胶枪注入灌注胶及自动注浆

⑧拆除收尾

灌胶结束后，胶液自行固化(10～24 h)，手捏注入器随时了解固化情况，待胶液固化后，拆除注浆器和基座，并用砂轮机打磨密封胶，以确保道床板的表面平整度，如图6-1-7所示。

图6-1-7　注浆凝固及拆除收尾

(2)表面封闭法施工

表面封闭法实施步骤如下：

①清除裂纹表面的灰尘、浮浆、松散层等污物。

②用水湿润裂纹表面，尽量将裂纹表面的灰尘冲洗干净，如图6-1-8所示。

图6-1-8　混凝土裂纹冲洗、润湿

③修补面干燥后，用小铲刀将修补砂浆均匀涂布在裂纹表面，如图6-1-9所示。

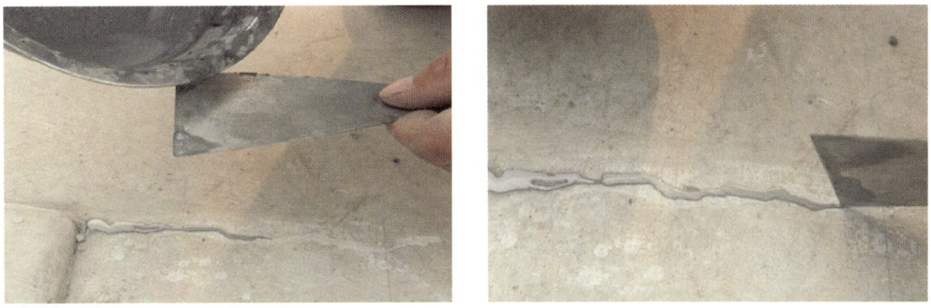

图6-1-9　沿混凝土裂纹涂抹修补砂浆

④修补砂浆适当收水干燥后，用铲刀进行压平处理，促进砂浆渗入到裂纹中，保证裂纹修补填充密实，如图 6－1－10 所示。

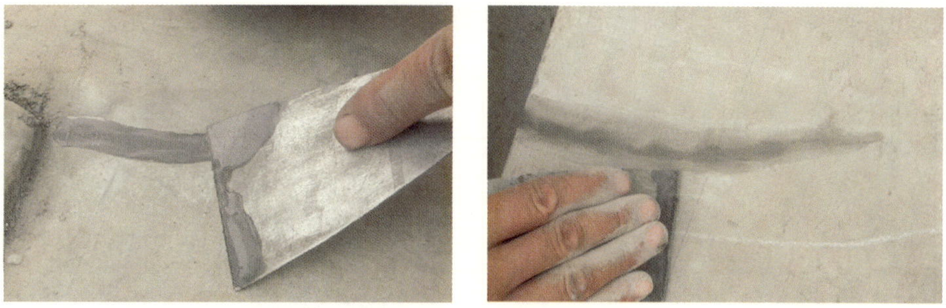

图 6－1－10　铲刀压平修补砂浆

⑤修补表面完全干燥，此时修补砂浆强度已满足要求，用细砂子对修补表面进行打磨处理。由于封闭处理的裂纹宽度较小，修补好的裂纹处采用湿润土工布进行覆盖，并进行洒水养护，保持土工布处于湿润状态，连续养护 5 天以上，确保修补砂浆与混凝土黏接牢固，如图 6－1－11 所示。

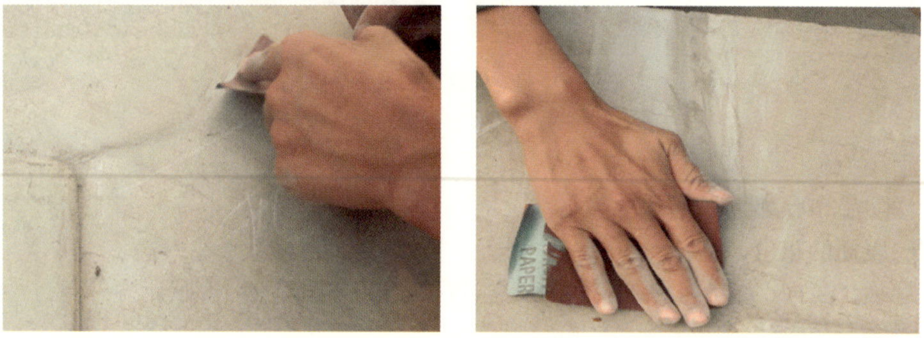

图 6－1－11　打磨修补后的表面

(3)开槽嵌塞法施工

开槽嵌塞封闭法的工序：开槽→涂刷界面处理浆→压抹聚合物砂浆→养护。

①根据裂纹宽度，先用凿子和扁铲沿裂纹开槽，槽深和宽 1～2 cm，呈 U 形。

②用刷子在槽底和两壁均匀涂刷一层界面处理胶。

③处理胶尚未硬化前，将拌制好的环氧树脂砂浆用抹刀压入槽中，压实抹平。

④在环氧树脂强度达到要求时对修补表面进行打磨，保证道床板的表面平整度，如图 6－1－12 所示。

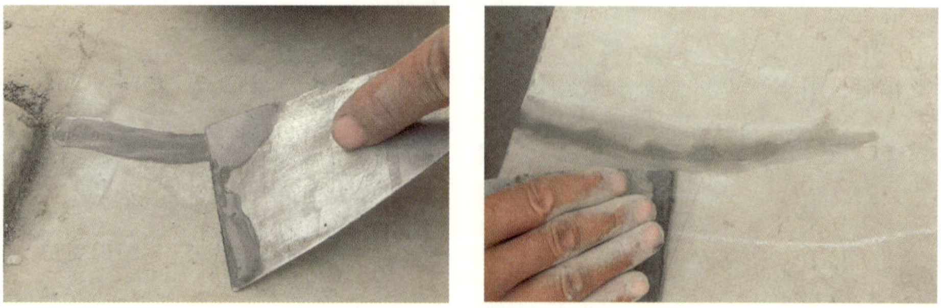

图 6－1－12　开槽嵌塞法效果图

6.1.6　案例小结

无砟轨道表面裂纹普遍存在，防止或减少表面裂纹的产生和发展，是无砟轨道结构设计和施工的重点控制内容之一。而裂纹产生后，如何采取有效的措施对裂纹进行修补，亦是确保道床板耐久性、强度和安全性的重点内容。

(1)应正确认识裂纹出现的必然性，关键是在发现裂纹后，应针对不同程度的裂纹认真研究、区别对待，选用有效的处理方法，确保修补安全可靠，同时保证无砟轨道的耐久性和使用安全。

(2)结构设计应充分考虑防裂措施。路基段无砟轨道采用连续结构形式，只在道床板设置了伸缩假缝，限制其伸缩变形，不能有效地避免裂纹的产生，在进行修补统计时，路基段也是道床板裂纹最多的地段，相比桥梁、隧道地段数量明显要多，且贯穿性裂纹也较多、裂纹宽度较大。

(3)严格控制施工工艺

①施工过程中，应保证混凝土浇注的连续性，减少浇注间隔时间。

②严把原材料关，严格控制混凝土配合比，按照“低胶凝材料、低水胶比、低坍落度、高含气量”的原则，降低黏度，提高稠度，低收缩，少浮浆，确保混凝土质量。

③合理振捣，避免过振或漏振。

④施工完成后应适时松开扣件释放应力，以大拇指能按出轻微指印为判断标准。及时采取养护措施，夏季用土工布覆盖保湿，冬季用土工布覆盖保温，必要时也可搭设保温棚，如图 6－1－13 所示。

(a)夏季洒水养护

(b)冬季保温养护

图 6－1－13　道床板养护

(4)低压灌注法的优点

与传统灌注法相比，它具有以下优点：

①借助注入器的内部压力注入，不需要把裂缝扩大为 V 形缝，可避免出现注浆死角，同时也避免了对道床板的人为破坏。

②注浆过程可持续时间长，注浆器利用注入量限制套进行自压注浆，无需人力，施工方便。

③通过检查留在注浆器中的剩余料即可知道缝中材料的硬化状态，注浆料硬化容易确认。

④所用的修补材料有良好的柔韧性、渗透力、收缩性和耐久性，瞬间固化且固化后仍能保持良好的韧性，在裂缝受到冲击和震动时不易脱离。

6.2　无砟轨道承轨台修补

6.2.1　设计情况

合福高铁闽赣段正线无砟轨道采用 CRTS I 型双块式无砟轨道结构，其中轨枕采用 SK－2 型双块式轨枕，轨枕采用集中预制厂预制。

SK－2 型双块式轨枕由两个轨枕块用两组钢筋桁架连接而成，轨枕块内设置箍筋，箍筋与钢筋采用固定件定位。轨枕混凝土强度等级为 C60，轨枕长度为 2400 mm，轨枕宽度为 314 mm，轨枕高度为 198 mm，每块混凝土块长度为 844 mm。双块式轨枕内的螺旋套筒采用与 WJ－8B 型扣件相匹配的预埋塑料套筒。每块轨枕混凝土用量为 0.089 m^3，冷轧钢筋 17.27 kg，预埋套筒 4 根，如图 6－2－1、图 6－2－2 所示。

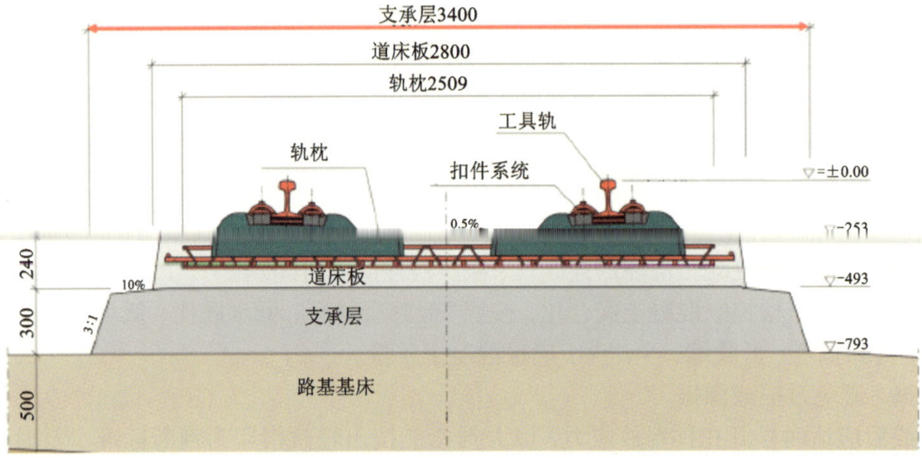

图 6－2－1　双块式轨枕安装示意图

图 6－2－2　双块式轨枕现场安装实物图

6.2.2　事件简介

2014 年 12 月在无砟轨道静态验收过程中，发现 DK457＋320 段左线有一处轨枕破损严重，轨枕承轨台处混凝土掉块，其长度为 15 cm，高度为 5 cm，深度为 3 cm。缺陷位于承轨台部位，影响了双块式轨枕结构的承载能力、使用功能和耐久性。为了保证高铁的运行安全，必须对轨枕破损，尤其是承轨台处破损进行修补或更换轨枕。

6.2.3　原因分析

SK－2 型轨枕生产采取预制厂集中预制、集中运输的生产方案，然后在组装场地组装成轨排后运至工地进行安装。在轨枕运输、组装及现场安装过程中难免造成轨枕的破损，导致轨枕缺棱掉角，特别是承轨台处混凝土掉块，严重时会影响轨道承载能力。DK457＋320 处左线承轨台破损缺陷主要发生在施工过程中，由于倒运模板材料时撞击承轨台，导致承轨台处混凝土受损。

6.2.4 处理措施

为解决轨枕尤其是承轨台处混凝土破损，经与设计院、接管单位共同研究，决定引进铁科院最新研究成果，对轨枕缺棱掉角进行处理，避免大面积更换轨枕，造成较大经济损失，同时保证轨道结构承载能力不受影响。

1. 修补材料的选择

高速铁路无砟轨道修补工作环境复杂、对修补材料抗震动性性能要求高，拟采用中国铁道科学研究院建筑研究所研发的专门用于无砟轨道混凝土结构缺损的快速修补材料。该种材料以环氧材料为主剂，配以固化促进剂等助剂，经混合固化后会形成高强度、高黏结力的固结体，具有优异的抗渗、抗冻、防腐蚀、修补加固性能。

2. 修补材料性能特点

(1)修补材料能够满足现场施工要求，可以早期施工且施工时间可调。

(2)该种材料抗压强度高且不受结构形状限制，具有补强、加固作用。

(3)良好的界面黏结性。与原混凝土界面间具有较高的黏结强度，可消除界面之间的裂缝。

(4)优良体积稳定性。具有较好的韧性和低收缩特点。

(5)化学性能稳定，耐腐性能好。

(6)抗震动性强，避免列车高速通过时对修补部位产生破坏或造成修补分离。

3. 修补措施

(1)修补机具

切割机、真空吸尘器、计量工具、搅拌工具、盛料容器、铲刀、角磨机、木板(部分地段立模用)。

(2)修补工艺

①确定修补区域，其修补处理范围应比实际破损范围向外扩大一部分，以凿除露出的新混凝土骨料，并且必须保证修补部分无松动掉块。

②将修补区域内混凝土基层的表面浮尘用清水冲洗干净，并剔除疏松部分。

③对清理好的修补区域混凝土基层进行凿毛处理，并在清理干净后，用厂家配好的环氧类试剂作为底涂进行界面处理。

④根据需要，在混凝土缺损部位支立模板。

⑤按要求配合比将修补材料与固化剂进行充分搅拌，制成成品料。

⑥将搅拌后的修补砂浆浇筑至轨枕破损部位，并抹平整。

⑦待砂浆完全固化后，采用角磨机将表面打磨平整，并保证承轨台部位顺滑。

4. 修补施工注意事项

(1)拌料时，必须按照说明书要求配合比，采用计量工具进行准确计量。

(2)修补材料拌和后应一次用完，初凝后严禁再次使用。

(3)施工适宜温度为5~30℃，雨雪天气不得施工。

6.2.5 现场实施

(1)首先清理破损轨枕基面，打磨新混凝土面，并向破损面外多打磨一部分。

(2)对打磨出的新混凝土面进行凿毛处理，凿毛后用吹风机清理干净，然后用水冲干，如图6-2-3所示。

(3)支模板。对较大破损面，可制作小型模板以保证结构尺寸要求。

(4)按材料说明书制拌砂浆，同时制作同条件试件和标养试件，如图6-2-4所示。

(5)检测砂浆各项指标，待各项指标都满足要求后进行浇筑。

(6)浇筑砂浆，如图6-2-5所示。

(7)砂浆初凝后洒水覆盖养护，如图6-2-6所示。

(8)养护达到设计要求的强度后打磨成形，保证承轨台处圆滑过度，如图6-2-7、图6-2-8所示。

(9)检测现场砂浆强度，同时检测同条件试件及标养试件，合格后方可铺设钢轨。

图6-2-3　修补基面清理

图6-2-4　砂浆搅拌

图6-2-5　砂浆浇筑

图6-2-6　浇筑后初凝

图6-2-7　修补后打磨

图6-2-8　打磨后的承轨台

6.2.6　案例小结

通过对铁科院新材料的使用，经合福客运专线联调联试、试运行和正式运营近10个月的检验，修补的承轨台砂浆固结良好、稳定牢固，未发生脱落等现象，如图6-2-9所示，满足了承轨台各项受力指标，能保证高铁的运行安全。

(1)CRTS Ⅰ型双块式无砟轨道施工工艺复杂，工序繁多，施工过程中可能会对轨枕造成破坏。因此，施工单位必须严把质量关，浇筑道床板混凝土前必须严格检查每一根轨枕的质量，对不合格轨枕坚决剔

图6-2-9 承轨台修补效果图

除，以保证轨枕强度；同时加大力度保护轨道板及承轨台成品，以保证高铁无砟轨道的施工质量。

（2）轨枕修补不但节约工期，还能减少施工单位成本投入，避免二次返工处理。

（3）无砟轨道修补材料作为新材料、新工艺推广，有着积极的意义，为施工单位在无砟轨道修补方面提供了宝贵经验，还为后期运营养护提供了安全保障。

6.3 更换双块式轨枕施工

6.3.1 设计情况

路基段DK396+212.21～DK396+218.75轨道结构为CRTS-1型双块式结构。该双块式结构自上而下分别由钢轨、扣件、双块式轨枕、道床板、支撑层等部分组成。路基地段道床板采用连续浇筑，混凝土等级为C40，道床板宽度为2800 mm，厚度为260 mm，道床板顶面根据具体情况设置一定的横向排水坡。路基支撑层底面宽度为3400 mm，高度为300 mm，支承层两侧设置3∶1的斜坡。支承层应连续摊铺并每隔5.2 m左右设置一道宽度为105 mm的横向伸缩假缝。伸缩假缝应位于两块轨枕的中间位置，避免伸缩假缝处于轨枕块下方。

在现场施工过程中应严格按照《客运专线无砟轨道铁路工程施工质量验收标准》的允许偏差范围控制现场施工，如表6-3-1、表6-3-2所示。

表6-3-1 路基支承层外形尺寸允许偏差及检验方法

序号	检查项目	允许偏差(mm)	检验方法
1	厚度	±20	尺测
2	中线位置	10	全站仪
3	宽度	+15～0	尺测
4	顶面高程	+5～-15	水准仪
5	平整度	10	3 m直尺

表 6－3－2　路基道床板混凝土外形尺寸允许偏差

序号	检查项目	允许偏差(mm)
1	顶面宽度	±10
2	中线位置	2
3	道床板顶面与承轨台面相对高差	±5
4	伸缩缝位置	±5
5	平整度	2(1 m 尺量)

6.3.2　事件简介

2014 年 4 月，路基 DK396 +212.21 ~ DK396 +218.75 段在现场施工精调过程中发现右线道床板中线偏差 4 mm，超过路基道床板混凝土允许偏差 2 mm，不能满足高速列车对线路精度的要求。

6.3.3　原因分析

(1)施工过程控制不严

现场轨道板混凝土施工中，由于人为原因导致轨排加固不牢靠。在混凝土振捣过程中使用溜槽输送混凝土过快，会对模板产生冲击，导致模板侧移，从而使得道床板中线出现偏差。

(2)外界条件导致的精调误差

由于本段线路位于山区，昼夜温差变化较为明显。在轨道精调过程中，可能由于精调时温度、湿度较之前变化较大，从而导致精调数据不准，出现道床板中线偏差大于设计允许值的情况。

(3)本段无砟轨道精调设站未与上一设站进行搭接段复核

两次设站或其中一次设站精度可能超出设计允许偏差，在这种情况下可能导致搭接段中线或高程出现偏差。

6.3.4　处理措施

在路基 DK396 +212.21 ~ DK396 +218.75 段精调过程中发现道床板中线偏差大于验标允许值后，项目部决定对此 6.54 m 道床板进行返工、凿除处理。

由于其他标段都已经完成了无砟轨道施工，故凿除前，必须对凿除段另一侧及两端的道床进行覆盖、保护，确保其他施工段道床不会遭到人为损坏。

采用人工加小型机具方法进行凿除，现场使用切割机、风镐、小型空压机等对返工段进行分块切除、清理，尽量减少对原结构物的损害。凿除清理完成后经业主、监理确认，按照规范要求进行二次道床板混凝土施工。

6.3.5　现场实施

1. 施工准备

无砟轨道双块式轨枕由轨枕厂预制并运输至轨枕堆放场，施工前即将轨枕运输至施工现场备用。装车时每 4 根 ×3 层为 1 垛，层与层之间采用 10 cm ×10 cm 方木隔离，放置位置在轨枕承轨槽中部。运输过程中，采用柔性绳索对轨枕进行捆绑，捆绑位置在两侧承轨槽内，严禁在轨枕中部的桁架上进行捆绑。

采用吊车卸载、叉车倒运，放置于线路中间，每 4 根 ×3 层为 1 垛(不影响 CPⅢ测量)，垛底及层与层之间采用 10 cm ×10 cm 方木支垫，如图 6－3－1 所示。

2. 返工段施工流程

(1)道床板钢筋铺设

①测量放线

测量组放出中线点，采用水泥钢钉标记，边框线可以用石笔或粉笔画出，用钢卷尺量出底层钢筋间距

图 6－3－1　轨枕堆放示意图

（纵向×横向），用粉笔标示，并放出轨枕两侧边线及横向限位线位置。

②布置横纵向钢筋

路基地段纵向钢筋 N1ϕ20 mm 先放 9 根，两侧的 2 根在粗调完毕后再摆放，纵向钢筋应满足搭接长度大于 70 cm 且 50% 接头要错开最少 1 m 的要求。底层钢筋绑扎完毕后，按梅花形布置预制好的混凝土垫块，每平方米不少于 4 块。

③模板安装

安装纵向模板。在安装前在模板底部及侧边贴双面胶，防止与底座板搭接处漏浆。模板侧向利用支撑杆进行支撑加固，模板间采用螺栓连接。模板校正必须保证道床板的宽度、垂直度以及中线偏差。

④轨排组装和吊装

在轨枕吊装前用高压水对原有混凝土表面及两侧接触面进行清洗除尘，清洗后采用轨枕吊具将轨枕调运到轨枕组装平台。再次对轨枕进行清理和检查，重点检查桁架钢筋有无扭曲变形、松动、脱焊等问题。

⑤轨排架粗调

轨排粗调包括高程和中线调整，用垂球对准轨道中心点，校对轨排框架拖梁上的中心基准器，确保中线准确；使用精密光学水准仪测量每榀轨排对应轨头处标高（每榀 4 个点），与设计轨面标高对照计算高程差。

⑥上层钢筋安装、接地焊接

在每一组轨排粗调到位后，进行道床板上层纵横向及接地钢筋安装。接地端子的焊接应在轨道精调完成后进行，端子表面应加保护膜，焊接时保证其牢固不移位，端口密贴道床板纵向模板。

⑦轨道排架精调

全站仪设站：采用徕卡 TCRP1201 全站仪观测 4 对连续的 CP Ⅲ点，自动平差、计算确定设站位置，如偏差大于 0.7 mm 时，应删除 1 对精度最低的 CP Ⅲ点后重新设站。改变测站位置后，必须至少交叉观测后方利用过的 6 个控制点，并复测至少已完成精调的一组轨排。如偏差大于 2 mm 时，应重新设站，并查明原因，如图 6－3－2 所示。

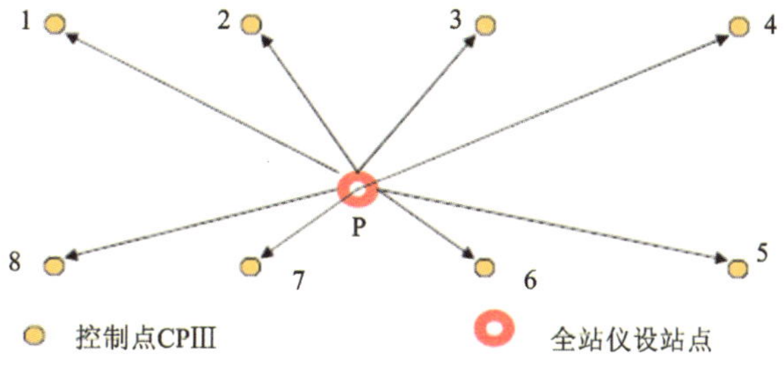

图 6－3－2　全站仪设站示意图

所有测量仪器必须按照相关规定进行定期检查，检测时需停止其他施工作业；轨排精调后要采取防护措施，禁止碰撞；轨排精调后应尽早浇筑，若轨排放置时间过长或环境温度变化超过15℃必须重新检查，合格后方能浇筑混凝土。

精调后轨道外形尺寸允许偏差应符合相关规定：

A. 轨顶高程与设计高程允许偏差为 ±2 mm；

B. 轨道中线与设计中线允许偏差为 2 mm，轨向 2 mm/10 m；

C. 轨距为 ±1 mm、变化率≤1/1500。

(2) 混凝土浇筑

混凝土搅拌运输车将混凝土运输至施工现场，采用溜槽输送混凝土入模。浇筑时要尽量降低出料口高度，以减小混凝土对钢筋的撞击。采用插入高频式振捣器进行振捣，混凝土振捣过程中，应避免重复振捣，防止过振。振捣棒要垂直地插入混凝土内，振捣棒要快插慢拔，以免产生空洞。混凝土振捣时间要适当，当混凝土停止下沉、不冒气泡、泛浆、表面平坦后，即停止该点的振捣，转至下点。在振捣时应加强对模板支撑的稳定性和接缝密合情况的检查，防止在振捣混凝土过程中出现漏浆和跑模现象。

6.3.6 案例小结

合福高铁是一条设计时速为350 km/h 的高速铁路，列车通行对线路精度要求非常高，这就要求现场施工时必须加强质量控制，提高测量数据的精度、准确度并反复进行校核，避免出现返工现象。无砟轨道双块式轨枕更换验收后如图 6-3-3 所示。

图 6-3-3 双块式轨枕更换效果图

(1) 现场施工时混凝土进入道床板内要保持混凝土平缓流动，并采取保护措施避免对轨排造成冲击，在振捣过程中应避免振捣器碰撞轨排和螺杆调整器。

(2) 混凝土浇筑过程中，应随时监测轨排几何形状位置变化，发现问题及时进行调整，还应采取措施加强高程控制并合理设置排水坡。

(3) CPⅢ测量要合理地布设控制网，确保外业观测质量可靠，各项平差精度满足《高速铁路测量规范》要求，以及平面和高程测量结果合格。无砟轨道施工前必须对点位进行自检，确保点位准确。外业测量必须在合适的温度、湿度条件下进行，以避免温度、湿度变化影响测量精度，同时必须配备通风干湿温度计、高原空盒气压表等设备以配合 CPⅢ软件进行外业观测。

第 7 章　房建工程

7.1　合福高铁婺源站装饰构造和细部设计

7.1.1　设计情况

婺源站候车大厅采用 0.8 mm × 180 mm × 25 mm 白色铝条板离缝拼装，顶棚四周采用 2.5 白色铝单板密封拼装装饰。由于施工面积大、吊顶高度较高，为了保证施工工期、施工质量，并综合考虑经济问题，采用反支撑转换结构层设置，转换层的上端与主体可靠连接，下部设置满足普通吊顶吊杆悬挂所需要的骨架构件，如图 7－1－1～图 7－1－3 所示。

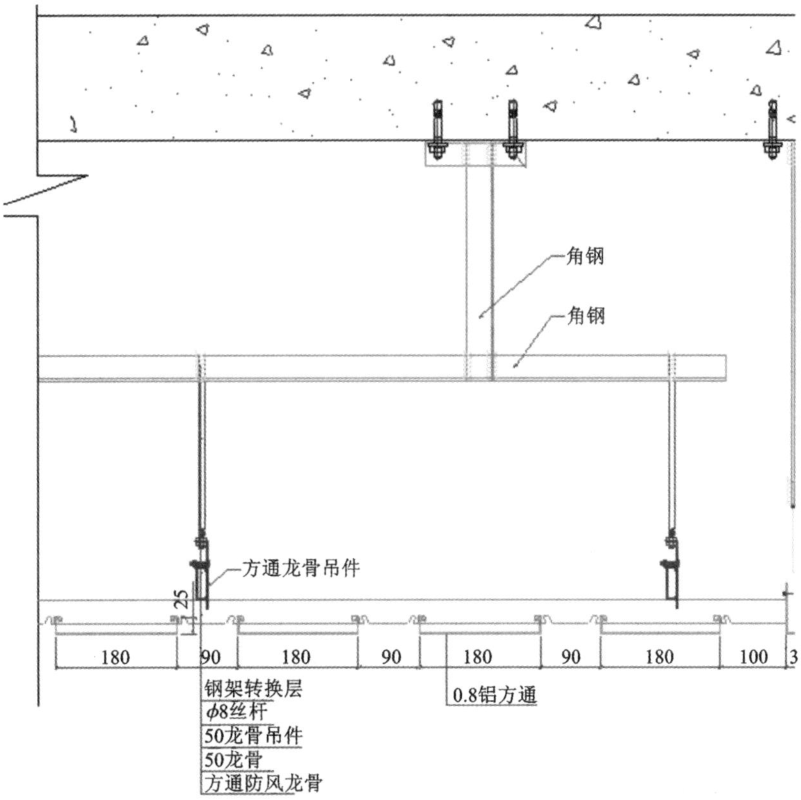

图 7－1－1　反支撑转换结构层及白色铝条板离缝拼装节点图

7.1.2　现场实施

细部处理的好坏是体现精品工程的关键，细节体现品质，婺源站的精装修各部位都体现了细部深化设计者的用心，包括楼梯栏杆、售票窗口、门套、公共卫生间、门窗洞口处上部收口装修等，不仅充分考虑了使用功能，更是从细节角度充分考虑了装饰性及美观性。细部工程处理参照《细部工程验收规范》，做好主控项目的质量管控与技术收口。

（1）玻璃栏杆

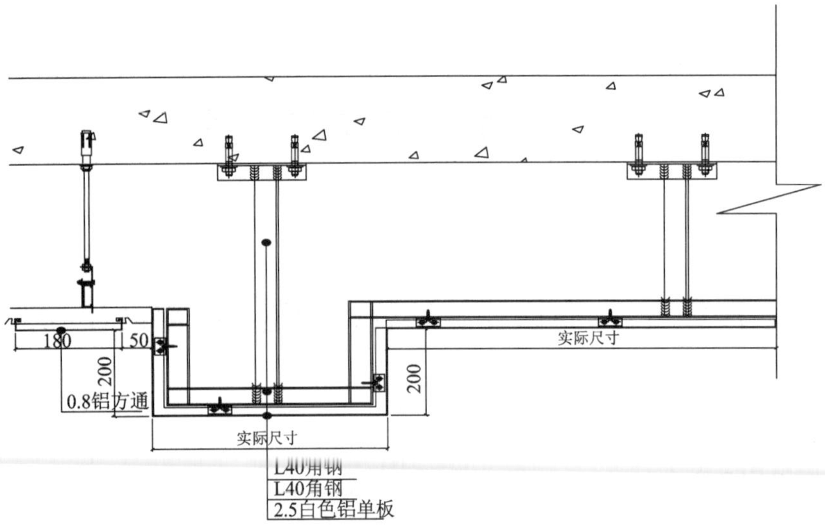

图 7-1-2　白色铝条板与顶棚四周铝单板连接节点图

图 7-1-3　站房候车大厅顶棚铝板实景图

婺源站玻璃栏杆的做法，严格按照《铁路旅客车站细则设计》要求，将钢化夹胶玻璃尽可能地靠近，临空楼梯踏步边作 100 高挡板，直接采用楼梯踏步石材精准套割，做到了精细、细致、安全，如图 7-1-4、图 7-1-5 所示。

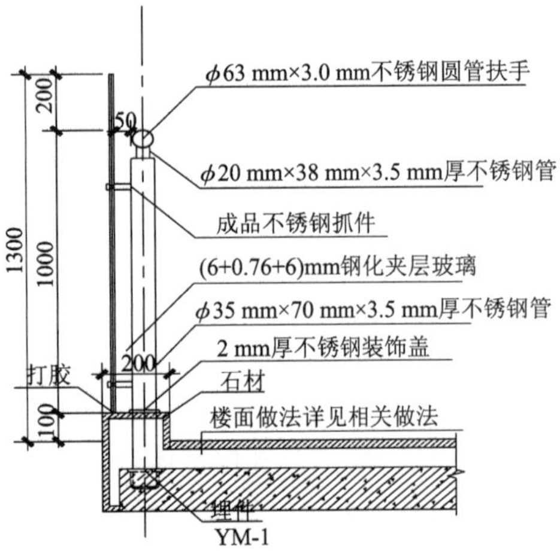

图 7-1-4　玻璃栏杆做法图

图 7-1-5　现场玻璃栏杆实景图

(2)售票窗口

售票厅作为旅客站房最重要、使用最频繁的区域之一，其重要性不言而喻，售票窗口的深化设计及优化施工体现重要部位的细部处理技术。婺源站票厅票槽统一采用石材票槽，人工售票厅玻璃采用双层夹胶玻璃，玻璃接缝处尽量不打胶处理，石材统一圆角处理，保证了售票窗口的实用、耐久、安全及美观；另外，考虑到装修的整体性，采用了隐蔽式音响设备，以保证售票过程的顺畅，如图7-1-6、图7-1-7所示。

图7-1-6 售票窗台实景图

图7-1-7 售票槽实景图

(3)门套

站房内部采用石材全干挂装修方式，而外墙却是仿石漆涂料装饰，除通过幕墙立柱有效接连部分外，小部分门洞在衔接过程中须通过门套来完美结合，门套的施工将直接影响公共区域的美观性与安全性，因此必须合理排砖，严格控制门套横向与竖向之间的比例，做到完美契合，如图7-1-8所示。

图7-1-8 出站口门套实景图

(4)公共卫生间

公共卫生间作为旅客站房最重要、使用最频繁的区域之一，其装修非常重要，通过公共卫生间的装修效果能有效体现工作者的深化设计和优质施工。公共卫生间是旅客站房运营过程中不断维护、保洁最多的地方，因此其使用性、耐久性、美观性、适用性显得尤为重要，婺源站结合设计图纸严格参照《铁路旅客车站细则设计》的要求，对公共卫生间的装修做法进行了精细处理，取得了较好效果，如图7-1-9所示。

(5)整体装饰

为确保使用安全，门窗洞口处上部收口倒挂石材全部采用仿石材铝板，花纹纹路相似度高，整体装饰效果好，如图7-1-10所示。

(a)卫生间小便斗实景图

(b)卫生间洗漱台实景图

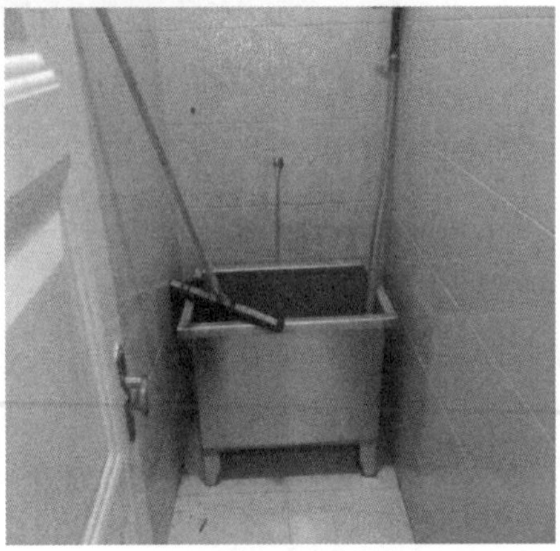

(c)卫生间拖把池实景图

(d)卫生间隔断门实景图

图 7－1－9　卫生间装修实景图

图 7－1－10　整体装饰效果实景图

(6)吊顶

吊顶白色铝条板下料时，在每根铝条板的端部两侧均考虑翻边设计，更好地达到装修效果，提高大厅吊顶的整体美观性和平整度，如图 7－1－11 所示。

图7-1-11　铝条板端部标准要求及翻边处理实景图

7.2　合福高铁南平北站精装修细部质量控制措施

7.2.1　工程概况

合福高铁南平北站设计为中型旅客车站，站房建筑面积9998 m^2，采用线侧平式布局及上进下出的客运组织流线，设8.0 m宽进站天桥及10.0 m宽出站地道各一座。站房主体建筑一层，局部二层，地下一层两侧的办公、设备用房层高按一层7.5 m、二层5.5 m设计，中部候车室部分层高23.5 m(最高点)，候车室吊顶标高控制在19.1 m(最高点)以内。站场规模为2台6线，设岛式站台2座，正线2条，到发线4条，站台雨棚投影面积11280 m^2，如图7-2-1所示。

图7-2-1　南平北站正面实景图

7.2.2　精装修材料质量控制

1. 选材

(1)材料选用一线品牌。电线电缆选用太阳电缆，玻璃原片选用上海耀皮，灯具选用通用，洁具选用箭牌，开关插座选用TCL等。

(2)半成品、成品、设备选择大厂产品。装饰铝板选用南平铝业，中空玻璃制作选用浙江中利，石材选用福建万隆石业，空调选用美的等。

由于注重对装修材料品质的把控，工程的材料质量及装修效果得到了有效的保障。

2. 材料源头加工及过程检测的细节控制

(1)检查前移，全过程派员工驻厂盯控，严把装饰主要原材料及半成品供应源头质量关。

(2)设立材料样品室，规范材料样品管理，装饰装修材料进场后严格进行样品比对，严把材料进场质量关。

(3)根据施工特点，对于偏差不容易控制的项目，适当提高内控标准。

7.2.3 精装修细部工艺质量控制

1. 曲面站台铺装

(1)做好石材模数控制线及标高控制线，在施工过程中用2 m靠尺检测平整度，用拉10 m通线检测石材对缝情况，保证标高一致、对缝整齐，如图7－2－2所示。

图7－2－2　曲面站台铺装实景图

(2)将帽石、盲道砖、微晶石看成一块整体，根据曲线半径和曲线长度、弧度来计算相互之间的间隙宽度，以便于控制曲线线型。

(3)铺装之前提前进行放样工作，相距4.8 m，依次将曲线段的点坐标放样，计算4.8 m内直线与曲线的外矢距，以便于控制。按4.8 m一段进行试铺，做到帽石、盲道砖、微晶石整体边线与白麻花岗岩石材相接，曲线平缓。

(4)从厂家特订大块石材，使铺装过程不出现小于标准板块1/3大小的石材。

2. 桥式站台伸缩缝施工

(1)采用尽可能大的伸缩量的材料及形式，据此选用最大伸缩量可达60 mm的铝合金型材盖板。

(2)伸缩缝基座与地面石材锚固点设计为300 mm间距，现场施工改用150 mm间距进行加密固定。

(3)盖板与滑杆固定设计间距为600 mm，现场施工加密为300 mm。

(4)将桥式站台伸缩缝内的垃圾清理干净，防止缝内垃圾顶起盖板。伸缩板及伸缩缝设置如图7－2－3、图7－2－4所示。

图7－2－3　伸缩缝样板图

图7－2－4　伸缩缝实景图

3. 站台综合管线布设

(1)灯具管线沿檩条内侧敷设，达到隐蔽的效果，灯具安装采用双螺栓固定方式，进线采用背侧面进线，且做到颜色与钢梁颜色一致。

（2）灯具安装在雨棚檩条工字钢内侧，整洁、没有凌乱感。

（3）灯具进线采用白色护套线，起到更好的隐藏作用。

管线及灯具布设如图7－2－5、图7－2－6所示。

图7－2－5　站台管线布设实景图

图7－2－6　站台灯具布设实景图

4. 候车大厅弧段吊顶施工

（1）室内吊顶弧线与檐口下口弧线弧度同步，吊顶两侧铝板与幕墙面脱开做反槽处理，弧线段铝板每块都与幕墙对缝，如图7－2－7所示。

图7－2－7　候车大厅弧段吊顶实景图

(2)在球形网架下旋球做反支撑，根据球形网架实际坐标与理论坐标的对比，对产生的误差用调节吊杆长度进行调整，为方便施工，确保质量，弧形吊顶的安装采用搭设满堂脚手架。

(3)铝条板接缝处，采用6 m线带线调直，对铝条板与卡式龙骨固定卡子进行全面检查。

5. 正立面檐口施工

(1)细节控制原则

①檐口铝板与玻璃幕墙模数对缝。

②檐口铝板无横向缝。

③胶缝饱满、平滑、顺直。

(2)质量控制措施

①檐口采用3 mm曲面氟碳喷涂铝板增加檐口立体感，板块纵向宽度为1.2 m(两块铝板与下面2.4 m玻璃幕墙模数对缝)，为了整体美观，纵向无接缝采用整块展开长度2.8～6.5 m的铝板，如图7－2－8所示。

图7－2－8 正立面檐口实景图

②根据球形网架实际坐标与理论坐标的对比，对产生的误差用调节铝板龙骨长度进行调整，使最后的铝板线条与设计相符。

③对铝板安装打钉情况进行三检制度控制(施工队带班人员全数检查、项目技术人员全数检查、项目技术负责人抽查)。

④为了整体胶缝线条线型美观，在打胶前对胶缝两侧铝板黏贴美纹纸，由专业人员进行注胶，确保胶缝密实，注胶厚度一致、连续。

6. 地道伸缩缝施工

(1)细节控制原则

整体颜色一致，安装牢固，如图7－2－9所示。

(2)质量控制措施

采用一侧角码固定(石材墙面的石材与伸缩缝石材用石材挂件固定，挂件与石材间用石材胶黏结)，另一侧打胶处理(胶缝顺直、饱满)的伸缩方式。

7. 进站可移动隔离栏板节点做法

(1)细节控制原则

移动方便，稳定牢固，焊接饱满，耐久性长。

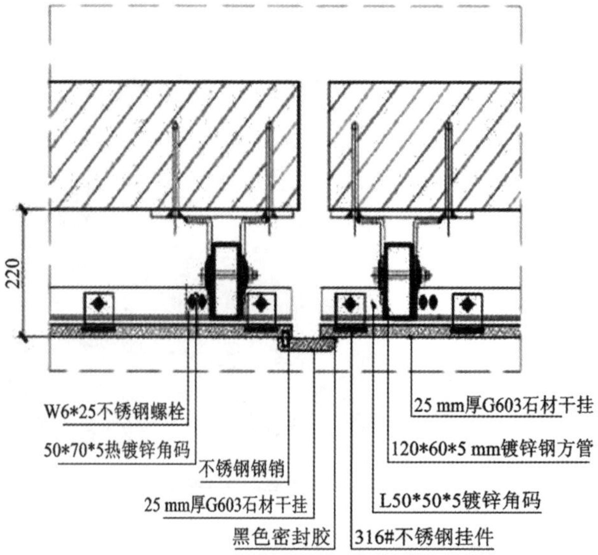

图7－2－9 地道伸缩缝断面图

(2)质量控制措施

①为满足可移动要求，栏板之间的连接采用插拔式插销连接方式。

②为增强连接的牢固性及耐久性，插销与栏板边框之间的连接及横杆和立杆之间的连接采用氩弧焊满焊，如图 7 –2 –10、图 7 –2 –11 所示。

图 7 –2 –10　可移动栏板实景图

图 7 –2 –11　可插拔式插销及插销和立柱满焊图

8. 楼梯玻璃栏板细节处理

(1)细节控制原则

安全、牢固、美观。

(2)质量控制措施

①立柱与预埋件、面管、固定玻璃爪件全部采用氩弧焊四周满焊。

②为防止对旅客造成意外伤害，适当加大栏板玻璃四角导角半径，如图 7 –2 –12 所示。

图 7 –2 –12　楼梯玻璃栏板实景图

9. 设备房间隔音墙节点处理

①细节控制原则

注重对阴阳角及踢脚的防护处理；确保安装平整、牢固。

②质量控制措施

由于隔音墙材质为石膏板，阴阳角及踢脚容易被磕碰损坏，施工时在阴阳角、窗边洞口等位置增加不锈钢护角，与地面接触处增加不锈钢踢脚，如图 7－2－13 所示。

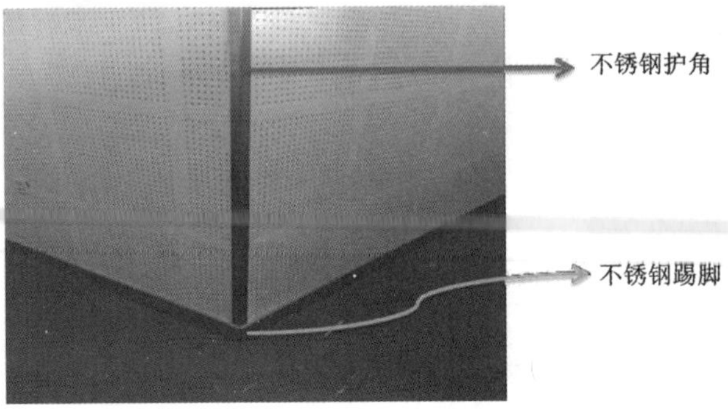

图 7－2－13　隔音墙护角及踢脚实景图

10. 生产办公房间门安装节点处理

(1)细节控制原则

安装牢固、开启灵便。

(2)质量控制措施

①所有门的安装均采用三个合页，且所有螺丝全部上满，如图 7－2－14 所示。

②门框的四周与墙面交接处全部打胶处理，美观易清洁。

图 7－2－14　门合页实物图

11. 卫生间隔断安装节点处理

(1)细节控制原则

安装牢固，耐久、整齐、美观。

(2)质量控制措施

①卫生间隔断门全部采用合金合页，且每个门上为三个合页，以增加门扇的耐久性和牢固性。

②卫生间隔断上方全部采用铝合金支撑固定，以增加其耐久性和牢固性，如图 7－2－15 所示。

图 7 –2 –15　卫生间隔断外立面实物图

7.3　合福高铁闽赣段站台端部防护栏杆处理方案

7.3.1　设计情况

合福高铁闽赣段各车站站台端部原设计采用常规做法，两端设置坡道直接通向股道，端部未设防护栅栏。工程实施后铁路局发函《南昌铁路局客运处关于新建动车客运办理站站台两端设置防护栏的函》（客管〔2013〕69 号），提出“为加强动车组列车客运办理站的封闭管理，确保旅客运输安全，车站站台两端必须设置带有‘禁止通行’标志的防护栅栏”，具体要求如下：

①站台两端防护栅栏采用不锈钢材质，高度 1.2 m；

②防护栅栏应设在站台两侧安全区域之间，外侧距离站台边缘 1.5 m；

③防护栅栏中部设置“禁止通行”标志，具体形式如附图；

④设置防护栅栏时，应考虑站台实际情况，遇线缆沟、检修井等设施时，防护栅栏长度可适当调整，但必须满足限界要求；

⑤为便于相关工种下道作业，防护栅栏紧邻站台端部设置时，防护栅栏上应设置活动门。

设计单位根据以上要求进行设计，补充了站台端部防护栏杆等做法相关大样图。设计参考《铁路安全管理条例》（国务院令第 639 号）、《铁路技术管理规程（高速铁路部分）》、《高速铁路工务安全规则（试行）》（铁总运〔2014〕170 号）、《铁路线路防护栅栏》（经规标准函〔2014〕38 号，2014 年局部修订版）、《高速铁路桥下防护栅栏》（经规标准函〔2012〕149 号）、《关于印发高速铁路防护栅栏管理办法的通知》（铁总运〔2014〕249 号）、《中国铁路总公司关于明确铁路涵洞地段防护栅栏设置工作有关要求的通知》（铁总建〔2014〕104 号）等规范，加强高速铁路防护栅栏管理，确保行车和人身安全。

7.3.2　事件简介

现场依照变更设计施工到位后，铁路局再次发函《南昌铁路局关于进一步明确动车组列车客运办理站站台两端防护栏设置的通知》（南铁建设函〔2015〕239 号），对动车组列车客运办理站站台两端防护栏杆的设置要求重新进行了明确，提出为确保动车组列车客运办理站站台端部全封闭，应以《中国铁路总公司运输局关于规范高铁车站站台两端防护栅栏安装的通知》（运营客管电〔2014〕1854 号）为基础，参照“沪昆高铁车站设置标准实施”的要求，设置方案如图 7 –3 –1 所示。

合福高铁闽赣段新建站房 10 个，共设站台总计 21 座，受地形条件限制，沿线各站站台大多采用桥式站台，由于站台端部地形错综复杂，端部防护栏杆无法完全依照上述方案进行设置，原设计做法未能满足使用要求。

（1）婺源站

婺源站站台端部防护栏设置如图 7 –3 –2 所示。

（2）德兴站

德兴站站台端部防护栏设置如图 7 –3 –3 所示（五府山站类同德兴站）。

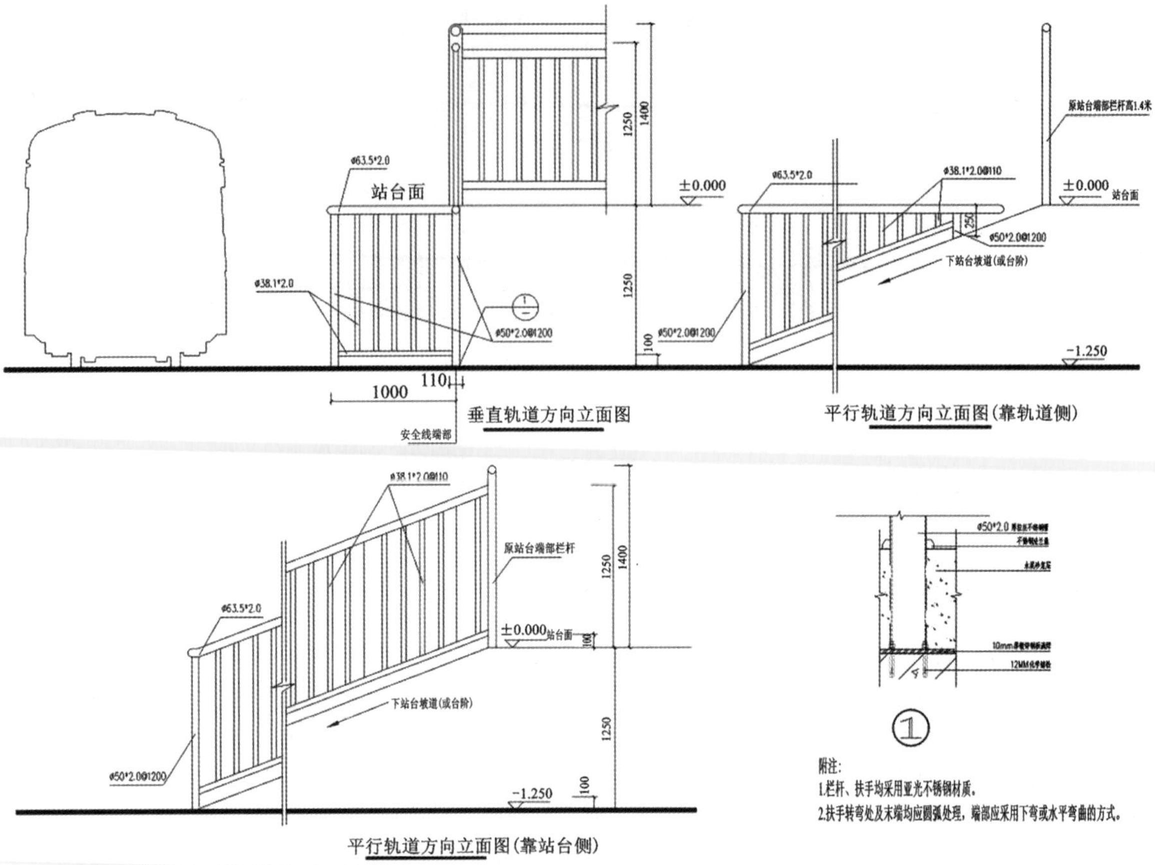

(a)车站端部栏杆平行轨道方向立面图

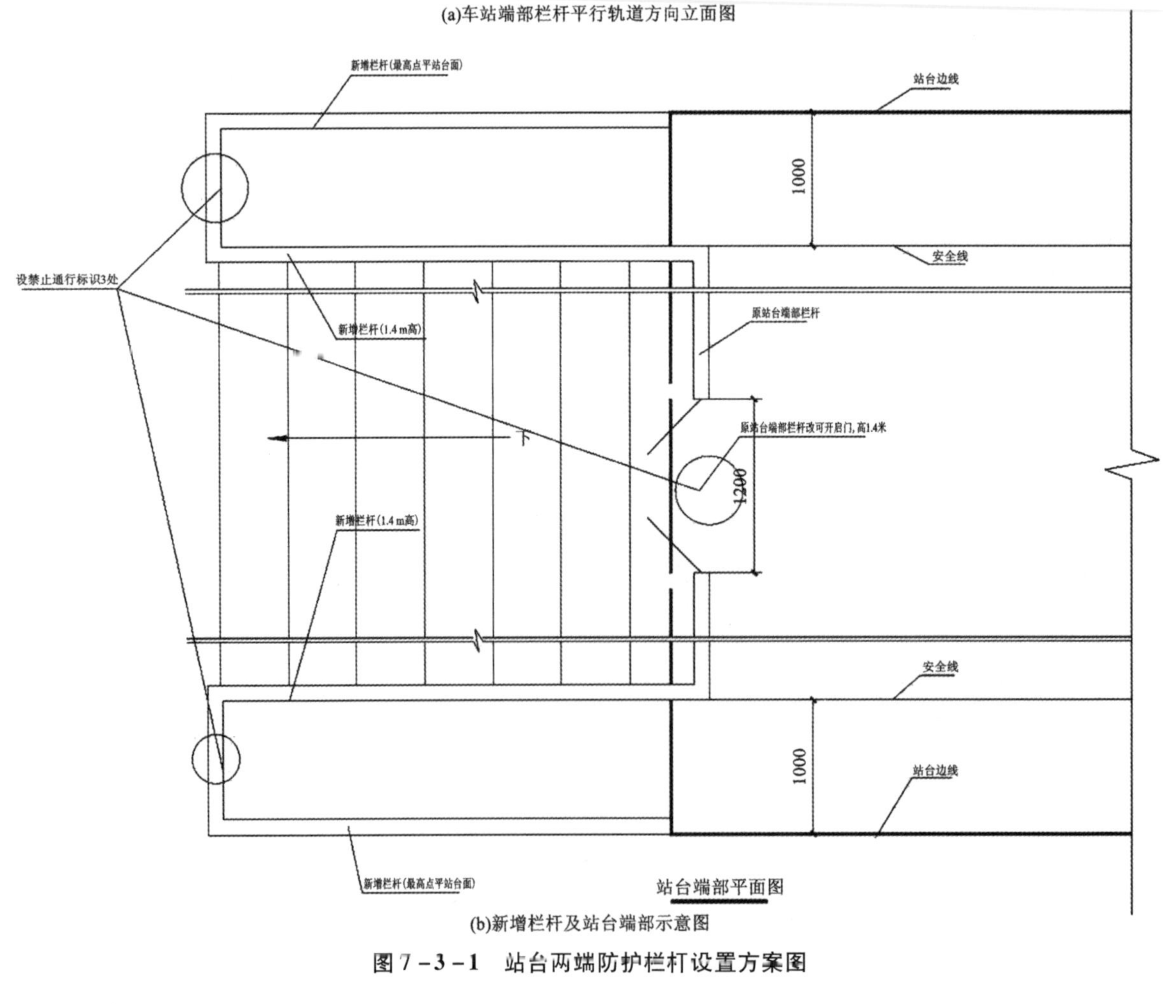

(b)新增栏杆及站台端部示意图

图 7-3-1　站台两端防护栏杆设置方案图

图7-3-2 婺源站站台小里程侧防护栏

图7-3-3 德兴站站台小里程侧防护栏

(3)武夷山北站

武夷山北站站台端部防护栏设置如图7-3-4所示。

图7-3-4 武夷山北站站台小里程侧防护栏

(4)南平北站

南平北站站台端部防护栏设置如图7-3-5所示。

图7-3-5 南平北站站台小里程侧防护栏

7.3.3 原因分析

现场地形情况复杂；参建各方沟通、对接不到位；运营管理单位的具体修建方案不确定、变化频繁、提交不及时。

7.3.4 处理措施及现场实施

针对现场实际情况，为确保使用安全，建设单位会同使用单位、设计单位及施工单位，对沿线相关各站进行了现场勘察，结合按原设计做法已完成的部分成品现状，经充分沟通、研讨，修改、完善了站台端部防护栏杆的设置方案。

(1)婺源站

①1 站台整改方案

婺源站 1 站台端部栏杆整改方案如图 7-3-8(a)所示。

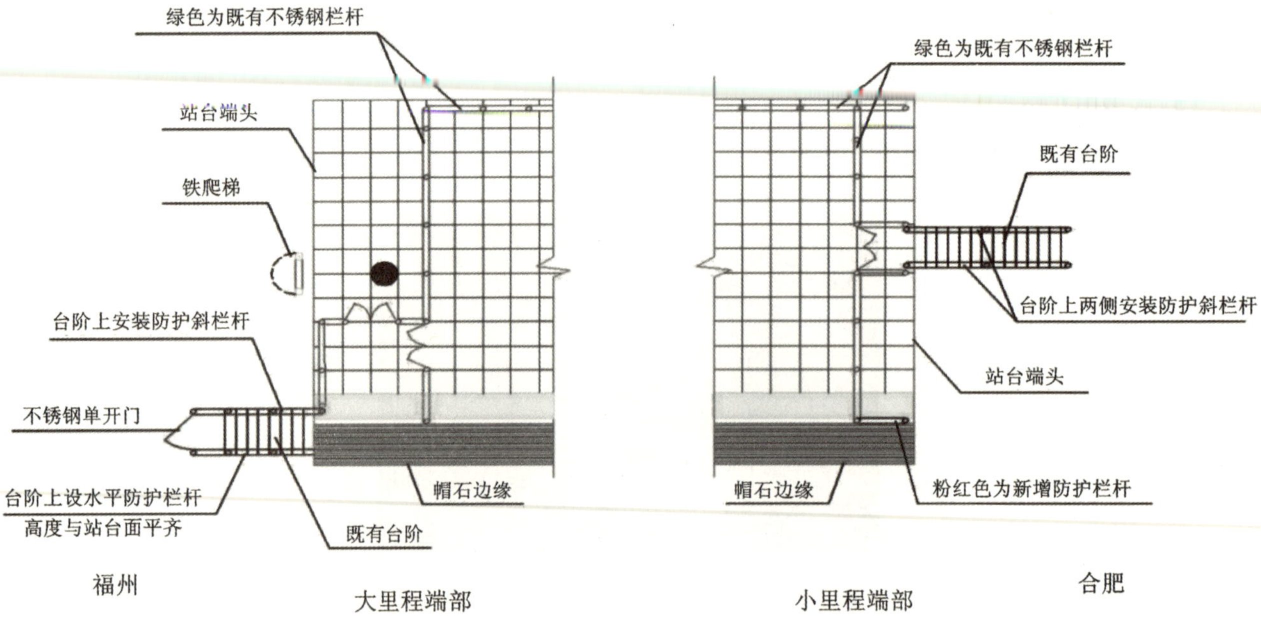

图 7-3-8(a) 婺源站 1 站台端部栏杆整改方案图

②2 站台整改方案

婺源站 2 站台端部栏杆整改方案如图 7-3-8(b)所示。

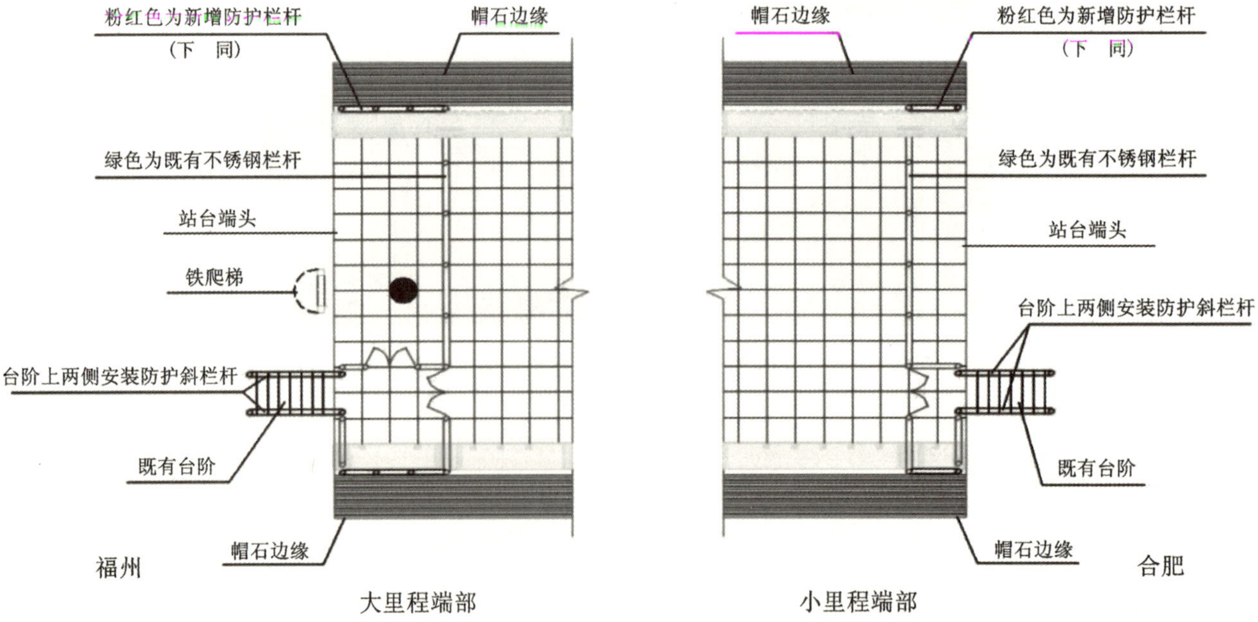

图 7-3-8(b) 婺源站 2 站台端部栏杆整改方案图

③婺源站站台端部防护栏整改实施

婺源站 2 站台小里程端部防护栏杆成品如图 7 – 3 – 9 所示。

图 7 – 3 – 9　婺源站 2 站台小里程端部防护栏杆成品

婺源站基本站台大里程端部防护栏杆成品如图 7 – 3 – 10 所示。

图 7 – 3 – 10　婺源站基本站台大里程端部防护栏杆成品

(2) 德兴站、五府山站

德兴站、五府山站站台端部栏杆整改方案如图 7 – 3 – 11 所示。

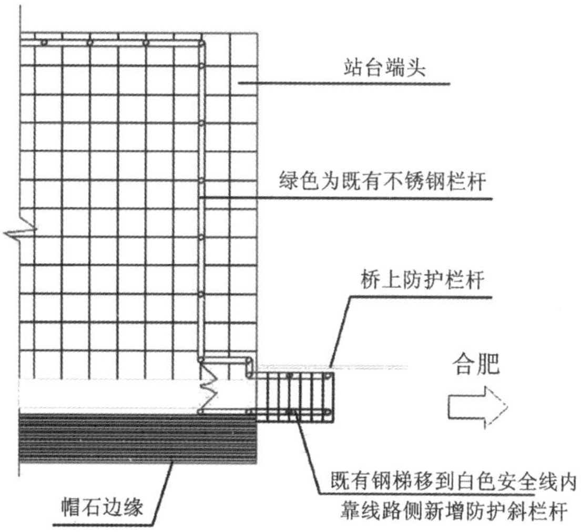

图 7 – 3 – 11　德兴站、五府山站站台端部栏杆整改方案图

(3)建瓯西站

建瓯西站小里程站台端部栏杆整改方案如图 7-3-12 所示。

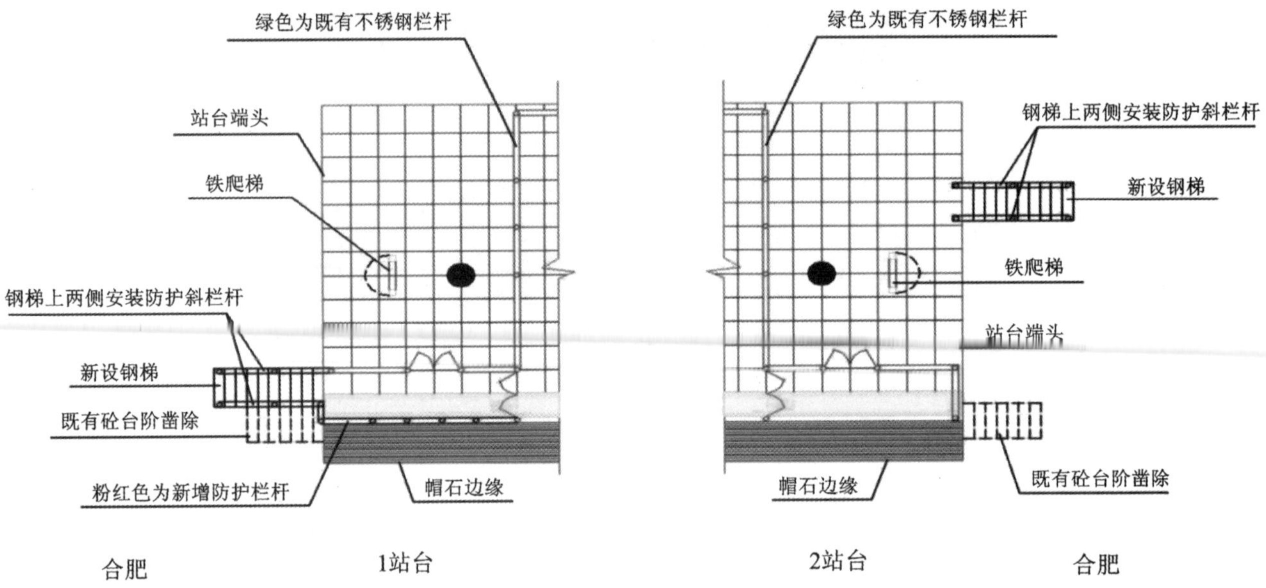

图 7-3-12　建瓯西站小里程站台端部栏杆整改方案图

(4)武夷山东站

武夷山东站站台端部栏杆整改方案如图 7-3-13 所示。

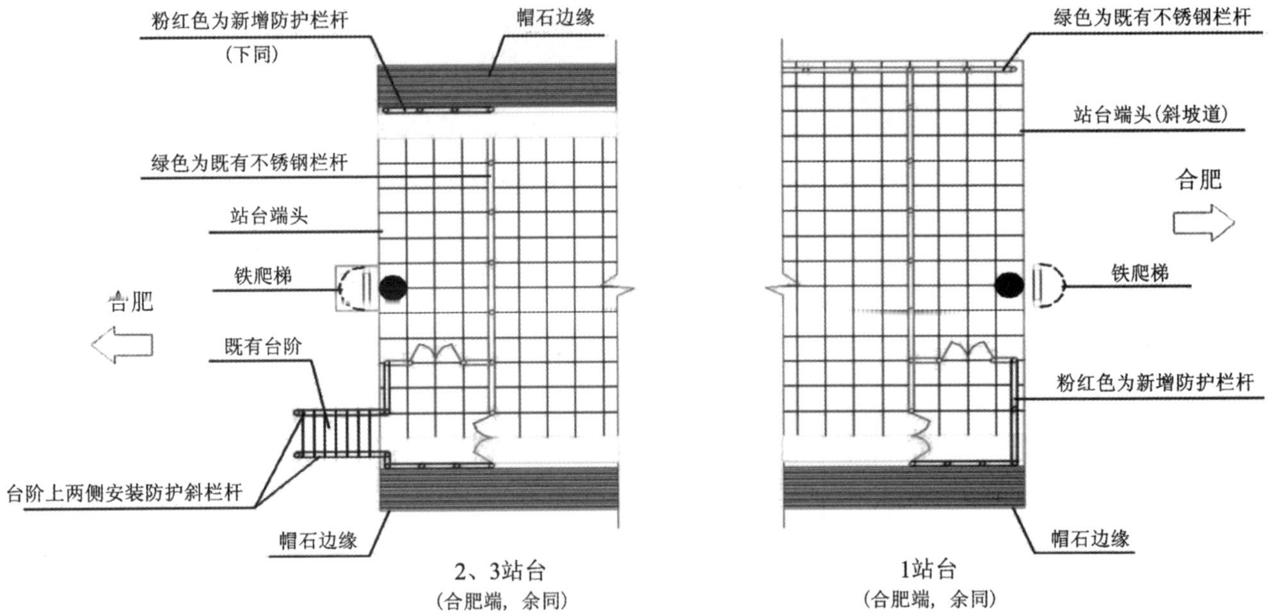

图 7-3-13　武夷山东站站台端部栏杆整改方案图

(5)南平北站

南平北站站台端部栏杆整改方案如图 7-3-14 所示。

7.3.5　案例小结

车站站台端部的防护要求随着国家铁路建设的发展不断变化，日前南昌铁路局依照的总公司指导性文

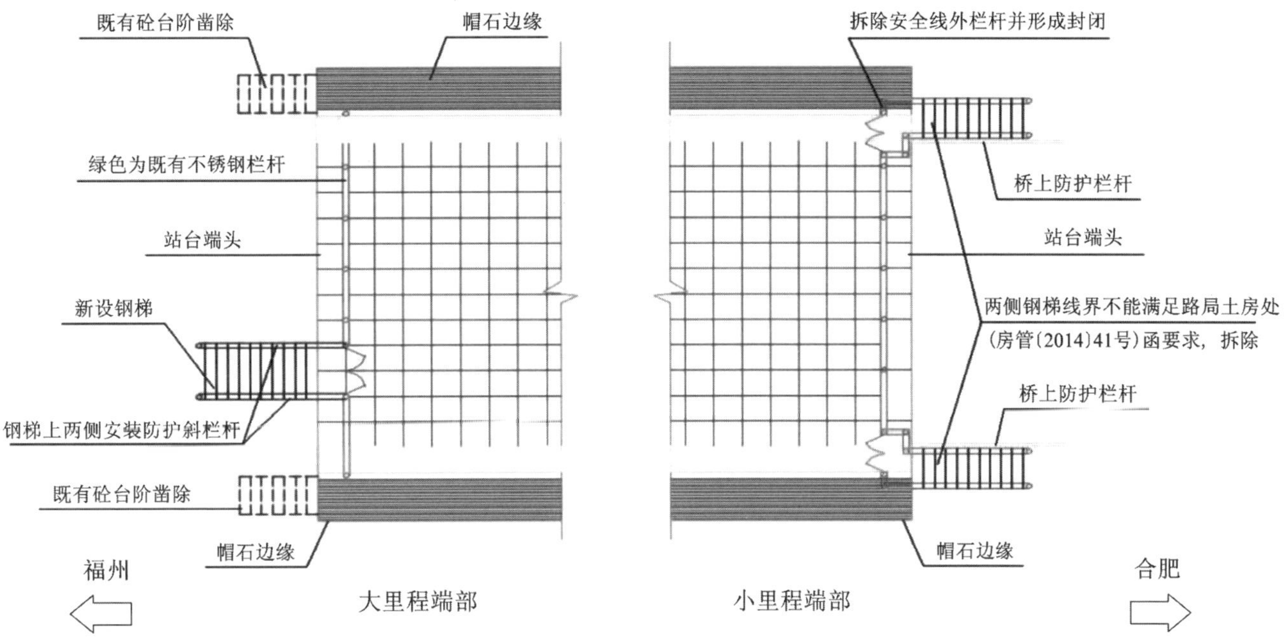

图 7－3－14　南平北站站台端部栏杆整改方案图

件《中国铁路总公司运输局关于规范高铁车站站台两端防护栅栏安装的通知》(运营客管电〔2014〕1854 号)，以及细化制定的站台端部防护方案《南昌铁路局关于进一步明确动车组列车客运办理站站台两端防护栏设置的通知》(南铁建设函〔2015〕239 号)，受现场地形条件的限制，大多难以完全实现，需要进一步调整和细化。

为此，在今后的工程建设中，应加强与运营管理单位的沟通和对接，根据现场的实际情况制定合理的站台端部防护方案。

7.4　四电房屋基础施工处理

7.4.1　设计情况

合福高铁闽赣段四电房屋基础由于地处山区，基础变更调整非常多。现以南平北牵引变电所为例，对四电房屋基础施工处理进行分析。

新建南平北牵引变电所位于南平北火车站小里程方向的左侧 DK689＋090 处，距离南平北火车站约 1.5 km，牵引变电所围墙长度为 77 m，牵引变电所房屋建筑面积为 324.76 m^2(不含电缆夹层的建筑面积)，内设高压室、二次设备室、通信室、检修房、储藏间、值班室、卫生间，地基基础设计等级为丙级。按Ⅱ类场地设计。采用泥浆护壁冲孔灌注桩基础，框架结构(抗震等级三级)，层高 4.5 m，室内外高差1.2 m；桩基础全断面进入持力层的深度不小于 1.2 m，桩径 800 mm，桩长不小于 15.0 m；基础采用 C30 防水混凝土，混凝土抗渗等级 P6，HPB300(ф)，HRB400(ф̲)级钢筋现浇，垫层采用 C15 素混凝土。混凝土保护层厚度：桩 50，梁底面 40，承台底部 110，侧面和顶部为 40；基础冲击成孔过程中对容易塌孔的松散填土采取钢护筒防护措施，护筒内径为 0.8 m，长度范围 8～12 m；混凝土骨料粒径不得大于 40 mm；混凝土塌落度为 180～220 mm。要求采用水下混凝土浇筑工艺施工。混凝土充盈系数(由桩身高度分段控制)不得小于 1.0，水下混凝土必须连续施工，每根桩的浇筑时间按初盘混凝土的时间控制。

新建南平北牵引变电所实位图如图 7－4－1 所示。

7.4.2　事件简介

合福高铁闽赣段地处山区，四电房屋选址困难，多为高填方地区，四电房屋对场坪填土的密实度、承

图 7－4－1　南平北牵引变电所实位图

载力要求较高，设计文件对场坪填土、填土密度和承载力有明确要求：

（1）填料选取

设有房屋的四电场坪地段的填土填料应采用 C 组细粒土（粉质黏土或黏土）。

（2）填土质量要求

①铺设填料前，应清除或处理场地内填土层底面以下的种植土和软弱土层。

②填料的每层摊铺厚度为 0.3 m，压实遍数应根据所选取的压实设备通过实验确定。

③在雨季、冬季进行压实填土施工时，应采取防雨、防冻措施，防止填料（C 组细粒土）受雨水淋湿或冻结，并应采取措施防止出现“橡皮”土。

④填土帮宽处应挖成宽度不小于 1 m 的台阶，分层碾压并适当增加压实遍数。

⑤填土压实系数不小于 0.94，含水量控制在最优含水量 Wop +2% 范围内。

四电房屋场坪由站前单位施工，南平北牵引变电所场坪填方区域高达十多米，交接后发现，场坪填方为弃渣土、块石和建筑垃圾，填筑松散不密实，未分层碾压，场坪未达到设计要求标准，如果在此场坪基础上施工，不做任何加强处理，会对四电房屋、设备基础造成重大安全隐患。

现场场坪填筑如图 7－4－2 所示。

图 7－4－2　场坪现场填筑图

7.4.3　原因分析

合福高铁站后施工工期短、任务重，四电房屋所需的征地、场坪由站前单位实施和提供。南平北站 10 kV 配电所与南平北牵引变电所为同一场坪，站前单位在进行四电场坪征地时，地方政府已经将初定场坪位置占用，重新征迁难度变大，因此只能将场坪位置移至站前单位在隧道施工时的隧道弃渣场处。

场坪填方原设计为分层碾压 C 类土，填方高度为 10～20 m。经查验发现场坪大部分填方为弃碴（土）（其中下部为地方开发区弃方，上部为站前施工单位弃方），填方大多为块石和建筑垃圾，填筑松散不密实，未分层碾压。致使房屋人工挖孔桩基础开挖塌方不止，无法成孔。

与原设计场坪相比，改移后的场坪存在几点问题：

(1)场坪位置处于站前单位隧道施工时的隧道弃渣场处，填土为隧道施工弃渣。

(2)调整位置后的场坪回填厚度达 10 ~ 20 m，未经碾压密实，且填料物主要为碎块石土夹多量孤石。场坪原地面为一水塘，进入原地面层存在淤泥、流沙且地下水较发育，后期地基不均匀沉降会造成工程损害，影响建筑物及构筑物的结构安全及使用功能。站后单位在进行南平北配电所挖孔桩施工过程中也因回填物质疏松，存在塌方、流砂等安全隐患而停工。

7.4.4　处理措施

2013 年 12 月 26 日，京福闽赣铁路公司召集设计单位、施工单位、监理单位，就合福高铁南平北站配电所房屋基础施工方案进行了现场勘验。针对现场现状，经与会各方充分研讨，同意设计单位提议的变更处理方案。

(1)将原设计人工挖孔桩基础改为冲孔灌注桩基础，桩基础全断面进入持力层的深度不小于 1.2 m，桩径 800 mm，桩长不小于 15.0 m，确保房屋设备使用安全。

(2)对既有场坪(含牵引变电所)面层 3 m 厚度范围内的填筑层进行原土翻填，剔除块石及垃圾等杂物，分层压实，且填土压实系数不小于 0.94。

7.4.5　现场实施

1. 钻孔桩成孔施工

按照会议要求把原有的人工挖孔桩改为冲孔灌注桩进行施工，桩长调整为钻至花岗岩持力层，由原设计的 8 ~ 12 m 调整至 30 m 以上。

2. 钢筋笼施工

①钢筋笼的制作采用支架成型法。支架用 3 ~ 4 cm 厚的钢板，按骨架的设计尺寸，做成半圆的固定支架。在它的周围边缘，按主筋的位置凿出支托主筋的凹槽。制作时，将主筋逐根放入凹槽，然后将箍筋按设计位置放在骨架外围，弯绕成圆箍，并与主筋点焊连接。直到最后加工成型。

②钢筋的连接：主筋接长采用滚轧直螺纹接头，其余钢筋采用焊接或绑扎连接。主筋 N1 采用滚轧直螺纹连接，符合《钢筋机械连接通用技术规程》(JGJ107)的规定。每个断面主筋接头数量不得超过全部主筋数量的 50%，接头错开间距 35 d(d 为钢筋直径)；加强筋 N2 采用搭接电弧焊，搭接电弧焊时，两钢筋搭接端部应预先折向一侧，使两接合钢筋轴线一致；接头单面焊缝的长度不应小于 10 d(d 为钢筋直径)，焊缝要求清除焊渣、焊缝饱满。箍筋 N4 采用绑扎连接，搭接长度不得小于 35 d。焊接前应根据施工条件进行试焊，合格后方可进行正式施焊。焊工必须持证上岗。钢筋焊接的接头形式、焊接方法和适应范围应符合《钢筋焊接及验收规程》(JGJ－18)的规定。焊条采用 THJ502 碳钢焊条。

③钢筋笼加工时要确保主筋位置准确，并在钢筋笼外侧焊置控制混凝土保护层厚度的定位钢筋，等距离焊在钢筋笼主筋上，其沿桩长每隔 2.0 m 设一道，每道沿圆周对称布置 4 处，以确保达到设计要求的钢筋混凝土保护层厚度。

④为对成桩进行质量检测，钢筋笼制作时需按设计要求布置 3ϕ503 mm 的声测管，声测管竖向焊于 N2 上，单根长度大于桩长 40 cm(出口露出桩顶 50 cm)。

⑤声测管之间的连接采用丝扣连接，接长要仔细检查，确保连接严密。声测管接头顶、底口要封闭严实，严防异物掉入或漏水。

⑥声测管安装在钢筋笼上要固定牢靠，垂直度容许偏差不大于 0.5%，下钢筋笼时管内要灌清水，不能直接用江水，江水只有经过净化处理后才能用来灌声测管，以免测管底部沉淀、堵塞，导致超声波检测探头下不到位。

⑦每节钢筋笼制作完毕后，在两端连接缝做出垂直于钢筋笼轴线的截面，并在钢筋上做好显著标记，钢筋笼逐节下放连接时，上下二节标记互相重合。

⑧为防止钢筋笼吊装时变形，钢筋笼每道加劲筋内增设“＋”字形内支撑，快要入孔时割除。

3. 桩基检测

用高应变动力检测法检测基桩的竖向承载力和桩身结构完整性，检测仪器为桩基动测仪。

(1) 主要仪器设备的安装

工作前检查仪器电量，确保能完成工作；确认电量充足后，连接好主机及传感器。

(2) 主要仪器设备的操作

①打开主机的电源开关，运行信号采集软件，进入信号采集界面，输入所检测工程桩的工程编号、桩号、桩长、应力波传播速度、砼容重、桩身截面积等相关资料；

②锤、架与桩顶对正、对中套入待检桩头，安装两组力/加速度传感器，检查安装过程中两个传感器务必符合要求；

③按采集键钮，采集得到有效的信号；

④用打桩分析软件分析信号，得到该桩的单桩极限承载力。

4. 场坪换填及场坪检测

场坪换填及场坪检测如图 7-4-3 所示。

图 7-4-3　场坪换填及场坪检测图

7.4.6　案例小结

通过对南平北牵引变电所基础处理变更施工案例的分析，得到如下几点经验与教训：

(1) 场坪土方施工可由站前单位调整为四电站后单位施工，或依托四电施工单位提前进场对场坪施工质量进行质量把控，既可以减少施工界面交接又能保证土方填料及压实度施工质量。同时还能避免各施工单位扯皮推诿，加快施工工期的推进。

(2) 加强设计单位施工图设计深度的管理，由于四电房屋基础设计未能深化到每个站、所的基础，造成基础较大的调整，而加强设计及施工图审核的管理力度，可以避免设计变更的发生。

(3) 加强对施工单位技术资料的管理工作。目前由于闽赣段四电房屋基础调整较多，施工单位在重视施工进度的推进时对基础变更的资料收集工作做得不充分，决算时施工单位又拿不出充分的数据来说明基础调整的工程量，造成变更设计工作无法进行。

(4) 组织好接口施工工艺工法的培训工作

要加强接口施工人员、管理人员、监督人员的培训工作。在接口施工之前，各单位要组织相关人员认真学习设计文件，组织技术交底的工作；在施工过程中不得以惯例、内部的特殊性或其他理由拒绝接口事项的落实。

(5) 加强监理对接口施工质量的管控

在接口管理过程中，必须充分发挥监理单位的监督作用，要起到核心组织作用，确保质量和现场协调。监理人员必须对接口的施工进行全过程旁站和现场指导并详细记录监理检查记录，以确保接口工程质量。

7.5 生产生活用房交叉施工

7.5.1 设计情况

闽清北站综合维修工区占地10.49亩，设计有综合楼707.25 m^2、单身宿舍1820.46 m^2、作业车库及极具库806.68 m^2、伙食房107.92 m^2、桶装油库37.5 m^2、门卫20.5 m^2、10/0.4 kV变电所281.4 m^2、污水处理池120 m^2，室外给排水管网500 m，集水井25个。工区内各房屋之间设贯通混凝土路面及通所道路，生产生活用水设计由闽清北站站区统一引入。给排水主管纵向贯通维修工区，室外管网工程为隐蔽工程，均设在混凝土路面下。具体布置如图7－5－1所示。

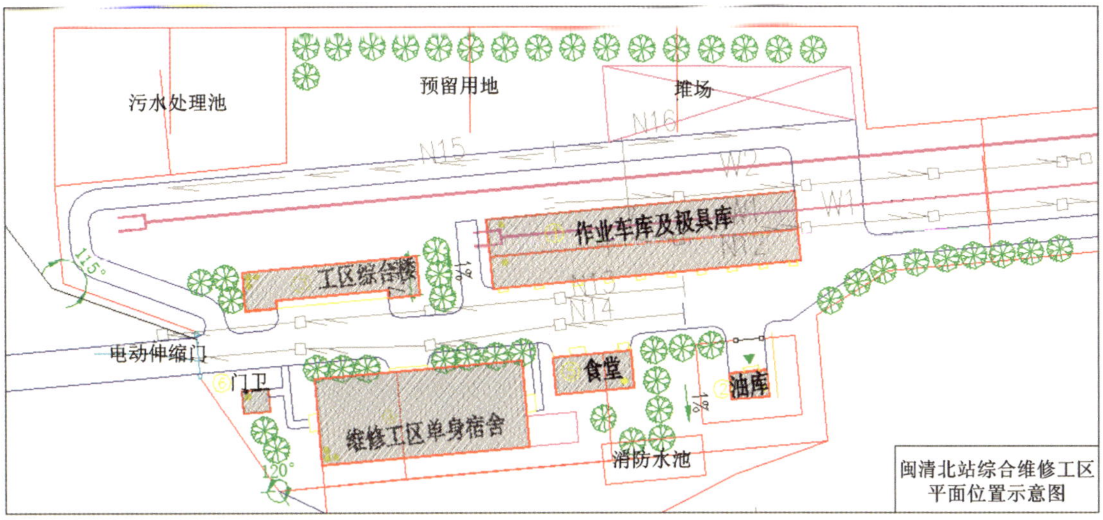

图7－5－1 闽清北站综合维修工区平面示意图

7.5.2 事件简介

2014年9月，站前土建单位已完成了工区内房屋的主体工程全部施工，开始组织房屋外部装修、工区内场地硬化及通所道路的施工。10月初维修工区场坪平整、检底等施工工序已完成，准备进行混凝土路面施工时，站房施工单位的给排水室外管网埋设及污水井等还没开挖，且人员到2014年10月底才进场。进场后为赶时间，开始大面积进行管沟和污水井开挖，造成了场坪施工工作不能开展，且严重影响了房屋室内外装修的材料进场，站前土建单位窝工长达3个多月。

以上因素相互干扰、相互制约，造成了工期延后。面对工期压力，管网施工回填土质量更是难以保证，造成后期场坪完工后，常发生地陷、开裂等，增加了不必要的返工处理费用。静态验收过程中多处污水管缺陷急需处理也与此紧密相关。

维修工区生产生活房屋施工于2014年已全部完成，但通所及场内道路、场坪、绿化等工程却严重滞后，至2015年上半年仍未完成。现场情况如图7－5－2所示。

7.5.3 原因分析

(1)闽清北站综合维修工区工程含有生产生活房屋、作业车库、给排水管网、污水处理、四电工程及检修线、存车线等，施工单位有站前土建施工单位、站房施工单位、电气化局等，涉及房建、土建、给排水、绿化、四电及铺轨等施工项目。工区内施工项目种类繁多，各单位同时进场作业，容易产生交叉施工。

(2)施工组织安排上缺乏沟通交流，单位多，各做各的施组安排，相互间的施工组织安排不合理，导致同一作业面要进行多项目施工、重叠施工等，相互制约，相互干扰。

图 7-5-2　维修工区管网施工滞后图

(3)工序先后安排不当，土建单位开始场坪施工，检底等工序已施工完毕，而给排水室外管网埋设及污水井等仍没开挖，严重影响到了土建单位正常工序，易造成窝工，并导致场坪、检底等工序重复施作，造成成本增加，带来质量隐患。

(4)单位多、专业项目多，多家单位混合施工，协调难度大，工作互有影响。

7.5.4　处理措施

经过多次沟通协调，在满足双方工期、确保质量安全的情况下，有针对性地采取了以下措施：

(1)接口交叉工程，协调约定施工时间相互配合施工，如检修库检修基坑钢轨底座施工、电力线缆过轨管道敷设等。

(2)干扰工程，协调约定顺序分段分幅相向施工，如混凝土路面硬化工程由小里程向大里程方向推进，将原有 7 m 宽的道路分为左右两幅，按照先左后右的顺序施工；给排水单位室外管网的纵向主管由大里程向小里程推进，横向管道埋设由小里程向大里程推进，按照先左侧后右侧的顺序施工。

(3)非专业性强的工程协调委托施工，如交叉部位，可以方便由一个单位施工完成的项目，相互委托由一个单位施工完成，减少相互交叉作业的干扰。

7.5.5　现场实施

(1)检修库轨道基座、变压房等有接口交叉工程，协商由土建单位牵头，约定施工时间，对预埋件、接口、基座等由相关单位到场配合施工，一次安装到位。

(2)通所道路和场坪管网施工，经相关单位现场核实，纵向主管设于贯通通所道路右侧，不影响左侧混凝土路面施工。纵向主管道施工采取由大里程向小里程推进的施工顺序。在完成管道埋设后，给排水单位按土建原设计标高回填并夯实，确保混凝土基地密实，以保证通所道路质量，如图 7-5-3 所示。

图 7-5-3　检底完成的场坪在开挖管网沟图

(3)与此同时，平行推进横向管道的施工，采取从小里程段横向管道埋设处施工，同时将横向管道分为左右两段、中间设置接头，按照先左侧后右侧的顺序施工。完成基坑开挖，将管道埋设后，管道四周采用 C25 混凝土包裹，初凝后立即按原设计标高回填、夯实。

(4)土建单位通所道路施工由小里程向大里程推进，按照先左侧后右侧的顺序施工。先施工小里程段内无横向管道的区域，待给排水专业完成左侧管道埋设后依次推进，如图 7 –5 –4 所示。

图 7 –5 –4　道路分幅分段施工图

(5)对机房、配电房涉及有四电施工的，线路布设统一委托四电单位施作。四电及管网施工单位因挖基产生的土方转运统一委托土建单位完成。

(6)加强现场协调沟通，各单位在施工完成后务必做到工完料清，不能将各自的施工垃圾留在施工现场，影响对方施工。

7.5.6　案例小结

(1)一个含多专业的综合性单位工程，由多个专业单位(队伍)施工，其优点是能减少专业分包环节、专业性强、管理单一；缺点是相互干扰大、容易窝工、队伍间易产生矛盾、协调难度大。由一家施工单位负责一个含多专业的综合性单位工程施工，其优点是施工组织能统一安排、工序容易衔接、各专业施工干扰小、协调难度小；缺点是容易产生专业分包、管理难度大。

(2)建议同一个单位工程，在任务划分时尽可能减少施工单位数量。专业少、技术难度不大的尽可能由一家单位施工；综合性强、专业多的工程则划分给多家单位施工，但需要业主单位统一协调，将各专业工程的计划汇总到一个施工组织设计中，编制大施组，统一确定时间计划，协调同步组织施工。在多家施工单位交叉施工的情况下，应提前与相关单位做好对接工作，合理组织安排施工，以有效避免出现相互制约、窝工浪费、影响工期等情况。

闽清北站综合维修工区多专业交叉施工完工图，如图 7 –5 –5、图 7 –5 –6 所示。

图 7 –5 –5　闽清北站综合维修工区多专业交叉施工完工图

图7-5-6 闽清北站综合维修工区多专业交叉施工完工全景图

第 8 章　通信、信号工程

8.1　上饶站合福、沪昆场信号冲突处理

8.1.1　设计情况

(1)上饶枢纽引入工程概况

合福高铁与杭长高铁在上饶站交汇，合福高铁横跨既有杭长高铁和既有沪昆线，形成了“十”字形交叉车站。

本工程与杭长高铁的分界位于杭长高铁上饶站下行咽喉进站信号机及合福线路所联络线防护信号机处。信号机内方为杭长高铁工程，外方为合福高铁工程。如图 8－1－1 所示。

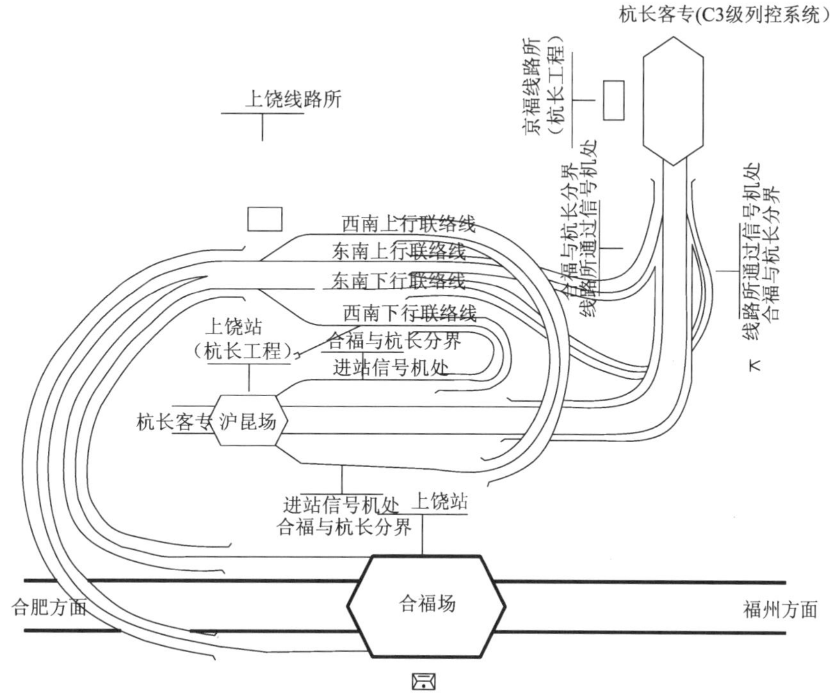

图 8－1－1　合福与杭长衔接示意图

(2)列控系统概况

根据初步设计的批复和运输组织模式，新建合福高铁与既有杭长高铁均采用 CTCS－3 级(以下简称为 C3)列控系统，上饶联络线区间不设信号机，以满足动车组最高运行速度 120 km/h 的运行要求。

8.1.2　优化原因

由于没有明确规定两条客运专线间衔接站的信号显示，且联络线区间较短，故在满足列车跨线运行和互联互通运营的要求下，对上饶枢纽信号显示方案进行了具体分析研究，本工程设计需要解决以下问题：

(1)合福线路所及上饶线路所通过信号时，上饶杭长高速场出站信号显示方案。平面布置图如图 8－1－2 所示。

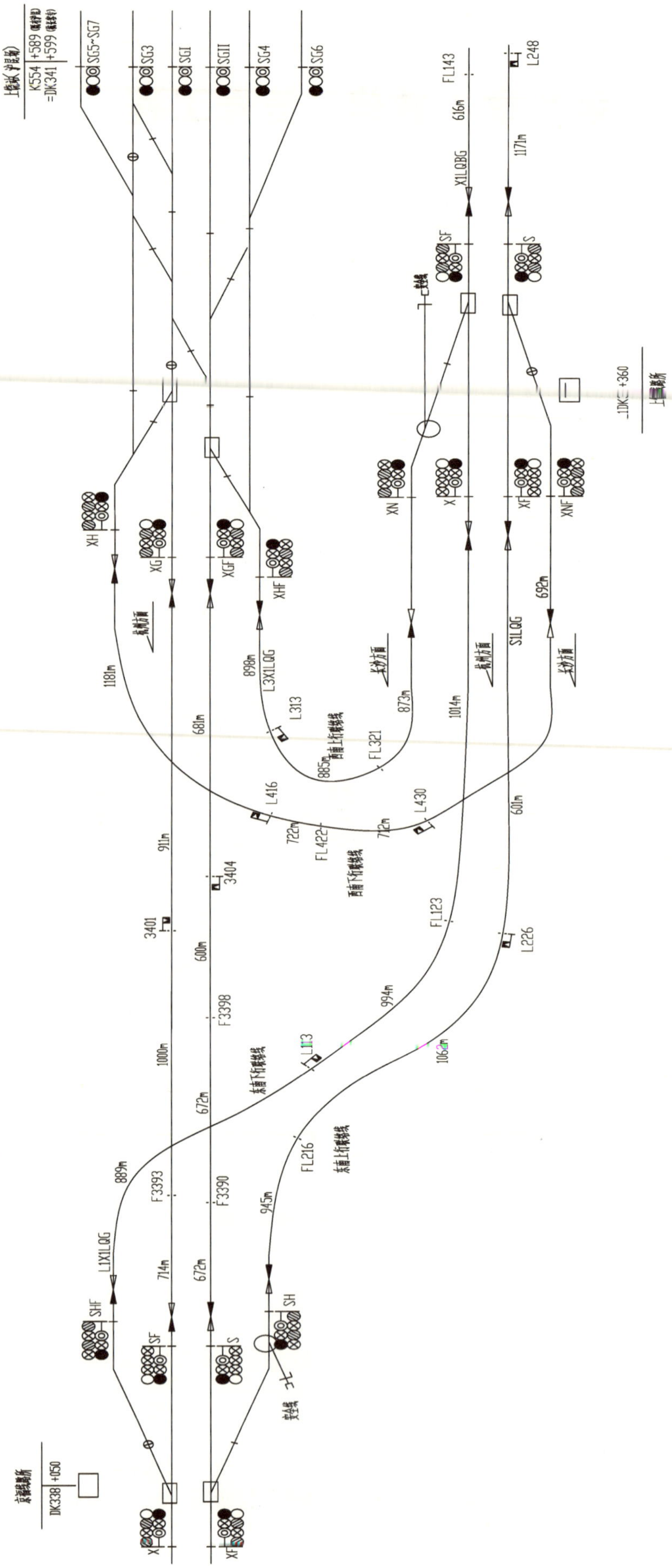

图8-1-2 合福线路所及上饶高速场至上饶线路所平面图

(2)上饶合福场至上饶线路所点灯状态发车时，信号显示与运输组织方案。平面布置图如图 8－1－3 所示。

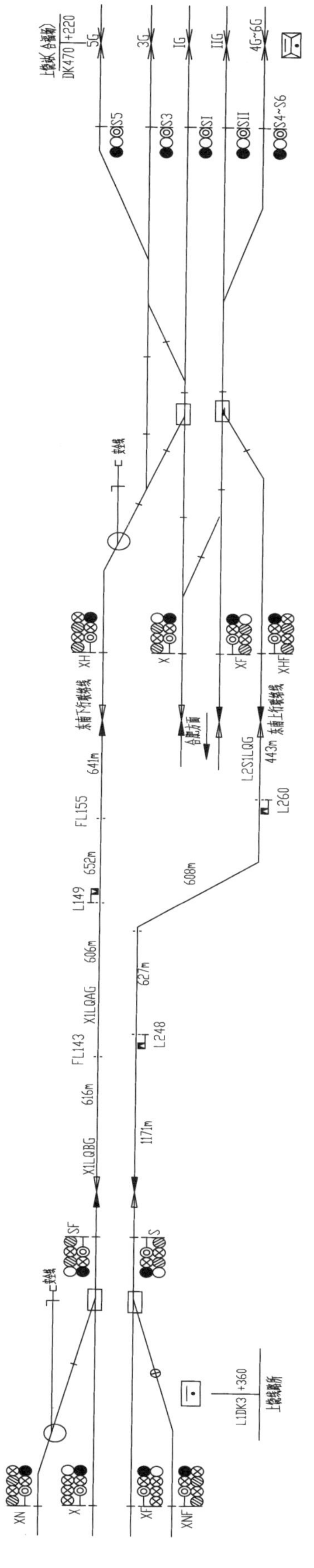

图8－1－3　上饶线路所至上饶合福场平面图

(3)关于200H车载设备逻辑与地面设备应答器报文不匹配方案。

8.1.3 优化设计

(1)线路所通过信号机、出站信号机显示方案

由于上饶联络线区间均为一两个闭塞分区，线路较短(区间均不超过2.8 km)，且反向运行时线路所弯股没有设安全线，为了确保安全，在点灯模式及灭灯模式下，合福线路所往上饶线路所SF口发车时，SHF信号机与上饶线路所SF信号机的联锁关系按红灯重复处理。上饶站杭长高速场SGI、SG3、SG5、SG7往上饶线路所XNF发车时，出站信号机与上饶线路所XNF信号机的联锁关系按红灯重复处理。上饶高速场至上饶线路所显示关系如图8-1-4所示，合福线路所至上饶线路所显示关系如图8-1-5所示。

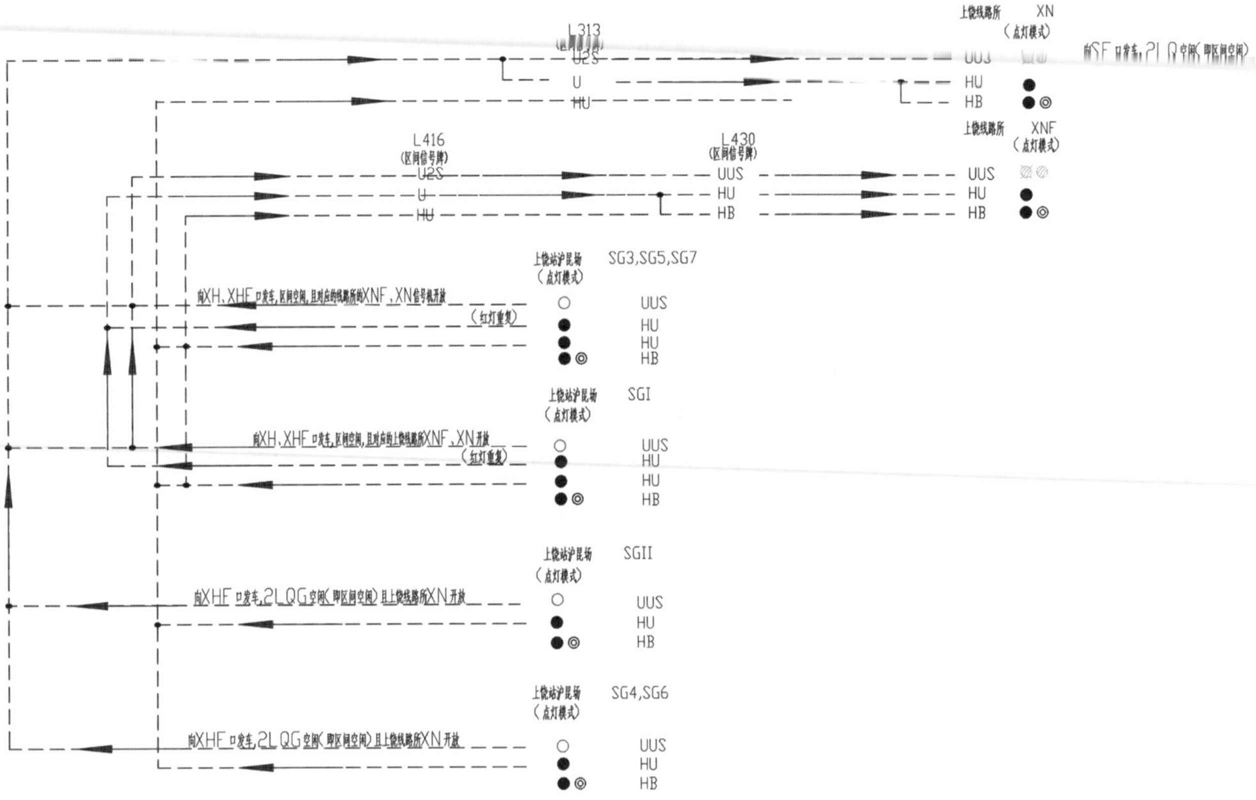

图8-1-4 上饶高速场至上饶线路所显示关系图

(2)上饶合福场至线路所优化方案

鉴于上饶线路所与上饶合福场站间区间短(为1~2个区间点)，上饶合福场往上饶线路所方向点灯发车应同时点亮上饶线路所通过信号机并检查红灯灯丝是否完好，进路按照大区间运行考虑(即上饶合福场至合福线路所SH、SHF信号机的区间线路空闲)，线路所防护信号机需开放允许灯光。

(3)保证200H车载设备正常需要优化方案

为满足装备200H车载设备的动车组在合福线正常运营的需要，并借鉴已开通运营线路对该类问题的处理方案，合福线上饶合福场、杭长线上饶杭长高速场地面设备配合车载逻辑方案已作适应性修改。修改方案如下：

在现有软件基础上，将大号码道岔应答器组中无源应答器描述的轨道区段包[CTCS-1]移至同组的有源应答器中。列控中心判定需发送大号码道岔信息时，控制DD有源应答器发送轨道区段包[CTCS-1]里预告XI信号机类型描述为“0111=设有应答器的出站信号机”；当不发送大号码道岔信息时，控制DD有源应答器发送轨道区段包[CTCS-1]里预告XI信号机类型描述为“0010=出站信号机”。

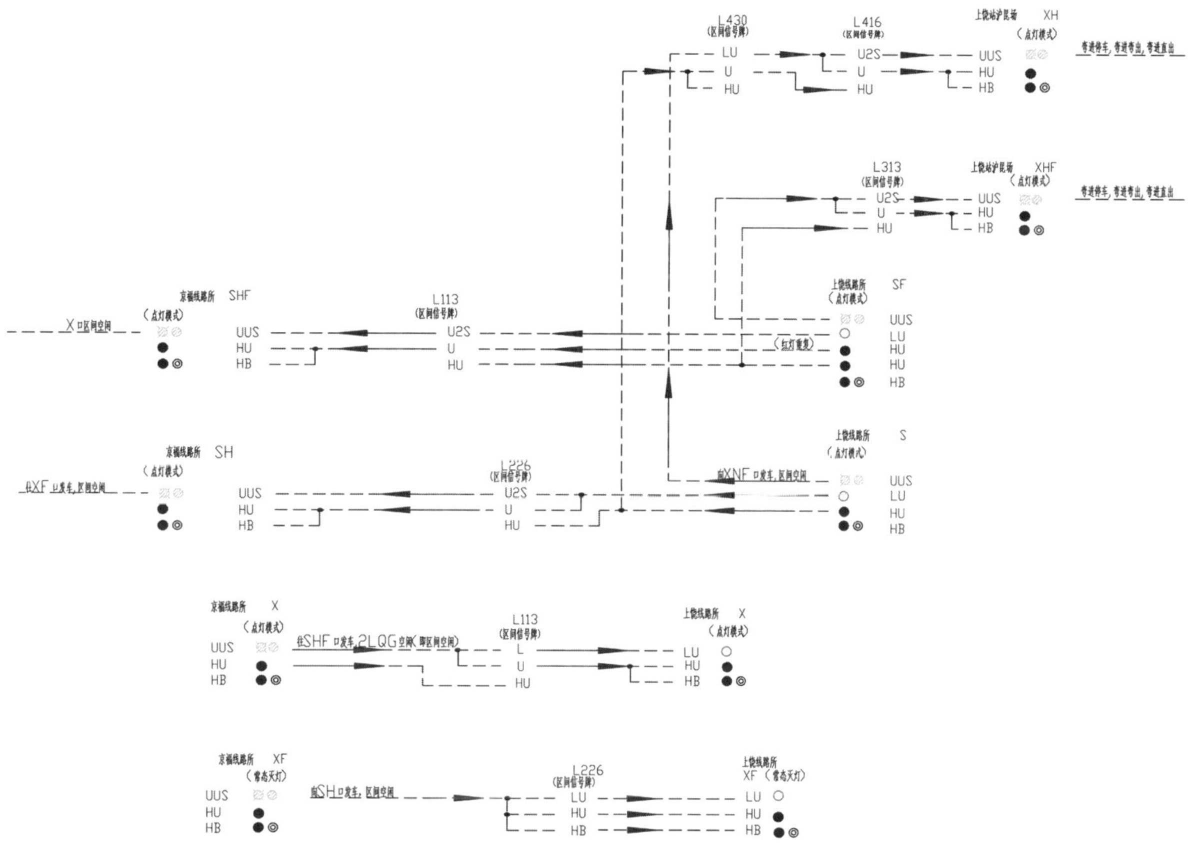

图 8－1－5　合福线路所至上饶线路所显示关系图

8.1.4　现场实施

由于杭长高铁在合福高铁调试前已进入试运行且即将开通，采用的优化方案涉及到既有正在运营的上饶高速场、合福线路所、杭长 TSRS2（边界延伸至上海局江山站上行出发咽喉和南昌局进贤南站）、杭长 RBC4、南昌局调度中心玉南台等多个联锁、列控、CTC 设备，施工项目多，对既有线安全压力大。

为确保既有线施工安全，减小对已开通的杭长高铁线路的运营影响，公司要求系统集成单位和施工单位制定详细、稳妥的实施性方案，采取“化整为零、分项试验、最终接入”的施工步骤，并组织施工单位与铁路局运输、运营维护单位对实施方案进行多次审核。实施方案按设备安装、电路修改、单机调试等硬件系统先实施到位，再对每个单项设备软件模拟试验和现场挂连试验，试验还包括边界条件，每个单项子系统试验完成后先退出，调试过程中不做过渡，待各个子系统调试、试验全部完成后，与路局相关部门协调，根据运输组织择机一次性接入。各单项子系统调试、试验内容如表 8－1－1 所示。

表 8－1－1　各单项子系统调试、试验内容

合福线路所	联锁： ➢ 硬件已在杭长项目中预留，无需增加硬件；增加合福方面相关进路及邻站站间条件传输； ➢ 合福线路所删除灾害，更新接口表。 列控： ➢ 增加 SH、SHF 口接、发车进路的编码； ➢ 增加 SH、SHF 口区间方向，由合福线路所 TCC 与上饶线路所 TCC 通过通信方式实现； ➢ 增加上饶线路所的列控中心安全参数； ➢ 增加 SH、SHF 口接、发车进路的 TCC 报文及降级检查； ➢ 删除两个灾害； ➢ 启用杭长正线合福线路所 4935 信号点处设置的大号码有源应答器组 B4933；开通东南上行联络线上饶线路所 26 信号点处设置的大号码有源应答器组 B28

续表 8-1-1

上饶高速场	联锁： ➢ 上饶高速场联锁硬件已在杭长项目中预留，无须增加硬件； ➢ 增加合福方面相关进路及邻站站间条件传输； ➢ 上饶高速场依据铁四院联系单修改配线 列控： ➢ 增加 XH、XHF 口接、发车进路的编码； ➢ 增加 XH、XHF 口区间方向，由上饶高速场 TCC 与上饶线路所 TCC 通过通信方式实现； ➢ 增加上饶线路所的列控中心安全参数； ➢ 增加 XH、XHF 口接、发车进路的 TCC 报文及降级检查； ➢ 启用杭长正线上饶高速场 5040 信号点处设置的大号码有源应答器组 B5042；添加西南上行联络线上饶线路所 30 信号点处设置的大号码有源应答器组 B32
应答器与 LEU	➢ 上饶高速场所有股道往左咽喉发车进路坡度包移至有源应答器描述； ➢ 上饶高速场大号码道岔应答器 B5042 将轨道电路信息（CTCS-1 包）移设至有源应答器； ➢ 增加合福线路所和上饶高速场大号码道岔应答器对应的 LEU
杭长 TSRS2	➢ 增加与合福 TSRS2 的通信； ➢ 增加上饶线路所的数据配置； ➢ 增加与上饶线路所的 TCC 通信； ➢ 修改合福线路所、上饶高速场 TCC 的管辖范围； ➢ 增加上饶线路所 TCC 的管辖范围
杭长 RBC4	修改杭长 RBC4 的管辖范围，杭长 RBC4 增加上饶线路所及东南联络线、西南联络线相关数据，开通与合福 RBC6 的切换功能
CTC	➢ 修改合福线路所和上饶高速场 CTC 软件，玉山南、弋阳高速场同步更换数据； ➢ 调度中心修改玉南台运行图底图、调监显示及调度命令、限速命令、阶段计划发送范围，电力臂设置范围，增加与黄武台邻台信息交互，增加合福线与 TDMS 接口，GSM-R 接口，铁总信息发送接口； ➢ 合福线接入南昌局调度中心，启用黄武台调度台，上饶线路所纳入玉南台管辖

8.1.5 优化小结

（1）在枢纽方案实施过程中，首先明确行车组织要求，信号系统的服务对象为行车，因此设计前提需要运输部门明确行车组织方式。

（2）在区间较短且反向运行时，线路所弯股没设安全线，为了确保安全，采用红灯重复设计比较科学。

（3）为满足车载设备需求，对地面设备进行适应性修改不应成为一种解决问题的标准方式，建议对车载设备建立统一性标准。

（4）联调联试期间，列控数据的修改，使已纳入玉南调度台的上饶线路所软件也须修改，从而引起玉南台的信号各子系统修改，影响范围大。应将上饶线路所先纳入黄武台，完成联调联试后，再进行调度台的重新划分，这样可减少对既有杭长线的影响范围。

（5）合福线引入杭长枢纽，主要难点在于避免对运营的既有杭长线造成影响，在方案前期即明确信号各子系统的相关风险点，并制定相关应急措施，控制相关风险因素。

8.2 上饶枢纽交叉并线通信 GSM – R 无线网络切换和干扰问题解决方案

8.2.1 设计情况

合福高铁与杭长高铁在上饶地区十字交叉，并设置东南和西南联络线，联络线部分区段与杭长高铁并行，杭长高铁先于合福高铁开通。合福高铁与杭长高铁均是 300 km/h 速度 C3 列控线路等级，GSM – R 无线子系统均采用单网交织覆盖方案。

合福高铁施工图设计在上饶联络线采用同址双宏基站覆盖方案，设置的基站接入杭长高铁在南昌西建设的 BSC/PCU 设备。上饶地区合福与杭长高铁 GSM – R 系统基站的分布设计方案如图 8 – 2 – 1 所示。

图 8 – 2 – 1　上饶枢纽合福与杭长高铁线路走向及基站分布示意图

杭长施工图设计：ShangRaoA(O3)、YSN – SR10(O2)、YSN – SR09(O2)、SR – GY01(O2)、SR – GY02(O2)5 套基站由杭长高铁设置，接入杭长在南昌西设置的 BSC/PCU 设备。图 8 – 2 – 1 中的绿色线条设施即为杭长高铁线路和基站。

合福施工图设计：ShangRaoB 基站(O2)、DX – SR14 基站(O1 +1)、DX – SR15 基站(O1 +1)、DX – SR16 基站(O1 +1)、DX – SR17 基站(O1 +1)、DX – SR18 基站(O1 +1)6 套基站由合福高铁设置，接入杭长在南昌西设置的 BSC/PCU 设备。图 8 – 2 – 1 中的黄色线条设施即为合福线路和基站。

杭长高铁在沪昆里程 K498 +517、上饶站沪昆场、沪昆里程 K503 +950、沪昆里程 K506 +882 处设置基站；合福高铁在合福里程 K1463 +066、K1466 +016、上饶站合福场、西南联络线 L1K3 +459、合福里程 K1470 +411 及沪昆里程 K498 +517 处设置基站。其中合福里程 K1466 +016 和西南联络线 L1K3 +459 两处设置同址双基站；在上饶站杭长和合福分别设置的基站形成同址双基站；在沪昆里程 K498 +517 处杭长和合福分别设置的基站形成同址双基站。以上基站中，合福里程 K1466 +016 处双基站、西南联络线 L1K3 +459 处双基站、上饶站处双基站、沪昆里程 K498 +517 处双基站均接入杭长所设的 BSC。上饶地区杭长与合福高铁同址双基站及 GSM – R 频点的分布设计情况如图 8 – 2 – 2 所示。

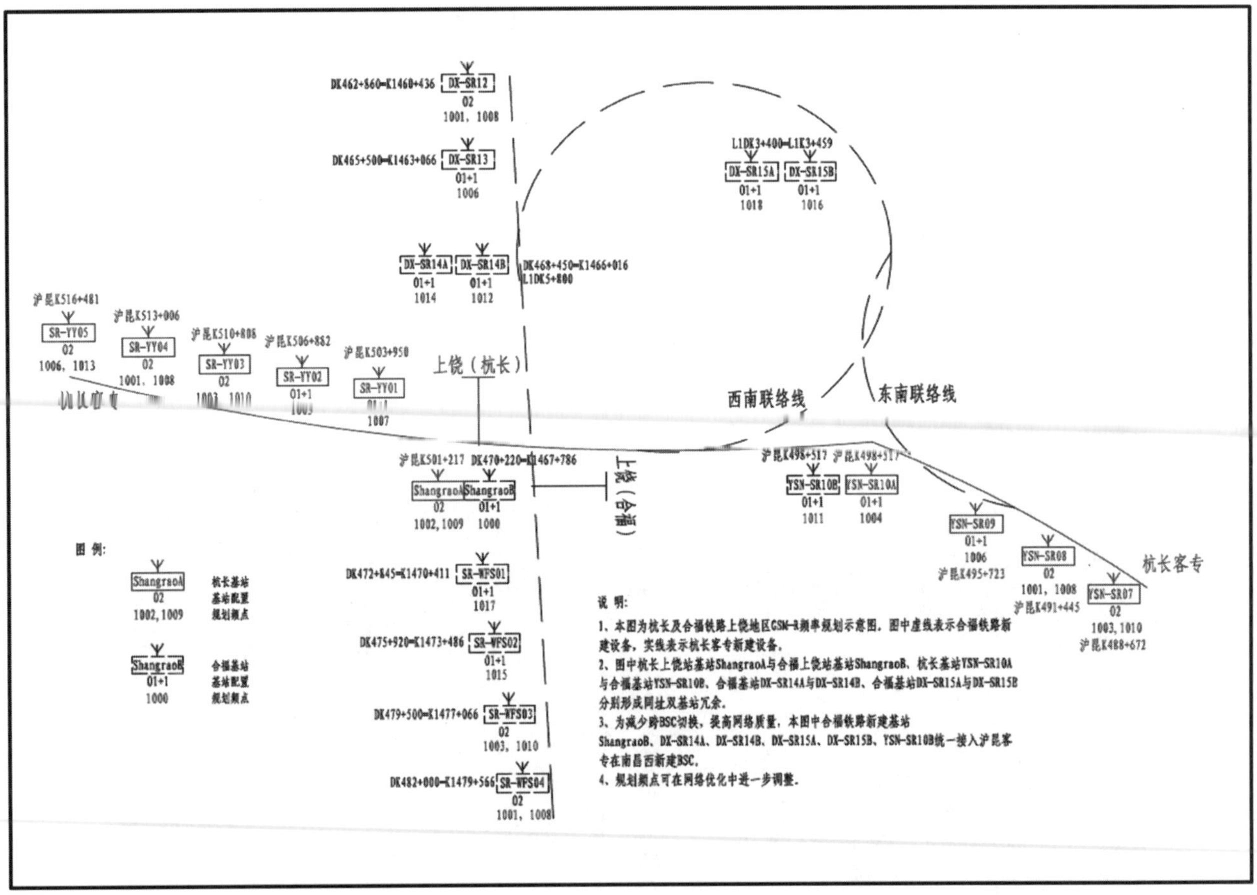

图 8-2-2 上饶枢纽地区合福与杭长交叉并线 GSM-R 设计方案示意图

8.2.2 优化原因

按照原施工图设计方案，上饶站及联络线地区合福与杭长高铁 GSM-R 系统都是采用单网交织覆盖方案，基站数量及载频数量在上饶地区配置较多，且两条线路存在十字交叉，故存在以下问题：

(1)由于 GSM-R 系统频点有限，两条高铁线均采用同址双基站方案，将造成频率规划困难，且容易造成 GSM-R 网内同频及邻频干扰，合福高铁开通后与杭长高铁两线之间将会互相干扰影响，通信质量得不到保证。

(2)由于两线在上饶站十字交叉，区域又较小，采用双基站覆盖方式将造成列车在此区段运行时会发生无线网络覆盖小区频繁切换，以致 QOS 指标劣化，会影响 CTCS-3 级列车运行控制信息的稳定传送。

8.2.3 优化方案

为解决合福高铁与杭长高铁在上饶地区 GSM-R 系统无线网络运营中可能出现的相互影响和干扰问题，京福闽赣公司组织设计单位、铁路局、系统集成商及路内外有关专家对上饶地区 GSM-R 系统网络覆盖设计方案和运营后出现的问题进行了分析和论证。基于合福高铁和杭长高铁所用华为公司基站设备具备分布式基站产品，认为在上饶站及上饶联络线采用同址双网分布式基站(BBU+RRU)的方案较采用同址双基站方案更为合理，对既有杭长线的影响能降为最低。

分布式基站基本原理：可以实现同一个 BBU 所带的不同 RRU 共小区，即不同物理站址上的 RRU 逻辑上属于同一小区，由一个 BBU 管理。每个站址上所分配的载波数、频点、小区号等小区参数相同，能实现空口同步发送，共小区内部无切换。具体解决方案如下：

(1)合福高铁在上饶站设置分布式基站 Shangrao_BUA(C2)，在沪昆 K498+517(原杭长 YSN-SR10 基站位置)处设置分布式基站 Shangrao_BUB(C1),两分布式基站互为主备。新建分布式基站 Shangrao_BUA 及 Shangrao_BUB 统一接入杭长高铁南昌西 BSC 系统。

(2)杭长高铁在上饶设置的 ShangRao 基站由宏基站调整为分布式基站(主备),取消杭长 YSN-SR10 宏基站;在上饶站、合福 DK468+450、上饶联络线 L1K3+459 及原杭长 YSN-SR10 宏基站处设置 RRU 设备(C2+C1),接入上饶两处 BBU 设备,取消上饶站、合福杭长双基站、上饶联络线双基站、合福正线双基站四处原设计的 GSM-R 基站设备。

(3)将杭长高铁基站 ShangRaoA 由 O3 调整为 O2,YSN-SR09、YSN-SR10、SR-GY01、SR-GY02 四套基站由 O2 调整为 O1+1。

优化后采用了同址双网分布式基站设备(BBU+RRU)方式来进行冗余覆盖,不仅减少了基站数量,还能避免在整个线路交叉区和联络线区域无线网络信号越区切换过密造成通信质量和可靠性降低的问题。上饶地区优化后的分布式基站射频拉远单元(RRU)设置及频率配置如图 8-2-3 所示。

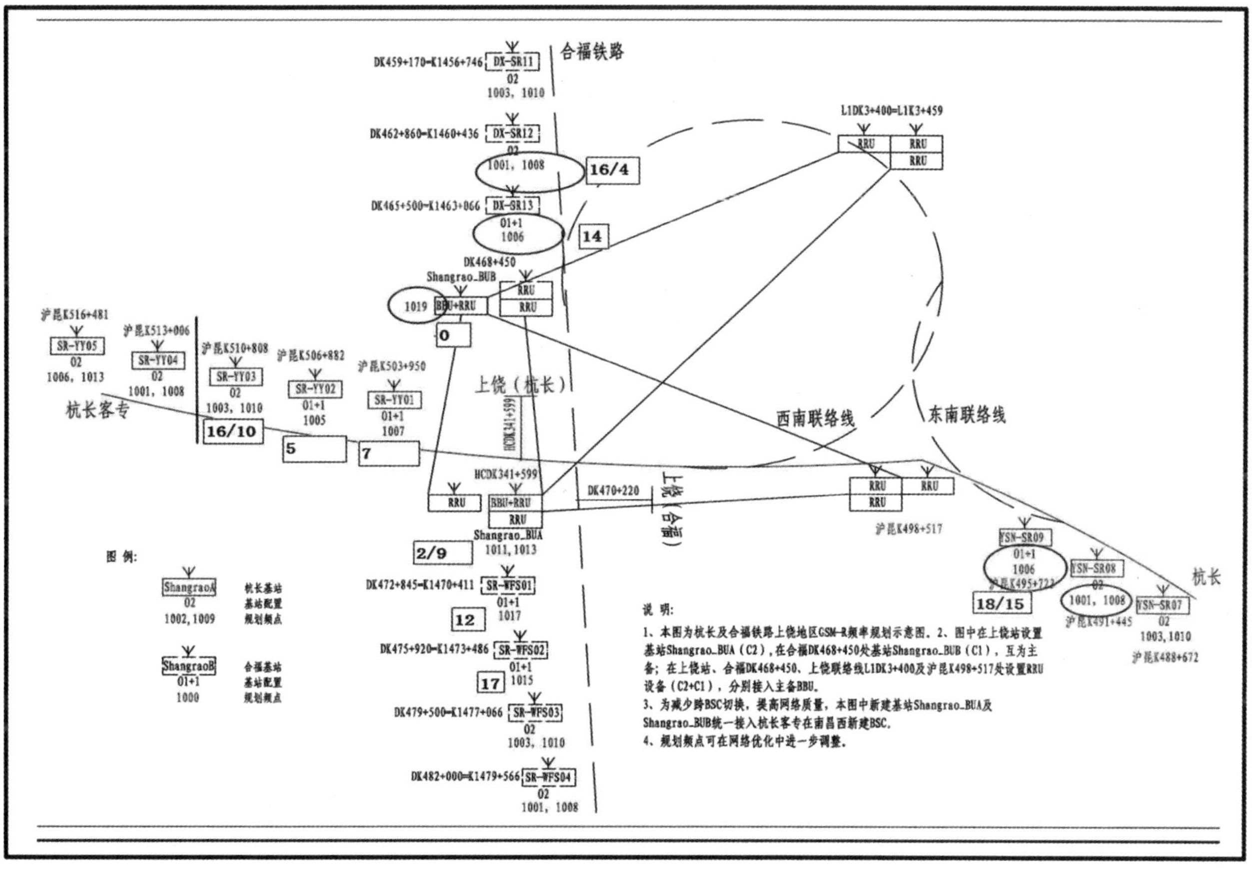

图 8-2-3 上饶枢纽分布基站覆盖优化示意图

8.2.4 现场实施

由于杭长高铁在合福高铁调试前已进入试运行,采用的优化方案不仅涉及合福高铁基站设置调整,还需改变杭长线在上饶地区设置的 GSM-R 系统基站。

为确保优化方案实施时减小对已开通杭长高铁线路的运营影响,公司要求系统集成单位和施工单位制定详细、稳妥的实施性方案,实施性方案包括设备安装、系统调试割接、系统测试验证等,并组织施工单位与铁路局相关接管单位对实施方案进行多次审核。实施方案按设备安装、单机调试、通道线路准备等硬件系统先实施到位,再对新设备加电进行本机调试和数据配置,最后向铁路相关接管单位申请要求进行割接。

为确保割接调整后的 GSM-R 分布式基站网络覆盖性能指标和功能运营符合规范标准,并且不影响杭长高铁线试运行，在天窗时间内对优化调整后的系统指标测试和功能运营验证应采取以下办法：

(1)割接完成后及时采用 GSM－R 测试手机在现场相邻小区区域进行切换和信号功率测试。采用 GSM－R 手机进行各种拨号呼叫等运营功能试验。

(2)利用测试仪表对无线信号场强进行测试。

(3)动车上通信业务功能(无线车次号、调度命令等)验证派通信测试人员在杭长高铁线早上运行的检测车上进行验证。

(4)优化调整后杭长线上饶区段的 GSM－R 网络 QS 指标在合福高铁联调联试时、铁科院动检车测试上饶联络线时一并进行测试。

实施完成后，现场无线信号场强、小区切换、运营功能等性能指标均满足规范要求；通过对杭长高铁添乘测试验证，既有杭长高铁线运行动车 GSM－R 系统通信运营正常。

8.2.5　优化小结

通过合福高铁联调联试动态检测数据及开通后的运营情况统计分析，按照优化方案完成的上饶站地区(包括联络线路)GSM－R 系统无线网络通信性能及各项技术指标良好。该优化方案最大程度地降低了合福、杭长两线间的 GSM－R 系统的相互干扰，简化了后期系统网优难度，既保证了合福高铁 GSM－R 系统各项运营指标满足规范要求，又不影响杭长已开通线路的系统运营，优化意义具体体现在以下方面：

(1)合福与杭长高铁都是 300 km/h 速度 C3 列控线路，两条高铁线路在上饶地区交叉并线是典型的枢纽运营案例。本线积极使用先进的技术方案(分布式基站技术)并取得成功，为今后将遇到的类似枢纽区地区 GSM－R 网络规划问题提供了很好的借鉴和宝贵经验。

(2)上饶枢纽地区 GSM－R 网络组网优化方案的技术讨论与运营论证充分，保证了优化方案的合理性、可行性，避免了合福高铁与杭长高铁在上饶地区、特别是联络线区域的 GSM－R 互相干扰和越区切换频繁问题，提高了网络的可靠性。

(3)通过优化，不仅降低了合福高铁 GSM－R 网络优化的工作难度，同时对既有杭长高铁的影响也将降到最低，为使用单位提供了良好网络基础，降低了维护难度。

8.3　山区隧道群区段通信 GSM－R 系统动态测试性能指标问题解决方案

8.3.1　设计情况

合福高铁闽赣段 GSM－R 数字移动通信系统基站子系统采用单网交织冗余覆盖方案，即在两基站信号覆盖中间再叠加一个基站信号覆盖。单网交织是指在普通单网两个连续基站之间增设一个基站，相当于基站加密，两相邻基站的场强相互覆盖到对方站址，可保证在非连续基站故障的情况下，GSM－R 网络能够正常工作。此种覆盖方式下的直放站配置主、备、从三个光模块，主备光模块引接主用基站信号，从光模块引接从用基站信号，当主用或从用基站一方停用或故障时，直放站仍能发射信号，实现无线覆盖。

本线隧道内采用光纤直放站结合漏泄同轴电缆的方式解决弱场区覆盖问题，弱场区段采用冗余性设计方案。每个光纤直放站远端机与相邻的两个基站处的光纤直放站近端机都以光纤分别连接，通过设置两路信号的不同衰减，保证正常时移动台接入主基站小区。在主基站故障时，自动切换到备用基站小区上。两相邻直放站间距一般为 1000 m，最大间距不超过 1200 m。在隧道内两基站所带直放站无线覆盖小区切换点处的两段漏缆设计方案是不连接的。隧道内直放站、漏缆(RU)与基站连接方案如图 8－3－1 所示。

8.3.2　优化原因

合福高铁闽赣段通信系统联调联试分两区段进行，分别为黄山北—上饶区段和上饶—福州区段，线路隧道群较多，占线路比达 60%。

上饶—福州区段处于山区地段，线路隧道群较密，且长大隧道较多，在上饶—福州区段联调联试 GSM－R 系统性能指标测试中，铁科院测试结果为奇数和偶数基站覆盖下传输 CSD 连接建立失败率分别为

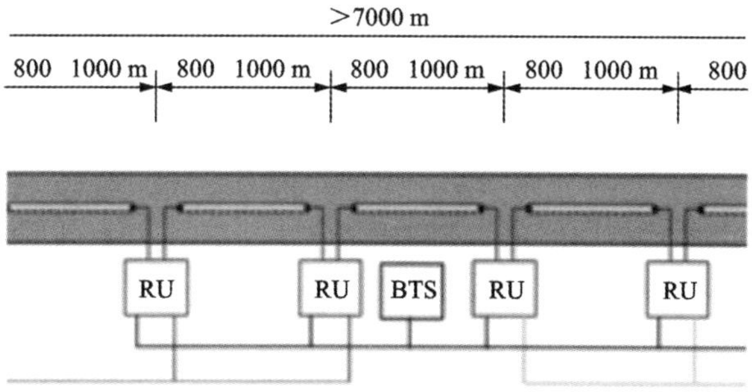

图 8 -3 -1　隧道内漏缆与直放站组网连接示意图

2.69% 和 2.59%，不满足指标小于 1% 的规范要求，其余性能指标则均已满足指标要求。而 GSM - R 系统无线传输 CSD 连接建立失败率指标是衡量专用无线通信系统性能及可靠性的重要指标之一。

8.3.3　优化方案

(1) 问题分析

通过分析铁科院测试的无线场强信号频谱图及存在问题点的分布情况，发现此类问题绝大部分发生在上饶—福州长大隧道(或隧道群)内。当关闭奇数或偶数基站(BTS)进行半数站测试时，终端测试到的无线小区切换区的场强电平出现陡降，由于服务小区电平出现了陡降，终端与无线网络脱网，导致连接建立失败。现场场强信号测试指标值变化如图 8 -3 -2 所示。

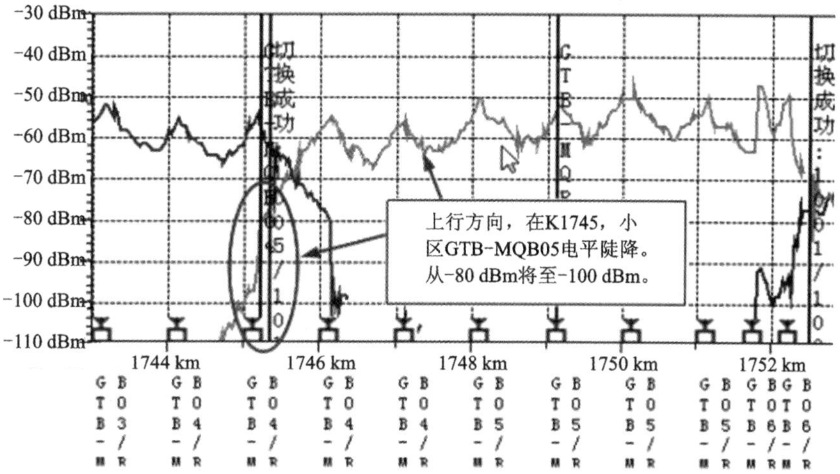

图 8 -3 -2　隧道内区段无线信号场强测试指标值截图

(2) 优化方案

根据无线场强信号覆盖测试频谱图及 GSM - R 系统组网设计方案，对出现无线场强信号陡降的位置点进行统计和分析，发现存在问题点多数分布在无线信号小区切换点位置，且多数在隧道内。

通过对现场实际调查和无线信号覆盖原理进行研究和分析，并组织路内及行业有关无线专家进行分析论证，确定采用在切换区两侧直放站远端机加装电桥的方案解决问题。即在两直放站远端机与漏缆连接处加装电桥(无源设备)，扩大无线信号覆盖范围，从而避免小区切换处在奇数或偶数基站停机情况下电平陡降，导致无线传输 CSD 连接建立失败的风险。电桥连接方式如图 8 -3 -3 所示。

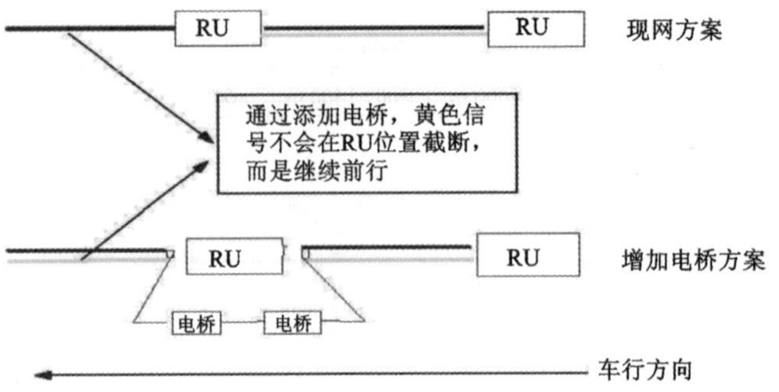

图 8-3-3 隧道内直放站与漏缆间增加电桥连接运用示意图

8.3.4 现场实施

根据优化方案，利用联调联试停轮间隙，对合福高铁闽赣段上饶—福州区段 82 处直放站远端机设置地点加装了电桥。经过铁科院检测车复测，所述问题得到了解决。实施连接方案如图 8-3-4 所示。

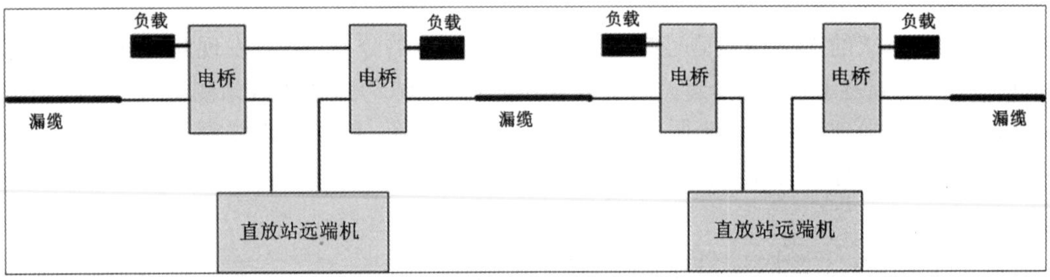

图 8-3-4 电桥与漏缆、直放站实施连接方案示意图

8.3.5 优化小结

合福高铁闽赣段是典型的山区高速铁路，在目前已开通的 300 km/h 及以上速度高速铁路中隧道占线路比最高，全线有 105 个区间通信基站(不含车站)、455 个直放站(含隧道内)。由于 GSM-R 系统无线传输 CSD 连接建立失败率指标不满足规范要求，即通过采用在切换区两侧直放站远端机加装电桥的方案解决问题，其优化意义体现在以下方面：

(1)在高铁隧道占比较高的 CTCS-3 线路考虑加装电桥或其他方式延伸半数基站下 GSM-R 无线信号覆盖，是解决通信 GSM-R 无线传输 CSD 连接建立失败率指标的有效方案之一。

(2)合福高铁闽赣段开创性的采用加装电桥方案解决山区高铁多隧道群区段 GSM-R 通信系统动态测试性能指标问题是在国内首次应用，并得到了验证，为今后同类线路条件的高铁建设提供了宝贵的经验。

8.4 通信区间直放站无空调配置房屋温湿度优化方案

8.4.1 设计情况

合福高铁通信 GSM-R 区间隧道外直放站房屋设计面积 7 m^2，房屋为一层平顶砖混结构，房屋设门、窗各一扇。按照设计规范标准，直放站房屋内部不设暖通(空调)设施。房屋内部机构如图 8-4-1 所示。

8.4.2 优化原因

合福高铁闽赣段区间隧道内外分布着大量通信 GSM-R 区间无线直放站房屋，房屋内设置有 GSM-R

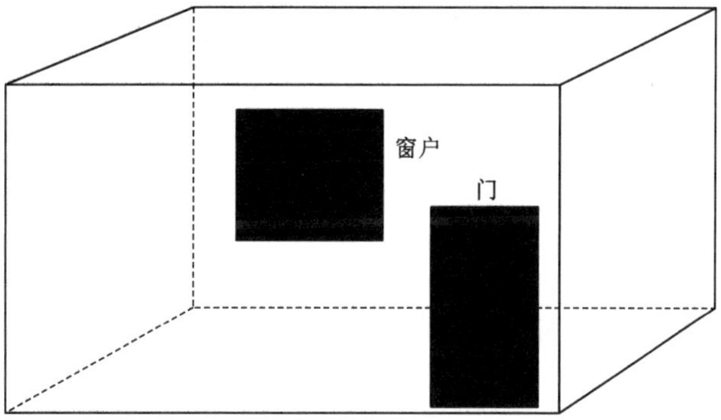

图 8 -4 -1　直放站房屋门窗设计示意图

无线系统直放站设备。

(1)该类型房屋设计规范无暖通设备(空调)，设计图纸上只在该房屋背侧开一扇窗户通风，但是日常情况下门和窗户是关闭的。

(2)由于合福高铁闽赣段地处福建省东北部、江西省东部，都属于南方山区高温潮湿气候区域，因此春夏季节该直放站房屋内将会出现水雾和高温环境，不利于设备的长期稳定运行。

8.4.3　优化方案

(1)问题分析

房屋内无暖通设备，需解决直放站房屋室内在春季和夏季出现的潮湿和高温问题。

(2)优化方案

本线在房屋施工过程通过采用物理方案优化措施解决该问题，即在房屋两侧墙各开一个小窗户(约 30 cm × 30 cm)，一侧窗户高开，一侧低开，封闭原设计背侧大窗户，两侧小窗户配置纱窗阻挡粉尘和小蚊虫。

(3)优化效果

通过两侧小窗户使房屋内的空气能形成对流，在室外自然风的作用下，使房屋内的湿度和温度大大降低，有效提高房屋内的设备运行环境，同时降低房屋造价。

优化后的房屋内部结构如图 8 -4 -2 所示。

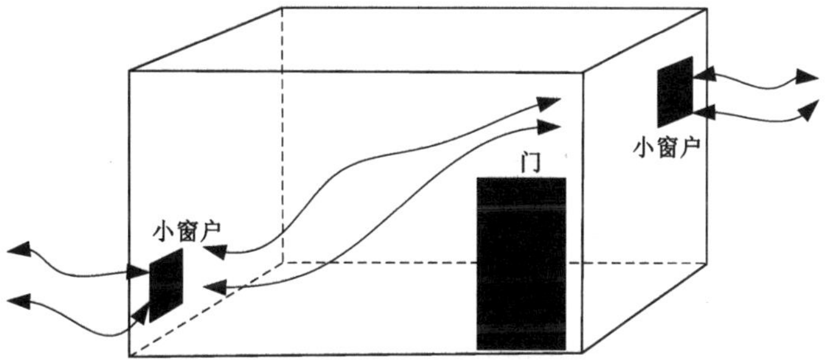

图 8 -4 -2　直放站房屋优化设计方案示意图

8.4.4　现场实施

合福高铁闽赣段在四电房屋实施阶段及时下发通知，施工单位按照优化方案实施房屋建设，对于已经按原设计方案实施的房屋要求按照优化方案进行整改。

8.4.5 优化小结

(1)该优化方案有效提高了设备运行环境，能确保设备长期稳定运行，同时也降低了房屋造价。

(2)该优化方案虽然是对房屋结构的一个小小改动，但能在不增加成本(实际是减少成本)的情况下有效解决长期被忽略的问题，值得今后其他铁路线路推广运用。

8.5 ZPW－2000 轨道电路相邻区段干扰和邻线干扰电压超标问题处理

8.5.1 问题概述

合福高铁闽赣段隧道内存在邻线干扰问题，根据动态检测报告，选择部分区段进行现场测试。

8.5.2 现场调查与测试

(1)中继 19 五城隧道内测试

选择中继 19 五城隧道的 13415CG(2300 Hz、576 m、反向、区段无扼流变)。现场测试短路电流，找到了最大干扰量值，在 C5.5 处，具体如表 8－5－1 所示。

表 8－5－1 现场短路电流测设情况

测试位置	短路电流	
	本区段 2300 Hz(A)	邻区段干扰 2600 Hz(A)
JS	2.01	0.189
C7	1.99	0.088
C6	2.28	0.105
C5.5	2.4	0.252
C5	2.61	0.158
C4	2.65	0.111
C3	2.36	0.11
C2	2.53	0.087
C1	3.33	0.125
FS	3.55	0.114

①干扰源和干扰方式确认

拆除 13415CG 送端 SVA 的接地电缆，干扰量值无变化，且地线上无电流。排除通过地线传导干扰。

断开邻线 2600 Hz 室外送端电缆，13415CG 区段内 2600 Hz 干扰电流消失，确认干扰源为邻线，干扰方式为空间耦合。

②SVA 影响排除

测试 SVA，位置和数值如图 8－5－1 所示。

通过上述测试，空心线圈左右线圈和长短引接线电压略有不平衡。交换长短引接线，C5.5 处 2600 Hz 干扰电流由 0.252 A 变为 0.248 A，并无明显变化，排除 SVA 影响。

③PT 影响排除

测试送端 PT 零阻抗和极阻抗，分别为 32.5 mΩ、521 mΩ，符合相关要求。交换长短引接线，C5.5 处 2600 Hz 干扰电流由 0.252 A 变为 0.230 A，并无明显变化，排除 PT 影响。

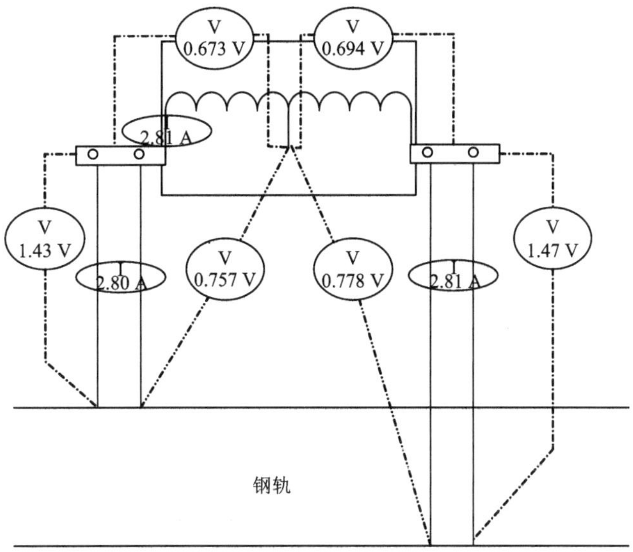

图 8－5－1　SVA 位置与数字对应关系

④钢轨对地电压测试和轨枕板接地线影响

正常状态下，测试钢轨对地电压，计算不平衡度；拆除本区段内上下行的全部轨枕板接地线（100 m 一对），测试钢轨对地电压，计算不平衡度。具体如表 8－5－2、图 8－5－2 所示。

表 8－5－2　钢轨对地电压统计表

测试位置	正常状态下				拆除区段内轨道板接地电缆		
	左轨对地（V）	右轨对地（V）	轨面电压（V）	不平衡度（%）	左轨对地（V）	右轨对地（V）	不平衡度（%）
JS	1.11	0.989	2.09	5.79	1.18	0.903	13.25
C7	1.37	0.847	2.16	24.21	1.23	0.958	12.59
C6	1.5	1.39	2.89	3.81	1.62	1.28	11.76
C5	1.99	1.53	3.5	13.14	1.88	1.61	7.71
C4	1.72	1.5	3.23	6.81	1.78	1.45	10.22
C3	1.6	1.23	2.79	13.26	1.59	1.24	12.54
C2	1.78	1.54	3.3	7.27	1.85	1.47	11.52
C1	2.06	1.92	3.97	3.53	2.12	1.85	6.80
FS	2.05	1.78	3.8	7.11	2.05	1.77	7.37

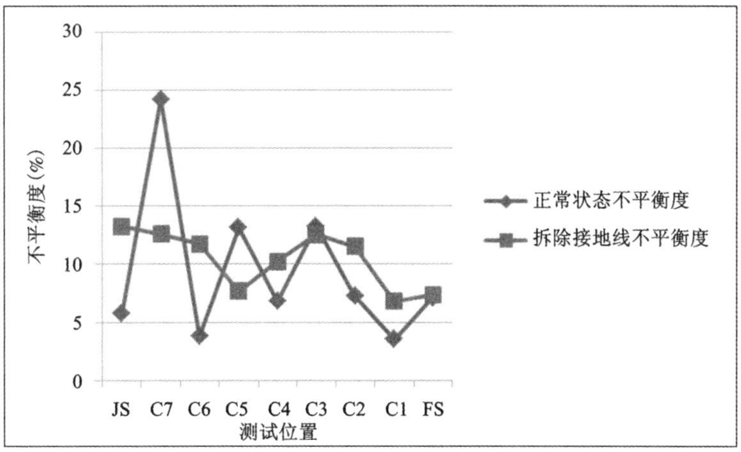

图 8－5－2　钢轨对地电压分析图

根据上述分析得出：a. 拆除轨枕板接地线，钢轨不平衡度虽有变化，但并未明显下降；b. 在 C5.5 处短路测试干扰电流，仍为 248 mA，并未发生明显变化。

⑤隧道内钢轨不平衡度与桥梁的对比

选择五城隧道进口桥梁地段进行不平衡度测试，本区段 13439CG(2300 Hz、590 m) 送受端分别在五城隧道和方思山隧道内，而测试部分位于桥梁。具体如表 8-5-3 所示。

表 8-5-3 隧道内钢轨不平衡度与桥梁轨道电压测试

测试位置	正常状态下			
	左轨对地(V)	右轨对地(V)	轨面电压(V)	不平衡度(%)
1	1.34	1.17	2.5	6.80
2	1.36	1.23	2.59	5.02
3	1.38	1.26	2.63	4.56
4	1.41	1.28	2.69	4.83
5	1.45	1.31	2.76	5.07
6	1.49	1.35	2.84	4.93
7	1.54	1.39	2.92	5.14
8	1.54	1.39	2.93	5.12
9	1.53	1.39	2.92	4.79

桥梁与隧道的不平衡度对比如图 8-5-3 所示，从图中可以看出，测试桥梁的不平衡度远远小于隧道。

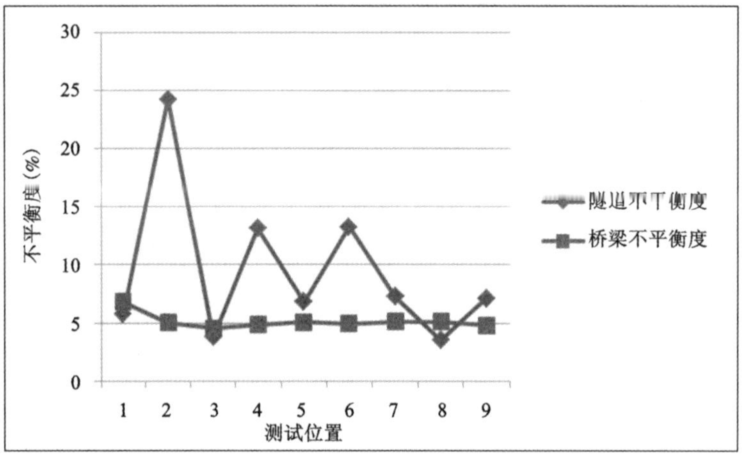

图 8-5-3 桥梁与隧道的不平衡度对比分析图

(2) 中继 31 前山隧道内测试

选择中继 31 前山隧道的 15421CG(1700 Hz、585 m、反向、区段无扼流变) 进行测试。现场采用测试短路电流和短路后利用机车信号小车测试钢轨电流两种方式，找到了最大干扰量值，在 C4.5 处，通过数据对比，短路电流测试和机车信号小车测试结果一致，具体如表 8-5-4、图 8-5-4 所示。

表 8-5-4 现场电流测试统计表

测试点	正常小车分路电流(mA)	正常短路线电流(mA)
C10	230	186
C9.2	320	270
C9.1	420	365
C9	370	350
C8	140	160
C7	100	150
C6	150	89
C5	300	240
C4.6	320	310
C4.5	420	410
C4.4	400	404
C4.3	360	370
C4.2	260	260
C4.1	150	240
C4	50	157
C3	40	110
C2	70	164
C1	170	140

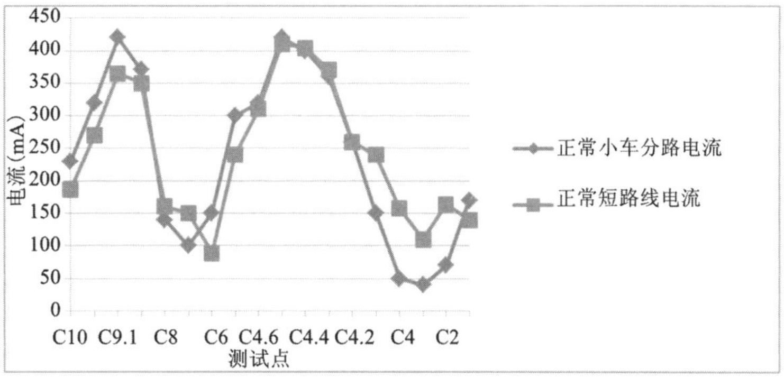

图 8-5-4 短路电流分析曲线图

①干扰源和干扰方式确认

拆除 15421CG 送端 SVA 的接地电缆，干扰量值无变化，且地线上无电流，排除通过地线传导干扰；断开本区段送受端调谐区电缆，2600 Hz 干扰无变化，确认干扰源为邻线，干扰方式为空间耦合。

②钢轨对地电压测试和轨枕板接地线影响

正常状态下，测试钢轨对地电压，计算不平衡度；拆除本区段内上下行的全部轨枕板接地线(100 m 一对)，测试钢轨对地电压，计算不平衡度。从表 8-5-5、图 8-5-5 可以看出，拆除轨枕板接地线，钢轨不平衡度虽有变化，但并未明显下降。

表 8-5-5 钢轨对地电压测试和轨枕板接地线平衡度测试

测试位置	正常状态下				拆除区段内轨道板接地电缆		
	左轨对地(V)	右轨对地(V)	轨面电压(V)	不平衡度(%)	左轨对地(V)	右轨对地(V)	不平衡度(%)
C10	1.11	0.989	2.09	5.79	1.18	0.903	13.25
C9	0.996	1.237	2.165	11	1.03	1.147	5
C8	1.294	1.436	2.702	5	1.264	1.432	6
C7	1.37	0.847	2.16	24.21	1.23	0.958	12.59
C6	1.5	1.39	2.89	3.81	1.62	1.28	11.76
C5	1.99	1.53	3.5	13.14	1.88	1.61	7.71
C4	1.72	1.5	3.23	6.01	1.78	1.45	10.22
C3	1.6	1.23	2.79	13.26	1.59	1.24	12.54
C2	1.78	1.54	3.3	7.27	1.85	1.47	11.52
C1	2.06	1.92	3.97	3.53	2.12	1.85	6.80

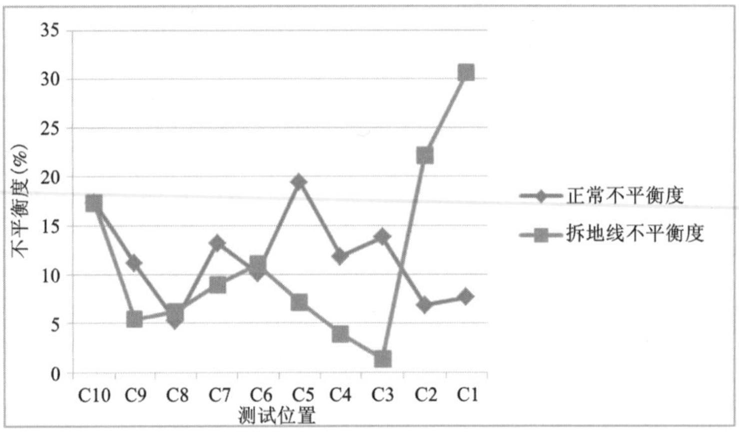

图 8-5-5 钢轨对地电压测试和轨枕板接地线不平衡度分析曲线图

测试正常时和拆除地线后的小车分路电流，无剧烈变化，如图 8-5-6 所示。

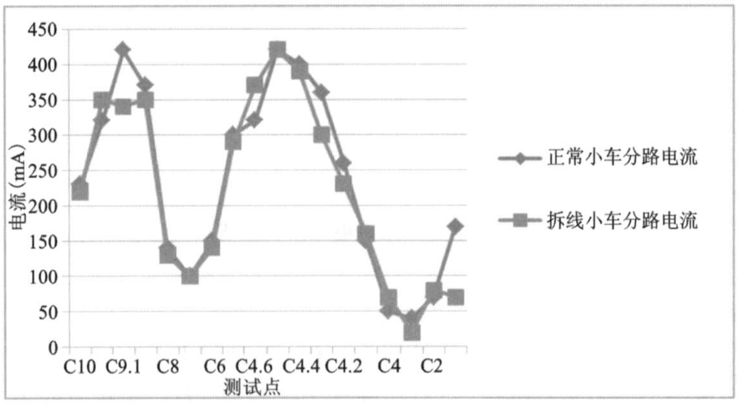

图 8-5-6 正常小车及拆线小车分路电流曲线图

8.5.3　原因分析

(1)被干扰区段的不平衡度越大，其干扰量也越大，经测试对比大横隧道和信江特大桥不平衡度，与上述测试结论相似：隧道内的不平衡度远远大于桥梁。这与现场反应的隧道内存在干扰而桥梁不存在干扰的情况吻合。因此，邻线干扰的主要原因为邻线干扰源区段空间耦合，被干扰区段不平衡度较大造成。其曲线特点为主轨道内存在邻线干扰，机车信号截图如图8－5－7所示。

(2)在小角山隧道测试分析13347BG，现场调查发现在隧道钢轨不平衡的基础上叠加了调谐区并行设置，其曲线特点为调谐区内存在幅值较大干扰，如图8－5－8所示。

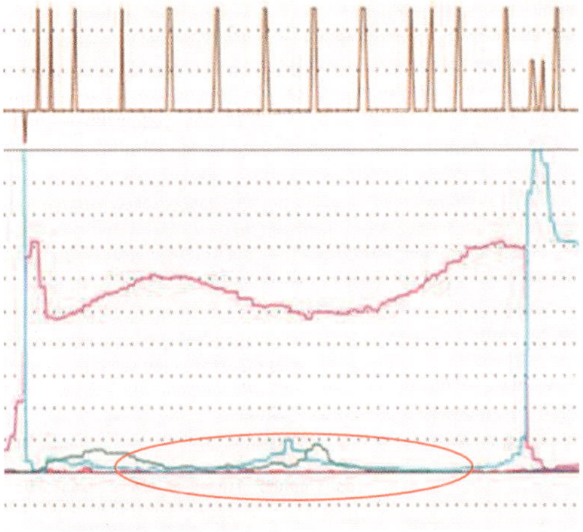

图8－5－7　主轨道内存在邻线干扰时机车信号截图

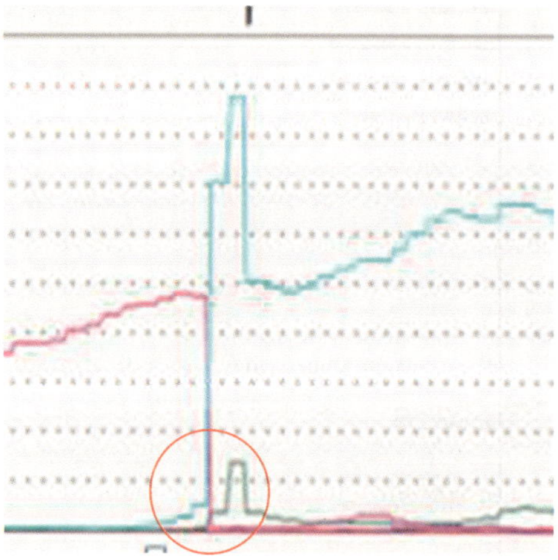

图8－5－8　调谐区内存在幅值较大干扰

8.5.4　处理措施

由于隧道结构已定型，因此只能通过调整轨道电路的电气参数对此问题进行处理。北京全路通信信号研究设计院通过数学建模分析和现场测试，针对合福高铁轨道区段长度较短的特点，进行了调整表的重新计算，降低了设备功率，改善了干扰效果。在后续的动态检测中，此问题得以解决。

8.5.5　案例小结

现场排除了设备对邻线干扰的影响，是隧道内的钢轨不平衡度造成了邻线干扰量值的增加。本工程ZPW－2000轨道电路相邻区段干扰和邻线干扰电压超标问题处理措施为今后同类线路条件的高铁建设提供了宝贵的经验。

8.6　车站道岔区段轨道电路50 Hz工频干扰问题处理

8.6.1　问题概述

在联调联试中，动检车经常会测试到50 Hz工频干扰。通过对动检车数据进行分析，发现50 Hz工频干扰均发生在站内道岔区段。由于各站问题基本类似，选取一个站进行分析。

列车上行反向通过合福高铁婺源合福场站内道岔区段101DG、107DG、113DG时检测到了50 Hz工频干扰。车载报告截图如图8－6－1所示(红圈内为50 Hz干扰信号)。

8.6.2　现场调查测试

(1)钢轨的对地电位不平衡和回流通道参数不平衡均可能造成工频干扰。以101DG为样本，首先进行

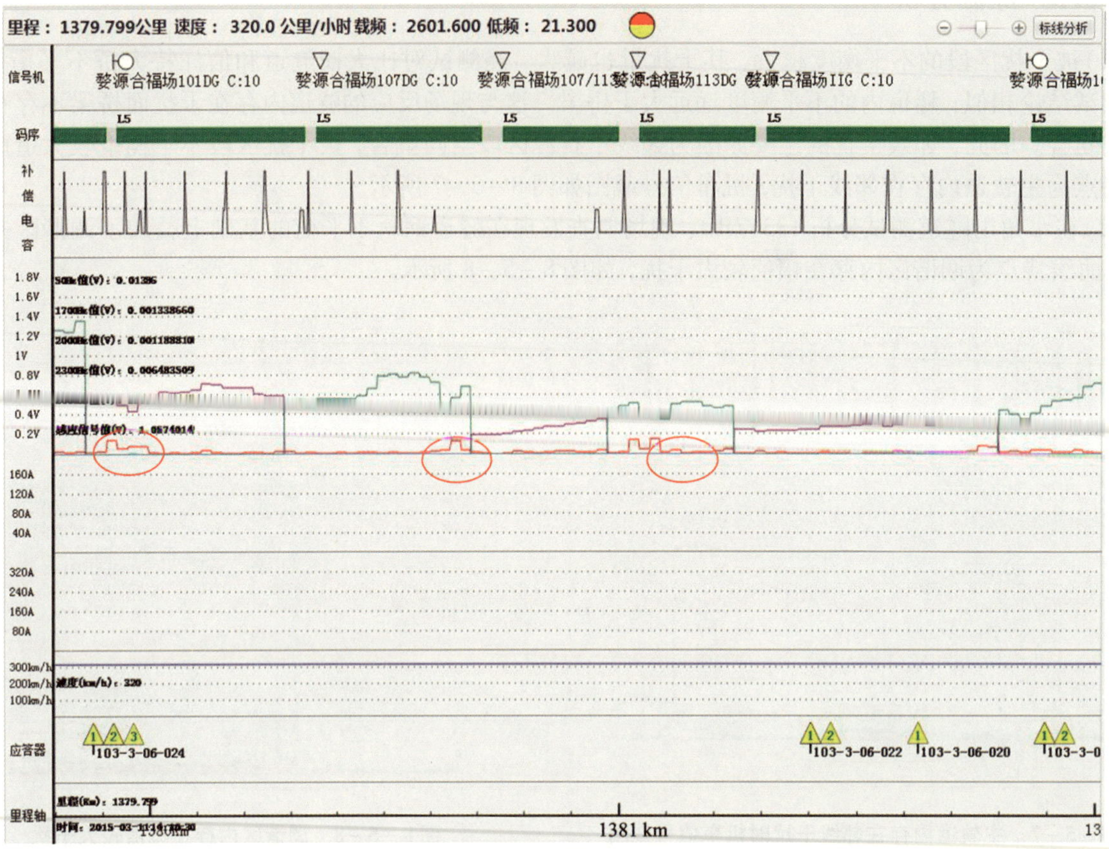

图 8-6-1　50 Hz 工频干扰车载报告截图

室外测试，测试钢轨对地不平衡电位，如表 8-6-1 所示。

表 8-6-1　钢轨对地不平衡电位测试统计表

序号	测试点	左轨对地电位(V)	右轨对地电位(V)	不平衡系数(%)
1	发送端	1.18	1.32	5.60
2	13 m	1.18	1.40	8.53
3	23 m	1.12	1.33	8.57
4	36 m	1.23	1.36	5.02
5	J1	1.24	1.48	8.82
6	J2	1.23	1.41	6.82
7	J3	1.22	1.43	7.92
8	岔心绝缘前	1.20	1.38	6.98
9	岔心绝缘后	1.20	1.37	6.61
10	转辙机 X1	1.19	1.38	7.39
11	转辙机 X2	1.22	1.35	5.06
12	绝缘后跳线	1.22	1.34	4.69

根据上述测试数据，101DG 对地不平衡系数均小于 10%，属正常范围。

(2)拆除本区段轨旁设备，使用 M14 表测试转辙机和密检器对地绝缘电阻。数据如表 8-6-2 所示。

表 8－6－2　转辙机和密检器对地绝缘电阻测试统计表

序号	测试点	左轨对地电阻(Ω)	右轨对地电阻(Ω)
1	J1	110	120
2	M1	120	—
3	M2	—	120
4	J2	70	70
5	M3	65	—
6	M4	—	70
7	J3	75	70
8	X1	70	70
9	X2	70	75

根据上表数据，转辙机和密检器与钢轨绝缘良好。

(3)现场检查道岔跳线连接情况

经过现场排查，道岔岔心处直股心轨与翼轨间跳线塞钉安装精度应进一步提高，如图 8－6－2 所示。该道岔跳线的正确位置如图 8－6－3 中的跳线④所示。

图 8－6－2　直股心轨与翼轨间跳线塞钉安装

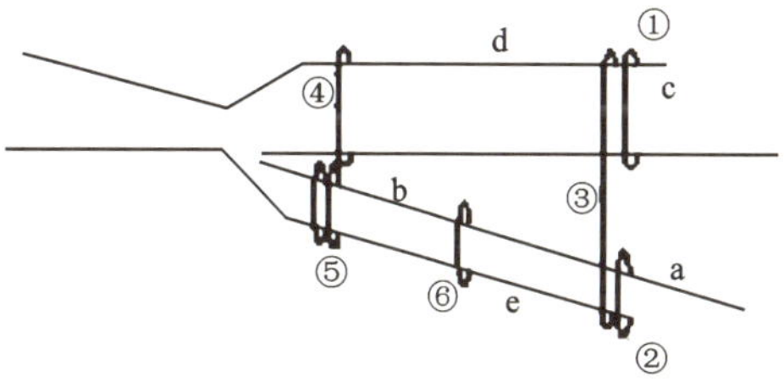

图 8－6－3　道岔跳线正确位置示意图

《高速铁路信号工程施工技术指南》(铁建设〔2010〕241 号)8.5.4 节要求："钢轨钻孔时，应根据塞钉大小选用匹配钻具。塞钉打入深度为露出钢轨 1 ~4 mm。"

8.6.3　原因分析

(1)列车在直向运行时，右侧钢轨正常回流，左侧钢轨由于尖轨不连通，当翼轨与心轨间跳线(蓝色标示)不良时，如图 8－6－4 所示，牵引回流需要绕行至外侧翼轨，正常走行轨的左侧钢轨无电流，因此造成运行在该区域时会出现 100% 的不平衡情况。

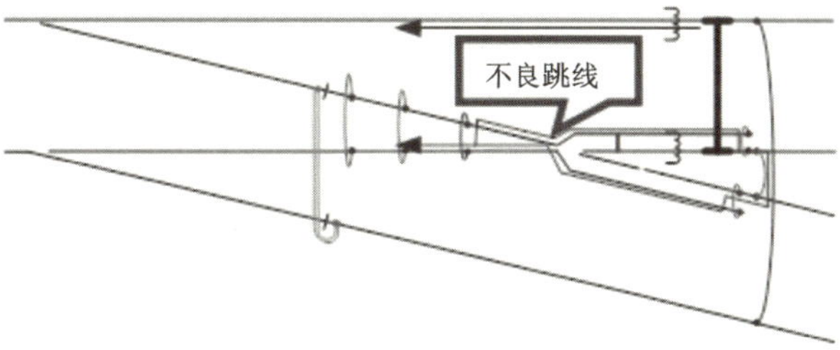

图 8－6－4　翼轨与心轨间跳线(蓝色标示)不良示意图

（2）直股短心轨跳线良好安装能够大幅度改善该问题，使走行轨正常流过电流，电流分布情况如图8－6－5所示。

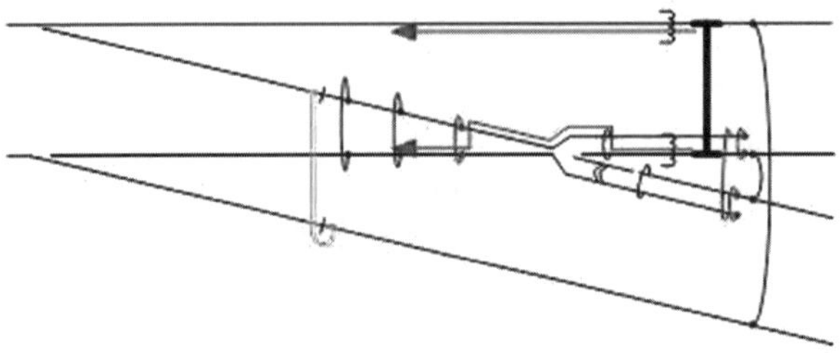

图8－6－5 走行轨正常流过电流分部示意图

对本站113DG、107DG进行调查时，也发现存在类似现象。调阅140 km/h、180 km/h时速的检测车曲线，并未发现上述道岔区段有明显的50 Hz干扰，而当检测车速度提高到300 km/h、320 km/h时，由于牵引回流量值增大，50 Hz工频干扰现象也更为明显。

8.6.4 处理措施

合福高铁婺源合福场站内道岔区段由于直股短心轨因安装精度造成的列车运行时牵引回流在道岔部分区域不平衡，导致车载设备产生50 Hz工频干扰信号。施工单位按安装规范整治道岔岔心跳线后，50 Hz工频干扰消失。

8.7 300S车载设备出现报应答器丢失问题处理

8.7.1 问题概述

合福高铁闽赣段联调联试期间，采用300S车载设备进行试验时，K1785应答器报文错误，K1786应答器信息缺失。

8.7.2 原因分析

（1）对应答器报文进行分析

根据《CTCS－3级列控系统应答器应用原则（V2.0）》（科技运〔2010〕21号），C1包的数据范围"区间应答器数据范围应包含本应答器开始至前方第二个闭塞分区应答器组再延长一个制动距离""对应答器轨道区段信息包中区段长度的变量最大值应为3276 m"。本应答器报文轨道区段包按规范设计含有描述长度最长为3947 m，不符合规范要求。

（2）对300S车载设备处理逻辑进行分析

300S设备判断C1包单个轨道区段长度的有效范围为0～3276 m，如C1包中描述的单个轨道区段长度不在此范围内，则300S设备判断应答器报文异常，丢弃该组应答器报文。300S车载处理逻辑与应答器设置逻辑不符。

8.7.3 处理措施

鉴于目前300S车载设备处理逻辑修改工作量巨大，且时间周期长，无法满足既有现状，结合其他工程处理办法，最终确定对应答器报文进行适应性修改，对超过3276 m的轨道区段进行修改，将大于3276 m的轨道区段进行拆分，在确保闭塞分区总长度不变的前提下，对原区段长度进行适度平分，对超出部分的区段载频描述为"无效载频"，有效地解决了300S车载设备报应答器丢失的问题。

第 9 章　电力及牵引供电工程

9.1　联调联试牵引变电所短路试验

9.1.1　设计情况

合福高铁闽赣段牵引变电所联调联试短路试验有关设计情况如下：

(1)接触网的供电及运行方式：正常运行时，牵引网的每个供电臂的上、下行接触网在 AT 所和分区所处进行并联，即全并联运行方式；若上行或下行牵引网故障，则牵引变电所该供电臂上、下行断路器跳闸，分区所及 AT 所并联断路器失压跳闸，随后牵引变电所上、下行断路器重合闸，故障线路方向的断路器再次跳闸，无故障方向恢复运行。

(2)牵引变电所馈线保护测控单元主要设有：Ⅰ、Ⅱ段阻抗保护，电流速断、过电流、电流增量保护，故障测距功能和自动重合闸功能等；牵引变电所馈线保护单元应满足选择性、速动性、灵敏性、可靠性的要求，实施对系统各种故障设备或故障区段的快速隔离，保证供电系统的可靠供电。

(3)根据铁路有关规定的要求，故障测距装置测距精度误差不得大于 500 m。

(4)牵引变电所的间隔单元与站级管理层设备之间通过所内通信网络进行数据交换，实现所内站级管理层设备的集中控制、监视、测量、自动控制、数据集中管理、远程通信及远程维护等综合自动化管理功能，从而达到远程维护的目的。

9.1.2　事件简介

根据《合福高铁联调联试、动态检测及运行试验大纲》中的要求，在联调联试期间需进行接触网的短路试验。

(1)短路试验目的

通过接触网短路试验，检验牵引供电系统保护装置功能及保护动作顺序，验证接触网故障点标定装置的准确程度及接触网的短路阻抗。同时进行综合接地和电磁兼容测试。

(2)短路试验方案的审查

短路试验前由南昌路局供电处组织对《合福高铁路供电短路试验方案》进行审查，审查的目的主要是成立短路试验的组织机构，对短路试验所选的牵引变电所和接触网供电臂、短路试验的具体时间，以及短路试验的内容、短路试验接触网接地点及接地方式、短路接地方法、短路试验程序、短路试验步骤、试验人员的具体分工、机具材料准备及试验时的注意事项等进行进一步明确和细化，确保牵引供电系统短路试验安全及试验工作顺利实施。

(3)短路试验的组织实施

牵引供电系统的短路试验在合福高铁联调联试指挥部的统一指挥下进行。

①于 3 月 28 日在合福高铁福建段的武夷山东牵引变电所和武夷山东至建溪分区所上、下行接触网供电臂各进行 6 次短路试验；

②于 4 月 1 日在合福高铁江西段的五府山牵引变电所和五府山至朝阳乡分区所上、下行接触网供电臂各进行 6 次短路试验。

(4)短路试验结果

福建段各所由天津凯发公司供货的综合自动化系统保护装置能够正常动作，故障测距装置的精度(误差小于 500 m)、故障报告等均满足运营要求；江西段各所由成都交大许继公司供货的综合自动化系统保护装置能够正常动作，但故障测距装置的精度、故障报告等存在一些问题，难以满足运营要求。

(5)合福高铁江西段短路试验中发现的问题

①在接触网线路发生永久性故障时，保护装置只提供第二次跳闸(直供方式)的故障报告，不能提供第一次跳闸(全并联 AT 供电方式)的故障报告，发生故障后难以对故障进行分析和正确判断。

②保护装置中的 F 线电压采集的是 T 线电压，造成测距不准。

③故障测距装置的报告不能上传至调度端，影响供电调度对故障的分析判断和对故障处理的正确指挥，降低了故障处理效率。

④故障测距装置无法正确显示牵引供电运行方式(即 AT 供电方式或直供方式)，可能会误导对故障的判断。

⑤部分保护整定值不能在调度端正确查询，在调度端无法远程对保护定值区进行切换和对定值进行修改。

⑥故障测距装置测距精度不足(误差大于 500 m)，不能满足对接触网故障点的查找要求，影响抢修速度。

9.1.3 原因分析

2015 年 4 月 3 日，京福闽赣客专公司会同南昌铁路局、铁科院、供应商、鹰潭供电段等单位，针对 4 月 1 日在五府山牵引变电所短路试验发现的问题进行了原因分析和处理。

(1)对接触网线路发生永久性故障时，保护装置只提供第二次跳闸(直供方式)的故障报告，不能提供第一次跳闸(全并联 AT 供电方式)故障报告的问题：属于软件编程问题，要求综合自动化装置供应商组织技术力量尽快对软件进行研发，并更换软件程序。

(2)保护装置中的 F 线电压采集的是 T 线电压的问题：属于 F 线电压未接入问题，牵引变电所内设置有 F 线电压互感器，综合自动化装置有 F 线电压采集接口具备接线条件。要求供应商于 4 月 17 日前完成整改，保护装置采集 F 线电压。

(3)故障测距装置无法正确显示牵引供电运行方式的问题：属于装置内部设置错误，要求供应商于 4 月 17 日前完成内部设置调整。

(4)故障测距装置的报告不能上传至调度端的问题：属于软件编程问题，要求供应商于 4 月 17 日前完成软件程序更换。

(5)部分保护整定值在调度端不能正确查询及操作的问题：属于软件编程问题，要求供应商于 4 月 17 日前拿出整改方案。

(6)故障测距装置测距精度不足(误差大于 500 m)的问题：要求供应商提高故障测距精度，尽快组织技术力量进一步研究，并根据短路试验采集的数据资料对全线测距定值进行重新修正，修正后再次做短路试验验证。

9.1.4 处理措施

按照 4 月 3 日会议要求，京福闽赣客专公司协调鹰潭供电段、施工单位配合设备供应商进行了现场处理，整改工作已于 4 月 20 日前完成，并再次做了短路试验进行验证。

(1)合福高铁联调联试办公室于 4 月 23 日，再次安排荷田牵引变电所和荷田至董家林分区所接触网供电臂上共进行了 9 次短路试验，但结果不甚理想，特别是故障测距装置测距精度不足的问题没有得到有效解决。

为进一步查找原因，南昌局供电处于 4 月 27 日组织相关单位的技术人员进行分析、讨论，同时协调天津凯发公司的专业技术人员一起对这两次短路试验的情况进行了有针对性的分析，对测距不准的问题要求拿出切实可行的整改方案。

根据合福高铁接触网采用全并联运行方式这一特点，对 AT 吸上电流比原理、上下行电流比原理和横联线电流比原理的故障测距原理进行分析讨论，认为采用横联线电流比原理比较适合本线的故障测距。要求供应商组织对相应的软件进行研发，尽快更换软件程序，再次做短路试验验证。

(2)合福高铁联调联试办公室于 5 月 30 日，在五府山牵引变电所安排了第三次短路试验，试验结果：故障测距装置测距精度(误差不大于 500 m)满足要求。至此，合福高铁江西段牵引变电所综合自动化装置短路试验中发现的问题全部处理整改完成，牵引变电所短路试验圆满结束。

9.1.5　案例小结

(1)通过对合福高铁闽赣段接触网的短路试验，使牵引供电综合自动化系统的保护装置功能及保护动作顺序、接触网故障点标定装置的测距精度等得到了验证，保证了牵引供电系统设备的可靠供电和运行安全。

(2)通过牵引供电系统的短路试验，有效地发现了牵引变电所综合自动化系统装置的功能是否完善和是否满足设计、运营的要求，并且能够发现系统存在的缺陷，对系统功能的改进提高有着积极的意义。

(3)通过短路试验能更好地督促供应商对综合自动化系统存在问题进行整改，从而提高后续线路牵引供电系统短路试验的效率，避免反复多次测试，造成人力、物力等资源的浪费。

本次短路试验暴露出的问题，大部分在厦深线短路试验中已有出现，在合福线的再次出现，说明供应商对其产品存在问题的整改工作极端不重视，因此在联调联试期间进行牵引供电系统的短路试验非常必要。

9.2　区间接触网承力索换线施工

9.2.1　设计情况

接触网承力索换线锚段位于合福高铁五府山至武夷山北区间上行第 II－49 锚段，锚段长度 1200 m，下锚位置一端位于杨梅岩隧道内 K1539＋006 处(366#吊柱附近)，另一端位于黄墩大桥 K1540＋171 处(390#H 型钢柱上)。接触网采用全补偿弹性链形悬挂，结构高度为 1600 mm，接触线悬挂点距轨面高度为 5300 mm，承力索采用 JTMH－120、张力 21 kN，接触线采用 CTMH－150、张力 30 kN，吊弦采用铜合金整体吊弦，线路设计速度为 300 km/h。

9.2.2　事件简介

2015 年 6 月 20 日，合福高铁试运行期间，站前施工单位在五府山至武夷山北区间杨梅岩隧道洞顶缺陷整治施工结束，接触网恢复送电时，武夷山北至石笋坑上行接触网供电臂跳闸，重合闸不成功。经排查发现，施工地点杨梅岩隧道内因施工作业料具未及时清理而造成了接触网短路，导致 K1539＋140 处(距 376#定位点 1.5 m)接触网承力索烧伤 8 股(如图 9－2－1 所示)，影响接触网供电安全，需要更换第 II－49 锚段接触网承力索。

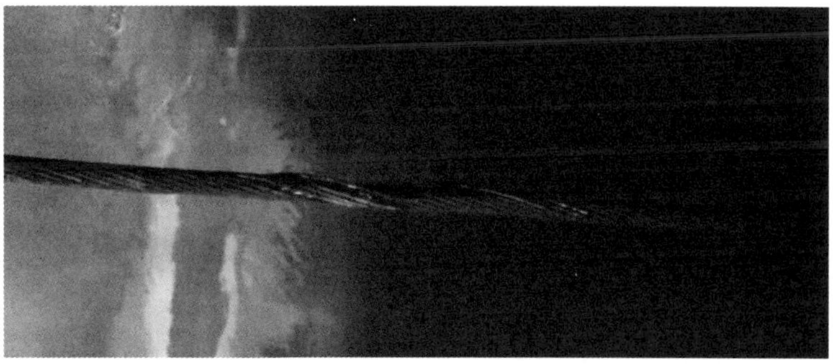

图 9－2－1　接触网承力索烧伤图

9.2.3　原因分析

站前施工单位未严格执行联调联试和试运行安全管理办法，以及营业线施工安全的有关规定，隧道缺陷整治施工无接触网专业人员配合进行监护和确认，属于擅自施工作业，而且施工作业结束后，施工现场作业机具未及时清理干净，在接触网接地短路的情况下，便消令送电，这是造成接触网承力索烧伤的主要原因。

9.2.4 处理措施

发生承力索烧伤事件后，为了不影响合福高铁试运行工作的正常进行，对承力索烧断处采用中锚线夹进行临时补强加固处理，并在补强加固处接触网各项技术参数满足要求的情况下，暂时对接触网恢复送电，先行满足试运行工作要求。同时，抓紧制定接触网承力索换线施工方案，并申请施工天窗计划，准备对烧伤承力索进行整锚段更换。

9.2.5 现场实施

申请承力索换线施工天窗计划24 小时，组织施工作业人员 80 余人，分成现场指挥组、材料运输组、承力索更换组、电连接压接组、接触悬挂调整组、接触网静态测量组、平推验收组等7 个作业小组，安排接触网作业车 1 部，作业梯车 4 部。

接触网停电施工调度命令下达后，施工队伍进入施工现场作业。换线前，先在原承力索下锚底座处安装一处中锚下锚底座，在换线锚段每根中间柱承力索座下方悬挂尼龙滑轮(闭口)，用于新承力索放线。新承力索采用人工放线，放线时要匀速进行，做好线索保护，不得损伤承力索。新承力索放线完成后，把旧承力索卸载并从承力索座上移开，将新承力索移入承力索座，两端下锚固定。完成承力索置换后，调整腕臂偏移，并将弹性吊索和吊弦从旧承力索改移至新承力索，拆除旧承力索。之后对接触网静态技术参数进行逐点检测和调整，确保合格后，承力索换线施工结束，接触网恢复供电。

接触网恢复送电后，利用接触网检测试验车对换线区段接触网进行从 160 km/h 到 300 km/h 的逐级提速试验，试验合格后，换线区段接触网恢复正常行车。

考虑新架设承力索存在初始拉伸量的影响，可能发生吊弦偏移和技术参数变化问题，因此在换线完成后连续 7 天均要申报施工天窗计划，对换线区段接触网进行检测和调整，确保接触网运营安全。

承力索换线施工如图 9 –2 –2 所示。

(a)承力索换线施工放线　　(b)承力索换线施工挂线

图 9 –2 –2　承力索换线施工

9.2.6 案例小结

新建线路特别要注意加强联调联试和试运行期间的施工安全管理，严格按照营业线施工安全管理办法进行施工。在无施工安全协议，施工配合人员和监护人员未到位的情况下，严禁施工作业，确保施工安全。

联调联试和试运行期间，在接触网发生故障后，可根据现场情况采取相应的临时应急处理措施，及时恢复供电，尽量减少对联调联试和试运行工作的影响。在接触网换线施工中，施工单位应做到准备工作充分，人员组织合理，工艺工法正确，质量卡控到位，检测试验跟上，确保接触网换线施工顺利推进，一次建成达标。特别是在换线施工完成后的接触网逐级提速试验要提前做好安排，确保提速试验按计划实施，否则将影响换线区段的开通运行。本次承力索换线施工实际利用天窗时间 16 小时，较原计划提前 8 小时完成。

9.3　接触网供电线方案优化

9.3.1　设计情况

合福高铁闽赣段由于受线路地形条件和所亭选址等因素影响，部分接触网分相设置位置距离所亭较远，致使这部分接触网供电线只能采用长距离电缆敷设并穿越隧道后到达上网点。此外，接触网供电线采用上下行同杆架设方式，架空供电线支柱采用格构式钢柱架设。

9.3.2　优化原因

因合福高铁闽赣段地处山区，部分供电线需要穿越长达1公里以上的隧道方可到达上网点，而27.5 kV供电线电缆配盘长度一般为800 m，如果按原设计方案施工供电线，供电线电缆将存在大量的中间头和终端头。根据运营单位运行经验，电缆头故障率较高，会影响供电运营安全和应急处置。此外，供电线采用上下行同杆架设方式，存在故障影响范围大、应急处置困难的问题。部分架空供电线跨越高差大和树木较多的山区，采用格构式钢柱架设，供电线走廊容易发生树木侵限故障，影响供电安全。因此，在现场条件具备的情况下，有必要对接触网供电线进行优化设计。

9.3.3　优化设计

为提高供电可靠性，消除安全隐患，有效减少供电线故障的发生，需对部分供电线优化设计。

(1)针对古田北、南平北、建瓯西牵引变电所处3条供电线，因所亭位置距离分相位置较远且需要敷设较长的电缆线路，优化分相设置位置，将分相改移至距离所亭较近的位置，供电线可不采用电缆或减少使用电缆，并缩短供电线架设长度，提高供电可靠性。

(2)针对上下行供电线同杆架设问题，由原设计的同杆架设改为上下行分开独立架设方式，如图9-3-1所示。

图9-3-1　上下行分开独立架设供电线图

(3)针对武夷山北牵引变电所架空供电线需跨越高差大且树木较多的山区，供电线路容易发生树木侵限问题，由原设计供电线采用格构式钢柱架设改为采用110 kV电力杆塔架设方式，如图9-3-2所示。

9.3.4　现场实施

改移接触网分相设置位置，需经设计院牵引供电计算和行车专业检算，在满足行车安全的情况下方可改移。分相位置改移时，先由站前单位根据调整后的位置对接触网支柱基础或隧道槽道重新埋设，施工时

图 9-3-2 采用 110 kV 电力杆塔架设的供电线图

应注意重新埋设的基础不得采用化学锚栓，安装的外置槽道应对每个锚栓进行拉拔试验。分相位置改移后还应对相关信号设备和列控数据进行调整。

供电线上下行同杆架设改为分开独立架设方案，因山区高铁，供电线走廊受现场地形条件限制，不具备每条供电线都采用独立架设的条件，牵引变电所出口处和供电线上网点处的供电线只能采用上下行分开独立架设，中间段供电线仍采用上下行同杆架设的方式。

对采用 110 kV 电力杆塔架设的供电线，因四电施工单位不具备施工资质，需委托地方有资质的电力施工企业实施。

9.3.5 案例小结

合福高铁闽赣段地处山区，地形条件复杂，供电线路走廊架设较为困难，采用电缆敷设和长距离架空输送设计方案，容易引发故障，影响供电安全。因此，在供电线施工前，建设单位应组织设计、施工和运营接管单位，对每条供电线进行现场踏勘，并根据具体地形条件，通过改移分相位置，对具备条件的供电线采用独立架设方式，对跨越山区、河流的线路采用 110 kV 电力杆塔等优化设计方案进行架设，有效减少供电线路故障的发生，提高供电可靠性。

9.4 接触网设备接地方案优化

9.4.1 设计情况

合福高铁闽赣段接触网避雷器工作接地的本体至计数器采用 70 mm^2 铜缆连接，计数器采用双引下接地线接入综合贯通地线接地端子；隔离开关、避雷器及操作机构箱等设备安全接地，通过固定托架与 H 型钢柱相连，利用钢柱本体接地。

9.4.2 优化原因

避雷器工作接地接入综合贯通地线没有明确具体接入位置，导致现场存在部分避雷器接地线与通信信号电缆相互交叉，影响通信信号设备运行安全。设备安全接地采用设备固定托架与 H 型钢柱连接的接地方式，受接触电阻和钢柱本体接地电阻影响，可能造成设备安全接地不能满足要求，存在安全隐患。此外，存在避雷器接地与隔离开关操作机构箱接地共用接地端子的问题，可能导致隔离操作机构箱遭受雷电流反击烧损设备。因此，有必要对接触网设备接地方案进行优化设计，确保接触网运行安全。

9.4.3 优化设计

(1)避雷器工作接地

路基段接地线连接到支柱基础上的接地端子，桥梁段接地线连接到电力电缆槽外侧的接地端子，如图 9－4－1 所示。

(2)设备安全接地

隧道外设备安全接地采用在设备托架至 PW 线间增设跳线连接，隧道内设备安全接地接入综合贯通地线，隔离开关机构操作箱单独接地，并接入综合贯通地线。设备工作接地和保护接地不得共用接地端子，且相距 15 m 以上。供电线钢柱采用单独打接地极方式接地，安装有设备的供电线钢柱打两个接地极，对钢柱和设备分别接地。

图 9－4－1　避雷器工作接地图

9.4.4　现场实施

避雷器工作接地采用 1×VV－1 kV－1×70 的铜芯电缆与接地端子连接，避雷器双引下接地线分别接入不同的接地端子，施工中注意接地线不得交叉跨越通信信号电缆，接地端子 15 m 范围内不应有其他设备接入贯通地线，接入前测试每个接地端子的接地电阻≤1 Ω，如图 9－4－2 所示。

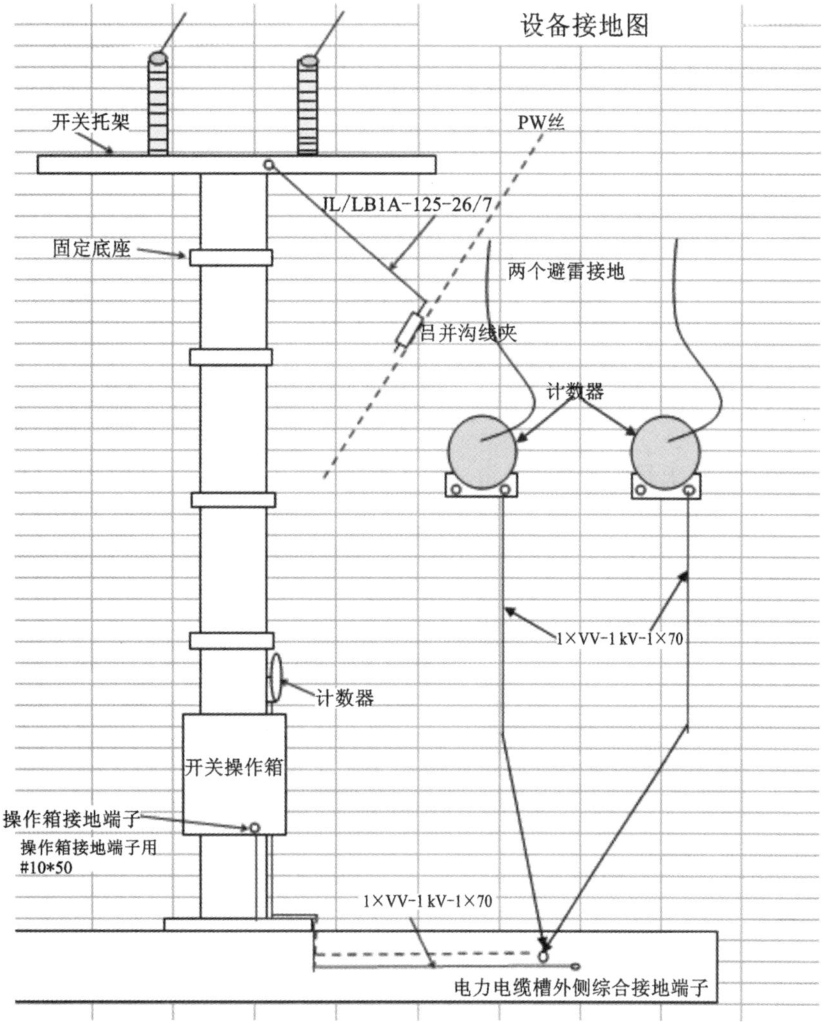

图 9－4－2　接触网设备接地方案参考图

隧道外设备安全接地采用 JL/LB1A－125－26/7 钢芯铝绞线将设备托架接引至 PW 线，隧道内设备安全接地采用 1×VV－1 kV－1×70 铜芯电缆将设备托架接入综合贯通地线，隔离开关操作机构箱接地线采用 1×VV－1 kV－1×70 铜芯电缆接入综合贯通地线。设备工作接地和安全接地不得接入同一个接地端子。供电线支柱和设备的单独接地采用 ϕ12 钢筋与接地极连接，接地电阻不大于 10 Ω，如图 9－4－3 所示。

图 9－4－3　设备安全接地增加与 PW 线连接跳线图

9.4.5　案例小结

接触网设备接地对接触网的安全运行具有十分重要的作用。在接触网设备接地施工中，应注意避雷器工作接地对其他设备造成的影响，避雷器接地点与其他设备接地点的距离应符合设计要求，所有设备的接地线应连接可靠，接触良好，每个接地端子的接地电阻都必须经过检测满足要求后方可接入。

目前，接触网设备接地暂无统一的实施标准，上述接地方案是根据合福高铁闽赣段工程实际提出的，仍需要在实践中不断地总结和改进，确保接触网运行安全可靠。

9.5　接触网吸上线和避雷器引下线防盗措施

9.5.1　设计情况

合福高铁闽赣段共设有吸上线 676 处，避雷器引下线 1860 处，吸上线采用 VV－150 mm 铜芯电缆，避雷器引下线采用 VV－70 mm 铜芯电缆，隧道外吸上线采用 5 套外包式抱箍将吸上线固定在支柱上，支柱最下端固定抱箍在距支柱基础面 500 mm 处固定，其余 4 套抱箍按间距 1000 mm 等距离固定吸上线。避雷器引下线固定方式与吸上线相同，吸上线（或回流线）和避雷器引下线在线路上沿电力电缆槽敷设。

9.5.2　存在问题

合福高铁是一条山区高铁，沿线治安情况较差，工程开工建设以来，偷盗现象时有发生，特别是对铜芯电缆的偷盗较为严重，在静态验收和联调联试阶段，全线发生了多起隧道外吸上线（或回流线）、避雷器引下线被盗割现象，严重影响了高铁运营安全，同时也增加了线路治安防范工作的压力，如图 9－5－1 所示。

9.5.3　处理措施

为增加偷盗难度，减少接触网吸上线和避雷器引下线偷盗事件的发生，确保设备安全运行，经与设计院和公安部门研究，决定对隧道外接触网吸上线和避雷器引下线采取增加支柱上的固定抱箍，并对电缆沟敷设的电缆利用安装固定卡子进行加固的防盗措施。

图9－5－1　接触网吸上线被割图

9.5.4　现场实施

增加隧道外吸上线和避雷器引下线在支柱上安装的固定抱箍数量，即安装间距由原1000 mm安装一个调整为500 mm安装一个；吸上线（或回流线）和避雷器引下线在电力电缆槽内的敷设采用固定卡子进行固定，在电缆槽进出端各安装一个，中间段间隔1 m安装一个；回流线引下桥处采取固定卡子加混凝土封堵的措施，如图9－5－2所示。

(a)在支柱上增加抱箍

(b)在电缆槽里及地面增加卡子

图9－5－2　吸上线增加固定措施图

9.5.5　案例小结

合福高铁闽赣段吸上线、避雷器引下线在原有设计的基础上通过增加抱箍和固定卡子进行加固处理，增加了偷盗难度，作为一种防盗辅助措施，在一定程度上可以减少吸上线和避雷器引下线偷盗事件的发生。但高铁线路设备的防盗工作还应以加强线路治安防范工作为主，加大设备巡查力度，严厉打击偷盗行为，才能从根本上有效减少设备偷盗事件的发生，确保高铁运营安全。

9.6 长大坡道接触网分相设置

9.6.1 设计情况

合福高铁闽赣段共设有接触网分相46处，其中有18处分相设置在线路坡度大于10‰的坡道上，有7处分相的线路坡度为20‰。设计院于2012年8月完成了合福高铁分相设置，经行车专业检算合格后，接触网专业人员完成接触网施工图设计。

9.6.2 事件简介

合福高铁联调联试期间，南昌铁路局提出部分接触网分相设置在20‰的上坡道上，不能满足2014年11月颁布的新《铁路技术管理规程》(以下简称《技规》)第347条中规定“遇有降雨天气，重点防洪地段1 h降雨量达到60 mm及以上时，动车限速45 km/h”的行车要求。

9.6.3 原因分析

由于合福高铁地处山区，全线线路坡度较大，设计院在分相设置时，经过牵引供电计算和行车检算，在满足安全行车的条件下，将部分分相设置在20‰的坡道上，并于2013年初完成接触网设计后实施。2014年11月新《技规》颁布实施后，接触网分相已施工完成，但设置在上坡道上的分相经设计院行车专业重新检算，已不能满足新《技规》对重点防洪地段限速45 km/h的行车要求。

9.6.4 处理措施

针对长大坡道接触网分相设置问题，设计院进行了研究和情况说明，认为合福高铁已进入开通运营阶段，改移长大坡道接触网分相位置难度较大，影响范围较广，涉及接触网平面布置调整、支柱和拉线基础重新浇制、隧道外置槽道安装、供电线改移、以及信号设备和列控数据的调整等，工程量和投资均较大，同时因分相位置调整还将造成供电臂不均衡，引起部分供电臂供电能力不足的问题。

鉴于以上原因，设计院建议维持既有接触网分相设置方案，线路因防洪或其他特殊原因确需限速时，按上坡方向分相入口处速度不低于65 km/h控制，由铁路局制定特殊行车办法，确保行车安全。

9.6.5 现场实施

根据设计院建议和合福高铁已进入联调联试等实际情况，长大坡道接触网电分相设置暂维持既有方案。

为制定长大坡道动车过分相行车措施，提高应急处理能力，确保行车安全，2015年7月8日至9日，南昌铁路局使用CRH380A-2704+CRH380A-2703重联动车组在合福高铁福州至闽清北区间，利用天窗时间进行了上坡道停车启动、低速过分相和停在分相无电区的行车应急处理试验。根据试验结果，明确动车经过上坡道分相的行车建议措施：惰性通过设置在20‰上坡道的分相，CRH380A动车组分相入口速度不得低于62 km/h；惰性通过设置在16.5‰上坡道的分相，CRH380A动车组分相入口速度不得低于55 km/h；对于设置在大于10‰上坡道的分相，由于司机贴线运行较为困难，当雨量限速、线路原因限速或动车组本身原因导致限速低于70 km/h时，建议暂不向区间放行各型动车组。

9.6.6 案例小结

(1)接触网电分相设置与行车安全紧密相关，接触网电分相设置应在接触网施工前做好与路局行车部门的对接工作，避免因分相设置不当，造成工程完工后改移困难和影响行车安全。

(2)设计院在进行接触网电分相布置时，应尽量避免设置在连续坡道、变坡点和出站加速区段，在行车检算时应考虑防洪或其他特殊原因的限速要求。

(3)设计院完成接触网分相布置后，应尽快组织铁路局总师、运输、供电、机务等行车相关部门进行会审，确保分相设置满足行车安全要求。

第 10 章　信息工程(含防灾工程)

10.1　票务系统网络结构方案优化

10.1.1　设计情况

车站票务系统由售检票系统车站处理平台、窗口售票机(BOM)、自动售票机(TVM)、补票机、自动检票机(GATE)及网络设备等组成。原施工图设计方案中票务系统组成结构是按照大站带小站的模式组网的，从路局票务中心至各站是按照二层汇聚方式组网的，在各站均配置了网络防护墙设备。原设计票务系统网络组网结构如图 10-1-1 所示。

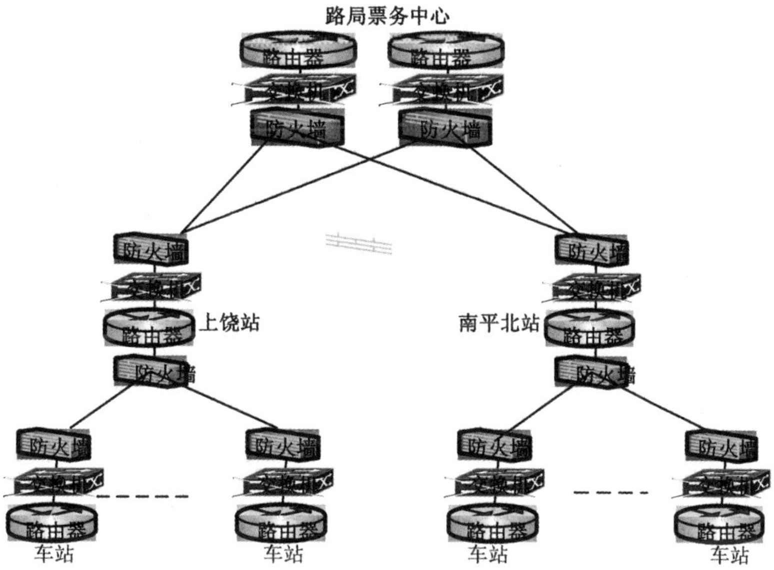

图 10-1-1　票务系统网络设计组网示意图

10.1.2　优化原因

目前，由于南昌铁路局中心旅服平台尚未建立，合福高铁闽赣段客服信息系统是按照大站带小站的结构模式组网的，即江西段和福建段分别以上饶站和南平北站两站作为旅服平台中心，上饶站带管江西段婺源、德兴、五府山三个车站；南平北站带管武夷山北、武夷山东、建瓯西、古田北、闽清北五个车站。原票务系统网络是以上饶、南平北为网络汇聚中心，汇聚各带管小站后再从上饶、南平北分别接入南昌路局票务中心的。采用该网络方案存在以下不足的地方：

(1)一旦上饶、南平北汇聚站出现网络通道或设备问题即将影响其所带的各站票务系统运用；

(2)增加了网络延时问题；

(3)各站须增加防火墙设备，造成设备浪费。

10.1.3　优化设计

结合路局既有票务系统组网运用模式，在系统集成实施方案中对合福高铁闽赣段票务系统网络结构方案进行了优化调整，采用各站票务系统与南昌票务中心点对点连接组网的方案，同时增加各站票务系统网络通道带宽。采用该方案不仅能使网络安全性得到提高，而且可取消各站的防护墙设备，减少建设成本，同时整个票务系统网络延时也将缩小。票务系统优化方案组网结构如图 10－1－2 所示。

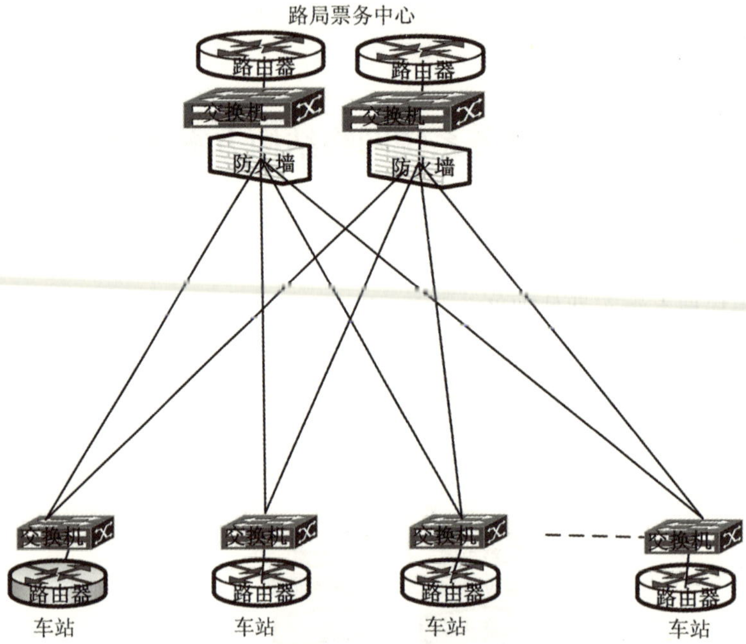

图 10－1－2　票务系统网络优化组网示意图

10.1.4　现场实施

根据优化方案，及时组织设计单位、系统集成商对票务系统组网结构进行施工图设计调整和设备配置调整，同时与通信专业对接修改票务系统通道配置方案。施工单位按照优化方案进行实施，实践证明，优化后的票务系统网络运行情况良好。

10.1.5　优化小结

铁路票务系统对网络安全可靠性和网络延时要求较高，通过优化不仅能简化票务系统网络结构，减少设备投资，而且能提高网络性能和网络安全可靠性。

第 11 章　接口工程

11.1　电缆井各专业电缆交叉设计优化

11.1.1　设计情况

原设计通信、信号、电力电缆在电缆井内未设置物理隔离措施，南昌铁路局电务部门提出电缆交叉优化建议后，设计单位在电缆井内增设了电缆直通槽。

11.1.2　优化原因

在原设计基础上，设计单位在电缆井内增设电缆直通槽后，虽然避免了电缆井内的电缆交叉，但直通槽的支撑墙体也把电缆井分隔成了两部分，如图 11－1－1、图 11－1－2 所示，缩小了电缆井空间，给运营维护增加了困难。

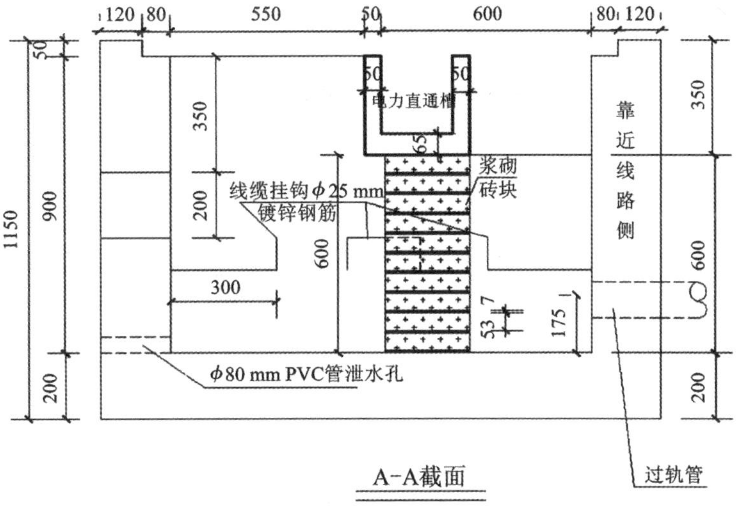

图 11－1－1　电力直通槽示意图

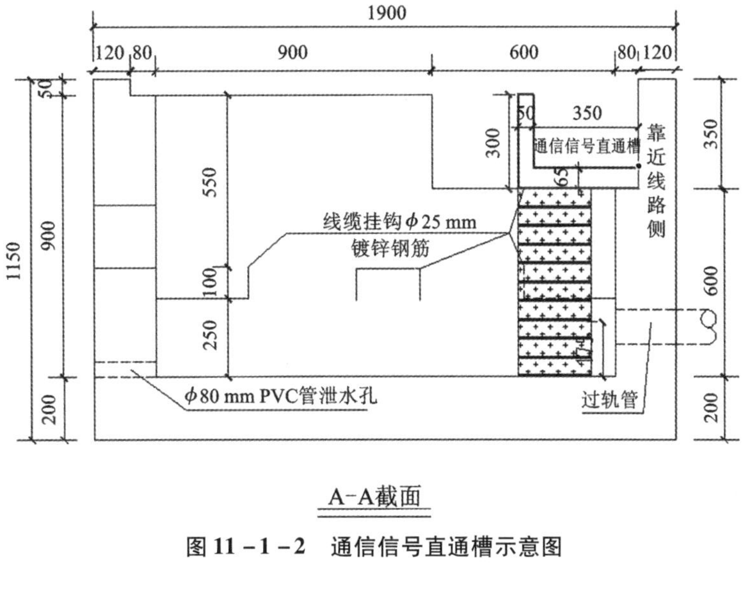

图 11－1－2　通信信号直通槽示意图

11.1.3 优化设计

在电力电缆井处顺通信、信号电缆沟位置设置直通钢槽(通信、信号电缆不下井)；在通信、信号电缆井处顺电力电缆沟位置设置直通钢槽(电力电缆不下井)，如图 11－1－3 所示。

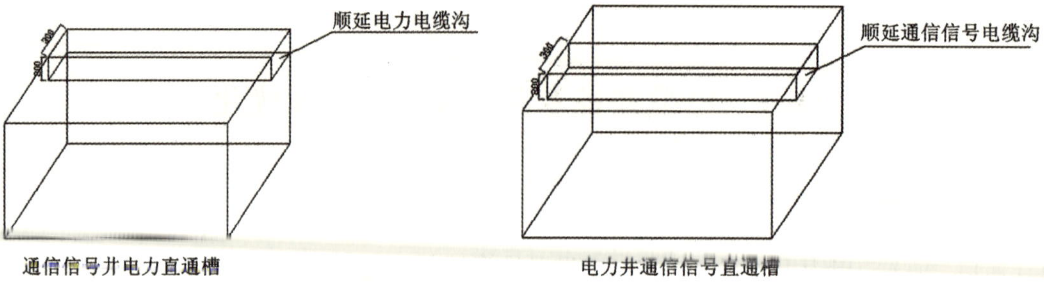

图 11－1－3 电力井直通槽示意图

11.1.4 优化小结

采用电缆井直通钢槽对通信、信号电缆和电力电缆进行物理隔离，有效解决了电缆井内各专业电缆交叉的问题，能有效预防电力电缆击穿时引发通信、信号电缆被烧，保证了行车安全。

后续线路建议设计单位将电缆井直通钢槽纳入施工图设计。

11.2 通信漏缆辅助杆与接触网杆设置方案优化建议

11.2.1 设计情况

合福高铁闽赣段是典型的山区高速铁路，线路区间分布着大量的隧道群，特别是两隧道之间相距几十至几百米的隧道群较多，并且两隧道口之间基本都是桥梁连接，极少是路基连接。为了确保该类型区段的通信 GSM－R 系统无线信号能得到有效可靠覆盖，本线在两隧道口之间距离小于 200 m 左右的区段无线信号覆盖采用漏泄电缆延伸覆盖方式，不在隧道口加设备和天馈线覆盖。

漏缆辅助杆及漏缆的架设方式：在两座隧道口之间利用电气化接触网杆并在两个接触网杆同一水平线中间加辅助杆进行辅助支撑，并制作辅助杆基础，在接触网杆和辅助杆上吊挂无线漏缆。辅助杆这些看似不受力的次要杆件能在主杆和斜杆存在几何缺陷的情况下承受支撑力，当被撑杆呈整体单向弯曲时，各撑点的支撑力相同，而当被撑杆有反弯点或局部弯曲时，个别节点的支撑力较大。高处作业应符合《建筑施工高处作业安全技术规范》(JGJ 80—91)的相关规定；脚手架搭设应符合有关规范要求。现场用电应符合《施工现场临时用电安全技术规范》(JGJ 46—88)的相关规定。

辅助杆只有和主杆件共同组成几何不可变的桁架时，才能提供必要的刚度。合福高铁闽赣段全线需增加 199 个漏缆辅助杆及支撑基础。设计方案如图 11－2－1、图 11－2－2 所示。

11.2.2 优化原因

(1)合福高铁闽赣隧道群多、且两隧道口间距离较短的特殊地形条件，决定了通信 GSM－R 无线通信网络覆盖设计需结合线路条件进行优化处理。

(2)采用漏缆线路延伸无线信号覆盖方式不仅能有效解决无线信号网络覆盖需满足交织冗余覆盖和小区切换距离规范的要求，而且还能节约大量的房屋、铁塔、电力、通信设备及配套设施的建设成本，同时还能提高无线信号覆盖的运用质量和可靠性。但是，隧道外采用漏缆延伸覆盖无线信号方式，漏缆需经过接触网杆并利用电力接触网杆做辅助支撑。由于电气化接触网支柱上不仅架设有电力接触网线路，而且在接触网杆外侧还架设有回流保护线，该回流保护线与通信漏缆是在同一侧吊挂(外侧)，而接触网保护线在两

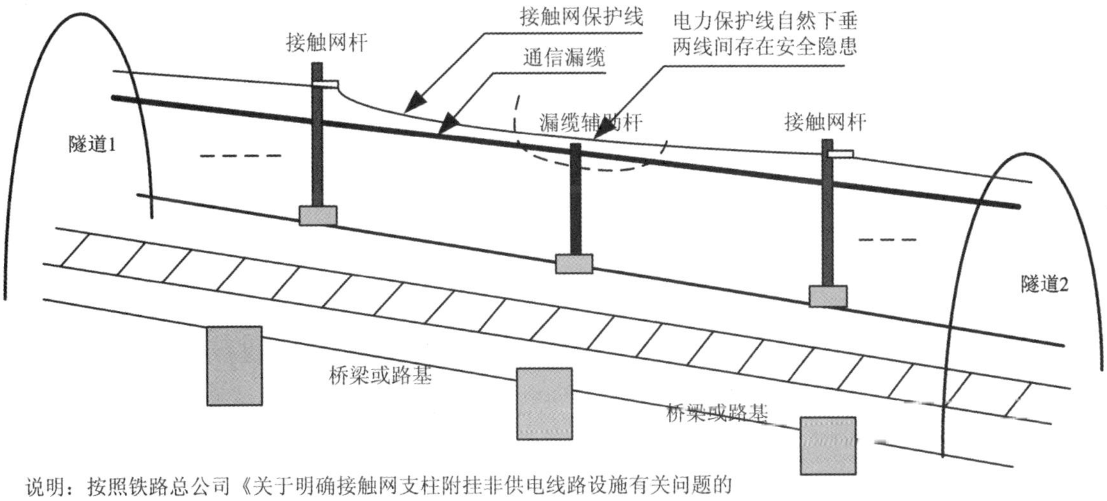

说明：按照铁路总公司《关于明确接触网支柱附挂非供电线路设施有关问题的通知》（铁总运〔2015〕152号）文件有关要求，安装隔离开关的接触网支柱禁止附挂通信有线电视等非供电线路，没有安装隔离开关的接触网支柱附挂非接触网线路前需经批准同意后方可附挂。

图 11－2－1　通信漏缆与接触网杆及接触网保护线吊挂设计方案示意图

图 11－2－2　通信漏缆与接触网杆及安全保护线现场位置关系示意图

接触网杆之间架设并不能保持水平状态，因此在中间区段难免会呈现下垂状态，并与漏缆辅助杆及漏缆产生接触或相互距离达不到规范要求，这就造成强电线路与弱电信号线路存在互为干扰和安全隐患问题。特别是设计把接触网杆基础和辅助杆基础设置在同一水平线上，极易造成接触网回流安全保护线与通信漏缆相邻或相碰的问题。

（3）铁路总公司《关于明确接触网支柱附挂非供电线路设施有关问题的通知》（铁总运〔2015〕152 号）文件第三条规定：“安装隔离开关的接触网支柱，禁止附挂通信、有线电视等非供电线路。”没有安装隔离开关的接触网支柱同意附挂，但附挂前需经过批准。

因此，通信漏缆在桥梁上吊挂设计方案需结合桥梁、电力、通信三个专业规范要求和相互之间产生的干扰影响进行综合考虑。

11.2.3 优化设计

根据铁路总公司铁总运〔2015〕152 号文件要求，从现场实际及建设成本考虑，通信漏缆需在部分桥梁上吊挂的优化方案有以下两种类型：一种类型是针对接触网杆设隔离开关区段的优化方案；一种是针对接触网杆没有设隔离开关的优化方案。

(1)优化方案一

在设隔离开关的接触网支柱区段由于铁路总公司规定不允许附挂其他线缆，通信漏缆必须单独设置漏缆支撑杆，不能利用接触网杆。通信漏缆支撑杆可按桥梁和路基区段采用两种方案设置。

①漏缆在桥梁上敷挂方案

漏缆支撑杆从出隧道口按照通信漏缆吊挂安全距离不大于 30 m 标准连续设置(接触网支柱为 50 m)到另一隧道口，每根漏缆支撑杆在 4.75 m 高度设横向外侧支撑卡座(40 cm)，确保通信漏缆吊挂不与接触网支柱和安全保护线相碰，桥梁区段优化方案如图 11 -2 -3 所示。

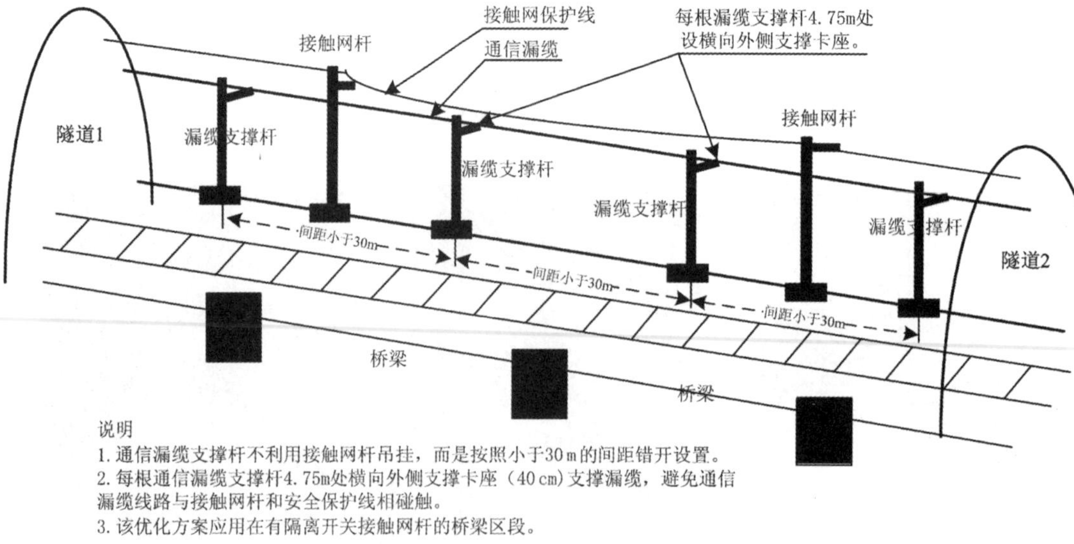

图 11 -2 -3 通信漏缆与接触网安全保护线桥梁区段吊挂优化方案示意图

②漏缆在路基上敷挂方案

漏缆支撑杆从出隧道口按照通信漏缆吊挂安全距离不大于 30 m 标准连续设置(接触网支柱为 50 m)到另一隧道口，并且通信漏缆支撑杆基础设置位置与接触网杆支柱基础横向错开 40 cm 左右距离(路基线路具备漏缆基础外移设置条件)，确保通信漏缆吊挂不与接触网支柱和安全保护线相碰，每根漏缆支撑杆在 4.75 m 高度设固定卡座支撑漏缆，不需像桥梁上的漏缆支撑杆设置横向(40 cm)支撑卡座，路基区段优化方案如图 11 -2 -4 所示。

(2)优化方案二

由于铁路总公司规定，在接触网支柱没有隔离开关的区段在得到批复同意的条件下可以附挂其他线缆。为了节约建设成本，通信漏缆吊挂可利用接触网杆，须在两接触网杆之间(50 m)增加一根漏缆辅助支撑杆。但在接触网杆和中间漏缆辅助杆上须设置外侧横向固定支撑卡箍(40 cm 左右)，方能避免漏缆与接触网安全保护线相碰，采用这种方案可以减少辅助杆及基础设置数量，减少建设成本。优化方案示意图如图 11 -2 -5 所示。

(3)方案优化建议

优化方案一是针对漏缆吊挂区段的个别接触网杆有供电隔离开关不允许附挂其他线路设施的方案；优化方案二是针对漏缆吊挂区段接触网杆没有供电隔离开关规范允许附挂其他线路而设计的方案(附挂前须报批)。为了节约建设成本，针对设有隔离开关的接触网杆落在漏缆吊挂区段的概率较少的情况，建议在

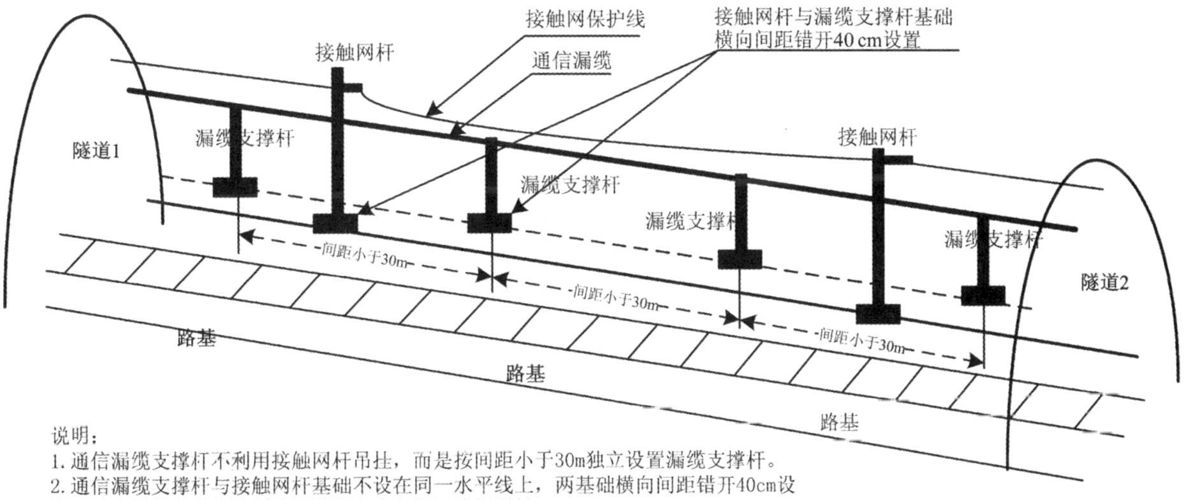

说明：
1.通信漏缆支撑杆不利用接触网杆吊挂，而是按间距小于30m独立设置漏缆支撑杆。
2.通信漏缆支撑杆与接触网杆基础不设在同一水平线上，两基础横向间距错开40cm设置，避免通信漏缆线路与接触网杆和安全保护线相碰触。
3.该优化方案应用在有隔离开关接触网杆的路基区段。

图 11－2－4　通信漏缆与接触网安全保护线路基区段吊挂优化方案示意图

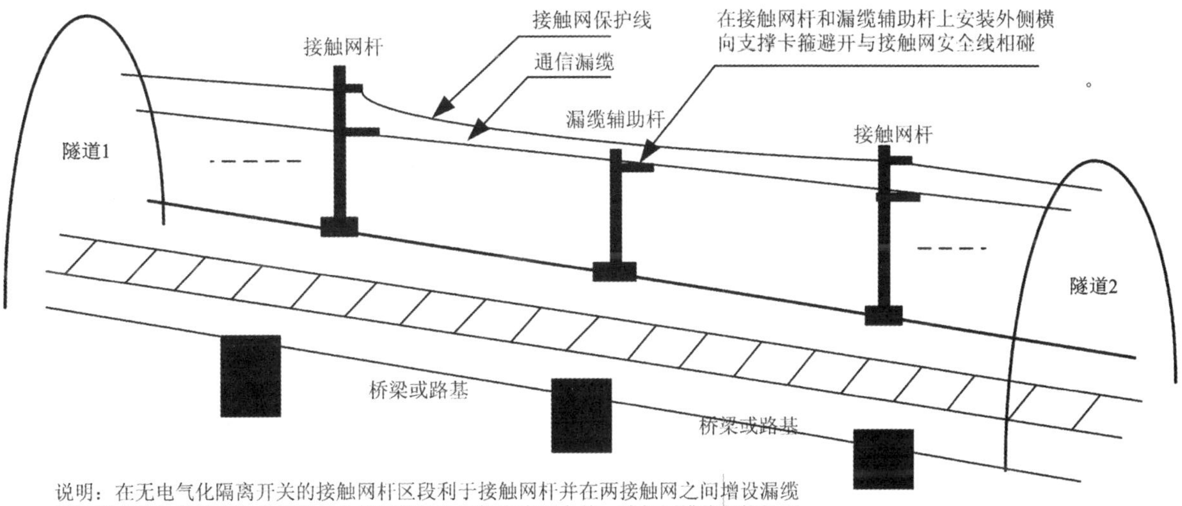

说明：在无电气化隔离开关的接触网杆区段利于接触网杆并在两接触网之间增设漏缆辅助杆在接触网杆和漏缆辅助杆上需增设杆外侧横向支撑卡箍，确保漏缆线与接触网安全保护线之间保持有效距离。

图 11－2－5　通信漏缆在无隔离开关接触网杆区段吊挂优化方案二示意图

有隔离开关的接触网杆区段吊挂漏缆采用方案一；在没有隔离开关的接触网杆区段吊挂漏缆采用方案二，可以少设漏缆支撑杆，从而节约建设成本和降低施工难度。两种方案运用需设计单位的通信、电力、桥梁三个专业在设计阶段对接清楚，否则容易出现错误或漏设。同时桥梁施工单位在桥梁生产过程中要特别注意有漏缆吊挂区段的接触网杆和漏缆支撑杆基础的预设。

11.2.4　现场实施

现场实施需注意三方面问题：

(1)高速铁路桥梁生产有两种，一种是现浇梁(现场施工浇筑)，一种是预制梁(梁厂浇筑生产)，由于通信漏缆支撑杆只是在少数区段应用，这就需在现浇梁施工和预制梁厂实施时特别注意在有设置通信漏缆支撑杆的区段生产梁体时需把漏缆支撑杆基础位置考虑好，不要漏设。本线出现设计专业对接不到位，桥梁专业在桥梁施工图中未考虑漏缆辅助杆基础设置，由于现场桥梁已浇筑完成，最后采用化学锚栓置筋方案补设漏缆支撑杆基础。

(2)通信漏缆支撑杆采用的是与接触网杆同类型的杆(高度7.8 m),实际漏缆吊挂的高度比接触网回流安全保护线低(与轨面高度4.75 m),因此漏缆支撑杆不应采用与接触网杆同类型的杆,只需定制高度为5 m的杆,从而可以避免与电力回流安全保护线在中间自然下垂区域与漏缆支撑杆相碰或间距不满足要求的问题。

(3)部分两隧道口衔接桥梁并不是直线而是带弧度型的区段,需根据现场实际采取在接触网杆和漏缆支撑杆上加横向支撑卡箍的措施解决两线之间的安全距离问题。

11.2.5 优化小结

合福高铁闽赣段由于地形条件原因,在隧道群密集区段采用漏缆吊挂敷设延伸无线信号,敷设设计方案涉及通信、桥梁、路基、电力接触网专业,施工方面涉及站前与站后专业。在设计阶段如果各专业之间设计对接不清楚,容易造成配套专业设计漏设或设计不到位问题,给后续的实施造成难度或无法实施。

设计单位在设计阶段相关专业需求及标准规范要提报清晰,桥梁专业在有漏缆吊挂敷设区段图纸设计需与通信、电力专业对接准确,并与相关专业复核确定。

施工单位在施工阶段要认真核对图纸按图施工,否则容易出现支撑杆基础漏设或设置错误的问题。本线通信漏缆吊挂涉及较多区段,吊挂区段有桥梁和路基类型,接触网支柱有带隔离开关和未带隔离开关,本线设计、施工及现场问题处理的优化方案建议对后续新建高铁有参考和借鉴意义。

11.3 电缆井、四电房屋电缆沟积水设计优化

11.3.1 设计情况

线路两侧电缆井采用统一尺寸、统一标高(与轨面高差),未结合现场实际水位设置井底泄水孔标高;四电房屋室外电缆井未设置排水设施;四电房屋电缆沟未结合现场实际水位(常水位和内涝水位)设置沟底标高。

11.3.2 优化原因

(1)线路两侧电缆井泄水孔标高低于路基侧沟流水面标高,电缆井雨水无法通过井底泄水孔排向路基侧沟,造成电缆井积水;

(2)四电房屋室外电缆井未设置排水设施,造成电缆井积水;

(3)四电场坪标高太低,造成电缆沟积水。

电缆井或四电房屋电缆沟积水、电缆被水浸泡,现场情况如图11-3-1所示。

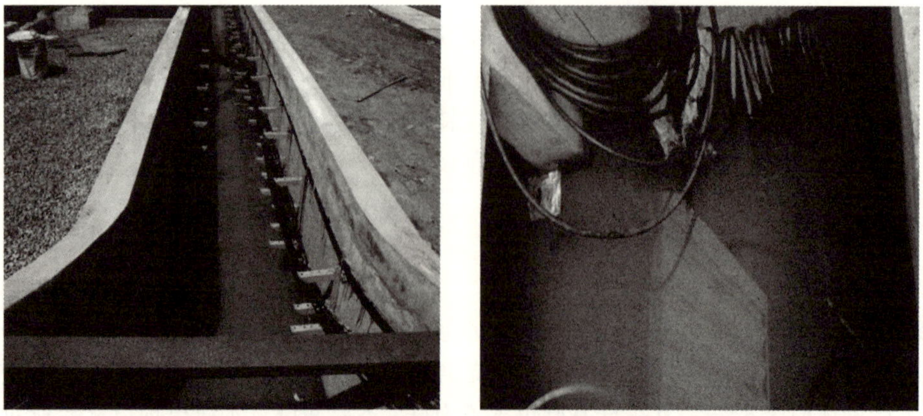

图11-3-1 电缆井或四电房屋电缆沟积水、电缆被水浸泡现场图

11.3.3　优化设计

(1)电缆井底部泄水孔标高应高于路基侧沟底面标高，并在泄水孔进出口处设置防堵塞设施，使电缆井内雨水能通过井底泄水孔排向路基侧沟。

(2)如果电缆井井深受路基侧沟流水面标高限制，可提高井底标高并扩大电缆井纵向长度，以保证电缆井内有足够的空间用于电缆过轨时需要的弯曲半径。

(3)在四电房屋室外电缆井增设外套钢罩，防止雨水流入电缆井。

(4)在确定四电房屋场坪标高时，应充分考虑电缆沟的深度，使电缆沟底面标高位于常水位(内涝水位)0.5 m 以上。

(5)地下水位比较低的时候，井底可直接开渗水孔。

(6)地下水位比较高时，在路径及场地允许的条件下，设置一个集水井，井内设置水泵。

11.3.4　优化小结

(1)线路两侧电缆井泄水孔标高应高于路基侧沟流水面标高，使电缆井内雨水能通过井底泄水孔排向路基侧沟。

(2)为避免四电房屋室外电缆井电缆被水浸泡，应在电缆井盖增设外套钢罩或采取其他措施防止雨水流入电缆井。

(3)建议设计单位在施工图设计时相关专业人员要充分沟通对接，结合现场水位(常水位和内涝水位)选定四电房屋场坪标高。

11.4　隧道预埋槽道综合整治

11.4.1　设计情况

隧道预埋槽道采用与隧道二衬同时浇制，预埋在隧道二衬内，槽道外露面与隧道二衬表面平齐；预埋槽道型号及埋设位置符合设计要求；槽道嵌入混凝土表面的施工误差不超过 5 mm；同组槽道的平行施工误差不超过 5 mm/m；垂直或平行线路的施工误差不超过 5 mm/m；垂直线路方向距离隧道中心线的施工误差不超过 ±30 mm；同组槽道两根槽道的间距施工误差不超过 4 mm；槽道组间距小于 1.9 m 时容许偏差 ±10 mm，槽道组间距大于 1.9 m 时容许偏差 ±40 mm；槽道距离施工缝≥800 mm；槽道不允许出现扭面变形和锈蚀现象，如图 11 -4 -1 所示。

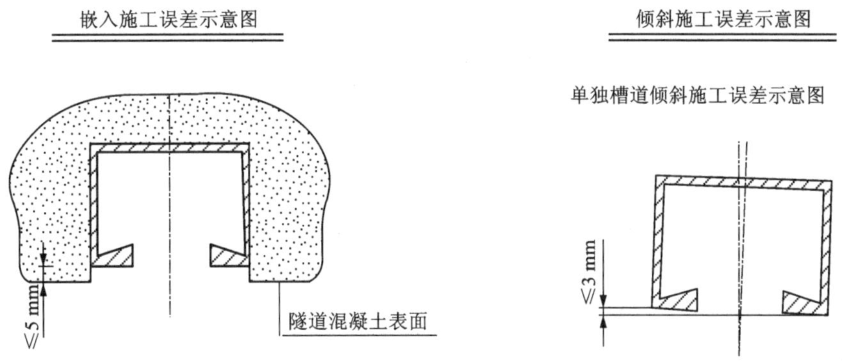

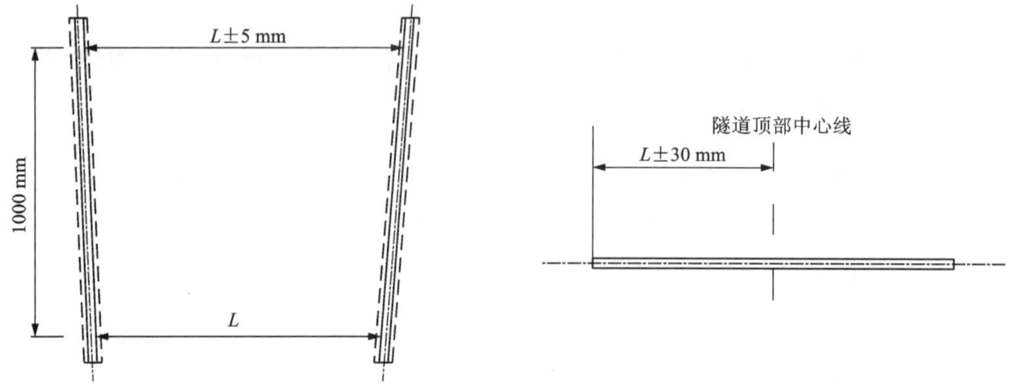

图 11 -4 -1 槽道施工误差示意图

11.4.2 事件简介

合福高铁闽赣段隧道预埋槽道总计 28591 处，不合格槽道 2085 处，主要存在问题：槽道漏埋、位置错误、型号错误、槽道组埋成单根、间距不符、八字形、锈蚀、变形扭面、嵌入混凝土过深或被混凝土覆盖、距离施工缝过近、垂直度或平行度不符合要求等，如图 11 -4 -2 所示。

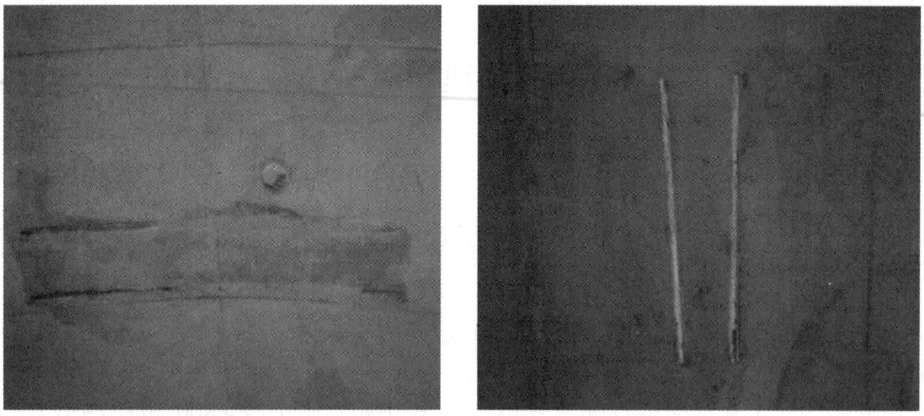

图 11 -4 -2 现场槽道安装缺陷示意图

11.4.3 原因分析

槽道漏埋、位置错误和型号错误主要是由于没有按设计图纸施工引起的。

(1)槽道组埋设成单根和间距不符是由于两根一组的槽道安装前没有满足设计要求的平行间距，采用定位钢筋焊接固定好槽道组后再安装。

(2)槽道预埋呈现八字形、垂直度或平行度不符合要求，槽道距离施工缝过近，主要是由于没有采用在台车模板上开螺栓二次定位孔固定槽道，台车开设的螺栓孔不符合要求和固定螺栓没有拧紧。

(3)槽道嵌入混凝土过深或被混凝土覆盖，主要是槽道与台车模板不够密贴，槽道与台车的弯曲半径不一致。

(4)槽道出现锈蚀是由于槽道本身质量不合格，槽道采用点焊固定在台车，以及槽道搬运或施工中镀锌层破坏引起的。

(5)槽道出现扭面变形主要是施工中模板台车顶升挤压造成的。

11.4.4　整治措施

(1)每座隧道二衬施工前，施工单位应组织槽道预埋专项技术交底，明确预埋槽道的工艺流程、技术标准和注意事项。

(2)施工前，应检查槽道外观质量有无锈蚀和镀锌层破坏问题，槽道内发泡填充物是否完整，如有残缺，应进行填充。施工时不得取除填充物，只允许将槽道与模板台车固定点处的发泡物取除。

(3)对于两根一组的槽道，应根据设计要求的平行间距用钢筋焊接成槽道组后再安装，如图 11－4－3 所示。

图 11－4－3　现场槽道组安装示意图

(4)槽道施工必须采用模板台车开二次定位孔固定槽道方式施工，开孔位置符合设计要求，严禁采用将槽道点焊固定在模板台车上或不固定的方式施工。槽道施工开孔位置如图 11－4－4 所示。模板台车长度应与设计相符，现场有调整时应及时向设计单位提出，由设计单位进行相应的设计图纸变更。模板台车每一模的浇制长度都应与接口施工图纸相符，不可擅自改变。

图 11－4－4　槽道施工开孔示意图

(5)槽道弯曲半径应与台车半径相符，不符时应更换槽道。槽道与模板台车采用 T 型螺栓连接，并拧紧螺母，使槽道与台车背面密贴，防止槽道滑移或被混凝土覆盖。槽道弯曲半径如图 11－4－5 所示。

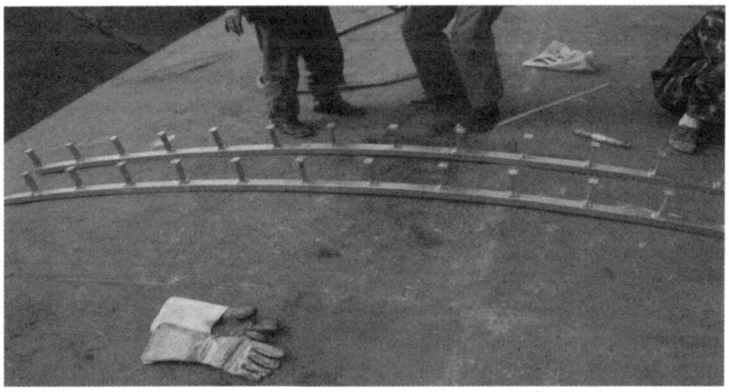

图 11－4－5　槽道弯曲半径示意图

(6)脱模时，应事先松开螺母，取出 T 型螺栓后再脱模，脱模后及时清理槽道表面的水泥浆，如图 11 -4 -6 所示。清理水泥浆时，注意不得损坏槽道镀锌层。

图 11 -4 -6　脱模示意图

(7)二衬施工完成后，预埋不合格的槽道和变更设计引起的槽道位置调整，可采用安装外置槽道进行整改，如图 11 -4 -7 所示。固定外置槽道的每根化学锚栓都必须进行抗拔试验，试验抗拔力是否满足设计荷载要求。

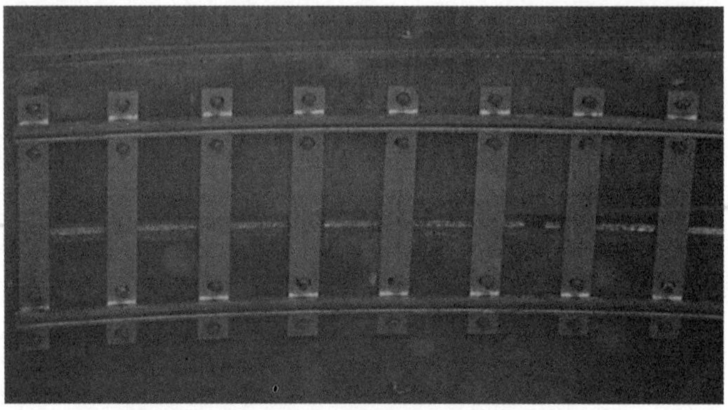

图 11 -4 -7　安装外置槽道示意图

11.4.5　案例小结

(1)施工单位的重视程度和工作责任心是预埋槽道合格与否的关键所在，施工单位应组织编制预埋槽道施工作业指导书，每座隧道施工前均应进行槽道预埋施工专项技术交底，对施工作业人员进行专项培训，施工过程中严格按照工艺工法要求做好监控管理。

(2)建设单位应开展预埋槽道样板示范工程建设和观摩学习交流，并加强预埋槽道施工质量的检查和考核，组织预埋槽道专项设计技术交底。

(3)可以通过提前组织四电施工队伍招标，由四电施工单位提前参与槽道施工质量的监管，提高预埋槽道施工质量。

11.5　接触网预埋基础综合整治

11.5.1　设计情况

路基和桥梁上的接触网基础由站前土建施工单位在路基和桥梁施工时一次浇筑成形。正线基础中心线距线路中心线的距离：无砟区段一般为 3.15 m，有砟区段一般为 3.25 m，允许偏差 +50 mm、0 mm。支柱基础螺栓外露基础 190 mm，螺纹长度 190 +5 mm；拉线基础螺栓外露基础 120 mm，螺纹长度 120 +5 mm。

预埋钢板与基础面平齐，预埋螺栓与基础水平面垂直，垂直度允许误差 ±1 mm，螺栓间距允许误差 ±1 mm。

11.5.2　存在问题

合福高铁闽赣段接触网预埋基础总计 9874 处，不合格基础 527 处，主要存在基础限界不合格、后置基础采用化学锚栓形式、基础螺栓变形和锈蚀、螺栓垂直度和间距不符合要求、拉线基础外形尺寸与设计不符等问题，如图 11－5－1 所示。

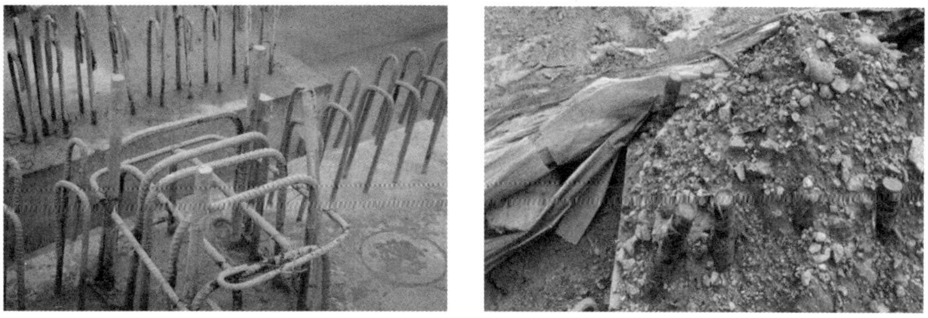

图 11－5－1　接触网预埋基础问题示意图

11.5.3　原因分析

（1）基础限界不合格主要是由于基础测量定位时，基础中心至线路中心的距离不符合设计要求和正误差预留不足，浇制过程中基础出现位移造成的。

（2）基础螺栓垂直度和间距不符的主要原因是螺栓焊接模具存在螺栓孔偏大、焊接质量不高等导致焊接成型的螺栓不符合要求，浇制前没有预先检查基础螺栓的间距和垂直度，确认其合格后再浇制，浇制过程中螺栓固定不牢和顶层没有采用辅助钢板定位，浇制后没有及时进行复测和校正。

（3）基础螺栓变形和锈蚀主要是由于浇制完成后没有对螺栓及时进行涂油包扎防护，以及成品保护不当引起的。

（4）拉线基础外形尺寸与设计不符是由于未按设计图纸施工造成的。

11.5.4　整治措施

（1）基础限界不合格，主要应注意控制施工过程中基础中心至线路中心的距离必须符合设计要求，误差标准可按 +30 mm 控制，严禁出现负误差，施工中注意基础不得发生位移现象。预埋件偏差示意图如图 11－5－2 所示。

图 11－5－2　预埋偏差示意图

（2）基础螺栓垂直度和间距的控制，主要是螺栓必须采用标准模具焊接成型，且焊接成型的螺栓必须经复测符合要求后方可安装浇制，浇制过程中螺栓应采用井字形钢筋固定和顶层采用辅助钢板定位，确保螺栓不变形，浇制完成后及时进行复测和校正。模具焊接如图 11－5－3 所示。

图 11－5－3 模具焊接示意图

（3）基础螺栓浇制完成后应及时对螺纹涂抹黄油并包缠胶带做好成品防护。如图 11－5－4 所示。

图 11－5－4 成品防护示意图

（4）桥上新增后置支柱基础严禁采用化学锚栓形式，应采用打穿桥梁翼缘板的固定方式重新浇制基础。

11.5.5 案例小结

接触网支柱基础重点要控制限界不合格的问题，限界不合格，会危及行车安全。

（1）基础浇制前必须认真复核限界，在误差允许范围内适当预留正误差，预留正误差裕度应考虑线路曲线超高和后期轨道板铺设等因素对基础限界产生的影响，特别是曲线内侧的支柱基础要适当加宽处理。

（2）基础浇制过程中，必须严格控制基础标高、预埋螺栓的垂直度、螺栓间距和外露尺寸。预埋不合格的基础严禁采用割断螺栓重新焊接或采用化学锚栓形式进行整正。

（3）浇制完成的基础要及时做好成品保护，防止螺栓锈蚀和基础损坏。

11.6 声屏障与张力坠砣位置冲突优化设计

11.6.1 设计情况

桥梁地段声屏障立柱（宽 175 mm）与接触网张力补偿装置（坠砣直径 360 mm）重叠 7 mm，如图 11－6－1 所示。

11.6.2 优化原因

在接触网立柱基础施工中，为了避免因施工或测量误差造成接触网支柱侵限，基础施工测量放线时，通常按接触网支柱中心距线路中心 3180 mm 控制。在桥梁声屏障安装时，发现声屏障与接触网张力补偿装

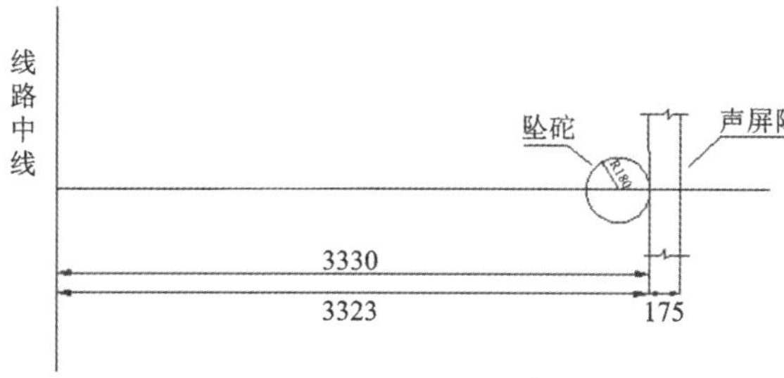

图 11－6－1 坠砣与声屏障位置关系示意图

置(坠砣)位置出现重叠达 37 mm，导致坠砣不能自由升降，严重影响接触网安全运行，如图 11－6－2 所示。

图 11－6－2 声屏障与接触网张力补偿装置(坠砣)位置重叠关系图

11.6.3 优化设计

(1)当坠砣与声屏障板位置冲突时，将声屏障板厚由原设计的 140 mm 调整为 50 mm。

(2)当坠砣与声屏障立柱位置冲突时，在坠砣的两端增设声屏障立柱基础预埋件，将声屏障立柱与坠砣错开，同时将声屏障板厚由原设计的 140 mm 调整为 50 mm。

11.6.4 现场实施

(1)当坠砣与声屏障板位置冲突时，将声屏障板(板厚 140 mm)拆除，更换成板厚为 50 mm 的声屏障板。

(2)当坠砣与声屏障立柱位置冲突时，拆除坠砣处的声屏障立柱和声屏障板(板厚 140 mm)，在坠砣的两端增设两处声屏障立柱基础预埋件，安装两个声屏障立柱，并根据调整后的声屏障立柱安装声屏障板(板厚 50 mm，长度需特制)。

11.6.5 优化小结

(1)当坠砣与声屏障板(或立柱)存在冲突时，可采用以上特殊设计方案，对声屏障进行特殊处理。

(2)设计单位在接触网张力补偿装置(坠砣)区域的桥梁声屏障施工图设计时，应合理布置接触网张力补偿装置(坠砣)区段的声屏障立柱(与坠砣位置错开)，并调整该区段的声屏障板厚(将 140 mm 调整为 50 mm)，避免后期返工。

第 12 章　大临工程

12.1　福州铺轨基地选址方案优化

12.1.1　设计情况

根据铁鉴函〔2010〕189 号《关于新建合福至福州铁路初步设计的批复》，合福高铁在福州地区设置了一处铺轨基地，“对于福州端（白沙镇）铺轨基地的设置应结合既有线运营状况、临时工程投资等分析确定，在能力允许的条件下，优先考虑利用樟林区段站部分股道设置”。福州铺轨基地承担着福州至武夷山 DK580 +000 ~ DK809 +811 段双线 230 km、总计铺轨 460 km、铺设道岔 72 组、站线铺轨 17.73 km、轨道焊接、应力放散和线路锁定任务。初步设计铺轨基地设置方案如下。

（1）铺轨基地的位置

原初步设计方案中，利用樟林区段站Ⅱ场既有 15 ~ 19 道作为铺轨基地，充分考虑利用既有股道和场坪等工程。

（2）运轨通道

长轨运输车从向塘出发，经福州站与樟林站之间的区间正线进入樟林站 II 场，然后进入铺轨基地，进行长轨存储。

长轨铺设时在基地装车，长轨列车经樟林车站调车，通过福州东站及福州站跨既有线运输，进入新建合福线进行长轨铺设，具体如图 12 -1 -1 所示。

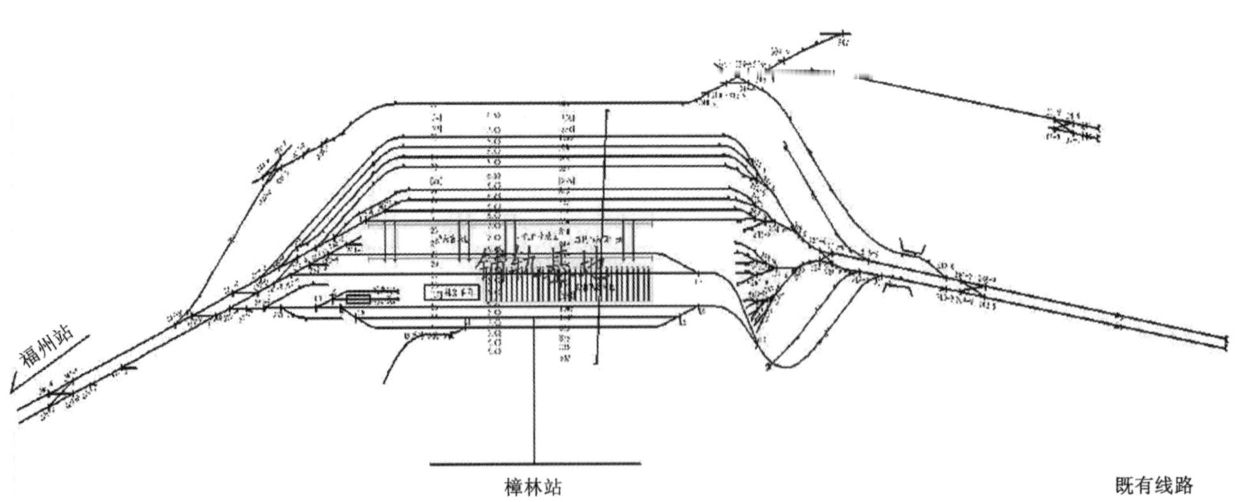

图 12 -1 -1　福州地区铺轨基地平面布置示意图（原设计）

12.1.2 优化原因

原设计方案中，利用樟林区段站Ⅱ场既有15～19道作为铺轨基地，施工图阶段经过进一步调查和研究，发现此方案存在以下问题：

(1)樟林车站Ⅱ场既有15～19道现阶段为中铁一局铺轨基地线路，股道移交日期不定。

(2)15～19道是驼峰调车线，中铁一局使用完之后，为缓解樟林车站调车作业的压力，15～19道需要马上投入使用，而后继续作为铺轨基地的可能性很小。

(3)铺轨基地进出均无道路，所有设备及工器具均需通过列车运输进场，物流组织困难，施工难度大。

(4)长轨列车进出需经樟林车站调车，樟林车站列车运输密集，联络线从4点整至23点15分为福厦高铁正常运营时间，此时段内不能进行轨料运输；而晚上首先要运输白天累积的货运列车，运输密度大；另线路需经常进行检修，不能保证轨料运输需求。况且要通过福州东站及福州站，长轨运输车辆必须跨既有线运输，安全风险大。

(5)工程运输与正常运输相互干扰严重，自备长轨运输车辆不能上既有线运输，施工进度和工期不能保证。

综上所述，若在樟林区段站Ⅱ场既有15～19道设置铺轨基地，轨料运输时间严重受限，且每趟长轨车往返铺轨基地都必须按照既有线行车要求和手续进行取送车，手续烦琐、效率低、安全压力大，严重制约着长轨车进出基地，无法满足合福线铺轨工期的要求。

12.1.3 优化设计

1. 优化设计调研

针对原福州地区(樟林)铺轨基地存在的问题，必须重新进行基地选址调查和研究。为此，先后分别对南平车站、建瓯车站、白沙车站、杜坞车站、福州车站等地进行了实地考察和分析，具体情况如下：

(1)南平车站、建瓯车站无现有场地设置铺轨基地，若要在此建设铺轨基地，务必涉及征地和大量土石方工程，且需要铺设联络线从基地进入新建合福线，后期还需进行临时线路拆除等繁琐工作，基地建设涉及面广、工程量大，征迁、线路的接入与拆除等不定因素多，无法保证铺轨基地建设工期等要求。

(2)白沙车站、杜坞车站同样无现有场地设置铺轨基地，长轨列车进出需经车站调车，白沙车站和杜坞车站均在既有峰福铁路上，线路运输密度大，另线路经常进行检修，不能保证满足轨料运输需求，长轨运输车辆必须跨既有线运输，安全风险大。

(3)福州车站新建向莆铁路左线与福州车站动车所之间，靠近向莆铁路左线侧有一空地，经现场勘查、测量后发现场地大小刚好满足基地建设要求。铺轨基地可利用新建合福高铁进站线路，由福州车站站线引入铺轨基地，再由铺轨基地直接接入新建合福线，轨料经运送进入铺轨基地后可由铺轨单位自行组织进行铺轨作业，自有长轨车进出基地、长轨装卸不受制于既有线。另外，出入基地可修整既有泥结碎石路，方便施工车辆、工器具、人员等进出基地，且基地场地后期可用于新建合福线进入福州车站线路，减少后期施工投入。

经过综合分析和慎重考虑，从场地的规模、安全性、调车作业、运输干扰和基地建设工作量等方面综合考虑，在福州车站建设铺轨基地的方案切实可行，且能够保证铺轨进度，满足工期要求。

2. 变更设计方案

(1)场地平面布置

长轨存放区设置在新建向莆铁路左线与福州车站动车所之间，靠近向莆铁路左线一侧空地，小件存放区位于长轨存放区福州端，生活、办公区位于长轨存放区和动车所之间空地靠近动车所一侧。

利用新建合福高铁进站线路，由福州车站线11道引入铺轨基地，在福州客车整备所内的动车存车场出岔，利用福州客整所和向莆下行正线间的空地设置铺轨基地。铺轨基地从福州站客车整备所咽喉224#道岔与214#～220#复式交分道岔中间预留的岔位引出，设长轨运输线1条、长轨装卸线1条、安全线1条，有效长度能满足长轨列车到发线长度要求。

长钢轨存放区沿1道右侧布置，安装32台2吨17 m跨度固定式门吊组成的联动群吊，按此规模在铺轨前可同时存放长轨 128 铺轨公里的轨料。

(2)长轨运输通道

长轨列车通过福州车站 11 道进入铺轨基地进行装卸作业，铺轨时长轨列车经新建合福下行线进行轨道铺设，在路基并行地段(DK807 +400 附近)插入两组道岔，进入上、下行线进行换道铺轨作业。

(3)铺轨基地作业方式

轨料经由向塘焊轨基地运送进入铺轨基地进行交接，后由铺轨单位自行组织进行铺轨作业。优化后的福州车站铺轨基地平面布置示意图，如图 12 －1 －2 所示。

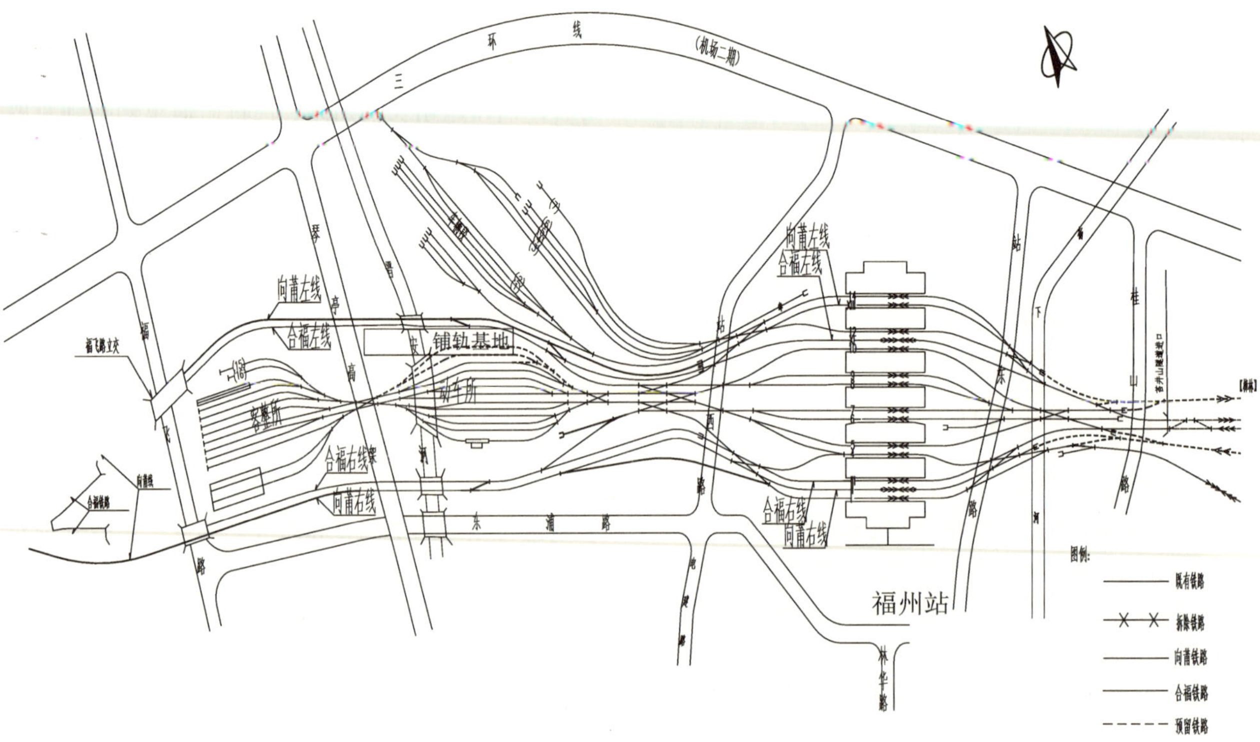

图 12 －1 －2　福州车站铺轨基地平面布置示意图

3. 施工方案

(1)线路设置

①股道设置：铺轨基地场内共设置 2 条长轨线，进行道岔钢轨、500 m 长钢轨、小件等材料的装卸作业，铺轨基地引入线与车站连接处设置安全线，防止铺轨基地内车辆失控进入车站。

②长轨运输线经纵移既有 224#道岔至既有 224#道岔与 214# ~220#复式交分道岔中间预留的岔位引出，直股连接 D10 线，曲股岔后 22.38 m 插铺 236#道岔；曲股连接 D11 线，直股岔后进入铺轨基地线路。

③安全线在长轨运输线上铺设一组 L2#道岔(P50 1/9 左开道岔)，有效长度为 50 m(距离 C93 杆 10 m)，防止机车溜入车站，L2#道岔与 236#道岔形成联动道岔，纳入车站联锁管理。

④长轨运输线：由于避开 D65、D67、D69 杆，设置半径 R =300 m 的 S 曲线引入。从 236#道岔到晋安河中桥处新铺设股道，在晋安河中桥处连接峰福线，直到 L1#道岔，主要是长轨列车组装线及 500 m 长轨列车调转线。在生活区后与 L2#道岔间硬化道路用于机车加油。

⑤长轨装卸线：考虑既有峰福线桥梁，长轨装卸线设置在长轨存放区中部，从 L1#(左开道岔)道岔后，到 C83 前 10 m 设置车挡，有效长度为 560 m。长轨装卸线合肥端横穿五四路立交桥，从桥墩中间穿过，离桥墩边的最小距离为 2.7 m，满足机车行车限界(桥墩外侧修筑防撞墙)。

⑥在 DK806 +925、DK807 +765 处分别设置一组单渡线道岔，用于施工时下行至上行转线及列车调车使用，并将 DK807 +765 处上行线道岔直股以后部分(机待线)作为轨行设备停车线，在 DK807 +765 后 1000 m 处设置临时车挡。

(2)路基处理

①铺轨基地路基长600 m，基地顶宽最宽处为26 m，最窄处为10 m，采用AB组填料填筑，压实度达到国家Ⅰ级铁路标准。

②边坡填高大于3.0 m地段采用M7.5浆砌片石拱形截水骨架，内撒草籽防护，边坡高度小于3 m地段采用撒草籽及喷播植草防护；局部靠既有线侧设混凝土挡碴墙；软基场坪范围内设0.5 m厚的砂砾石垫层，垫层内夹铺二层双向高强涤纶经编土工格栅，其双向抗拉强度≥110 kN/m。并在坡脚设置M7.5浆砌片石脚墙。

③路基处理完成后，后期可作为新建合福线左线的进站线路。

(3)桥梁(晋安河临时便桥)、涵洞

晋安河为福州市城区内的一条排洪河道，桥址施工水位为5.0 m。因线路布置需要，跨河处需增设临时线路以便于长钢轨装卸。根据现场情况，采用5～9 m钢梁临时便桥上跨晋安河(纵、横梁材质采用I45a、I56a型工字钢)，方便在长钢轨铺完后拆除，桥长47.1 m，具体如图12－1－3所示。

桥梁靠近福州端一侧需设置一箱型涵洞，与原涵洞相接，保护管道，确保满足排水需求，如图12－1－4所示。

图12－1－3 钢梁临时便桥上跨晋安河

图12－1－4 箱型涵洞

(4)信号改造

①站场道岔改移

移设224号道岔，新设236/L2号道岔，新增K13、K14道存车线。

②既有信号电缆迁改

2009年建设福州整备场时站场尚未形成，信号施工先铺设电缆，后期站前对站场进行填方，本次新铺设道岔236#位置刚好是既有分向盒D－2、S－2埋设的位置，需要把既有分向盒迁移到新236#线路外侧，由于电缆埋设深，深度达2 m多，且主干电缆敷设在动车场10股道边，无法开挖迁移。规范要求不允许在线路正下方续接，因此须采用新铺设电缆进行倒接。

③信号改造

新增236/L2道岔，并增加相应的轨道区段，信号机纳入联锁，CTC设备、微机监测设备相应调整，同时STP系统做相应的调试。

(5)接触网迁改

受铺轨基地影响，对向莆线下行供电臂部分线路进行改移，对既有峰福线部分XI－2与铺轨基地股道冲突部分取消挂网及拆除支柱，铺轨基地工程完成后恢复原挂网设计。

12.1.4 现场实施

(1)长轨存放区

从福州车站既有11道引出施工便线作为500 m长的钢轨装卸线，安装由32台2.5吨17 m跨度固定式门吊组成的联动群吊。长钢轨存放区沿装卸线右侧布置，采用C20钢筋混凝土台座，间距7 m，存放宽度为 12.5 m，采取多层存放，层与层钢轨间用 50 mm×50 mm 的空心方钢管。经计算，按 8 层存放，底层存放钢轨 71 根，以后每层递减 2 根，可一次性存放全线长钢轨 512 根，满足存放 128 铺轨公里长钢轨的需要。

(2)道岔、工具轨存放区

从福州既有 11 道 11#岔后插入一组临时 9#道岔，接出一股临时便线，在客车整备所与长轨存放区之间，设置一个长 80 m 宽 12 m 的道岔、工具轨存放区。

(3)轨料进出

长轨从福州车站经既有 11 道进入铺轨基地长轨存放区进行装卸作业，铺轨时长轨列车经长轨装卸线直接进入合福高铁下行线进行铺轨作业，在前方 DK805+400 附近插入两组临时道岔，联接合福上下行线，进行调车及存车作业，如图 12-1-5 所示。

图 12-1-5 引入线道岔

(4)生产和生活房屋

在铺轨基地合肥向公路立交桥下建临时生产及生活房屋，与临近租赁房屋相接合。

(5)水、电设施

生活及生产用水采用就近自来水。基地用电主要是吊装设备用电和生活用电，电源直接进 T 接，安装 400 kVA 变压站 1 座，配备 150 kW 发电机组 2 台作为备用。建成完工后的铺轨基地全景如图 12-1-6 所示。

图 12-1-6 福州铺轨基地方案优化完工全景图

12.1.5 优化小结

福州铺轨基地选址方案的优化，使铺轨基地的设置更加合理，优化后的铺轨基地不仅满足了现场施工的需要，且施工难度大幅度减小、节约了投资、保证了工期、减小了安全风险，特别是运输干扰降到了最小，主要体现在以下方面：

(1)长轨进入基地后作为工程线运输管理，列车进出不需要车站调车和跨既有线运输，安全压力大幅度减小。

(2)自备长轨车在工程线可由施工单位自行组织安排，结合施工进度和需要，随时进行长轨装卸和运输，能够保证施工进度和节点工期要求。

(3)铺轨基地道路运输方便，所有设备及工器具均可经过道路运输进场，相比优化前的施工难度大幅度减小。

(4)福州车站铺轨基地位于新建向莆铁路左线与福州车站动车所之间，靠近向莆铁路左线一侧空地，施工单位可以自行安排组织施工，避免了类似樟林站股道移交日期不定的不利因素影响。

(5)福州铺轨基地场地建设完后，后期可作为新建合福线进入福州车站线路，充分利用现有土地资源，减少了后期基地拆迁和场地恢复工程量，节约投资。

12.2　上饶铺轨基地选址方案优化

12.2.1　设计情况

根据铁鉴函〔2010〕189 号《关于新建合福至福州铁路初步设计的批复》，合福高铁在上饶地区设置了一处铺轨基地。上饶铺轨基地承担合福高铁闽赣段 DK343 + 180 ~ DK580 + 000 段双线 236 km 以及上饶车站杭长与合福高铁的联络线铺轨任务，双线累计铺轨 481.198 km、铺设道岔 67 组、站线铺轨 16.321 km、以及轨道焊接、应力放散和线路锁定。

设计院最初提供的铺轨基地设置方案，在铺轨基地平面的设置上，考虑了综合维修工区的场坪及轨道布置；在通道设置上，考虑了合福和杭长工期安排同期完成。根据初步设计批复意见，上饶地区综合维修利用杭长高铁上饶综合维修车间。

12.2.2　优化原因

根据合福高铁施工的总体安排，为满足 2013 年 4 月双线双向铺轨的需要，和南昌铁路局供应长钢轨的计划，确定在该线上饶车站设计铺轨基地。提前存放 500 m 长钢轨 200 km，存放轨枕和道岔枕 16 km 及 25 m 钢轨等。

①由于杭长高铁上饶铺轨基地设置在上饶综合维修车间内，且杭长高铁开通时间早于合福高铁半年以上，因此无法在上饶综合维修车间内设置合福高铁上饶铺轨基地。

②自备长轨运输车辆要考虑杭长线供轨计划，正常运输会相互干扰，严重影响合福线铺轨进度和工期。

③上饶综合维修车间内存有杭长高铁钢轨，基地内存轨量有限(最大存轨量 100 km)，无法保证合福线正常存轨。

综上所述，在上饶地区综合维修利用杭长高铁上饶综合维修车间运输时间严重受限，且每趟长轨车往返铺轨基地都必须按照既有线行车要求和手续进行取送车，手续繁琐、效率低、安全压力大，严重制约着长轨车进出基地，无法满足合福线铺轨工期的要求。

12.2.3　优化设计

1. 优化设计调研

针对上饶铺轨基地存在的问题，重新进行基地选址调查和研究，分别对上饶站附近各维修工区、货场、合福高铁上饶东南下行联络线周围等地进行了实地考察和分析，情况分别如下：

①上饶站各维修工区无现有场地设置铺轨基地，若要在此地建设铺轨基地涉及到征地，需要铺设联络线从基地进入新建合福线，后期还要进行临时线路拆除等繁琐工作，基地建设涉及面多，工程量大，不能满足铺轨基地建设的要求。

②上饶站货场建设铺轨基地同样无现有场地设置铺轨基地，现场无法满足 500 m 长钢轨存放条件。如

要设置铺轨基地又涉及征地，同时影响货场日常工作。

③合福高铁上饶东南下行联络线 L1DK6 +375 处插入道岔引出轨道，在联络线内侧设置铺轨基地。基地内须综合考虑调车编组、长钢轨存放、道岔和轨道配件存放、机待、机车整备、变电所、群吊等生产设施的合理布置。运轨通道从既有上饶站 3 道东端引出工程线，接入西南下行联络线、东南下行联络线，在东南下行联络线 L1DK6 +375 处引入铺轨基地。

经过综合分析和慎重考虑，从场地的大小、安全性、调车作业、运输干扰和基地建设工作量等方面综合考虑，在合福高铁上饶东南下行联络线 L1DK6 +375 处插入道岔引出轨道，在联络线内侧设置铺轨基地，方案切实可行，且能够保证铺轨进度，满足工期要求。

2. 优化设计方案简介

(1)建设规模

基地计划存放 500 m 长钢轨共 200 正线公里的轨料，又同时满足长轨卸车，每日铺轨对长钢轨和轨道配件、道岔的存储需求和供应，满足施工时进行机车整备、调车作业、编组、装卸车和排空作业等要求。

(2)铺轨基地平面布置

在合福高铁上饶东南下行联络线 L1DK6 +375 插入 60kg－1/9 道岔引出轨道，在联络线的内侧设置铺轨基地。基地设置 5 股道，铺轨 2.7 km(其中：1 股道为调车编组线、2 股道为 500 m 长钢轨存放线、3 股道为道岔和轨道配件存放线、4 股道机待线、5 股道机车整备线)，铺设 6 组道岔，设计 600 kVA 变电所一处，安装吊装 500 m 长轨群吊一套、10 t 龙门吊 3 台。

(3)长轨运输通道

①站改前的运输通道。

长钢轨列车经过沪昆铁路到达上饶车站后，进入既有 3 道长轨列车进行交接，由机车牵引长轨列车经杭长高铁渡线，西南下行联络线 L3 并进入合福高铁，上饶车站 5 道，然后由机车推进长轨列车进入铺轨基地。站改后长轨车交接在普速场 2 道进行。

②站改后的运输通道。

长钢轨列车经过沪昆铁路到达上饶车站后，进入普速场 2 道，经由 4#道岔→2#道岔→8#道岔→30#道岔→20#道岔→12#道岔→20#道岔→8#道岔→10#道岔→L5#道岔→杭长高铁 G4 道→229#道岔→西南下行 L3 联络线进入合肥至福州高铁站场区，然后由机车推进长轨列车进入铺轨基地。

为了保证西南下行联络线 L3、东南下行联络线 L1 的铺轨，25 m 临时轨临时卸在上饶车站货场，再用汽车运到现场进行施工，需要在 223#、221#、229#道岔间轨道与西南下行联络线进行卸车，然后拖拉到现场进行铺轨，道碴则直接运输到达现场。

(4)铺轨基地作业方式

铺轨基地的基本作业方式采用调车作业办理，机车由沪昆铁路牵引长轨车到达上饶车站后，直接进入杭长铁路场区，机车摘机后返回，并在杭长到发线 G6 道进行交接，由铺轨基地自备机车牵引长轨列车回到铺轨基地。上饶站铺轨与合福、沪昆、杭长线位置关系平面图，如图 12－2－1 所示。

12.2.4 现场实施

1. 专用线建设标准

①路基按 6 m 宽度，曲线外侧加宽 0.3 m，土方填筑，路基边坡 1∶1.5，高度超过 8 m 时边坡 1∶1.75，坡脚设置 1.0 m 的护道及排水沟，不设施工便道，路基施工如图 12－2－2 所示。

②轨道采用 50 kg 标准钢轨，道岔采用 9#岔，轨道采用Ⅱ型轨枕，弹条Ⅱ型扣件，专用线 1600 根/km、机务线 1440 根/km，设计道床宽度为 3.0 m，道碴厚度为 0.3 m，道床边坡 1∶1.75。

③运轨通道从既有上饶站 3 道东端引出工程线，接入西南下行联络线、东南下行联络线，在东南下行联络线 L1DK6 +375 处引入铺轨基地，如图 12－2－3、图 12－2－4 所示。

2. 长轨存放区

①基地设置 5 股道，铺轨 3.0 km(其中：1 股道为调车编组线、3 股道为 500 m 长钢轨存放线、2 股道为道岔存放线、4 股道机车整备线、5 股道机待线)，铺设 6 组道岔，设计 600 kVA 变电所一处，安装吊装

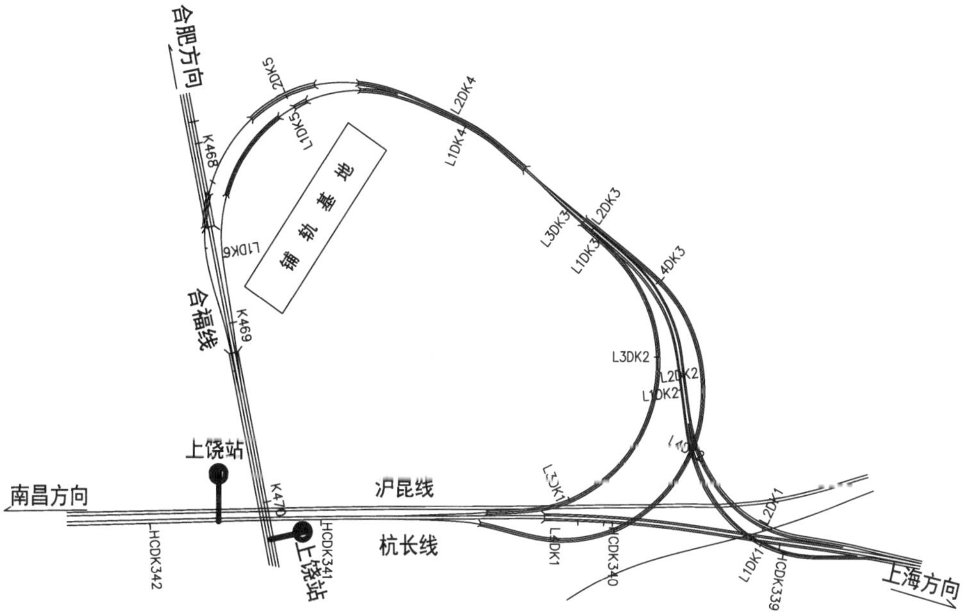

图 12－2－1　上饶铺轨基地与合福、沪昆、杭长线位置关系平面图

图 12－2－2　路基填筑、碾压施工

图 12－2－3　上饶站 3 道东端引出

图 12－2－4　东南下行联络线 L1DK6＋375 处引入铺轨基地

500 m 长轨群吊一套、10 t 龙门吊 3 台。

②长钢轨存放区沿装卸线右侧布置，采用 C30 钢筋混凝土台座，按 7 m 间距，存放宽度 12.5 m，采取多层存放，层与层钢轨间用 50×50 mm 的空心方钢管。经计算，按 8 层存放，底层存放钢轨 72 根，以后每层递减 2 根，可一次性存放全线长钢轨 520 根，满足存放 130 km 长钢轨的需要。

3. 道岔、工具轨存放区

在 3 股道一侧，设置一个长 200 m 宽 35 m 的道岔、工具轨存放区。

4. 轨料进出

长钢轨列车经过沪昆铁路到达上饶车站后，经过 30#、8#、10#、22#、224#、222#进入杭长铁路线场区 6 道，由机车牵引长轨列车进入西南下行联络线进入合福高铁站场区，然后由机车推进长轨列车进入铺轨基地。

5. 生产和生活房屋

在铺轨基地附近的弃土场上建临时生产及生活房屋，与临近租赁房屋相接合。

6. 水电设施

基地用电主要是吊装设备用电和生活用电，电源就近 T 接，安装 600 kVA 变电所 1 座，配备 150 kW 发电机组 1 台作为备用。生活及生产用水采用就近自来水。

铺轨基地最宽处 50 m，最窄处 6 m，建成后的铺轨基地如图 12－2－5 所示。

图 12－2－5　建成使用的上饶铺轨基地

12.2.5　优化小结

上饶铺轨基地选址方案的优化，排除了合福铺轨进度受杭长铺轨进度的影响，使铺轨基地的设置更加合理，优化后的铺轨基地不仅满足了现场施工的需要，而且施工难度减小、工期节约、安全风险减小、运输干扰达到了最小。主要体现在以下方面：

①自备长轨车在工程线可由施工单位自行组织安排，结合施工进度和需要，随时进行长轨装卸和运输，能够保证满足施工进度和节点工期的要求。

②铺轨基地运输更加方便。优化前因与杭长高铁共用铺轨基地造成运输相互干扰。优化后，所有设备及工具均可经过既有道路运输进场。

③上饶铺轨基地场地建设完后，后期可以作为新建合福线维修工区基地，充分利用现有土地资源，减少后期基地拆迁和场地填筑土方量约 79 万方，节约投资约 800 万元。